Inhalt

ERSTES KAPITEL
Kritische Prolegomena

ZWEITES KAPITEL
Transzendentale Anthropologie
und praktische Philosophie

DRITTES KAPITEL
Der anthropologische Universalismus

VIERTES KAPITEL
Mögliche Einwände

FÜNFTES KAPITEL
Rückblick auf Aristoteles und Kant

Die Ethik muß eine Bedingung
der Welt sein, wie die Logik.

Wittgenstein

Es gibt eine andere Welt
aber sie ist in dieser.

Eluard

Vorbemerkung zur Neuauflage

Die vorliegende Neuauflage wurde freundlicherweise durch den Verlag ermöglicht und gab mir neben meiner Dresdner Tätigkeit am Lehrstuhl für Philosophie mit Schwerpunkt Praktische Philosophie/Ethik die Gelegenheit, ihr ein neues, systematisch auf Rezensionen und die ethische Gegenwartsdiskussion Bezug nehmendes Vorwort *Methode und Selbsterkenntnis* voranzustellen. Ich danke meinen Dresdner Kollegen und den Mitarbeitern, v. a. Christoph Demmerling und Theda Rehbock, für vielfältige Diskussion und Anregung. Mein Dank gilt auch Herrn Herborth vom Suhrkamp Verlag für die gute Kooperation.

Dresden, im Januar 1998

Th. R.

Vorwort zur Taschenbuchausgabe 1999
Methode und Selbsterkenntnis

Das Ziel meiner Untersuchung *Die Konstitution der Moralität* (1990) war es, zu zeigen, daß eine philosophische (nicht empirische) Anthropologie nicht vor- und außerethisch konzipiert werden kann und daß eine philosophische Ethik, die nicht auch ihre anthropologischen Voraussetzungen klärt, systematisch defizitär bleibt. Denn eine philosophische Anthropologie hat die Aufgabe einer sinnkritischen Reflexion auf diejenigen Begriffe und Meinungen, mit denen wir uns über unsere praktischen Selbstverständnisse verständigen. Um dieses Ziel der Arbeit im Abstand einiger Jahre und mit Blick auf die wichtigsten Kritiken noch einmal möglichst deutlich zu machen und meinen Lösungsansatz mit zusätzlichen Argumenten zu erläutern, möchte ich mich zu folgenden Problemen und Fragen äußern:

1. Wie läßt sich der *methodologische Status* der Philosophie näherhin bestimmen? Was ist und soll Philosophie? Was ist ›transzendentale‹ bzw. ›grammatische‹ Konstitution?

2. Wie läßt sich genauerhin der Status einer *philosophischen Anthropologie* – gegenüber sonstigen, v. a. naturwissenschaftlichen Anthropologien – präzisieren? Welche Rolle spielt in diesem Zusammenhang meine kritische Transformation der Existentialanalyse Heideggers in eine Interexistentialanalyse mit Hilfe des so genannten Privatsprachenarguments von Wittgenstein?

3. Wie verhalten sich die anthropologischen Analysen zur Moralität? Wie verhält sich die deskriptive zur normativen Ebene der Analyse? Werden nicht irrtümlicherweise aus *deskriptiven* anthropologischen Aussagen *normative* Konsequenzen gefolgert? Was besagt in diesem Zusammenhang die sprachkritische Analyse der einsichtsbezogenen, *dianoietischen* Rede in den §§ 18 ff. der Untersuchung? In diesem Kontext gab es Kritik an meiner Behandlung der Sein-Sollen-Dichotomie und des

naturalistischen Fehlschlusses – wie läßt sich dieser Kritik begegnen?

4. Unterliegt nicht die ganze, v. a. normative Analyse einem kulturellen und historischen *Relativismus*? (Vgl. § 27) Lassen sich gegenüber diesem Relativismus die transzendental-anthropologischen Wahrheits- und erst recht die universalen moralischen, normativen Geltungsansprüche überhaupt begründen und aufrechterhalten? Werden mit diesen Ansprüchen nicht uneinlösbare Begründungsverpflichtungen übernommen?

5. Welche Bedeutung kommt aus systematischen Gründen den *negativen* Aspekten menschlicher Praxis (Endlichkeit, Asymmetrie, Alterität, Fragilität, §§ 13 ff.) für die praktisch-anthropologischen Konstitutionsanalysen der Moralität zu?

1. Der methodologische Status der Philosophie als Sinnkritik

Philosophie ist keine empirische Einzelwissenschaft, die mit induktiven Generalisierungen oder mit quantifizierbaren Ergebnissen aufwartet; ebenso ist sie keine formale oder formalisierbare Disziplin, die axiomatisch-deduktiv vorgeht. Philosophie hat überhaupt keine Theorie im üblichen Sinne natur- oder kulturwissenschaftlicher Theoriebildung über einzelne Gegenstandsbereiche zum Ziel. Vielmehr ist Philosophie eine gemeinsame, diskursive Klärungsbemühung hinsichtlich unseres gesamten theoretischen und praktischen Welt- und Selbstverständnisses und der dieses Verständnis tragenden begrifflichen Unterscheidungen – z. B. auch solcher Unterscheidungen wie »empirisch«, »Wissenschaft«, »Induktion«, »Generalisierung«, »Quantität«, »formal«, »Axiom«, »Deduktion«, »Theorie«, »Gegenstand« – und ihrer Grammatik im Wittgensteinschen Sinne. Grundsätzlich muß daher klar sein: Die Ergebnisse philosophischer Reflexion und Analyse können keine abrufbaren Informationen und auch kein instrumentell handhabbares Lehrbuchwissen sein, die wir wie ein Kochbuch oder ein Lehrbuch der Mechanik benutzen. Die kritische Grundlagenreflexion, die die Philosophie leisten soll, betrifft die kriterialen und normativen Voraussetzungen aller Wissenschaften (auch der exakten

und formalen), weshalb sie auch nicht nach dem Vorbild einzelwissenschaftlicher Methodologien vorgehen kann. Die Philosophie hat einen sinnexplikativen und sinnkriterialen Diskurs zu
führen. Historische Beispiele für diesen Diskurs sind die Dialoge
Platons, Metaphysik, Logik und Kategorienlehre des Aristoteles, die Onto-Theologie des Mittelalters, Empirismus, Rationalismus und kritische Transzendentalphilosophie Kants, die Dialektik Hegels, Heideggers hermeneutische Existentialanalyse,
Phänomenologie und sprachanalytische Philosophie und Wittgensteins philosophische Grammatik. Wenn sich die epochalen
Paradigmen und Kontexte auch wandeln, so geht es doch jeweils
um eine sinnkritische, reflexive Thematisierung der für das jeweilige Welt- und Selbstverständnis grundlegenden Begriffe,
Sätze und Überzeugungen, um deren Interpretation und Innova-
tion, seien sie kosmologisch, ontologisch, theologisch, naturwis-
senschaftlich, praktisch-moralisch oder anthropologisch.
Es gilt, von vorneherein diese Ebene der sinnkriterialen Geltungsreflexion in ihrer Differenz zur empirischen und zur ana-
lytisch-definitorischen Ebene auszuzeichnen. Philosophie ist
das, was vor einzelwissenschaftlicher Empirie und Theoriebildung bereits möglich ist. Denn wir leben und sprechen bereits in
lange tradierten und stabilisierten Kontexten, ehe wir theoretische Interpretationspraxen hinsichtlich *partialer* Aspekte unseres Lebens und Sprechens entwerfen, lange auch bevor philosophische Analysen einsetzen. Wir müssen, heißt das, an kulturell bereits entwickelte Verständnisse unserer Lebenspraxis
anknüpfen, selbst dann, wenn wir sehr neuartige Deutungen
durchsetzen wollen.
Wenn die Philosophie grundsätzlich fragt: Wie ist eine menschliche Welt überhaupt möglich?[1], dann fragt sie mit einer nicht

---

1 Vgl. zur Explikation dieser Frage: Th. Rentsch, »Wie ist eine menschliche
Welt überhaupt möglich? Philosophische Anthropologie als Konstitutionsanalyse der humanen Welt«, in: Ch. Demmerling/G. Gabriel/Th.
Rentsch (Hg.), *Vernunft und Lebenspraxis. Philosophische Studien zu
den Bedingungen einer rationalen Kultur. Für Friedrich Kambartel*, Frankfurt am Main: Suhrkamp 1995, S. 192-214. Vgl. auch die Beiträge von R.
Wimmer, Ch. Demmerling, Th. Rehbock, A. Krebs und W. P. Mendonsa
im selben Band.

mehr bewußtseinsphilosophisch enggeführten Reformulierung der Kantschen Grundfrage nach den konstitutiven, den wesentlichen Voraussetzungen einer menschlichen Lebenspraxis und nach einem ihr angemessenen Verständnis. Diese Voraussetzungen sind sowohl faktischer als auch praktischer Art: sie beziehen sich auf unumstößliche Wirklichkeiten unserer Lebenswelt (z. B. Endlichkeit, Leiblichkeit, Naturabhängigkeit) wie auch auf den darin eingebetteten Spielraum menschlicher Handlungs- und Unterscheidungsmöglichkeiten. Die Struktur der lebensweltlich konstitutiven Faktizität arbeite ich als das Modell der faktischen Grundsituation menschlichen Handelns heraus (§ 6), um dann gleich auf die praktische Konstitution der Lebenswelt im Medium von mehr oder weniger freien Sinnentwürfen überzugehen (§§ 7 ff.). Auch die Faktizität verstehen wir nur im Medium kommunikativer Praxis.

Der Titel »Lebenswelt« bezeichnet die ganze Breite der menschlichen Lebenserfahrung und der kulturell vermittelten Lebenspraxis, während die empirischen Einzelwissenschaften stets nur partiale Aspekte der Lebenswelt thematisieren und objektivieren. Die Wissenschaften sind von der Lebenswelt abhängig, wirken aber auch – im Guten wie im Schlechten – auf sie zurück, prägen teilweise auch die lebensweltliche Erfahrung, v. a. durch Techniken, mit. Sinnkriteriale philosophische Untersuchungen unterscheiden sich von empirischen Untersuchungen faktischer Gegebenheiten im Alltag wie in den Wissenschaften. Sie untersuchen die Grammatik der Grundbegriffe, Sätze und Gewißheiten, die wir bei unserer alltäglichen wie auch wissenschaftlichen Praxis jeweils immer schon voraussetzen (z. B. »Gegenstand«, »Zahl«, »ich«, »Ich will x.«, »Man soll den Anderen als Menschen behandeln.«, »vernünftig«, »Person«, »Achtung«, »Würde«).

Der Status philosophischer Sinnexplikation bei der Erarbeitung dieser für Faktizität und Praxis konstitutiven Bedingungen menschlicher Welt- und Selbstverständnisse dient dabei nicht der Bereitstellung eines speziellen Wissensbestandes, sondern der hinweisenden Vergegenwärtigung derjenigen expliziten oder, häufiger, impliziten handlungssinnkonstitutiven Voraussetzungen und Präsuppositionen, die all unseren Orientierungen voraus- und zugrunde liegen. Die apriorische bzw. faktische

Unhintergehbarkeit dieser Voraussetzungen (z. B. der Räumlichkeit und Zeitlichkeit, aber auch der apriorischen Sinnbezogenheit und sozialen Verfaßtheit menschlicher Praxis; §§ 6 ff., 9, 11 ff.) ist argumentativ zunächst dadurch einsichtig zu machen, daß die Bestreitung ihrer Apriorität bzw. Unhintergehbarkeit sie selbst bereits wiederum notwendigerweise voraussetzt. Kurz: Wenn ich gegen sie argumentiere, muß ich sie bereits in Anspruch nehmen, weil es sich um Grundzüge auch jeder Kommunikationssituation handelt. Das Faktum der ›transzendentalen‹ Inanspruchnahme aber besagt noch nichts über das Wie unseres Verständnisses der Konstitutionsaspekte und auch noch nichts Genaueres über das Wie der internen Struktur ihrer Binnendifferenziertheit. An dieser Stelle ist die philosophische Analyse im engeren Sinne ›transzendental‹ bzw. – angesichts faktischer Bedingungen – ›quasi-transzendental‹, weil sie noch formal, strukturell und modellhaft hinsichtlich unserer realen praktischen Lebenssituationen bleibt. Wohl jedoch macht bereits eine solche Analyse deutlich: Vor diesen Voraussetzungen lebensweltlicher Praxis stehen wir selbst nicht wie vor purer Faktizität, Positivität oder Negativität, begriffs- und urteilslos da, sondern diese Voraussetzungen wollen begriffen und praktisch verstanden werden. Ferner dienen einer philosophischen Analyse Gedankenexperimente und eidetische Variationen – z. B. die Fiktion leibloser, sprachloser, gänzlich ›solipsistischer‹ oder ›unendlich dauernder‹ Lebenssituationen – zur sinnkriterialen Freilegung des apriorischen Voraussetzungsrahmens menschlicher Praxis.

Meine Untersuchung zur Konstitution der Moralität hat den methodologischen Status der Philosophie nicht ins Zentrum gerückt, sondern nur kurz umrissen (§ 5). Hier ist erläuternd zu unterstreichen: Die sinnexplikative Tätigkeit der Philosophie – die nicht an dem historisch überlasteten Terminus ›transzendental‹ hängt –, diese Tätigkeit ist selbst sprachlich verfaßt, diskursiv, kulturell und geschichtlich situiert, interessegeleitet, und sie steht im Kontext anderer Unternehmungen ähnlicher Art. Die Analyse kann sich daher nicht nur auf unsere alltägliche Sprach- und Handlungspraxis und auf Beispiele und fingierte Situationen, sondern auch auf die Folie anderer – in unserem Fall

V

z. B. Aristotelischer, Kantischer, Cartesischer oder Heideggerscher Explikationsversuche kontrastiv und erläuternd beziehen. Angesichts dieser Situiertheit der Philosophie – das Situationsapriori (§ 6) gilt auch für sie – müssen alle objektivistischen und szientistischen Mißverständnisse sinnkriterialer Analysen als methodologisch naiv zurückgewiesen werden. *Wir selbst* sind es, die aus der Teilnehmerperspektive an unserer eigenen (und auch fremden) Sprache, Tradition und Praxis die Rekonstruktion von deren Voraussetzungen leisten müssen. Eine solche Rekonstruktion aus einer bloßen Beobachterperspektive ist unmöglich. Wir selbst sind es auch, die interpretierend und mit innovatorischen Sinnentwürfen an der Um- und Weiterbildung auch unserer Sinnkriterien und praktischen Einsichten beteiligt sind. Ein lediglich statisches, synchrones, gleichsam zeitfreies Verständnis konstitutiver bzw. grammatischer Verhältnisse muß überwunden werden – allerdings bei gleichzeitiger Aufrechterhaltung des apriorischen Geltungssinnes. Das gilt a fortiori für die Konstitution der Moralität. Anders gesagt: Wir können nicht ›von außen‹ sehen oder beobachten, was der Sinn unserer Sprache und Praxis ist. Es gibt keine schematisch handhabbaren Techniken, die es uns abnehmen, ein selbständiges Verständnis eigens zu erarbeiten. Die Klärung der Konstitutionsbedingungen unseres Redens und Handelns hat daher einen situierten, selbstreflexiven, diskursiven und anamnetischen Grundzug.

Wenn wir mithin philosophisch fragen: Was bedeutet es, sich als Mensch zu begreifen? Worin besteht sinnvolles menschliches Leben? Was heißt es, menschlich miteinander umzugehen? Welches sind wesentliche Bedingungen und Qualitäten eines humanen Lebens, einer humanen Gesellschaft und Politik – dann dürfen wir uns nicht künstlich dumm stellen, so, als hätten wir dergleichen Worte noch nie gehört oder als seien wir nur über eine nahezu unendlich lange Leitung mit dem Sinn dieser Fragen und mit möglichen Antworten verbunden. Vor- und außerwissenschaftlich, alltäglich, aber auch kulturell und institutionengeschichtlich, letztlich in unserer Lebenserfahrung existentiell sind sie uns vertraut. Der Geltungssinn der praktischen Sprache ist uns insbesondere über gelungene oder mißlungene, bessere oder schlechtere Formen unserer Praxis (Freundschaften, Ehen, Berufstätigkeit, Stadtverwaltungen, Staatsführungen) bekannt. Dieses Bekanntsein eröffnet im übrigen gerade die Möglichkeit der kommunikativen Ausfechtung von Kontroversen und Dissensen im praktischen Bereich, die in ihrer Rationalität bzw. Irrationalität den Möglichkeiten im Bereich theoretischer Streitigkeiten in nichts nachsteht.

Für den Rückgang in die Konstitutionsbedingungen unserer Praxis ist daher der Titel ›transzendental‹ dann eher irreführend, wenn er noch bewußtseinsphilosophische oder subjektivitätstheoretische Konnotationen erweckt, die er in meinen nachstehenden Analysen nicht mehr hat. Die Rede von einer transzendentalen Konstitution im Kantschen und noch im Husserlschen Sinne führt cartesianische Präjudizien und subjektzentrierte Prämissen epistemologischer Art mit sich. Es sind diese Prämissen erkenntnistheoretischer (ethikferner) Art, die sich auf praktische Konstitutionsanalysen auf tiefgreifende Weise systematisch verzerrend auswirken. Wir können schon aus methodischen Gründen weder für die Anthropologie noch für die Ethik einen solchen Ansatz in einem einzelnen, solipsistisch konstruierten (und sich über die Gegenstandskonstitution ›selbst‹ konstituierenden) Orientierungssubjekt als verdeckte oder explizite ontologische Prämisse zulassen. Insbesondere für die Ethik wirkt sich ein solches in unseren Denktraditionen tief verwurzeltes Vorurteil prekär aus: So, als seien wir – zunächst einmal und auch ganz grundsätzlich – abstrakte Einzelne (die so überhaupt schon ein Orientierungswissen und offenbar auch eine Art diffuses Selbstverständnis besitzen), die sich *dann* – irgendwann einmal? – für die Moralität oder vielleicht gegen sie zu entscheiden hätten. Wir dürfen keine systematisch verzerrte Lebensform an den Anfang der Ethik setzen. Sonst erhält die philosophische Ethik selbst eine verzerrte Form: als sei sie auf einen Einzelnen bezogen, den wir überzeugen wollen, aus seinem Interesse an sich selbst moralisch zu werden (vgl. § 23). Z. B. auch in die Konstruktionen von Rawls, um nur einen prominenten Autor zu nennen, gehen diese Vorstellungen sinnkonstitutiv für seine späteren Analysen ein. Solchen Einzelsubjekten scheinen ihre Erfahrungen, Erkenntnisse und Einsichten privat zu gehören, so wie Privateigentümern mit parzelliertem

Grundbesitz.[2] Die Analyse der Konstitution der Moralität wird noch einmal besonders von einem solchen irreführenden Bild betroffen. Meine Untersuchung ist ganz wesentlich auch darauf gerichtet, dieses Bild zu destruieren. Methodisch ist es verfehlt, wenn man den Glauben an einen archimedischen Punkt der Konstitution unserer Praxis hegt, von dem aus dann alle Verfaßtheiten unseres Sprechens und Handelns zu rekonstruieren wären. Dies wäre so, wie wenn wir alle Farben zu kennen meinten, wenn wir nur das Grün kennen; so, wie zu glauben, alle möglichen Arten von Sätzen zu kennen, wenn wir nur Gefühlsäußerungen kennen. Einen solchen *archimedischen Punkt* aber gibt es nicht. Wir können und dürfen ihn daher, gerade weil es um Selbsterkenntnis geht, nicht ontologisch-subjekttheoretisch präjudizieren. Die grammatische Konstitution unserer Unterscheidungssysteme und Praxen ist nicht noch einmal in einer transzendentalen Subjektivität begründet oder fundiert, die ihrerseits ursprünglich, ›urstiftend‹ konstitutiv fungiert. Mit Hegel und Wittgenstein sehen wir uns gegenüber einem solchen transzendental-ontologischen Ursprungsdenken auf die geschichtliche, sprachlich-kulturell jeweils schon vermittelte Lebenspraxis verwiesen, gegenüber der der Schein eines ›absoluten‹ Apriori der Schein einer nur wieder unkritischen, abstrakten Unmittelbarkeit wäre. Auch etwaiges ›Absolutes‹ – z. B. unbedingte Geltungsansprüche – gibt es nur relativ zu einer konkreten Praxis des Verstehens und Handelns. Diese Situiertheit aller Vernunftperspektiven einzusehen, und dennoch an der Geltung konstitutiver Sinnbedingungen für unsere wohlverstandene Praxis gerade festzuhalten, ist das Ziel philosophischer Analysen. Deswegen ist auch ein begründungstheoretisches Verständnis solcher Analysen ebenso verfehlt wie ein transzendental-subjekttheoretisches. Die universalen Geltungsbedingungen von Moralität in Verklammerung mit praktisch-anthropologischen

2 Auch die Liberalismuskritik von Michael J. Sandel (*Liberalism and the Limits of Justice*, Cambridge/Mass. 1982) richtete sich gegen eine solche Grundvorstellung. Vgl. dazu: Ch. Demmerling/Th. Rentsch (Hg.), *Die Gegenwart der Gerechtigkeit. Diskurse zwischen Recht, praktischer Philosophie und Politik*, Berlin:Akademie 1995, Einleitung (S. 7-13).

Einsichten, die ich im folgenden aufweise, sind selbst nicht noch einmal aus einem abstrakten Vernunftprinzip quasi formal ableitbar oder deduzierbar. Sie sind auch nicht durch den Hinweis auf (empirische) Tatsachen zu ›belegen‹ oder zu ›beweisen‹, die es ohne unsere praktische Verständnisbildung schon »an sich« gibt. Die Bedingungen für unser interexistentielles moralisches Zusammenleben können wir nicht noch einmal fundieren oder letztbegründen, sondern wir können sie in ihrer Bedeutung und Geltung nur erläutern und so einsichtig machen. Und dies ist kein Mangel. Als Mangel erscheint die »bloße Erläuterung« nur demjenigen, der noch übergeordnete Allmachtsinstanzen oder Prinzipien scheinhaft vergegenständlichen will. Die Erläuterungskultur ist konstitutiv für unsere Moralität.

Diese Erläuterung und Sinnexplikation gelangt nicht wie durch Zauberkraft in den Besitz einer reinen, transzendentalen oder idealen Sprache, sondern bedient sich der uns bekannten, kulturell vermittelten Sprache und bildet (im Kontext philosophischer Fachdiskussion) teilweise behelfsmäßige Termini, die im Kontext der Erläuterung einen begrenzten Sinn haben, so z. B. die Erläuterungsrede von ›absoluter‹ im Unterschied zu ›relativer‹ Geltung, von ›dianoietischen‹ Prädikaten, von ›Existenz‹ und ›Existentialität‹. Gerade die Einbettung meiner nachstehenden ethischen Analysen in die Analyse ihrer faktischen und praktischen anthropologischen Voraussetzungen, die wir nicht empiristisch und naturalistisch verstehen können, dient nicht zuletzt dem Bewußtmachen der Bedingtheiten und Begrenztheiten jeder sinnkriterialen Reflexion.

Die kritische Zurückweisung fundamentalistischer Begründungsvorstellungen von Geltung, insbesondere im praktischen Bereich – sie bedeutet gerade nicht, daß nun alles beliebig, relativ oder subjektiv wird. Die Zurückweisung bedeutet, daß im moralisch-praktischen (aber z. B. auch im religiösen) Bereich die grammatische Konstitution unserer Praxis ›von außen‹ betrachtet immer auch kontingent, genetisch rückführbar, empirisch depotenzierbar und z. B. funktionalistisch interpretierbar ist und bleibt, daß sie niemals einen »reinen« Status erhalten kann. Der Hinweis auf die konkreten Bedingungen und Kontexte moralischen Urteilens und ihre Berücksichtigung gehört nämlich bei näherem Hinsehen selbst wesentlich mit zu ihren Geltungsbedingungen und zu den Voraussetzungen ihrer Kommunizierbarkeit, Diskutierbarkeit und Revidierbarkeit.

Eine positivistische oder platonisch-idealistische Unmittelbarkeitsvorstellung von den intern geregelten (nicht: determinierten) grammatischen Verhältnissen ist somit von vornherein sprach- und ontologiekritisch zurückzuweisen. Philosophische Analysen sind sinnkriteriale Verständnisvorschläge im Blick auf bekannte Phänomene und Probleme und keine apriorischen Konstruktionen im luftleeren Raum. Das ›Transzendentale‹ ist nichts, was wir wiederum ontologisch oder semantisch als selbständig neben, hinter oder über unserer gemeinsamen Praxis und Kultur hypostasieren dürfen. Wohl jedoch können wir den Anspruch transzendentaler Selbstreflexion ohne bewußtseinsphilosophische Prämissen sprachkritisch reformulieren: denn sprechen können wir sinnexplikativ sowohl über die sprachlichen wie auch über die nichtsprachlichen Bedingungen, die Grammatik und die Präsuppositionen unseres Sprechens und Handelns – und eben dies ist der methodische Sinn transzendentaler Konstitutionsanalysen. Nur in der sinnkriterialen Klärungsperspektive – wie verstehen wir die Bedeutung des Wortes »gut«? – lassen sich die Sinnbedingungen dieser Praxis als deren Implikationen, Präsuppositionen und auch Innovationspotentiale hermeneutisch, indem wir uns gemeinsam ein Verständnis erarbeiten, freilegen. Es wäre eine naive Vorstellung aus der Zeit vor jeder Ontologie- und Sprachkritik, würde man glauben, den Sinn praktisch-anthropologischer Grundbegriffe und Einsichten an unseren üblichen und v. a. auch alltagssprachlich bekannten Verständnissen vorbei gewinnen zu können, zudem: ihren Geltungssinn selbst theoretisch und objektivierend ein für allemal zu fixieren. Diese Begriffe und Einsichten unterliegen der offenen Interpretation – und gerade dies gehört konstitutiv mit zu ihrem angemessenen Verständnis. Ohne Bodenhaftung in einer langen gemeinsamen Kultur und ohne Offenheit hinsichtlich variabler und alternativer Verständnisse könnte sich gar keine gemeinsame praktische Sprache herausbilden, ohne sie gäbe es keine philosophischen Klärungsinteressen.

Die Explikation der Grammatik der praktisch-anthropologischen Rede ist also auf unsere gemeinsame Selbsterkenntnis angewiesen. Dieser sokratische Grundzug der philosophischen Methode scheint mir unaufgebbar zu sein. Er verhindert, recht verstanden, die kritisierten objektivistischen, formalistisch-schematischen, begründungstheoretischen und auch die mono-logisch-subjektzentrierten Vorstellungen von unserem selbständigen Nachdenken. Geklärte praktische Selbstverständnisse gibt es kategorial nicht unterhalb des Niveaus humaner, personaler Verhältnisse. In diesem Sinne ist praktische Philosophie methodisch explizit gemachte gemeinsame Selbsterkenntnis.

2. Status und Funktion philosophischer Anthropologie im Kontext praktischer Philosophie

Auf dem skizzierten Hintergrund läßt sich auch der Status einer philosophischen Anthropologie genauer bestimmen. Ich habe in der ersten Auflage meiner Untersuchung verschiedene Ethikansätze wegen mangelnder anthropologischer Fundamente kritisiert. Seit der Publikation der *Konstitution der Moralität* ist es ganz unabhängig von meinen Überlegungen zu einer vermehrten Reflexion auf die anthropologischen Grundlagen der Moral gekommen. Dies zeigt sich in den Arbeiten von Martha C. Nussbaum und Charles Taylor, aber auch in der kommunitaristischen Bewegung sowie in neueren Vorlesungen und Abhandlungen von Ernst Tugendhat und Hans Krämer.

Diese Wiederkehr der Thematik zeigt, daß die philosophisch-anthropologische Fragestellung in der Ethik nicht dispensierbar ist. Es sind drei Faktoren, die sich als Gründe dafür anführen lassen, daß man sie einmal dispensieren wollte. Den ersten Faktor bilden die abgrenzenden Verdikte Heideggers gegen philosophisch-anthropologische Ansätze seiner Zeit und gegen ihre unreflektierten Anleihen bei Biologie, Psychologie und Soziologie, gegenüber denen zuallererst eine Fundamentalontologie zu erarbeiten sei. Aber Heidegger entwickelt tatsächlich eine Existentialanthropologie des In-der-Welt-seins, deren Verhältnis zu ethischen Fragen offen und ungeklärt bleibt. Die Fundamentalontologie wird zur Seinsgeschichte. Die klassische Kritische

Theorie richtet ihren Negativimpuls gegen alle Ontologisierung und gegen ungeschichtliche Wesensbestimmungen auch des Menschen. Die Verdikte gegen jegliches Ursprungsdenken stehen dabei in eigentümlichem Kontrast zu den eigenen voraussetzungsreichen, mythoshermeneutisch und freudianisch inspirierten Gedanken über katastrophische und phobische Anfänge der Menschheitsgeschichte. So auch ideologiepolitisch eingeengt, konzentrierte sich die Anthropologie-Diskussion drittens auf die großen Einzelentwürfe von Seheler, Plessner und Gehlen. Die Breite eines philosophischen Diskurses von der Art der Rehabilitierung der praktischen Philosophie erreichte diese Diskussion nicht. An ihre Stelle traten oft implizit mitgeführte existentiale, psychoanalytische, strukturalistische, zumeist kompensatorisch-funktionales anthropologisches Denken begünstigende Meinungen. Das Schlagwort ›Mängelwesen‹ kennzeichnet diese problematische Sichtweise einer Anthropologie der Dysfunktionalitäten, die gleichzeitig ihre funktionale ›Kompensation‹ in Institutionen, Traditionen und Handlungsstrukturen finden müssen. Sie wird so auch politisch funktionalisierbar. Am anderen Ende des Spektrums stand z. B. Herbert Marcuses Freud-Uminterpretation, die neorousseauistisch den Spätkapitalismus für eindimensionale Fehlentwicklungen des eigentlich kreativ-libidinösen Menschenwesens verantwortlich machte. Auch die Bewußtseins- und Transzendentalphilosophie besetzte eine breitere Rückbesinnung auf anthropologische Grundfragen. Andere Lückenbüßer waren und sind die kurrenten neonietzscheanischen Triebpsychologien mit ihrer einseitigen Akzentuierung des Begehrens (désir), die Sozialpsychologie Meads oder die Entwicklungspsychologie von Kohlberg und Piaget. Übernahmen aus diesen heterogenen Bereichen klären häufig nicht ihre anthropologischen Grundbegriffe (»Wille«, »Begehren«), sondern verwenden sie nur inflationär.

Allenfalls in den Analysen des späten Wittgenstein zu den Grundlagen der Psychologie deutete sich ein Reflexionsniveau an, das von einer ›philosophischen‹ Anthropologie eigentlich erwartet werden müßte: eine genuin auf ihre Sinnbedingungen reflektierende Analyse der grammatischen Konstitution der Grundbegriffe und Sätze, mit denen wir uns selbst, unser ›Wesen‹, zu verstehen suchen. Eine explizite methodische Reflexion fehlte sonst in den meisten Diskussionen. Erste Ansätze zu einer solchen Reflexion bot Wilhelm Kamlah.[3] In diesem Kontext der Erlangen-Konstanzer Diskussionen standen auch meine ersten Überlegungen, die wieder auf Heidegger und Wittgenstein, aber auch auf Wilhelm Schapp und Gilbert Ryle zurückgriffen.[4]

Auf neuere philosophisch-anthropologische Konzeptionen von Nussbaum, Tugendhat, Krämer, Lear und Taylor möchte ich im folgenden kurz eingehen, um den eigenen Standort zu verdeutlichen. Martha Nussbaum führt in ihrem Aufsatz zur Verteidigung des aristotelischen Essentialismus[5] aus, es sei völlig uneinsichtig, wollte man in der praktischen Philosophie auf Anthropologie verzichten. Zudem setze auch der Anti-Essentialismus noch Anthropologie zumindest im Sinne elementarer menschlicher Bedürfnisse und Fähigkeiten voraus. Mit philosophischer Anthropologie sei weder eine Mißachtung historischer und kultureller Unterschiede verbunden noch eine Mißachtung menschlicher Autonomie. Warum auch? (Vgl. meine Analysen zur

3 W. Kamlah, *Philosophische Anthropologie. Sprachkritische Grundlegung und Ethik*, Mannheim: Bibliogr. Institut 1973.

4 Th. Rentsch, *Heidegger und Wittgenstein. Existential- und Sprachanalysen zu den Grundlagen philosophischer Anthropologie*, Stuttgart: Klett-Cotta 1985.

5 M. C. Nussbaum, »Menschliches Tun und soziale Gerechtigkeit. Zur Verteidigung des aristotelischen Essentialismus«, in: M. Brumlik/H. Brunkhorst (Hg.), *Gemeinschaft und Gerechtigkeit*, Frankfurt am Main: Fischer 1993, S. 323-361. In ihren Studien zur antiken Philosophie (vgl. die Literaturhinweise im zitierten Aufsatz) hat Nussbaum die tragödientheoretische Funktion der moralischen Affekte Furcht und Mitleid in ihrer ethischen Bedeutung bei Platon untersucht. Die anthropologische Reflexion stützt so ihre These, Kunst und Literatur stellten eine wesentliche Quelle der Moralphilosophie dar: Vgl. M. C. Nussbaum, »Tragedy and Self-Sufficiency: Plato and Aristotle on Fear and Pity«, in: A. Rorty (Hg.), *Essays on Aristotle's Poetics*, Princeton 1992. Auch ihre Untersuchung zur Beziehung zwischen dem frühen Marx und seinem Verständnis der eigentlichen menschlichen Tätigkeit und den Praxisanalysen des Aristoteles gehört in den Kontext praktisch-anthropologischer Reflexion: Vgl. dies., »Nature, Function, and Capability«, in: Oxford Studies in Ancient Philosophy, Supplementary Volume 1988, S. 145-184.

Autonomie in den §§ 19 und 22.) In ihrer bewußt holzschnitt-
artigen »dicken vagen Konzeption« der »Gestalt der mensch-
lichen Lebensform« führt Nussbaum ein breites Spektrum von
Lebensaspekten auf, die von Sterblichkeit und Verletzlichkeit,
Kummer und Angst bis zu Liebe und Trauer, Sehnsucht und
Dankbarkeit reichen. Auf diesem Hintergrund bilden die Menschen praktische Vernunft und eine Auffassung des Guten aus.
Diese »thick vague theory« hatte ihren Sitz in einem UNO-
Projekt zur Bestimmung von Kategorien der Lebensqualität für
Entwicklungsländer. Eine Pointe der Thesen von Nussbaum ist
die scharfe Kritik an postmodern-differenztheoretischen Vorstellungen von einem Relativismus der Kulturen, Vorstellungen,
die zu inhumanen Konsequenzen führen (vgl. dieses Vorwort
unter 4.). Demgegenüber hält Martha Nussbaum an einem irreduzibel normativen menschlichen Selbstverständnis fest: »Der
Begriff des Menschen oder des Menschlichen nötigt uns zur
moralischen Anerkennung.«[6] Der Begriff der Achtung »macht
(...) ebenfalls einen bedeutsamen Gebrauch von einem Begriff
gemeinsamer Menschlichkeit«.[7] Meine eigenen Konstitutionsanalysen zur Grammatik praktischer Anthropologie dienen
nicht zuletzt dazu, den Status und den Sinn solcher Sätze und
ihre Voraussetzungen begrifflich genau zu explizieren und ihre
Bedeutung kritisch zu reflektieren.

Im vorliegenden Buch kritisiere ich die Auffassungen von
Ernst Tugendhat, wie sie in den Arbeiten *Selbstbewußtsein
und Selbstbestimmung* ([2]1981) und *Probleme der Ethik*
(1984) vorlagen, v. a. aufgrund unzulänglicher anthropologischer Grundlagen und begründungsrationalistischer Leitvor-
stellungen (§§ 1-3). In seinen *Vorlesungen über Ethik* (1993)
hat Tugendhat seinen Ansatz auf eine Weise erweitert und
verändert, die sich in mancher Hinsicht zunächst meinen Analysen annähert: Erstens, indem anthropologische Reflexionen
ins Zentrum der Moralphilosophie rücken, so z. B. Reflexionen
zur moralkonstitutiven Bedeutung von Scham und Empörung
und personalem »Selbstwertgefühl«. Dann auch, insofern eine

---

6 Nussbaum, a.a.O., S. 344.
7 A.a.O., S. 355.

Einbeziehung der Tugendethik im Anschluß an Aristoteles und Adam Smith sowie bestimmter Vorstellungen davon erfolgt, was es heißt, menschlich miteinander zu »kooperieren«. Insbesondere seine Explikation der Tugenden (z. B. aufeinander eingehen, Generosität, Freundlichkeit, Liebenswürdigkeit) als intersubjektiver Haltungen sozialer Vorzüglichkeit[8] entspricht teilweise meiner Rekonstruktion der Tugenden als praktischer, kommunikativer Interexistentiale des gemeinsamen Lebens (§ 28). Mit solchen Erweiterungen hat Tugendhat »affektive« und »voluntaristische« Elemente deshalb so stark in seine Ethik eingearbeitet, weil er diese anthropologische Wende methodisch mit einem Abschied von begründungsrationalistischen Konstruktionen verbindet: »Offenbar ist bisher in der modernen Philosophie, was moralische Begründung heißen kann, entweder nicht gesehen oder mißverstanden oder umgedeutet worden.«[9] In der Tat! (Vgl. § 1) An die Stelle »absoluter« Begründungen der Religion, der Metaphysik oder auch einer kommunikationstheoretisch gestützten Meta-Ethik setzt Tugendhat das Konzept einer »Plausibilisierung« der Ethik durch die Frage nach der ethischen »Motivation« und relativiert den Allgemeinheitsanspruch unbedingter moralischer Urteile auf moralisch motivierte Personen. Wir verstehen moralische Verpflichtungen, weil wir als kooperationsfähige Wesen anerkannt werden wollen. Das Faktum der Sozialität und der Kooperation plausibilisiert somit eine Moral der universellen und gleichen Achtung und Anerkennung aller als Personen.

Daß sich das Tugendhatsche Denken in diesen wichtigen Punkten partiell geändert hat, fasse ich als Bestätigung meiner Kritik und eigener Analysen auf. Allerdings: *Wie* diese Modifikation erfolgt, das finde ich immer noch unklar bzw. falsch. Tugendhat ersetzt seine früheren begründungsrationalistischen Vorstellungen durch eine affektive Fundierung des Universalismus.[10] Die

8 E. Tugendhat, *Vorlesungen über Ethik*, Frankfurt am Main: Suhrkamp ³1995, S. 226-262.

9 Tugendhat, a.a.O., S. 77 f.

10 Vgl. zur Kritik an Tugendhat auch: Ch. Demmerling, »Richtiges Handeln, Identität und Glück. Zur Moralphilosophie Ernst Tugendhats«, in: Dt. Zt. f. Philosophie 1 (1997), S. 137-146.

Emotionen und Affekte aber, so muß man kritisch einwenden, mögen zwar faktisch oftmals eine Grundlage unserer moralischen Urteile bilden, tangieren jedoch nicht den Geltungssinn dieser Urteile. So geben und halten wir z. B. nicht unsere Versprechen, weil wir dazu von positiven Affekten motiviert werden oder weil wir dadurch erreichen wollen, daß wir als kooperationsfähige Wesen anerkannt werden, sondern wir leben in einer konkreten Sittlichkeit, in der – ganz und gar unabhängig von Affekten und Motiven Einzelner – konstitutiv klar ist, was es heißt, etwas zu versprechen. Wir halten ein Versprechen auch nicht deshalb, weil wir das »wollen«, sondern weil wir es gegeben haben. Es ist umgekehrt: Nicht unsere Affekte und Motivationen plausibilisieren ein moralisches Selbstverständnis, sondern als moralische Personen, denen der Sinn unbedingter moralischer Orientierungen in ihrem gemeinsamen Leben mit Anderen einsichtig und vertraut ist, sind wir in solches gemeinsame Leben mit unserer ganzen leiblich-sinnlichen Identität einbezogen. Diese ganzheitliche Identität wird von unserer praktischen Selbsterkenntnis und Einsichtsfähigkeit im ganzen qualifiziert. Eine affektive Fundierung oder Motivierung ist bereits für die nur phänomenologische Erfassung dieser Verhältnisse der Lebenspraxis – im Blick auf die Totalität und Singularität unseres Lebens (§ 10) – viel zu eng. Weder stehen wir je vor der dezisionistisch aufgefaßten Situation, uns einmal für oder gegen ein moralisches Selbstverständnis entscheiden zu müssen, noch wird uns eine sozialpsychologische Belehrung oder Erich Fromms Liebeskonzeption zu einem solchen Verständnis verhelfen.[11] Das Verhältnis von Methode und Selbsterkenntnis in der Ethik wird so nach meinem Urteil von Tugendhat nicht grundsätzlich aufgeklärt, sondern oft noch halbszientifisch, dezisionistisch und voluntaristisch einerseits, halbrationalistisch andererseits (»Plausibilisierung«) unterbestimmt. Kommunikative Interexistentiale wie z. B. »Versprechen« und »Freundschaft« haben einen unbedingten Sinn – unabhängig von unseren Wünschen und unabhängig davon, was wir wollen.

11 Tugendhat, a.a.O., S. 263 ff. Zur Kritik: Demmerling, a.a.O., S. 141 f.

Es sind im übrigen wieder letztlich geschichtsphilosophische Vormeinungen und selbst nicht mehr kritisch befragte Annahmen über »die Moderne«, die in dieser Konzeption einer hermeneutisch differenzierten praktisch-anthropologischen Reflexion im Wege stehen. Eine solche Reflexion hätte das Verhältnis von Vernunft und Affekt, Einsichten und Gefühlen grundsätzlicher zu analysieren (vgl. dazu z. B. § 21). Tradition und Moderne jedenfalls verhalten sich nicht so undialektisch zueinander, wie Tugendhat es nahelegt. Die Fiktion einer absoluten postkonventionellen Bodenlosigkeit in der Moralphilosophie, einer cartesisch gedachten tabula rasa normativer Voraussetzungslosigkeit und entsprechend einer ehemals vermeintlich durch Religion bzw. Metaphysik verbürgten Transzendenz und eines Absoluten, von denen wir mittlerweile (durch welche Untersuchungen?) herausgefunden hätten, daß es sie nicht »gibt«, ist viel zu einfach gedacht (vgl. dazu §§ 1 ff.). Die Zurückweisung metaphysischer oder religiöser »Begründungen« in der Ethik nötigt uns weder zu rationalistischen, quasi-theoretischen und vermeintlich voraussetzungslosen Begründungskonstruktionen nach falschem, naturwissenschaftlichem Vorbild noch zu einem Rückzug auf »Motive« des Einzelnen. Der unbedingte Geltungssinn moralisch-praktischer Orientierungen für ein geklärtes menschliches Selbstverständnis läßt sich explizieren, ohne in der Moralphilosophie quasi-wissenschaftlich Letztbegründungen imitieren zu wollen oder resignativ nur noch plausible Motive zuzulassen, für die sich der Einzelne dezisionistisch zu entscheiden hätte. Würden wir uns moralisch so verstehen, so würden wir uns moralisch falsch verstehen.

Explizit hat auch Hans Krämer in seine *Integrative Ethik* (1992) »fundamentalanthropologische« und »praktisch-anthropologische« Elemente an zentraler Stelle eingearbeitet: er spricht von der »anthropologischen Grundlegung der Ethik und Praktischen Philosophie«.[12] Im Rahmen seiner »transzendentalanthropologischen Betrachtungsweise« erweist sich die

12 H. Krämer, *Integrative Ethik*, Frankfurt am Main: Suhrkamp 1995, S. 259.

»Verflechtung von Grundstreben und Hemmbarkeit (...) als die
formale anthropologische Grundstruktur, die dem praktischen
Guten und allen bestimmten Gütern, Zielen und Normen und
ihrer Realisierung zugrunde liegt«.[13] Diese »Verflechtung« entspricht strukturell meiner Analyse des zweifachen Ursprungs
der humanen Welt in Praxis und Faktizität (§ 8) und der grundlegenden Bedeutung der praktischen Sinnentwürfe (§ 9) für die
Konstitution der Moralität. Allerdings thematisiere ich diese
Gleichursprünglichkeit (§ 7) methodisch von vornherein im
Kontext praktischer Philosophie. Eine partielle Übereinstimmung mit meinen Analysen besteht auch sowohl hinsichtlich
der von Krämer grundsätzlich angezielten Verbindung von
»Strebens- und Sollensethik« als auch in der methodischen
und phänomenologischen Gewichtung der anthropologischen
Negativität (§§ 13-16). Krämer spricht vom generellen »Ansatz
der Strebensethik bei der Negativität, die – als Leiden, Unglück,
Erfolglosigkeit (...) – wie in der Medizin (Krankheit) einen
hermeneutischen Vorrang und eine erschließende Funktion für
die Gesamtstruktur des qualifizierten Lebens besitzt«.[14] (Vgl.
dazu Abschnitt 4 dieses Vorworts.) Allerdings hält Krämer es
für möglich und nötig, eine rein theoretische »Fundamentalanthropologie« mit »strikten Invarianten« von einer »Anthropologie in praktischer Absicht« abzutrennen, die »sich im
Grunde gleichgültig zueinander« verhalten.[15] Während ich
Krämers Kritik an naturalistischen Anthropologien mit nur
erschlichenen normativen Konsequenzen – z. B. an Gehlen[16]
– völlig zustimme, so halte ich diese Abtrennung für falsch.
Wir müssen von vornherein ein kritisches – das heißt auch:
normativ geklärtes – Verständnis philosophisch-anthropologischer Reflexion ausbilden. Ein losgelöst »theoretisches« Verständnis unserer selbst, z. B. unserer Leiblichkeit und Sterblichkeit, scheint mir philosophisch nicht möglich zu sein. Bereits wenn wir uns im Alltag innehaltend und überlegend auf

13 Krämer, a.a.O., S. 258 (im Original kursiv).
14 A.a.O., S. 234.
15 A.a.O., S. 236.
16 Ebd.

uns selbst beziehen und uns fragen: Wie jetzt weiter?, dann ist eine *wertend*-beurteilende Bezugnahme auf die Gegebenheiten der *faktischen* Handlungssituation immer schon erfolgt und somit »das Ethische« unlöslich eingearbeitet in die Strukturen der Faktizität – wie auch umgekehrt. Und: Welche Fülle an normativen Vorentscheidungen, wertenden Voraussetzungen und absichtsvollen Implikationen geht z. B. einer Praxis der methodischen *Tilgung* aller normativen und subjektiven Faktoren z. B. bei der Konstitution spezifisch naturwissenschaftlicher Gegenstandsbereiche voraus. So verdienstvoll die Einbeziehung einer transzendentalanthropologischen Perspektive in der Ethik durch Krämer ist: das Verhältnis von Methode und Selbsterkenntnis im Kontext praktischer Anthropologie wird von ihm nicht im Sinne einsichtsbezogener Urteile sokratisch-kritisch expliziert.[17]

Meine Ansätze zu einer transzendental-praktischen philosophischen Anthropologie sehe ich durch die Untersuchung von Jonathan Lear, *Transcendental anthropology*, bestätigt, die mir erst später bekannt wurde.[18] Lear diskutiert im Anschluß an Wittgenstein die Möglichkeit, systematisch »his (sc. Wittgensteins, Th. R.) *anthropological* and his *transcendental* approaches to philosophy« zu verbinden.[19] Grundsätzlich gilt: Unser Sprechen ist mit Normen durchsetzt, die nicht von einer naturalistischen Basis ableitbar sind.[20] Sonst, so füge ich hinzu, könnten wir uns selbst nicht verstehen. Während Wittgenstein reflektierende Praktiken im Alltag ignoriert und seine eigene philosophische Reflexionspraxis in den *Philosophischen Untersuchungen* selbst auch nur indirekt thematisiert, ist nach Lear eine empirisch-anthropologische Beobachterposition uns und unseren Prakti-

---

17 Vgl. zur Kritik an Krämer auch: R. Wimmer, »Anfragen an die *Integrative Ethik* Hans Krämers aus philosophisch-anthropologischer Perspektive«, in: M. Endreß (Hg.), *Zur Grundlegung einer integrativen Ethik. Für Hans Krämer*, Frankfurt am Main: Suhrkamp 1995, S. 56-72.

18 J. Lear, »Transcendental anthropology«, in: J. McDowell/P. Pettit (Hg.), *Subject, Thought and Content*, Oxford 1986, S. 267-298.

19 Lear, a.a.O., S. 267.

20 A.a.O., S. 273.

ken gegenüber gar nicht möglich.[21] Wir stehen zu diesen Praktiken in einem (mehr oder weniger) selbstbewußten, selbstreflexiven Verhältnis. Die philosophisch-anthropologische Ebene muß Lear zufolge als der transzendentalen Selbstreflexion zugehörig begriffen werden: einer Reflexion auf die *eine* Welt unserer menschlichen Praxis, die nicht dualistisch in zwei gänzlich verschiedene Welten aufgespalten gedacht werden darf.[22] Dementsprechend setzt Lear ganz im Sinne meiner Konstitutionsanalysen das »transzendentale noumenale Ego Kants« mit der praktischen Selbsterkenntnis gleich, die dem gewöhnlichen Menschen möglich ist, der sein Leben lebt: »The Metaphysical Subject need not be conceived, as Kant thought, as lying outside the world, nor, as the early Wittgenstein thought, as its limit: it is we who live in the world.«[23] »Here it seems to me there is room for a transcendental anthropology: a reflection on our ordinary activities that yields non-empirical insight into them.«[24] Wir selbst, das ist der Sinn transzendentaler Anthropologie nach Lear, sind die Subjekte der Reflexion auf die grammatischen, theoretischen wie praktischen Möglichkeitsbedingungen unserer Lebensform. Lears Überlegungen verbleiben aber im theoretischen Bereich der Interpretation der Spätphilosophie Wittgensteins.

In der folgenden Untersuchung argumentiere ich dafür, daß im Sinne eines Kantianismus verstandene Prinzipien und Normen nicht *von sich aus* sinnkonstitutiv für eine Praxis und bestimmend für eine Lebensform sind. Umgekehrt können wir ihren jeweiligen Sinn nur im Kontext einer Praxis und einer kulturellen Lebensform erfahren und bestimmen. Für die philosophische Untersuchung bedeutet das die systematische Unverzichtbarkeit von paradigmatischen Praxisanalysen und deren Primat vor vermeintlichen Ableitungs- und Begründungskonstruktionen (§ 1). Auch Charles Taylor ist dieser Auffassung. Er

---

21 A.a.O., S. 288: »*I cannot stand in the relation of observer to myself*. And this condition has its dual in the first person plural: *we cannot stand as observers to ourselves*.«

22 A.a.O., S. 289.

23 A.a.O., S. 292.

24 A.a.O., S. 298.

hält die lebensweltliche, anthropologische Kontextualisierung und Situierung einer jeden Ethik Kantschen Typs und ihrer Proceduralität für unverzichtbar, wenn er ausführt: »Weshalb soll es zwingend geboten sein, bestimmten, eine Sonderstellung einnehmenden Verfahren Folge zu leisten? Die Antwort auf diese Frage ergibt sich nur aus einem bestimmten Verständnis des menschlichen Lebens und der menschlichen Vernunft, sie besteht aus einer positiven Explikation der conditio humana und folglich auch des Guten.«[25] Aus diesem Grund fordert er eine »Reformulierung« proceduraler Theorieansätze »in substantieller Form«. Allerdings wird der methodische Status einer solchen Reformulierung von Taylor nicht geklärt. Meine systematischen Analysen zu den moralkonstitutiven materialen, konkreten Lebensformen dienen dieser Klärung (vgl. §§ 19-24).

In den Ansätzen von Nussbaum, Tugendhat, Krämer und Lear wird exemplarisch und übereinstimmend das erwachte systematische Interesse der Gegenwartsdiskussion an der grundsätzlichen Reflexion von philosophischer Anthropologie und Ethik deutlich.[26]

25 Vgl. Ch. Taylor, »Die Motive einer Verfahrensethik«, in: W. Kuhlmann (Hg.), *Moralität und Sittlichkeit. Das Problem Hegels und die Diskursethik*, Frankfurt/M.: Suhrkamp 1986, S. 101-135, dort S. 119.

26 Vgl. zu diesem Thema auch die instruktive und systematisch wertvolle Darstellung von Th. Rehbock, »Warum und wozu Anthropologie in der Ethik?«, in: J.-P. Wils (Hg.), *Anthropologie und Ethik. Biologische, sozialwissenschaftliche und philosophische Überlegungen*, Tübingen: Francke 1997, S. 64-109. Ferner: A. Barkhaus u. a. (Hg.), *Identität, Leiblichkeit, Normativität. Neue Horizonte anthropologischen Denkens*, Frankfurt am Main: Suhrkamp 1996, v. a. die Einleitung: »Zur Wiederkehr anthropologischen Denkens« (S. 11-25) und den Beitrag von L. Siep, »Ethik und Anthropologie« (S. 274-298). Vgl. auch O. Höffe, »Transzendentale Interessen. Zur Anthropologie der Menschenrechte«, in: O. Höffe/V. Gerhardt (Hg.), *Der Mensch – ein politisches Tier? Ein philosophischer Diskurs zur politischen Anthropologie*, Frankfurt a. Main 1992, sowie ders., »Politische Anthropologie – unter besonderer Berücksichtigung des Rechts«, in: R. Weiland (Hg.), *Philosophische Anthropologie der Moderne*, Weinheim 1995, S. 143-153.

Worum geht es, wenn einmal ideologiepolitische und nur historisch erklärbare Vorbehalte obsolet geworden sind, wenn sich Reflexionshemmnisse als zeitbedingte Modeerscheinungen erwiesen haben? Philosophische Anthropologie soll nach meinem Verständnis eine kritische, v. a. auch sprach- und ontologiekritische Reflexion auf diejenigen Grundbegriffe und Kategorien sein, mit denen wir uns über uns selbst in letztlich praktischer, handlungsorientierender Absicht verständigen. Das bedeutet, daß philosophische Anthropologie kein separierbarer Bestand theoretischer Sätze der Art ›Der Mensch geht aufrecht‹, ›Der Mensch hat die Hände frei‹, ›Der Mensch weiß, daß er sterben muß‹, ›Der Mensch kann sprechen‹ etc. sein kann, die wir empirisch überprüfen können und dann bei genügender Reichhaltigkeit zu einem *Menschenbild* zusammenfügen – analog solchen Titeln wie ›Das Menschenbild der heutigen Psychiatrie‹, der kath. Theologie, der Neurobiologie etc. Solche Darstellungen können sehr wertvoll sein. Jedoch philosophisch muß zunächst ein Schritt zurück in die grundlegenden Vorstellungen, Selbstverständlichkeiten und Vormeinungen unserer Praxis der Selbstverständnisbildung erfolgen, um diese aufzuklären und sinnkriterial zu beurteilen. Wir müssen dazu auf dem Niveau der philosophischen Grundlagenreflexion unseres Jahrhunderts einsetzen: bei den innovatorischen Denkansätzen mit der weitreichendsten systematischen Bedeutung. Diese sind nach meinem Urteil Heideggers existentialhermeneutische Destruktion der Vorhandenheits- und Präsenzontologie in *Sein und Zeit* sowie Wittgensteins Destruktion der Vorhandenheitssemantik und einer sinnkonstitutiv fungierenden privaten Innenwelt des Bewußtseins. Beide Autoren entwickeln keine praktische Philosophie. Insofern bleibt es bei der Destruktion, die beim einen zu einer Remythisierung, beim anderen zu einer Selbstzurücknahme in die Einzelanalyse führt. Aber aus den gravierenden kritischen Einsichten dieser Autoren folgen erhebliche Konsequenzen für eine praktisch-anthropologische Philosophie.

Meine Untersuchung unternimmt in dieser Richtung erste Schritte. Dabei wird sichtbar: eine philosophische Anthropologie, losgelöst von unseren praktischen Selbstverständnissen, ist

sinnvoll nicht denkbar.[27] Auch wenn wir uns »bloß« als Lebewesen, als Naturwesen, hochentwickelte Säugetiere o. ä. thematisieren, so stellt sich schon die Frage, wie sich unsere naturale
Herkunft und unser kommunikatives Wesen in unserem Leib
wechselseitig ermöglichen und durchdringen (vgl. § 6 ff.) – kurz:
Auch ein subhumanes, subpersonales Verständnis unserer »Natur« (was ist Natur?) und unseres Leibes will nicht überzeugend
gelingen. Hinter der Rede von der Zu- und Vorhandenheit bei
Heidegger, aber vornehmlich hinter unseren Instrumenten, Ap-
paraten und Techniken steckt die lebendige Hand, die zu einer
menschlichen Person gehört. Und diese Personen stecken nicht
wie kybernetische Geisterfahrer in einer Leib-Apparatur, die sie

27 Auch H. Fahrenbach hebt zu Recht hervor, daß »es keine adäquate
Erfassung des Menschseins und seiner möglichen ›Bestimmung‹ ohne
Erhellung der ethischen Dimension geben (kann), wie auch umgekehrt.
In heutige Begriffe gebracht bedeutet dies die notwendige strukturelle
Verschränkung von philosophischer Anthropologie und Ethik, in der
allerdings die kommunikative und soziale Dimension des Selbstseinkön-
nens ein strukturell und genetisch stärkeres Gewicht erhalten müßte als
bei Kierkegaard. Ansätze dazu liegen schon bei Jaspers und dem späteren
Sartre, systematische Ausarbeitungen dann in philosophischer Anthro-
pologie (Th. Rentsch, 1990), im Pragmatismus (Mead), in der ›Diskurs-
Ethik‹ – freilich (bis auf Habermas (…)) zumeist unter Vernachlässigung
der ethisch-existentiellen Dimension.« (H. Fahrenbach, »Existenzdialek-
tische Ethik«, in: A. Pieper (Hg.), *Geschichte der neueren Ethik. Band 1:
Neuzeit*, Tübingen/Basel 1992 (UTB Band 1701), S. 256-283, dort S. 280.)
Nach Fahrenbach ist »eine (transzendental-)philosophisch reflektierte
Anthropologie, (…) ›die ihr eigenes Fragen und dessen Voraussetzungen
noch versteht‹, indem sie nach den Bedingungen der Möglichkeit der
Erfahrung des Menschen von sich und des anthropologischen Wissens
von ihm fragt, auf den von Heidegger geforderten und freigesetzten
Ansatz verwiesen«. (H. Fahrenbach, »Heidegger und das Problem einer
›philosophischen‹ Anthropologie«, in: V. Klostermann (Hg.), *Durch-
blicke. Martin Heidegger zum 80. Geburtstag*, Frankfurt am Main 1970,
S. 97-131, dort S. 125.) Eine »existential-philosophische Anthropologie«
müsse »beim Verstehendsein des Menschen als faktisch existierendem
Dasein«, nicht aber bei seiner Bestimmung als »Lebewesen« ansetzen
(Fahrenbach, a.a.O., S. 129).

bedienen.[28] Bereits diese kurzen Bemerkungen deuten an, worauf es mir ankommt: Schon die *elementarsten* Thematisierungen unserer selbst sind so tief mit praktisch-moralischen und ethischen Grundorientierungen, Sichtweisen und Lebensformen

28 B. Irrgang weist in seiner Kritik an meiner Analyse des Primats der kommunikativen Interexistentiale darauf hin, daß hermeneutisch die Verschränktheit der technisch-instrumentellen und der kommunikativen Verstehensperspektive deutlicher hervorzuheben sei: »Für Rentsch stellt das Sorge-Existential eine technisch-pragmatische Engführung der gemeinsamen Praxis unter Verdeckung der kommunikativen Interexistentiale dar (Rentsch 1990, 151 f.). Die Interexistenz ist vorgängig vor dem Man (Rentsch 1990, 163). Nach meinem Dafürhalten ist die kommunikativ-sprachtheoretische Engführung des Interexistentials vor dem Hintergrund der Philosophie des 20. Jahrhunderts zwar verständlich, wird sich aber als unzureichend erweisen, weil eine Interpretation des Interexistentials auf der Verschränkung von instrumentellem, theoretischem, praktischem und ästhetischem Verstehen besser in der Lage ist, Engführungen zu vermeiden als die Beschränkung auf kommunikative Vernunft. Die Existentialanalyse Martin Heideggers schließt eine instrumentalistische Engführung nicht aus. In seiner Spätphilosophie hat Heidegger moderne Technik zur epochalen Gestalt der Seinsgeschichte erklärt. Insofern ist Thomas Rentsch zuzustimmen, allerdings mit einer etwas anderen Akzentuierung. Die Interpretation von Rentsch bleibt zu sehr der Dichotomie von instrumenteller und kommunikativer Vernunft verhaftet. Das Programm der Existentialanalytik bei Martin Heidegger müßte fortgeschrieben werden. Der instrumentelle Umgang mit der Zuhandenheit ist gerade für die Zeit vor der Industriellen Revolution nicht von anderen Weisen des Umgangs mit Dingen zu trennen. Daher sollte die lebensweltliche, in sich gegliederte Vielfalt der Verstehensperspektiven mit dem je eigenen Standort der Perspektivenentfaltung herausgearbeitet werden.« (B. Irrgang, *Praktische Ethik aus hermeneutischer Perspektive*, Paderborn 1998 (UTB Band 2020), S. 84-87, dort S. 86 f.). Die Stoßrichtung meiner Heidegger-Kritik bei gleichzeitiger Intention der systematischen Fortführung von dessen existentialer Analytik wird von Irrgang richtig erfaßt. Allerdings übersieht er, daß ich die *Komplexität und Verschränktheit* der technischen, theoretischen, praktischen und ästhetischen Interexistentiale (unter Einschluß z. B. sexueller, pädagogischer, ökonomischer, politischer und religiöser Interexistentiale) selbst ganz grundsätzlich und von vornherein akzentuiere (vgl. § 12). Wenn Irrgang mir fälschlicherweise die »Annahme eines paradiesischen Ur-

verklammert, daß wir aus systematischen Gründen anthropologische Analysen *im Kernbereich der praktischen Philosophie* ansetzen müssen. Insofern gehört die methodische Klärung der anthropologischen Grundbegriffe ins systematische Zentrum der Ethik – in den Kontext praktischer Selbsterkenntnis. Und das gilt erst recht für die Großproblematiken des »Geistes«, des »Selbstbewußtseins«, der »Affekte« und der »Freiheit«. Hier ist sinnkriteriale Arbeit erforderlich; und alle Wege, sich diese zu schenken, zahlen den Preis, das Unanalysierte implizit präsupponieren zu müssen, damit bloßen Intuitionen Raum zu lassen und sie unbegriffen mitzuschleppen.

Die explizite Reflexion auf die praktisch-anthropologische Rede und ihre Sinnbedingungen – im Verbund mit Ethik und Sprachphilosophie – ist somit auch das Gegenteil eines anthropologischen Essentialismus. Kritische Klärungsbemühungen sind kein Dogmatismus. Der Titel ›Anthropologie‹ bezeichnet keinen abgeschlossenen Theorietraktat mit fertigem Lehrbuchwissen; überhaupt sollten die Titel der philosophischen Disziplinen mehr als Aufgabenworte (task words) im Ryleschen Sinne verstanden werden und nicht als Leistungsworte (got-it-words). Diskursive Klärungs- und Reflexionsprozesse zu Wesensaussagen können nicht auf ein irgendwo in Naturwissenschaft oder

zustandes« (S. 86), also einer ontologischen Ursprungstheorie kommunikativer Solidarität unterstellt, so verkennt er, daß ich die *Gleichursprünglichkeit* (§ 7) von Faktizität und Praxis methodologisch wie auch material von vornherein herausarbeite. Die begriffliche, sprachliche und pragmatische *Interexistentialität* unserer Lebensform ist gemäß meinen Analysen aber grundlegend bereits für die Bestimmung und Bestimmbarkeit von so etwas wie »Objektivität«, »Realität« und »Wirklichkeit« überhaupt (vgl. § 12). Die begriffliche Konstitution unserer interexistentiellen Techniken ist verwoben mit einsichtsbezogener Sprachpraxis im Kontext unserer moralischen Selbstverständnisse. Zentrales Thema der vorliegenden Untersuchung ist nicht die Ausarbeitung einer vollständigen philosophischen Anthropologie (vgl. dazu die §§ 4-16, die wesentliche Grundzüge entwickeln), sondern eine Analyse der Konstitution der Moralität. Meine anthropologischen Analysen zu den praktischen Sinnentwürfen (§ 9) sind auch für die Thematisierung der normativen Aspekte instrumentellen Handelns und für eine Ethik der Technik weiter fortzuführen.

Metaphysik schon fest- und bereitstehendes Wesenswissen re-kurrieren. Gerade darin besteht meine Kritik an üblichen an-thropologischen Meinungen durch andere Philosophen (v. a. § 2). Es gilt hier, approbierte Selbstverständlichkeiten an der Wurzel zu problematisieren. Ethik, Anthropologie und Sprach-philosophie sind somit in einer umfassenden praktischen Philo-sophie zu integrieren. Eine zentrale Bedeutung kommt in diesem Zusammenhang meiner Destruktion der Existentialanalyse Hei-deggers (§ 11) und ihrer kritischen Umwandlung in eine Analyse primär sozialer, kommunikativer Lebensformen zu (§ 12).[29] Die anthropologischen, existentialen Grundbegriffe dürfen wir nicht zu schematisch und noch in Analogie zu den Kategorien theo-retischer Erkenntnis verstehen. Wir können hier kein starres Gerüst von Formen objektivistisch festschreiben, denn die le-bensbezogenen Perspektiven, Erfahrungen und Phänomene, die Heidegger freilegt, sind durch und durch in die kommunikative, soziale Lebenspraxis eingelassen. Weil Heidegger seine eigene Metasprache nicht mehr selbst kritisch-hermeneutisch reflek-tiert, bleibt er einem gewissen modellhaften Strukturalismus verhaftet, der deswegen auch ethische und moralische Verhält-nisse, die der sozialen Praxis inhärent sind, ausblendet. Dabei setzen bereits die Analysen der Verfallsformen des uneigentli-chen ›Man‹ implizit gerade schon die Kenntnis authentischer kommunikativer Formen des gemeinsamen Lebens voraus, z. B. Offenheit, gemeinsame Klärungsbemühung, vernünftige Berat-schlagung. Heidegger bleibt auch hier viel zu cartesianisch (§ 11). Meine Analyse ist allerdings nur paradigmatisch an Heidegger orientiert. Was ich unter dem Titel der ›Interexistentialität‹ ent-wickle, läßt sich als ein soziales und kommunikatives Sprach- und Handlungsapriori für jede menschliche Praxis präzisieren. Die kommunikativen Lebensformen (Interexistentiale) und die sie artikulierenden einsichtsbezogenen Unterscheidungen, z. B. Wahrhaftigkeit, Kooperation und Personalität, sollten wir nicht

29 Vgl. zu dieser Kritik auch: Th. Rentsch, »Interexistentialität. Zur De-struktion der Existentialen Analytik«, in: R. Margreiter/K. Leidlmair (Hg.), *Heidegger. Technik – Ethik – Politik*, Würzburg: Königshausen u. Neumann 1991, S. 143-152.

abstrakt, schematisch verstehen, sondern, mit Wittgensteins Begriff der Familienähnlichkeit, als ein verwobenes Netzwerk von Fällen. Ohne die vorgängigen kommunikativen Lebensformen gäbe es nie ein einzelnes Orientierungssubjekt. Wir werden und sind Menschen nur in einer vorgängig kommunikativ verfaßten Welt. Und diese apriorische Nicht-Privatheit hat, so meine ich, für die Grundlagen der praktischen Philosophie recht gravierende Konsequenzen (§ 12, §§ 18 ff.).

Das Privatsprachenargument von Wittgenstein erhält in diesem Zusammenhang eine praktisch-philosophische Dimension: Es gehört nämlich, so wird erkennbar, zu den notwendigen Sinnbedingungen meines Selbstverständnisses, meines ›Glücks‹ bzw. des mir als ›gut‹ Erscheinenden, daß ich dieses Verständnis nicht alleine finden, herausbilden und entwickeln kann. Jede anspruchsvollere Selbsterkenntnis schließt schon praktische, interpersonale Verhältnisse konstitutiv mit ein.

Es ist diese Einsicht und ihre strukturelle, methodologische Rezeption, die für mich die Analysen der Aristotelischen Ethik systematisch wieder so ungemein spannend machen – und weniger der Kontext der Debatte um einen konservativen »Neoaristotelismus« (§ 28).[30]

Entscheidend für die richtige Einschätzung einer praktisch-anthropologischen Reflexion ist zumindest dreierlei: Erstens ist eine solche Reflexion konstitutiv mit der Ethik verklammert, weil wir (immer wieder erneut) auf eine Klärung unseres gemeinsamen Selbstverständnisses angewiesen sind. Zweitens ist

---

30 C. O. de Landázuri, »Rezension von: Th. Rentsch, Die Konstitution der Moralität«, in: *Annario Filosófico*, 1992 (25), S. 561-563 sowie ders., »Psychologismusstreit‹, 100 Años despues (Hacia una antropologia transcendental naturalista)«, in: *Pensar lo humano. Actas del II Congreso Nacional de Antropología Filosófica*, Madrid 1997, S. 41-54, v. a. S. 49-51, kritisiert v. a. auch meine systematischen Analysen zum Sinn des Aristotelischen Eudaimonismus und zu den praktisch-anthropologischen Implikationen des Kantschen Formalismus sowie zur Kompatibilität von Aristoteles und Kant (vgl. §§ 28 f.). Vgl. zu diesem Thema demgegenüber auch die erhellenden Analysen von O. Höffe, »Ausblick: Aristoteles oder Kant – wider eine plane Alternative«, in: ders. (Hg.), *Aristoteles: Die Nikomachische Ethik*, Berlin: Akademie 1995, S. 277-304.

sie nicht bereits durch Rekurse auf Tradition, Empirie bzw. bestimmte ›Menschenbilder‹ z. B. der Psychologie ersetzbar, bleibt daher für ein geklärtes Verständnis unverzichtbar. Und drittens ist sie als sinnkriteriale Reflexion auf die Voraussetzungen unserer üblichen (ständig praktizierten) Meinungen und Bestimmungen das genaue Gegenteil eines dogmatischen Essentialismus.

3. Das Verhältnis der deskriptiven zur normativen Ebene und der naturalistische Fehlschluß

Ein wichtiger Kritikpunkt an meiner Untersuchung betrifft das Verhältnis deskriptiver zu normativen Aussagen und die systematische Bedeutung, die ich für die Klärung dieses Verhältnisses der *einsichtsbezogenen* Rede (den ›dianoietischen‹ Termini, §§ 18 und 21) beimesse. Meine Kritik an der – sei es ontologischen, sei es semantischen – Vorstellung, mit der das Verhältnis von ›Sein‹ und ›Sollen‹ im Kontext des naturalistischen Fehlschlusses gefaßt wird, besagt nicht, daß wir fortan solche Fehlschlüsse zulassen sollten. Sie besagt, daß wir im Kontext unserer moralrelevanten Lebenspraxis eine reine Seinsebene bloßer Fakten gar nicht keimfrei von Normen isolieren können, ohne bereits deutende und wertende Verständnisse mitzuführen. Reine Objektivität, Wertneutralität, »wertfreie« menschliche Praxis gibt es nicht. Sie stellt allenfalls einen gedanklich konstruierbaren kognitiven und idealtypischen Grenzfall dar. Die »reine Tatsache« verdankt sich bereits unseren Erkenntnisinteressen und den Zwecksetzungen z. B. von Forschungsprogrammen – auch in der Kosmologie und Mathematik.

Auch Hilary Putnam bestätigt in seinen neueren Arbeiten die Intention, kritisch hinter den dogmatischen Dualismus von Faktizität und Normativität zurückzufragen: »(...) without *values* we would not have a *world*.«[31] Putnam schließt sich

---

31 H. Putnam, »Beyond the Fact Value Dichotomy«, in: ders., *Realism with a Human Face*, Cambridge/London: Harvard University Press 1992, S. 135-141, dort S. 141.

der Diagnose von Iris Murdoch an, »that the whole ›fact/value‹ dichotomy stems from a faulty moral psychology; from the metaphysical picture of ›the neutral facts‹ (apprehended by a totally *uncaring* faculty of reason) and the will which, having learned the neutral facts, must ›choose values‹ either arbitrarily (the existentialist picture) or on the basis of ›instinct‹. (...) but setting this faulty moral psychology right will involve deep philosophical work involving notions of ›reason‹ and ›fact‹ (...).«[32] Meine Untersuchungen zum grammatischen Status der einsichtsbezogenen Rede (§§ 18 ff.) verstehen sich als Arbeit an dem von Putnam aufgezeigten Problem.

Im Alltag hören und lernen wir Sätze der Art »Kleine Kinder sind schwach und hilflos«, »Alte Menschen sind oft hilfsbedürftig« nicht wie bloße Tatsachenbehauptungen. Die Rede von Kindern und alten Menschen und ihren Bedürfnissen ist eingebettet in unsere sozialen Lebensformen. Das normative Handlungs- und Bedeutungsspektrum des Umgangs mit kleinen Kindern läßt sich nur künstlich neutralisieren und ›rein deskriptiv‹ erfassen. Ein Verständnis von Bedürfnissen, von Teilnahme und Mitgefühl, kurz: vom spezifischen, irreduziblen Sinn der dort vertrauten Lebensphänomene muß hier unterstellt werden. Unsere sittliche Praxis ist *als ganze* etabliert. Beim Spendenverhalten weiter Teile der Bevölkerung wohlhabender Länder angesichts von Hunger- und Flutkatastrophen oder Kriegsfolgen muß nicht von irgendwo abgeleitet werden, daß Hilfe not tut und gut ist. *Begründet* wird hier vielmehr – und das ist aufschlußreich – *nur* über Tatsachenberichte aus den Katastrophengebieten bzw. über die Lage der Kriegsopfer und darüber, ob das Geld auch dort ankommt. Die ethischen Aspekte aber haben einen im wesentlichen hohen Grad an Selbstverständlichkeit. Sie verdanken sich kaum moralphilosophischen Reflexionen. Im Bereich der Sein-Sollen-Thematik kommt meine Untersuchung in der Tat zu dem Schluß, daß die solchermaßen relevanten Selbstverständlichkeiten sinnexplikativ freigelegt werden können und daß die meisten begründungstheoretischen Fragen der

32 H. Putnam, »The Place of Facts in a World of Values«, a.a.O., S. 142-162, dort S. 150.

ethischen Gegenwartsdiskussion kriterial von Grund auf falsch gestellt sind (§ 1).

Wir dürfen die konkrete Sittlichkeit nicht ignorieren und in der Reflexion überspringen und auf diese Weise eine soziale und kommunikative Welt in reine Faktizität und reine Moralität auseinanderreißen – beide Schimären aus hypostasierten Begriffen. Die sittliche und moralische Praxis besteht in einem nicht von einem Punkt aus überschaubaren Verwobensein von Lebensformen und Sprachmöglichkeiten, in dem z. B. die Rede von Kindern, alten Menschen, Not, Hunger, Hilfe, Schwachheit und Bedürftigkeit einen zunächst nicht besonders begründungsbedürftigen und allgemeinverständlichen Ort hat. Deswegen ist es falsch, wenn Hans Krämer gegen meine Analyse einwendet: »Aus der sozialen Verfaßtheit folgt normativ unmittelbar nichts. Die anthropologische Basis schlägt m. a. W. nicht direkt auf die Regulierung von Praxis durch, es sei denn um den Preis anthropologistischer Fehlschlüsse.«[33] In ähnlichem Kontext kritisiert Dieter Thomä, durch ihre faktische Variabilität und kulturelle Situiertheit würden »die anthropologischen Vorgaben die normative Dignität ein(büßen), mit der R. die Moral ›universalistisch‹ vor Wechselfällen schützen will«.[34] Faktizität und Praxis sind, wie ich im Zentrum meiner Analysen zum zweifachen Ursprung der primären Welt (§ 8) und zur Struktur der praktischen Sinnentwürfe (§ 9) aufzuweisen suche, konstitutiv verklammert.[35] Und zwar nicht auf undurchsichtige Weise: Wir

33 H. Krämer, Rezension von: Thomas Rentsch, Die Konstitution der Moralität. Transzendentale Anthropologie und praktische Philosophie, in: Allg. Zt. f. Philosophie 17 (1992), S. 84-87, dort S. 85.

34 D. Thomä, »Die gute Verfassung des menschlichen Lebens«, in: Philos. Rundschau 39 (4) (1992), S. 309-318, dort S. 313. Diese Rezension parallelisiert meine Konstitutionsanalysen der menschlichen Grundsituation mit dem anthropologischen Modell der »basic human functions« bei Martha Nussbaum und war für mich sehr aufschlußreich. Das gilt ebenso für Thomäs kritischen Vergleich meines Universalismusverständnisses mit demjenigen meines Lehrers F. Kambartel. Vgl. dazu F. Kambartel, *Philosophie der humanen Welt*, Frankfurt a. Main: Suhrkamp 1989. Vgl. H. Krämer, Rezension zu: Th. Rentsch, a.a.O., S. 84 f.

35 Dies sieht klar W. Brugger in seiner Rezension, in: ARSP 78 (2) (1992),

müssen faktisch handeln, mit praktischen Sinnentwürfen uns selbst und unsere Welt bestimmen. Wir müssen – ob explizit geklärt oder nur im schlichten Vollzug – unserer ›leeren‹ Zukünftigkeit eine Gestalt geben, diese Gestalt vorher bereits entwerfen, um uns aus dieser Zielgestalt in unserer jeweils gegenwärtigen Praxis überhaupt verstehen zu können. Wir müssen faktisch Sinnentwürfe praktizieren, existentielle und interexistentielle, soziale und politische Projekte als Zielgestalten unserer Praxis entwerfen. Bereits so ist das ›Tatsächliche‹ – die Tat-Sachen – nie als nacktes Substrat purer Gegebenheit aufzufassen, als ein factum brutum, welches nicht von vornherein eingebettet wäre in durch und durch normative Kontexte. Ein *Verstehen*, heißt das, unserer Lebenspraxis und der für sie wesentlichen grammatischen Verhältnisse ist bereits ohne Reflexion auf Moralität i.e.S., ohne die Einsichtsfähigkeit in praktische, ethische Bedeutungen ganz unmöglich. Dies gilt bereits für elementare anthropologische ›Tatsachen‹ wie z. B. Schwangerschaft, Geburt, Altern und Sterben, die für die Ethik so wichtig sind wie für unser Leben. Aus ihnen »folgt«, wie Krämer schreibt, ebenso wie aus der sozialen Verfaßtheit »normativ unmittelbar nichts«. Diese Tatsachen sind aber gar nicht unmittelbar gege-

S. 281 f.: »Die Bestimmung der Moralität durch Rentsch steht in bemerkenswertem Kontrast zu allen Theorien, die den Vorrang der Methode (etwa des Diskurses) vor dem Inhalt der Moral vertreten oder glauben, die Moralreflexion an keinerlei Inhalten mehr verankern zu können; Rentsch grenzt sich auch deutlich von Apel und Habermas einerseits und Tugendhat andererseits ab, denen er eine fundamentalistische Engführung des Moralbegriffs und Überhöhung des Diskurs- und Universalisierungsprinzips bzw. eine Unterbestimmung und Depotenzierung der moralischen Perspektive vorwirft. Gleichzeitig wehrt sich Rentsch gegen neoaristotelische Versuche, den Gehalt von Ethik auf das jeweils vorherrschende partikulare Ethos zu reduzieren; daß solche Ansätze das praktisch vorhandene Potential der jeweiligen Moralen zu eng verstehen, zeigen ihm die angesprochenen anthropologischen Elemente der jeweiligen ›Erfüllungsgestalten‹ sowie die universalistischen Bestandteile der Konventionalmoralen.« Vgl. zur rechtsphilosophischen Diskussion meiner Untersuchung auch: J. E. Herget, *Contemporary German Legal Philosophy*, Philadelphia 1996 (Abschnitt: »Anthropolocical Jurisprudence«).

ben, sondern selbst nur in einer normativen, kulturellen Deutungspraxis, hinter die wir nie – es sei denn mit ganz speziellen Reduktionsmethoden z. B. empirischer Wissenschaften – zurückgehen können. Nur inmitten der Einsichtspraxis, inmitten einer Einsichtskultur können wir normative und deskriptive *Aspekte* unseres Redens und auch Handelns selbst wiederum differenzieren. Und diese Differenzierungspraxis hat ihre je eigenen, situierten Voraussetzungen und Verständniskontexte.

Somit wäre auch meine Kritik an einem schematischen, dogmatischen Verständnis der Sein-Sollen-Dichotomie (§ 25) ganz falsch verstanden, wenn der *Sinn* einer solchen Unterscheidung bei der Destruktion nicht aufgehoben und bewahrt würde. Es geht mir nicht darum, daß Problembewußtsein Humes wieder preiszugeben, sondern noch die Naivität zu kritisieren, die es ermöglichte. Die Artikulation eines irgend differenzierten Selbstverständnisses ist allein »deskriptiv« oder »normativ« überhaupt nicht möglich. Diese Aspekte kann man zwar unterscheiden, aber nicht trennen. Meine Kritik an der Konstruktion des naturalistischen Fehlschlusses bezieht sich gerade auf Versuche, aus vermeintlich »reinen Tatsachen«, die aber selbst nur begrenzt sinnvolle Konstrukte im Rahmen wissenschaftlicher Theorien sind, normative Aussagen abzuleiten. Die Humesche Kritik bleibt auf halbem Weg skeptisch stehen. Sie verabsäumt den zweiten Schritt, mit dem die menschliche Lebenspraxis in einem umfassenden Sinn *diesseits* der Sein-Sollen-Dichotomie zu thematisieren ist. Dadurch kommt es dann unweigerlich wiederum zu Begründungsversuchen, die erneut den naturalistischen Fehlschluß reproduzieren.

Dies ist der Kontext meiner Analyse der dianoietischen Prädikate und Sprachhandlungen. Mit ihr läßt sich die systematische Verschränktheit von praktisch-anthropologischen und sprachanalytischen bzw. sprachhermeneutischen Methoden der Selbsterkenntnis in meinem Ansatz am besten verdeutlichen. Hier geht es nicht etwa darum, das Normative aus dem Faktischen »abzuleiten«, sondern in der philosophischen Analyse mache ich darauf aufmerksam, daß und wie die soziale Verfaßtheit schon durch und durch normativ geprägt ist: Praktische Einsichten gehören wesentlich schon immer zum Verständnis der kommunikativen Lebenspraxis dazu. Sie gehören zu elementaren Orientierungsformen in aller Alltäglichkeit: Hier bereits lernen wir die entscheidenden, für die Grammatik der Moral konstitutiven Bedeutungen: Rücksichtnahme, gegenseitige Hilfe, Vertrauen, Offenheit und Zuspruch, Anteilnahme, Selbstlosigkeit, und mit ihnen selbstverständlich rücksichtslose Verfolgung eigener Interessen, unsolidarisches Verhalten, Mißtrauen, Lüge, Täuschung und Schlimmeres. Hier, inmitten der primären Welt alltäglichen Umgangs, machen wir die auch für unsere ethischen und moralischen Orientierungen entscheidenden (Lebens-)Erfahrungen und bilden jene Sensibilität mehr oder weniger aus, die später unsere praktische Urteilskraft, die phronesis und den praktischen Gemeinsinn (sensus communis) leitet und auf die wir bleibend angewiesen sind. Die Selbsterkenntnis und die Menschenkenntnis sind nicht ohne einander zu haben.

Entscheidend ist nun für meine Analyse folgende Kernthese: *Die Worte und Sätze, die wir tatsächlich, in der Wirklichkeit unseres alltäglichen Zusammenlebens zur praktischen Selbstverständigung gebrauchen, diese dianoietischen Sprachhandlungen enthalten, präsupponieren und implizieren in ihrer ganzen Weite und internen Komplexität bei angemessenem Verständnis ›das Ethische‹ bzw. ›die Moralität‹.* Es handelt sich bei der Konstitution der Moralität also nicht um Ideale, Postulate oder Fiktionen, auch nicht um transzendentale Eigenschaften von konstruierten Vernunftdiskursen. Die von mir im folgenden durchgeführte praktisch-anthropologische Reflexion auf den grammatischen Status und die Sinn- und Geltungsbedingungen *dieser ständig allenthalben in Anspruch genommenen* Rede (auch z. B. von Menschenwürde, Lebensqualität, Solidarität etc.) setzt daher sprachkritisch und hermeneutisch *vor* einer Dichotomisierung von ›Sein‹ und ›Sollen‹ an, denn die Wirklichkeit ist insofern (mit Hegels Wort) vernünftig, als die soziale Praxis (existentiell und interexistentiell, institutionell und politisch) normativ durchsättigt und getragen ist auch von ethischen Geltungsansprüchen. Diese ermöglichen auch die gesamte Rechtssphäre. Daß die Wirklichkeit vernünftig ist, schließt deren mögliche und tatsächliche Unvernünftigkeit mit ein. Es besagt nicht, die Wirklichkeit mitsamt ihren faktischen Wertvorstellungen sei kritiklos hinzunehmen, sondern, die *Kriterien* für deren Kritik nicht außerhalb der Wirklichkeit in einem Raum der Ideale zu suchen, sondern ebenfalls in der Wirklichkeit (vgl. das zweite Motto des vorliegenden Bandes). Die systematische Verschränktheit normativer und deskriptiver *Aspekte* der einen praktischen Sprache, in der wir uns über unsere Selbstverständnisse verständigen, bedeutet bereits, daß wir uns von den normativen Implikationen dieses Alltagsdiskurses nicht kommentarlos dispensieren können – weder in der Theorie noch in der Praxis.

Hier eröffnet sich die methodologische Problematik des Verhältnisses von *Konstitutionsebene* (philosophischer Analyse der praktischen Implikationen z. B. der Rede von uns selbst, von ›Mensch‹, ›Mitmensch‹, humanem Leben und Sterben) und praktischer *Einsichtsebene*. Mit den philosophischen Analysen zur moralischen Rede und Praxis beziehen wir uns erläuternd und sinnexplikativ auf die Ebene praktischer Einsichten. Den Sinn praktisch-anthropologischer Grundbegriffe können wir dabei nicht ein für allemal objektiv fixieren, und das ist gut so, denn sie unterliegen der offenen, diskursiven Interpretation – aber nicht etwa subjektiver Deutungsbeliebigkeit. Die Offenheit der semantisch verzweigten Termini (§ 18, § 21) verweist immer auch auf den Spielraum im Bereich der praktischen Verständnisse. Emphatisch gesprochen, besteht ein unauflöslicher Zusammenhang zwischen der hermeneutischen Offenheit der dianoietischen Termini und unserer praktischen Freiheit. Ich habe dies in meinen Analysen zum Gebrauch und Verständnis des Wortes ›Mensch‹ ausgeführt. Eine historische Analyse könnte zeigen, wie sich vornehmlich unter dem Einfluß revolutionärer religiöser und philosophischer Avantgarden ein universales moralisches Verständnis solcher Worte herausgebildet hat – als Verständnis ihres *tatsächlichen* Gebrauchs. Auch die *Dialektik* von Moral und Glück sowie die relevanten *Konflikte* zwischen Moral- und Glücksansprüchen gehören *intern* zur vollen (nicht-reduktionistisch begriffenen) Konstitution der Moralität und treten nicht gleichsam von außen, als störende Zusatzfaktoren lediglich zu ihr hinzu. Das gilt auch für tragische Konflikte. Zum

Sinn der Moral gehört das Glücksverständnis, und gerade das Verständnis unbedingter normativer Ansprüche ermöglicht überhaupt ein angemessenes Verständnis eigener Lebensentwürfe.[36] Es sind vernünftige Einsichten, die diese durchgängig miteinander verbundenen Ebenen unseres Lebensverständnisses vermitteln. Deswegen sollte ein abstrakter, kontradiktorisch gesetzter Dualismus von ›Sein‹ und ›Sollen‹ nicht die Untersuchungen der praktischen Philosophie wie ein ontologisches Axiom von vorneherein beherrschen und steuern. Wir sollten einem Naturalismus gar nicht erst Raum geben.

Dieser *sokratische Grundzug* philosophischer Ethik soll durch meine Analysen im Bereich der Kernthematik praktischer Selbsterkenntnis methodisch nachvollziehbar explizit gemacht werden. Im Rückgang auf die Frage nach praktischer Selbsterkenntnis spielen deshalb tu-quoque-Argumente eine entscheidende Rolle. Die philosophische *Analyse* einsichtiger Lebensverständnisse kann allerdings nie die eigene (existentielle) Einsicht und Lebenserfahrung ersetzen oder erübrigen, und sie verfügt auch nicht über sichere Mittel ihrer ›Andemonstration‹, die sogar das Ziel pervertieren würden. Aber sie kennt Praktiken der Erläuterung und Hinführung. Selbst vor der sokratischen Grundsituation aller ethischen Selbsterkenntnis stehen wir nicht reflexions- und begriffslos da, wenn wir sie nur angemessen verstehen.

4. Die Relativität philosophischer Analyse und der ›Relativismus‹

Entscheidend ist, wer in welcher Situation einen ethischen, normativen, moralischen Relativismus konstatiert bzw. vertritt und was eine solche Feststellung oder Haltung ihrerseits bedeutet.

---

36 Weiterführende Analysen zur Interdependenz von Moral und Glück finden sich bei M. Seel, *Versuch über die Form des Glücks,* Frankfurt am Main: Suhrkamp 1995. Vgl. zur Kritik an Seel: Th. Rehbock, »Zur gegenwärtigen Renaissance und Krise des Personbegriffs in der Ethik – ein kritischer Literaturbericht«, in: Allg. Zt. f. Philosophie (1) 1998, S. 61-86, dort S. 80-86.

Bedeutet sie, daß Menschen zu unserer Zeit und auch in der gesamten Geschichte jeweils von recht bis sehr unterschiedlichen normativen Überzeugungen geprägt waren und sind, so kann es darüber keinen ernsthaften Dissens geben. Daß ferner diese ethischen Orientierungen erheblich von religiösen, ökonomischen, sozialen und kulturellen Faktoren beeinflußt sind, ist nicht fraglich. Die Frage ist allerdings, was dies *praktisch* bedeutet. Das Wissen um die Situiertheit und Lokalität – kurz: die Partikularität – der eigenen Praxis gehört mit zu allgemein-vernünftigen Orientierungen. Situationsunabhängige Reproduzierbarkeit besteht allenfalls für bestimmte Techniken, und auch nur dann, wenn man sie isoliert betrachtet, nicht jedoch für unsere individuelle und gesellschaftliche Praxis. Die Einbettung in einen jeweiligen Kontext ist für ethische Verhältnisse ganz unumgänglich. Hermeneutische Verstehens- und Applikationsbedingungen, Kontextsensibilität, Angemessenheitsreflexionen, emotionale Rationalität (»Einfühlung«) und die Schulung einer beweglichen Urteilskraft gehören zu den Konstitutionsbedingungen von Sittlichkeit und praktischer Vernunft – denken wir z. B. nur an den Umgang mit Kindern, sehr alten Menschen oder mit Menschen aus uns fremden Kulturen und unbekannten religiösen Traditionen. Das heißt: Differenzen und Asymmetrien vielschichtiger Art, die nicht über einen Kamm zu scheren sind, sowie das Phänomen der Alterität – sie gehören, wie ich im folgenden (§ 14 f.) aufweise, selbst mit zu den unabweisbaren internen Bedingungen der Moralität. Wir können angesichts dieser Phänomene nicht wiederum wähnen, zunächst eine *reine Form* der universalistischen Moral ohne Reibung mit der Lebenspraxis, der faktischen, materiellen, kontingenten und endlichen Verfaßtheit unserer Lebenssituationen herauspräparieren zu können, um dieses abstrakte Modell *dann* mit der Wirklichkeit zu konfrontieren. Eine solche idealsprachliche Vorstellung zehrt im besten Falle selbst wiederum nur von dem uns schon alltäglich bekannten Sinn, den die moralisch-praktische Rede z. B. von ›Zwanglosigkeit‹, ›Anerkennung‹, ›Achtung‹ der Mitmenschen *nur inmitten* fragiler, alteritärer und asymmetrischer Verhältnisse besitzt. Wir dürfen sinnkriteriale Untersuchungen nicht mit illusionären Vorstellungen eines objektivistischen Purismus, eines Reinheitsfetischismus, belasten, die der Erkenntnis des nur in Kontexten gegebenen Geltungssinns normativer Orientierungen gerade im Wege stehen.

Den meisten Rezensenten leuchtet meine Kritik an starken relativistischen Positionen (§ 27) ein. Allerdings fällt es ihnen schwer, einzusehen, warum diese Kritik bereits eine Lösung von Problemen eines moralphilosophischen Relativismus im engeren Sinne darstellen soll. Kaum ein Philosoph will sich die letztlich aporetische Position eines aus der Beobachterperspektive teilnahmslos konstatierten hermeneutischen Relativismus hinsichtlich fremder Lebensformen zu eigen machen. Daß wir unser (und fremdes) Leben nicht von außen oder von einer übergeordneten (gott-ähnlichen) Warte beurteilen können, scheint allgemein zustimmungsfähig zu sein. Auch, daß ein hermeneutischer – die Verstehensbedingungen mitreflektierender – Universalismus insoweit im Recht ist, als bereits die sinnvolle *Feststellung* lebensformbezogener kultureller Differenzen bestimmte basale und auch nichttriviale Gemeinsamkeiten *wechselseitig* voraussetzt, bestreiten nur wenige. Im analytischen Diskussionskontext spielt das *principle of charity* z. B. in der Davidsonschen Variante eine vergleichbare Rolle. Zu fragen ist aber, ob ein Anti-Relativismus des Verstehens sich vor- und außerethisch überhaupt denken läßt. Setzen nicht bereits bescheidene Formen teilnehmender Beobachtung an fremder Praxis auch Formen der Rücksichtnahme, der Selbstreflexion, des Innehaltens und der Behutsamkeit voraus? Gegen meine in dieser Richtung der Sinnexplikation normativer, ethischer Präsuppositionen interexistentiellen Verstehens durchgeführten Analysen bemerkt Krämer: »Doch folgt aus der kritischen Abstufung von Moralhorizonten noch nicht, daß der Universalismus und vor allem *unsere* Art des Universalismus (die der westlichen Moderne) die transzendentalanthropologisch allein mögliche Moralform sei. Als Metatheoretiker sind wir vielmehr gehalten, redlicherweise die Idee des Universalismus und vollends die uns vertraute eurozentrische Form des Universalismus als Epochen-(...)Moral zu relativieren.«[37] An dieser Bemerkung wird indirekt die

37 H. Krämer, Rezension von: Th. Rentsch, a.a.O. (Anm. 33), S. 85.

positive Erwartung ablesbar, die Krämer mit der praktisch-anthropologischen Reflexion verbindet: die (logische?) Folgerung einer »allein möglichen« Moralform, also wohl deren »Ableitung« aus transzendental-anthropologischen Feststellungen bzw. Prinzipien. Eine solche positive Erwartung kultiviert aber in meinen Augen ein Mißverständnis, und meine sinnexplikativen Analysen zu den einsichtsbezogenen Prädikaten lassen sich nicht als beweisartige Ableitung einer allein möglichen Form der Moral verstehen. Wohl behaupten die Analysen z. B. zum praktischen Gebrauch des Wortes ›Mensch‹, daß sich nach gemeinsamer Überlegung nicht für ein auf Rassen, Klassen, Geschlechter oder sonstige besonders charakterisierbare Menschengruppen eingeschränktes Verständnis des einsichtsbezogenen Wortes argumentieren läßt, daß in diesem Sinne ein nicht-relativierbares, somit ›unbedingtes‹ Verständnis angemessen ist. Es handelt sich um die Explikation des interexistentiellen, praktischen Gebrauchssinns der Rede von uns selbst im zwischenmenschlichen Bereich. Mit dieser Explikation ist somit z. B. kein dogmatisches, ontologisch-essentialistisches Verständnis der Rede von Menschen im Blick auf Föten umstandslos verbindbar. Über eine solche dogmatisch-essentialistische Basis für Deduktionen in der Moralphilosophie verfügen wir nicht.

Die entscheidende Frage ist: Was erwarten wir philosophierend von einem ethischen Universalismus in Absetzung von einem den ethischen Geltungssinn im Kern depotenzierenden Relativismus? *Daß* grammatischer Geltungssinn und *daß* mithin praktische Einsichten in kulturelle und geschichtliche Kontexte eingebettet sind, bedeutet keine Relativierung dieses Sinnes, sondern nur dessen – stets erforderliche – Kontextualisierung. Sie gilt ganz selbstverständlich entsprechend nicht etwa nur für religiösen, sondern genauso für mathematischen und naturwissenschaftlichen Geltungssinn. Viel muß z. B. geschehen sein und getan werden, bis man zur Differential- und Integralrechnung kommt – kulturell und geschichtlich, aber auch seitens jeden einzelnen Schülers. Und anders als an Ort und Stelle können wir überhaupt nichts begreifen und lernen. Auch, daß nicht allen und nicht immer dieser mathematische Geltungssinn bekannt war, unterwirft diesen Sinn keineswegs einem ihn aushöhlenden Relativismus. Die ›universale‹ Geltung der Differential- und Integralrechnung wurde einmal von Newton, Leibniz und Bernoulli entworfen und somit handelnd hervorgebracht, und dies unter weitreichenden kulturellen und wissenschaftsgeschichtlichen Bedingungen. Kultureller Sinn ist ein filigranes Gebilde, erst recht im Bereich der Moralität. Außerdem ist Geltungssinn, insbesondere im praktischen Bereich, nicht synchron und statisch zu begreifen, sondern er unterliegt lebendigen, zeitlich-geschichtlich sich wandelnden Interpretations-, Umdeutungs- und auch Radikalisierungsprozessen.

Thomä kritisiert mit ähnlicher Stoßrichtung wie Krämer: »Der Aufweis selbstverständlicher Implikationen unserer Lebensführung, um den es R. geht, kann freilich durch nichts seinen Anspruch begründen, mehr zu sein als die Artikulation eines gewissen historisch und kulturell gebundenen Selbstverständnisses. (...) so kann er diese Ähnlichkeiten (sc. zwischen verschiedenen Kulturen, Th. R.) doch nur induktiv zur Transzendentalphilosophie hochloben.«[38] Es bleibt mir unverständlich, wie sich dieser Vorwurf zu meinen von Anfang an als Vorzeichen vor der Klammer fungierenden Analysen zur lebensweltlich-apriorischen, unhintergehbaren Situationalität mit all ihren Facetten (§ 6) verhält. Aber mehr noch wird ex negativo aus der Bemerkung von Thomä erkennbar. Seine Meinung scheint zu sein: Leider artikuliere ich mit den Konstitutionsanalysen der Moralität ein Selbstverständnis, das kulturell und geschichtlich vermittelt und situiert ist. Von dieser Situation aus beurteile ich z. B. auch andere Kulturen und deren Praxisformen. Ein *eigentlich* transzendentaler, konstitutionsanalytischer Anspruch aber wäre gänzlich ahistorisch, zeit- und ortlos, er wäre überhaupt nicht auf kulturelle Traditionen und Praxen bezogen, sondern würde in keimfreier Reinheit über aller sonstigen Wirklichkeit schweben. Selbst schon für Kant, aber erst recht nach Hegel und Wittgenstein ist ein solches von Grund auf dualistisches, dichotomisches Bild der Lebenswirklichkeit wie der Sinnkonstitution irreführend. Meine gesamten Analysen sind – so-

38 D. Thomä, »Die gute Verfassung des menschlichen Lebens«, a.a.O., (Anm. 34), S. 313.

wohl hinsichtlich einer cartesischen Hypothek der Subjekt-Objekt- und Subjekt-Subjekt-Dichotomie wie auch hinsichtlich einer axiomatisch-ontologischen Sein-Sollen-Abspaltung – gegen solche strukturell irreführenden, weil vergegenständlichenden Großbilder gerichtet. Freilich: *Durch nichts* als durch die methodische Sinnexplikation einsichtsbezogener Sprachpraxis und ihrer Grammatik – die wir nicht dem Wörterbuch entnehmen können –, *durch nichts* als durch die Erläuterung der mit dieser Sprachpraxis verwobenen Lebensformen begründet sich der Anspruch philosophischer Analyse. Und erschwerend tritt hinzu: diese Explikation und diese Erläuterung sind *nur* in einer sprachlichen Repräsentation und Interpretation möglich, die durch spezifische Kulturtraditionen vermittelt sind. Worin besteht das Problem? Wie sähe eine Alternative zu solcher (immer gegebenen) Kontextualität aus? Ein »induktiv«-generalisierendes Verfahren – z. B. im Sinne empirischer ethnologischer Feldforschung oder im Sinne einer Meinungsforschung unter den Mitgliedern verschiedener kultureller und sozialer Formationen – wende ich nirgendwo an. Es liegt mir völlig fern. Bereits im gesellschaftlichen Nahbereich fänden sich bei hinreichend intensiver Recherche genügend Zyniker, Amoralisten und subtile Neonietzscheaner, aber auch Gleichgültige und Desinteressierte, mit denen auf diese Weise eine »Widerlegung« der Konstitutionsanalysen der Moralität ein Kinderspiel wäre.

Die Alternative, die nicht mehr transzendental-sinnkritisch wäre, könnte dann philosophisch nur noch ein metaphysischer Dogmatismus oder ein apriorischer Rationalismus sein, aus dem der Universalismus axiomatisch-deduktiv als »allein mögliche« Moralform notwendig folgte. Von solchen Vorstellungen more geometrico ist die nachstehende Untersuchung weit entfernt. Bereits, wenn wir eine unsere tatsächliche Situation prekär verzerrende Beobachterperspektive aufgeben, uns im Bereich kritischer und damit kommunikativer Selbstreflexivität zu bewegen beginnen, schwindet auch der Schein eines theoretischen und praktischen ›Relativismus‹ zugunsten der Einsicht in kulturelle und geschichtliche Kontexte, die zur Erläuterung des Sinns dessen, was wir meinen, schlicht dazugehören, ohne diesen Sinn dadurch im mindesten zu schmälern.

XL

Die nachstehende Untersuchung hat auch ein Interesse daran, zu zeigen, daß man sich die Konstitution der Moralität nicht zu einfach vorstellen darf. Mit einem simplen Rekurs auf »lebensweltliche Selbstverständlichkeiten«, die dort, in einer Welt idyllisch befriedeter Identität und Selbsttransparenz auf unmittelbare Weise evident bereitlägen, darf die methodische Sinnexplikation der Grammatik unserer Praxis nicht verwechselt werden. Sie besteht weit mehr im Wegarbeiten von Irrtümern, Illusionen und verfestigten Vorurteilen als in der planen Exposition unmittelbar »einleuchtenden« Geltungssinnes. Daß sich auf solchen möglichst schnell positiv greifbaren, als »Ergebnis« verfügbaren Sinn das Augenmerk mancher Leser bald richtet, liegt auch an einer durch die Machart vieler moralphilosophischer Untersuchungen der Gegenwart hervorgerufenen Erwartungshaltung, die einen Schritt zurück in der Reflexion von Methode und Selbsterkenntnis nicht mehr vorsieht. Deswegen akzentuieren die folgenden Analysen im Kernbereich der Konstitution Endlichkeit, Fragilität (§ 13), Asymmetrie (Herrschaft und Sexualität) (§ 14), Alterität (§ 15) und Negativität (§ 16), aber auch den berechtigten Wahrheitsanspruch des Materialismus (§ 24).

Vor diesem nichtidyllischen Hintergrund lassen sich noch zwei weitere Kernargumente gegen den Relativismusvorwurf entwickeln, die nicht mehr die unlösbaren methodischen Probleme des theoretisch behaupteten oder praktisch vertretenen kulturellen und moralischen Relativismus in ihrem Zentrum haben, sondern im engeren Sinne praktische Aspekte: Es ist erstens das *Selbstanwendungsargument* (in diesem Zusammenhang), zweitens das *Radikalisierungsargument*.

Zunächst zum Selbstanwendungsargument. Keineswegs – so sind die folgenden Analysen zu verstehen – ist uns die *Bedeutung des Geltungssinnes* unserer einsichtsbezogenen Urteile (§§ 18 und 21) selbst fraglos verfügbar und definitorisch oder analytisch durchsichtig wie eine mathematische Formel. (Noch nicht einmal eine Formel steht uns so zur Verfügung – aber das ist ein anderes Thema.) Der Sinn der Erläuterung des hermeneutischen Universalismus (§§ 15 und 27) angesichts der konstitutiven Alterität und tiefgreifender kultureller Differenzen besteht nicht zuletzt darin, deutlich zu machen, daß eine unerschütterliche Selbstgewißheit auch hinsichtlich des Geltungssinnes der eurozentrischen praktischen Vernunfttradition keineswegs unproblematisch von uns – auch nicht von Philosophierenden – in Anspruch genommen werden kann. Praktische Einsichten gehören uns nicht wie ein Besitz – auch nicht in Gestalt unserer besten moralphilosophischen Traditionen. Hier kann der Hinweis genügen, daß diese (auch religiösen) Traditionen die katastrophalen Zivilisationsbrüche der westlichen Welt im 20. Jahrhundert nicht verhinderten.

Entscheidende Pointe meiner Rekonstruktion der interexistentiellen Grammatik der dianoietischen Termini und ihres Lebensformbezugs ist gerade, daß wir auf ein ethisches Selbstverständnis angewiesen sind, uns nicht davon dispensieren können. Denn wir müssen – unvertretbar (vgl. § 10) – selbst moralisch urteilen. Das können wir nur in der Gegenwart und nur mit Anderen. Auch ich muß mir selbst – in der jeweiligen Situation – mit Blick auf die Zukunft ein Urteil bilden. Welches Urteil es ist, das kann ich vorab nicht antizipieren, und keine vorab vermeintlich objektivistisch oder formal festgelegte praktische Sprach- oder Handlungsregel nimmt mir dies ab. Ich sehe z. B. Kurzformeln wie dem Kategorischen Imperativ oder der Tugendhatschen Formel »Instrumentalisiere niemanden!« nicht an, was sie in den komplexen Handlungssituationen des Lebens jeweils bedeuten. Solche Formeln und Regeln stehen nicht am Anfang, sondern am Ende unserer moralischen Orientierungsbemühungen und dienen zur Erinnerung an unsere praktischen Einsichten. Es kommt in den folgenden Analysen vor allem auch darauf an, zu zeigen, daß gerade diese strukturelle Offenheit und Ungesichertheit der Einsichtsebene die entscheidenden Argumente gegen einen Dogmatismus und Subjektivismus liefern. Welche praktische Bedeutung der Rede von der Achtung der Anderen z. B. in der Interaktion mit fremden Kulturen konkret zukommt, darüber besteht auch nicht in einem abgeschlossenen, fertigen eurozentrischen Diskurs letzte Sicherheit. Im Gegenteil: Vielleicht wenden sich die praktischen Einsichten und ihr innovatorisches Potential bei hinlänglicher kritischer Selbstreflexion wider Willen gegen liebgewordene westlich-mitteleuropäische Überzeugungen und etablierte Moralverständnisse selbst? Es wäre ein verhängnisvoller

Fehler praktisch-philosophischer Reflexion, würde man die für die Konstitution der Moralität wesentlichen praktischen Einsichten für sich oder auch für eine geographisch lokalisierbare Weltgegend wiederum als Privatbesitz reklamieren. Was »Achtung«, »Solidarität« und »Autonomie« in konkreten Bezugssituationen jeweils bedeuten, das steht nicht objektivistisch, dogmatisch und kanonisch fest. Wir können nicht irgendwann einmal technisch über praktische Bedeutungen verfügen. Gerade darum sind im übrigen formal-prozedurale Rahmenregeln auch so wichtig. Erst recht läßt sich einsichtsbezogene Universalität nicht in irgendeinem Sinne als empirische Generalisierbarkeit interpretieren. Recht verstanden, muß der praktische Sinn der moralkonstitutiven Geltungen sich immer auch gegen unsere eigenen Vorurteile, z. B. die der westlichen Tradition, richten können. Entsprechend wird ein hermeneutischer, verstehender ethischer Universalismus, wenn er praktisch wird, daran beurteilbar, ob er kulturelle Alterität und Differenz freizusetzen und sinnvoll zu bewältigen in der Lage ist. Insbesondere muß der praktische Geltungssinn sich ideologiekritisch gegen die eigenen Überzeugungen einsetzen lassen: Ist es doch keineswegs ausgemacht, ob das vielfach formal und prozedural sich erschöpfende westliche Recht- und Moralverständnis nicht faktisch nur wie ein zweifelhafter Legitimationsmythos funktionierte, unter dessen Deckmantel sich brutale Repressions- und Ausbeutungsprozesse in der übrigen Welt vollziehen konnten – nicht unähnlich der Bedeutung des Christentums und seiner liturgischen und sakramentalen Prozeduralität für die Kolonialisierung der Erde. Die Konstitution der Moralität ist so wenig relativistisch, daß ihr Geltungssinn auch auf die kulturellen und geschichtlichen Traditionen kritisch zurückwirkt, denen seine begriffliche Reflexion entstammt. Auch hier gilt: Wir wissen über die tatsächlich handlungsrelevanten praktischen Orientierungen viel weniger, als uns zu großen Theorien aufgezäumte Ethiken glauben machen wollen. Es ist für die ethische Reflexion besser, eine Lektion Bescheidenheit zu lernen. Dann wird erkennbar, daß sich ein theoretisch behaupteter oder praktisch vertretener Relativismus beide hybrider Selbstüberschätzung der eigenen Erkenntnis- und Einsichtsmöglichkeiten verdanken.

Aber noch weiter können wir den moralischen Relativismus in seinem Anspruch relativieren, wenn wir neben dem Selbstanwendungsargument das folgende Radikalisierungsargument berücksichtigen. In Abwandlung einer Formulierung von Quine können wir sagen: Alterität und Differenz, die den Anlaß für relativistische Positionen geben, bestehen nicht erst zwischen einander fremden Kulturen und Zivilisationen, sondern sie beginnen bereits zu Hause. Aufgrund der in den Analysen zur Fragilität (§ 13) und Negativität (§ 16) näher beschriebenen internen Unendlichkeit menschlicher Personen, aufgrund der für sie lebenssinnkonstitutiven Ferne, Unbekanntheit und Verborgenheit (vgl. bereits § 6) stellt sich das grundsätzliche Problem des Verstehens alteritären Lebens schon im vertrauten Nahbereich sozialer Interaktion, ja sogar schon hinsichtlich des eigenen Lebens und eines aufrichtigen Selbstverständnisses. Man würde die Tragweite dieser interexistentiellen Differenz z. B. in Familien, zwischen nahen Partnern und langjährigen Vertrauten auf oberflächliche Weise verkennen, wenn man moralisch durchschlagende, gravierende Alterität erst bei fremden Kulturen beginnen ließe. Was geläufig unter der großen Überschrift eines kulturellen, normativen oder moralischen Relativismus an Problemen verhandelt wird, ist als interexistentielle Differenz, Ferne und Fremdheit gerade bei großer Nähe zwischen Eltern und Kindern, Gesunden und Kranken, Jungen und Alten, traditionell bzw. modisch-aktuell orientierten Menschen in die psychische Struktur der Individuen und auch in die ekstatisch-zeitliche Distanz zur eigenen Lebensgeschichte so tief eingearbeitet, daß keine Reflexion der Moralität es für unsere eigene gesellschaftliche Praxis außer acht lassen kann. Diese Differenzen betreffen und prägen bereits im moralrelevanten Sinne die Konstitution unserer gesellschaftlichen Lebenspraxis hier und jetzt, so daß die xenologische Differenz (§ 27) nur eine auf den ersten Blick leicht erkennbare Variante der Differenzen im Verstehen und Handeln darstellt, die ohnehin menschliche Lebenssituationen durchgängig prägen. Auch das Leiden am Nicht-Verstehen ist nicht nur ein interkulturelles Makro-Phänomen. Haben wir es nicht zu Hause kennengelernt, dann werden wir es auch in geographischer Fremde nicht begreifen. Wir wären dort dann wie Touristen auf einer Besichtigungsfahrt, denen, was sie nicht verstehen, ein gewisses Vergnügen bereitet. Zugespitzt lautet das Radikalisierungsargument gegen einen moralischen Relativismus: Was der Relativismus meint (aber falsch ausdrückt), ist so wahr, daß man moralphilosophisch durch ihn kürzen kann.

Sowohl das Selbstanwendungsargument als auch das Radikalisierungsargument zeigen, daß hinter den oberflächlichen Relativismusvorwürfen auch recht oberflächliche, holzschnittartige Vorstellungen von unserer praktischen Lebenssituation stehen, in der Ferne, Fremdheit und wechselseitige Entzogenheit von Anfang an und bis zum Schluß prägend und konstitutiv sind, in der ein Humanismus der Alterität und eine moralische Kultur der Differenz – mit Adorno: des Nicht-Identischen[39] – bereits im ganz nahen Bereich unbedingt beginnen muß, weil sie sonst nie beginnt. Keiner der erörterten Relativismusvorwürfe und -vorstellungen läßt sich auf eine Weise halten und entwickeln, daß er ein triftiges Argument gegen die nachstehenden Analysen zur Konstitution der Moralität hergibt. Demgegenüber ist z. B. die gemeinsame Verständigung über unterschiedliche Lebens- und Praxisformen selbst ein kommunikatives Interexistential des gemeinsamen Lebens (§§ 12, 20, 22 f.), auf das wir nicht verzichten können.

5. Negativität und Moralität in der praktischen Selbsterkenntnis

Für die folgenden Analysen zur Konstitution der Moralität sind negative Aspekte praktischer Anthropologie von ausschlaggebender Bedeutung. Von den Rezensenten hat Uwe Justus Wenzel dies am deutlichsten gesehen[40], während eine Reihe von Kriti-

39 Vgl. Th. Rentsch, »Vermittlung als permanente Negativität. Der Wahrheitsanspruch der ›Negativen Dialektik‹ auf der Folie von Adornos Hegelkritik«, in: Ch. Menke/M. Seel (Hg.), Zur Verteidigung der Vernunft gegen ihre Liebhaber und Verächter, Frankfurt am Main: Suhrkamp 1993, S. 84-102.
40 U. J. Wenzel, »Moral und negative Anthropologie«, in: Süddt. Zeitung

kern diese Aspekte übersahen.[41] Erst sie, die konstitutive Fragilität (§ 13), die Asymmetrie (Herrschaft und Sexualität) (§ 14), die Alterität (§ 15) und Negativität (§ 16) bilden mitsamt den übrigen anthropologischen Analysen und den Untersuchungen zur Grammatik der moralischen Orientierungen den vollständigen Kontext der praktischen Reflexion.

Während die Bedrohtheit und Verletzlichkeit der Menschen von Leiden und Tod, untilgbare Macht- und Herrschaftsstrukturen, die sexuelle Differenz und die individuelle und kulturelle, z. B. auch intergenerationelle Alterität sich auch noch in der Beobachterperspektive thematisieren lassen, prägt die anthropologische Negativität den Kernbereich der praktischen Selbsterkenntnis von Anfang an. Ich habe ihr deshalb nach Abfassung der vorliegenden Arbeit eine Reihe von Untersuchungen gewidmet, die demnächst gesammelt vorliegen.[42] An dieser Stelle will

(23. 11. 1990), S. 53; ferner ders., Negativistische Ethik?, in: M. Hattstein u. a. (Hg.), *Erfahrungen der Negativität. Festschrift für Michael Theunissen zum 60. Geburtstag,* Hildesheim/Zürich/New York : Olms 1992, S. 355-372.

41 Aspekte der Negativität analysieren auch Lear, a.a.O. (Anm. 18), S. 273 ff. und Krämer, a.a.O. (Anm. 12), S. 234. Auch Tugendhats Analyse der moralischen Scham, a.a.O. (Anm. 8) läßt sich in diesem Kontext verorten. Auf die wichtigen Arbeiten von Michael Theunissen insbesondere zu dieser Thematik werde ich demnächst gesondert Bezug nehmen (vgl. Anm. 42). Es ist übrigens ein mir von A. Kuhlmann lediglich unterstelltes, aber typisches theoretizistisches Mißverständnis philosophischer Konstitutionsanalysen, solche Analysen seien ein »faustischer Kraftakt«, der Versuch der »Lösung des Welträtsels«. Ein solches – theoretisch verstandenes – Welträtsel gibt es gar nicht. Aber sehr *grundsätzliche* theoretische und praktische Fragen können wir ebenso einer gemeinsamen Klärungsarbeit unterziehen, wie sehr *spezielle* wissenschaftliche Probleme. Vgl. zum fundamentalistischen Mißverständnis: A. Kuhlmann, »Warum der Mensch moralisch ist. Transzendentale Anthropologie und praktische Philosophie: Thomas Rentsch löst das Welträtsel nicht«, in: FAZ vom 13. 02. 1991. Eine solche Kritik übersieht die negativ-kritische Stoßrichtung meiner Analysen und ihrer Betonung der Bedeutung unserer Endlichkeit und Begrenztheit.

42 Th. Rentsch, *Negativität und praktische Vernunft* (erscheint in dieser Reihe).

ich darauf hinweisen, daß alle positiven Explikationen des Guten, der praktischen Sinnentwürfe, der Grammatik praktischer Einsichten und des modifizierten Universalismus unter dem Vorzeichen negativer Anthropologie zu begreifen sind: unter dem Vorzeichen der *Unableitbarkeit* unserer Sinnentwürfe aus der materiellen Natur, der begrifflichen und theoretischen *Nichtobjektivierbarkeit* der singulären Totalität (Individualität) unseres Lebens sowie der wechselseitigen pragmatischen *Entzogenheit* der Menschen füreinander im gemeinsamen Leben (§ 16). Die Einsicht in diese negativen Aspekte ist in gewisser Hinsicht für die Ethik viel wichtiger als die Absicherung positiver normativer Orientierungen und Sätze durch Begründungen, Rechtfertigungen und entsprechende, sie vermeintlich tragende Theorie- und Motivationskonstrukte. Denn diese Aspekte berühren den Status der Philosophie, den Zusammenhang von philosophischer Methode und praktischer Selbsterkenntnis. Auch hier wird sichtbar: Es handelt sich bereits um praktisch folgenreiche *Einsichten*, die wir ethisch mit den negativen Aspekten verbinden müssen. Das bloße Konstatieren einer uns selbst nicht weiter tangierenden und betreffenden anthropologischen Faktizität – z. B. der Endlichkeit oder Verletzlichkeit humaner Wesen – wäre weder kommunikativ noch selbstreflexiv den Lebensphänomenen angemessen. Wir können die Analysen zur anthropologischen Negativität – was bedeutet es für uns, daß wir endliche und sterbliche Wesen sind? – nur mit einem höchst artifiziellen Reduktionismus aus dem Bereich herausdrängen, in den sie eigentlich zentral hineingehören: in den Bereich der Ethik, die anthropologisch nicht leer sein darf, so, wie die philosophische Anthropologie ethisch nicht blind sein darf. Die im folgenden methodisch explizit gemachte *Gleichursprünglichkeit* (§ 7) der anthropologisch-praktischen Züge unseres Lebens und seiner zu begreifenden Faktizität macht für die praktische Selbstreflexion eine ständige *Interkorrelation* der faktisch-praktischen Lebensaspekte und der Grammatik der Moralität erforderlich. Für den Zusammenhang von Negativität und Moralität ist dabei folgendes wichtig: Wir müssen uns handelnd und sprechend gemeinsam in die Zukunft entwerfen. Erst im Medium solcher endlichen und fragilen Entwürfe – sprach-

licher, sozialer und politischer Regeln und Institutionen zumal –
werden wir zu uns selbst und können unser Leben gestalten und
führen. Wir können an dieser Stelle von einer fundamentalen
Gestaltgebungsnotwendigkeit sprechen, von einer Existenzbe-
wältigungsnotwendigkeit als Grundzug unserer praktischen Lebenssituationen, wie auch immer sie sonst qualifiziert sein mögen. Wir müssen unser Leben selbst handelnd hervorbringen.
Angesichts dieses (hier nur grob skizzierten) Grundzugs lassen
sich folgende Verdeckungsschichten unterscheiden, deren sich
eine kritische Reflexion des Zusammenhangs von Methode und
Selbsterkenntnis bewußt sein muß: Es ist erstens die Verdecktheit der konkreten situativen Alltagsvollzüge, die moralisch-
praktisch, sozialphilosophisch und politisch von Bedeutung
ist. Die Alltagsvollzüge sind primär nicht transparent, tragen
ihren Sinn und ihre Bewertung nicht auf ablesbare, evidente
Weise wie Aufschriften an sich. Sie unterliegen vielmehr einer
tendenziellen Undurchsichtigkeit, einer Opazität, die durch die
zeitliche Vergänglichkeit, durch das Schwinden des Sinnes im
Vollzug und durch die unterschiedlichen perspektivischen Meinungen über den jeweiligen Handlungssinn bedingt ist. Ge-
richtsverfahren angesichts krimineller Delikte, Liebeskonflikte,
die Bewältigung der NS-Vergangenheit bieten genügend Beispielmaterial für diese Verdeckungstendenz, die die schwer zu
erhellende Mehrdeutigkeit, Ambivalenz und letzte Ungesichertheit gerade unserer moralrelevanten Situationsverständnisse begünstigt und damit die ständige Möglichkeit des praktischen
Fehlurteils eröffnet. Während im Bereich der theoretischen Philosophie, der traditionellen Erkenntnistheorie und der Wissenschaftstheorie die Reflexion der Fehlbarkeit, der Irrtumsanfäl-
ligkeit und der strukturellen Begrenztheit der menschlichen
Vernunft und ihrer Erkenntnismöglichkeiten zu den selbstverständlichen Grundvoraussetzungen gehört, ist die Bedeutung
dieser Endlichkeit und Begrenztheit für die praktische Philosophie noch lange nicht radikal genug expliziert worden – vielleicht, weil die Taube ›Vernunft‹ doch glaubte, im luftleeren
Raum des reinen Sollens am besten fliegen zu können.
Wir müssen zweitens von einer anamnetischen Verdecktheit bei
der erinnernden Vergegenwärtigung unserer Praxis ausgehen.

Weit entfernt davon, Idylle selbstevidenter Rekurse zu sein, ist die lebensweltliche Praxis Ursprungsort auch dieser Verdeckungstendenz. Die erinnernde Vergegenwärtigung praktischer Sinnentwürfe unterliegt Fehlern und Irrtümern von Anfang an, die deutende und beurteilende Sprachpraxis hinsichtlich der Alltagsvollzüge ebenfalls. Die Differenzen, Brüche und Asymmetrien im Verstehen Anderer, im Verstehen seiner selbst (z. B. in früheren Lebensphasen), in der Interaktion zwischen den Generationen – sie lassen eine universalistische Ethik nach Reißbrettvorstellungen von Reziprozität und Symmetrie unangemessen erscheinen; sie machen eine den Phänomenen der menschlichen Lebenspraxis angemessene Ethik notwendig. Die Einsicht, daß unsere Praxis von Fehlbarkeit und Täuschung durchsetzt ist, gehört wesentlich auch zum Verständnis des Gebrauchs der moralkonstitutiven einsichtsbezogenen Prädikate.

In der philosophischen Reflexion der Praxis tritt drittens die Überdecktheit der Problemlage durch die traditionellen Terminologien, durch verbreitete Lehrmeinungen und für selbstverständlich gehaltene Grundauffassungen hinzu. In den folgenden Analysen macht dies z. B. die Destruktion geläufiger Vorstellungen von einem autonomen, isolierten Einzelsubjekt letztlich cartesischen Zuschnitts (§ 12) sowie konventioneller Meinungen über das Verhältnis von Sein und Sollen erforderlich (§§ 18 und 25). Die negativ-kritische Einsicht in die hier nur skizzierten Verdeckungsphänomene ist für eine sinnkriteriale Reflexion der kategorialen Voraussetzungen der Moralität umfassend zu berücksichtigen. Sie berührt die Ebene der Geltungsreflexion und damit auch den Sinn, den wir universalen ethischen Ansprüchen und unbedingten moralischen Einsichten zu geben vermögen. Die lebensweltliche Praxis, die wir grundsätzlich nicht verlassen können, inmitten der wir auch unsere philosophischen Reflexionen anstellen, ist auch der Ort der Entfremdung, Verzerrung und Verdeckung potentiell geklärter Selbstverständnisse. Es ist wesentliche Funktion praktisch-anthropologischer Analysen im Kontext philosophischer Ethik, genau diese Strukturen der Negativität in die methodische Selbsterkenntnis mit einzubringen, anstatt sie systematisch zu überspringen und erst ex post als lästige Störphänomene mit einer vermeintlich reinen Moralform zu konfrontieren. Die Frage nach dem Status der Philosophie gründet noch in der fundamentalen, antinomischen Grundstruktur menschlicher Existenz, sich einerseits als naturhafte Faktizität, andererseits als Entwurf in Freiheit begreifen zu müssen (§§ 8 und 24). Entscheidend ist, daß wir diesen zweifachen Ursprung in die Reflexion der kommunikativen Verfassung der *einen* unhintergehbaren menschlichen Welt unserer Lebenspraxis mit aller Negativität hineinnehmen. Nur im Kontext der in den folgenden Analysen aufgezeigten negativ-anthropologischen Grundzüge kann Moralität sich überhaupt konstituieren, und die methodische Reflexion praktischer Selbsterkenntnis gelangt nicht irgendwann in einen Bereich frei von Negativität, Fragilität, Asymmetrie und Alterität. Sonst würden wir irgendwann aufhören müssen, von menschlichen Personen zu sprechen und beginnen, von abstrakten Schemen zu handeln. Engel und Maschinen brauchen keine Moral. Die negativen Grundzüge gehören vielmehr mit zu den Präsuppositionen praktischer Geltungsreflexion, die aller Aufklärung der Moralität und aller Selbsterkenntnis schon vorausliegen.

Die Aspekte der Negativität in der Konstitution der Moralität – Verdecktheit, Unableitbarkeit, wechselseitige Ferne, Fremdheit und Entzogenheit – sind somit auch die wichtigsten praktisch-anthropologischen Phänomene, die uns vor einer objektivistischen Vorstellung ethischer Verhältnisse und normativer Geltungsansprüche zu schützen vermögen, vor apersonalen und subhumanen Vorstellungen unserer Welt und des Konstitutionsgrundes. Denn das, was wir philosophisch als Konstitution der Moralität fassen, besteht nur in qualitativen, inhaltlichen und lebenspraktisch situierten menschlichen Kommunikationsverhältnissen und Sinnentwürfen in ihrer ganzen unendlichen Konkretion.

L

Einleitung

Die folgende Untersuchung setzt sich die Aufklärung der Konstitution der Moralität zum Ziel. Sie grenzt sich zunächst in *Kritischen Prolegomena* von verwandten Bemühungen der Gegenwart ab. Diese werden hinsichtlich ihrer ungeklärten Begründungsvorstellungen, hinsichtlich ihrer unzulänglichen philosophisch-anthropologischen Fundamente und ihrer unzureichenden sprachphilosophischen Analysen diskutiert. Die Darstellung stellt mithin keine Würdigung dieser systematischen Beiträge *in extenso* dar. Um keine Zeit zu vergeuden, sind die kritischen Bemerkungen pointiert. Der Sachverhalt ähnlicher bis gleicher *Grundintentionen*, nämlich der Rettung und Bewahrung der normativ-kritisch allein begreifbaren Perspektive der Moralität muß gesehen werden, wenn auch die Wege zu dieser Perspektive sich trennen.

Das zweite Kapitel, *Transzendentale Anthropologie und praktische Philosophie,* arbeitet grundsätzliche Bestimmungen aus, die zuallererst das Verständnis des Philosophierens selbst betreffen. Hier zeigt sich, daß ohne den Hinblick auf die menschliche Grundsituation eine praktisch-philosophische Reflexion ins Leere gehen muß. Diese Grundsituation jedoch steht nicht als »Objekt« oder als »Theorie« zur bereits einsichtigen Verfügung, sondern muß aufgeklärt werden. Die existentialanalytische Transformation der Transzendentalphilosophie, die Martin Heidegger in *Sein und Zeit* im Ansatz durchgeführt hat, ist der hier systematisch wesentliche Anknüpfungspunkt. Eigene Überlegungen, insbesondere im Anschluß an das sogenannte Privatsprachenargument Ludwig Wittgensteins und seine – noch nicht ins allgemeine Bewußtsein gedrungene – Bedeutung für die *praktische* Philosophie, machen eine kritische Destruktion der Existentialen Analytik in der Gestalt ihrer Transformation in die Interexistentialanalyse erforderlich. Heidegger hat die falsche *Kehre* vollzogen. Zwar sah er, wie tief er der monologisch-subjektzentrierten Grundstellung des Cartesianismus noch in der Existentialen Analytik verhaftet geblieben war. Er zog aus dieser Einsicht aber die falsche Konsequenz: nämlich die, auf das Philosophieren zu verzichten umwillen des *Andenkens des Seins*.

Dieser Weg ist ein Holzweg und ein Irrweg. Er zeitigt nur privatistisch-irrationale Horizonteröffnungen, so pathetisch sie auch vorgetragen werden und so wirksam sie auch in einem postmodernen Irrationalismus aufgegriffen werden. In Wahrheit muß eine Destruktion der Existentialen Analytik deren entscheidende systematische Leistung rettend kritisch bewahren. Der Satz von Habermas: *Mit Heidegger gegen Heidegger denken,* könnte sich so in der Durchführung einer Interexistentialanalyse als Maxime bewähren, und erst eigentlich bestätigen.

Wenn die Transformation der Existentialen Analytik in die Interexistentialanalyse die richtige Weise ist, von *Sein und Zeit* aus weiterzudenken, erklärt sich auch das praktisch-philosophische, das ethische Defizit der Heideggerschen Philosophie sowie die Bedingung der Möglichkeit eines Versagens des Philosophierens im Nationalsozialismus. Denn die *Aufdeckung der kommunikativen Interexistentiale der Rede und der Praxis als Konstituentien einer überhaupt möglichen menschlichen Welt* verunmöglicht eine Dissoziation von Ethik und Ontologie. Die Seinsfrage beantwortet sich in der gemeinsamen, kommunikativ-solidarischen und autonomen Praxis; nur hier und nirgendwo sonst.

Das dritte Kapitel, *Der anthropologische Universalismus,* muß nun desgleichen eine kritische Transformation vollziehen, nämlich hinsichtlich der Idee einer philosophischen Grammatik im Anschluß an Ludwig Wittgenstein. Es galt hier, im Ansatz die *Philosophischen Untersuchungen* und *Über Gewißheit praktisch-philosophisch* umzuschreiben. Die radikale Ethik des frühen Wittgenstein steht eigentümlich isoliert *neben* der fundamentalen, ganz neu durchgeführten sprachkritisch-pragmatischen und grammatischen Wende des späteren Wittgenstein. Das ist kein Zufall. Die tiefgreifenden neuen Einsichten ab etwa 1929/1930 sind so gravierend, daß sie nicht unmittelbar in die Ethik durchschlagen, weil sie vornehmlich in den Bereichen der Logik und Sprachphilosophie entfaltet werden.

Deswegen ist es erforderlich, die grammatische Analyse nun auf die praktische Sprache, mit der wir uns in der Welt gemeinsam verständigen, auszudehnen. Das Ergebnis ist eine Destruktion des Sein-Sollen-Dualismus, *analog* zur Destruktion des Subjekt-Objekt-Dualismus cartesischer Provenienz. Die *Grammatik der dianoietischen Termini*, wie sie hier entwickelt wird, zeigt systematisch die methodische Unmöglichkeit sowohl des Humeschen Problems als auch der Kantschen Dissoziation von Idee und Faktizität, noumenaler und phänomenaler, bloß empirischer *Welt*. Gespräche mit Friedrich Kambartel haben für die Ausarbeitung dieser Konzeption entscheidende Hinweise gegeben. Ich habe die grammatische Analyse dann mit der Interexistentialanalytik verbunden. In dieser Hinsicht stellt die Arbeit eine systematische Fortführung des Ansatzes einer *Existentialen Grammatik* dar, wie ich sie in der Untersuchung *Heidegger und Wittgenstein. Existential- und Sprachanalysen zu den Grundlagen philosophischer Anthropologie* entwickelt habe. Dort ist eine Transformation der Transzendentalphilosophie in eine sprachkritische und ineins transzendental-anthropologische Gestalt weithin rein ›faktizitätsbezogen‹ durchgeführt, während die vorliegende Arbeit die Grundlegung der *praktischen* Philosophie zum Gegenstand hat.

Das vierte Kapitel betrifft mögliche *Mißverständnisse philosophischer Konstitutionsanalysen*. Hier, wie auch sonst, erweist es sich als nötig, das systematische Philosophieverständnis selbst zu thematisieren und zu explizieren.

Um nun die für sich stehenden rein systematischen Analysen nicht beziehungslos zur Geschichte der praktischen Philosophie zu lassen, habe ich im fünften Kapitel einen *Rückblick auf Aristoteles und Kant* unternommen. Die Interpretationen sind auf die Grundintentionen der Autoren abgezielt, und stellen daher ebenfalls keine Würdigung der inneren Komplexität der Werke der Autoren *in extenso* dar. Diese große philologisch-exegetische Aufgabe mit umfassender Textbasis erforderte eine andere Untersuchung.

Es stellt sich aber heraus, daß eigene Überlegungen (z. B. zu einer Interexistentialanalyse) möglicherweise zu einem neuen Verständnis der klassischen Werke beitragen können. Das gilt z. B. für das Verständnis dessen, was »Tugenden« eigentlich sind. Ich konnte hier Kritik am kontemporären »Neoaristotelismus« üben. Mir scheint sich im Blick auf das, was Aristoteles und Kant tatsächlich im Sinn gehabt haben, im übrigen die Auseinandersetzung der Neoaristoteliker mit einer kantianisierenden Diskursethik als Scheinkontroverse zu erweisen. Die Zurechtstellung der beiden Autoren zu Vertretern (a) einer materialen und traditionalistisch-konservativen »Ethos-Ethik« und (b) eines »formalen Universalismus« ist viel zu einfach gedacht. Sie stimmt weder historisch, noch läßt sie sich systematisch halten.

Ohne die Mithilfe vieler hätte ich die Untersuchung so nicht durchführen können. An erster Stelle ist hier mein Lehrer Friedrich Kambartel zu nennen, der unermüdlich »mitgedacht« hat. Die lebendigen Diskussionen mit Albrecht Wellmer und seinem Kreis haben viele Anregungen gegeben. Insbesondere auch die Zusammenarbeit mit Pirmin Stekeler-Weithofer in Fragen der Entwicklung einer kritischen Hermeneutik im Gegenzug zu einer formal-semantischen Sprachanalyse war sehr hilfreich. Ein Gespräch mit Franz Koppe in Berlin über das kommunikative Wesen des Menschen werde ich nicht vergessen. Das gilt auch für einen langen Briefwechsel mit meinem Freund Rüdiger Welter in Tübingen, in dem wir eine erste Teilfassung diskutierten. Wichtige Ratschläge gab Christoph Demmerling. Entscheidend für die Einfügung der im ursprünglichen Text nicht enthaltenen §§ 15 und 27 waren kritische Bemerkungen von Ulrich Gaier. Christoph Demmerling, Beate Döring, Tanja Pfeiffer und Ernesto Zandonella sei herzlicher Dank für ihre Mitarbeit bei den Korrekturen. Manchen Gedanken konnte ich im Haus meines Freundes Helmut Bachmaier entwickeln und dort mit ihm diskutieren. Somit bestätigt die Entstehung der Arbeit auch ein Stückweit die Richtigkeit einer Interexistentialanalyse in praktischer Absicht.

Konstanz, im Mai 1990

ERSTES KAPITEL

Kritische Prolegomena

§ 1 Ungeklärte Begründungsvorstellungen

Im folgenden geht es nicht um das Einziehen von rationalen argumentativen Kriterien im Bereich der Ethik, sondern um die Kritik ungeklärter und irreführender Begründungsvorstellungen. Mit ihnen verbinden sich nach meiner Einschätzung grundsätzliche Schwierigkeiten, die es von vornherein zu vermeiden gilt.

In unseren alltäglichen Orientierungen gemäß moralischen Gesichtspunkten – diese Gesichtspunkte treten neben viele andere, technische, pragmatische, individuelle Gesichtspunkte – spielen Begründungen keine herausgehobene Rolle. Eine viel wichtigere Bedeutung kommt hier etwa Erfahrungen zu, die wir machen und gemeinsam austauschen. Die philosophische Reflexion tut nicht gut daran, die alltäglichen Orientierungen als bloße »Intuitionen« zu bezeichnen, denn sie ist bleibend auf diese zurückverwiesen.

*Begründungs*vorstellungen beherrschen die praktisch-philosophische Reflexion insbesondere in zwei charakteristischen Varianten, von denen ich mich aus systematischen Gründen abzugrenzen versuche. Es sind 1. Begründungsauffassungen, wie sie exemplarisch von Apel und Habermas vertreten werden, 2. die Auffassungen von Tugendhat und Wolf. Die diskursethischen Begründungsvorstellungen stellen dabei eine *fundamentalistische Engführung und Überhöhung* dar, die in der Konsequenz aber auf eine schwache Form der Rekonstruktion der genuin moralischen Perspektive und auf ihre *Vermischung* mit anderen Perspektiven hinausläuft.

Die Begründungsauffassungen von Tugendhat und – modifiziert – von Wolf schränken dagegen das philosophische Rekonstruktionspotential ein, so daß eine *Unterbestimmung* und *Depotenzierung* der moralischen Perspektive die Folge ist.

Die zu diskutierenden Auffassungen sollen nur exemplarisch

ins Auge gefaßt werden. Sie können nicht *in extenso* gewürdigt werden. Das Programm der Diskursethik Apels und auch Habermas lassen sich so verstehen, daß aus *Präsuppositionen des Argumentierens* bestimmte ethische Bedingungen des Miteinanderredens erhoben werden. Deren Unbestreitbarkeit steht dann für die »Letztbegründung« im Rahmen einer kommunikativen Ethik, insofern deren »Grundnorm (das ›Prinzip‹ im Sinne Kants) . . . den Charakter einer *Metanorm* für das *Verfahren* der Begründung situationsbezogener Normen im *praktischen Diskurs*« (Apel, 1984:81) hat. In einem Gespräch zum Thema »Ist eine philosophische Letztbegründung moralischer Normen möglich?« formuliert Apel:

Es geht darum, daß man weiß, was man tut, wenn man sagt: Ich behaupte jetzt, daß das und das der Fall ist, oder: Ich frage jetzt oder dergl. Nun behaupte ich in diesem Zusammenhang, daß man in dem Moment, da man weiß, daß man ernsthaft argumentiert, auch weiß, daß man eine Ethik – oder anders gesagt: eine ethische Grundnorm – immer schon notwendigerweise anerkannt hat, die freilich entfaltet werden muß (Apel, 1984:97).

Apel präzisiert kurz darauf, man habe, indem man »ernsthaft argumentiert«, »die Moral einer idealen Argumentationsgemeinschaft anerkannt«. Diese Moral lasse sich »in einer einzigen Grundnorm prinzipiell ausdrücken . . . Man hat z. B. anerkannt, daß alle Argumentationspartner als Kommunikationspartner gleichberechtigt sind, gleichberechtigt, Sprechakte durchzuführen, Fragen zu stellen, für alle möglichen Anliegen zu argumentieren . . . Alle Argumente müssen zugelassen werden. Man hat anerkannt, daß man selbst und der andere notwendigerweise . . . vier Typen von Geltungsansprüchen hat, nämlich den *Wahrhaftigkeitsanspruch*, den *Verständlichkeitsanspruch*, den *Wahrheitsanspruch* (wenn man z. B. Behauptungen aufstellt oder indirekt auch in den anderen Sprechakten) und den normativen *Richtigkeitsanspruch* in bezug auf die Kommunikationsakte als Akte moralisch relevanter Interaktion.« (Apel, 1984:98). Apel bezieht sich hier gleich auf die transzendentalpragmatische Analyse von Geltungsansprüchen mit, die Habermas vorgenommen hat (Habermas, 1971).

Diese Stelle eignet sich, um meine *grundsätzlichen* Einwände gegen die Apelsche Begründungsorientierung zu präzisieren. Ich kann sie zunächst so formulieren:

1. Das eigentliche und letzte Fundament der Begründungen wie der Letztbegründung ist und bleibt ein alltägliches Sprach- und Praxisverständnis. Es wird nicht durch die philosophische Reflexion allererst hergestellt.

2. Weil dieses Fundament aus dem Blick gerät, kann die philosophische Fachsprache scheinbar von ihm losgelöste und unabhängige sprachliche Entwürfe praktizieren, z. B. die Rede von einer »idealen Argumentationsgemeinschaft.«

3. Die vom Fundament aller möglichen Begründungen gelöste philosophische Rede verliert auf diese Weise in der Rekonstruktion die genuin moralische Perspektive zugunsten allgemein vernünftiger Orientierungen.

4. Die tatsächlich moralrelevante Ebene der praktischen Einsichten und Einstellungen und ihre argumentative Rekonstruktion ist damit systematisch von der Reflexion ausgeschlossen worden.

Diese Einwände lassen sich an Apels transzendental-pragmatischen, perfektisch-apriorischen Formulierungen (»immer schon«, »notwendigerweise«) verdeutlichen. Hier hängt alles an der vorgängigen Bestimmung des zu explizierenden Wortes, des Teils seiner Rede, dem seine weiteren Erläuterungen dienen. Es ist hier die Rede vom *Argumentieren*. Apel setzt hinzu: vom *ernsthaften* Argumentieren. Nun ist entscheidend: Seine weiteren Erläuterungen und Sinnexplikationen – er selbst spricht vom *entfalten* – hängen an dieser Rede von der ernsthaften Argumentation. Wir können hier auch so reformulieren: Soll sich derjenige, der ernsthaft argumentieren will, ja es bereits tut, das heißt, sich auf diese Tätigkeit eingelassen hat, etwa so verstehen, daß er eigentlich die Unwahrheit zu sagen beabsichtigt, daß er möglichst unverständlich reden will, daß er auf unwahrhaftige, täuschende und suggestive Weise die anderen hintergehen und auf das

Unrichtige hin orientieren will? Dies wäre in der Tat absurd, denn es bedeutet ja gerade das Gegenteil von ernsthafter Argumentation.

Apel bezeichnet diese einfache Einsicht, die wir über den Sinn der Rede vom ernsthaften Miteinanderreden leicht gewinnen können und uns wechselseitig zugestehen müssen, als »transzendentale Letztbegründung durch Reflexion auf den Akt des Argumentierens« (Apel, 1984:96). Hier bereits beginnt in der Transzendentalpragmatik die *Verschiebung* einer sinnexplikativen und erläuternden Rede hinsichtlich alltäglicher Lebenszusammenhänge in die Richtung einer begründungsrationalistischen und reflexionsphilosophischen Rede, die sehr schlichte Tatsachen und Einsichten an einer Stelle mit Gewicht und besonderer Bedeutung versehen will, wo sie dieses Gewicht und diese Sonderbedeutung normalerweise nicht haben. Damit verbinden sich in der Folge zwei Konsequenzen: eine Tendenz zur idealisierenden Überhöhung der freigelegten Grundnormen in Richtung auf eine ideale Gemeinschaft, verbunden mit der Tendenz zu einer extremen Engführung der moralphilosophischen Perspektive auf das vernünftige Gespräch über Normen bzw. dessen Sinnbedingungen.

Sollen wir die Ethik so verstehen? Häufig meinen Philosophen, sie hätten *eine höhere Ebene erklommen*, wenn sie lediglich auf einen weiteren wichtigen *Aspekt* aufmerksam geworden sind. Es wird versucht, *die Sprache mit der Sprache zu erklären*, und wenn das nicht geht, zusätzlich spezifisch philosophische Sprachmittel zu erfinden, oder auf empirische Theorien zu rekurrieren. In unserem Beispiel genügt die Rede von der *Ernsthaftigkeit*, um bereits all das explikativ herzugeben, was Apel auch zurecht *entfaltet*. Ein Verständnis ernsthaften Miteinanderredens trägt jedoch keine näherhin moralische Perspektive. Es trägt auch nicht die Rede von einer »idealen Gemeinschaft« und hat demnach auch als Rekursinstanz einer Letztbegründung keine spezifische Bedeutung. Das heißt: Die Anschlußmöglichkeit für die philosophisch-terminologischen Reden von der *immer schon notwendigen Anerkennung* der Geltungsansprüche

und des »Idealen« läuft *nur* über die Explikation des All-
tagsverständnisses dessen, was es heißt ernsthaft miteinander
zu reden. Die angeschlossene Sondersprache bezieht ihren
Sinn *nur* aus den durchschnittlich-alltäglich bekannten
Orientierungs- und Redesituationen, in denen Sinnbedingungen der von Apel entfalteten Art – neben vielen anderen –
in der Tat eine wichtige Rolle spielen.
Apels *Letztbegründungsformel* gibt zunächst Gelegenheit,
die Rede vom Begründen in diesem Zusammenhang kritisch
zu betrachten; für das letztbegründete und unhintergehbare
Wissen gelte nämlich, es könne

weder ohne aktuellen Selbstwiderspruch bestritten noch ohne petitio
principii deduktiv bewiesen werden. Dies ist die Letztbegründungsformel (Apel, 1978:165).

Eine genauere Betrachtung zeigt, daß die Formulierung
»noch ohne petitio principii« von Apel ebenfalls nur besagt,
daß das hier gemeinte Wissen bei allen weiteren Begründungen bereits vorauszusetzen ist. Hier hängt nun die Rede von
der Letztbegründung an der Rede von einem *unhintergehbaren* Wissen. Mit Blick auf die Sinnbedingungen unserer
Weltorientierung läßt sich in der Tat eine Fülle solch unhintergehbaren Wissens explizieren. Beispielsweise sind wir als
Menschen leibliche Wesen, die sich in Zeit und Raum orientieren müssen. Das wissen wir, und wir wissen, daß diese
Orientierungsformen unseres Lebens nicht hintergehbar
sind. Wir wissen auch – um an die vorherigen Überlegungen
Apels anzuschließen – daß *ernsthafte* Gespräche nicht un-
wahrhaftig und unverständlich an der Unwahrheit und Un-
richtigkeit orientiert sind; sie sind vielmehr am Gegenteil
orientiert. Dies wissen wir unhintergehbar.
Die Frage ist jedoch: sollen wir angesichts solcher Fälle von
Wissen von begründetem oder gar letztbegründetem Wissen
sprechen? Ich meine nicht. Das unhintergehbare Wissen, auf
das Apel in ausgezeichneten Zusammenhängen meint rekurrieren zu müssen, ist vielmehr *ein der Begründung weder
fähiges noch einer Begründung je bedürftiges Wissen* begrifflicher und lebensweltlicher Art. Dieses Wissen setzen wir in

einzelnen Argumentationszusammenhängen in der Tat immer wieder voraus. Wenn wir in der philosophischen Reflexion auf unhintergehbare Wissensbestände, *Bedingungen der Möglichkeit* unserer Weltorientierung rekurrieren, dann ist es richtiger, von *Aufweisen* als von Begründungen zu sprechen. Eine begründungstheoretische Reformulierung transzendentaler Konstitutionsfeststellungen und begrifflicher Voraussetzungen unseres Welt- und Selbstverhältnisses ist daher irreführend. Im übrigen – darauf komme ich zurück – stellt Apels Einsatz der Reflexion auf die Möglichkeitsbedingungen (auf die transzendentale Konstitutionsebene) eine extreme Engführung dar: eine Engführung auf die Voraussetzungen von Diskursen. Diese Engführung hat moralphilosophische Konsequenzen, die es mit einer *nicht reduzierten* transzendental-anthropologischen Reflexion zu überwinden gilt, die wir in praktischer Absicht ausführen wollen.

Die begründungsrationalistische Engführung im Denken Apels unterschlägt nicht nur die Komplexität der Möglichkeiten transzendentaler Konstitutionsanalysen in praktischer Absicht; sie verfehlt auch das Ziel der Eröffnung einer genuin moralischen Perspektive. Wellmer hat dies in seiner Kritik an der Diskursethik deutlich gemacht. Er behauptet,

daß die allgemeinen Argumentationsnormen, auf die wir hier stoßen, keine universalistischen Moralnormen oder auch Metanormen der Moral sind (Wellmer, 1986:104).

Die Präsuppositionen vernünftiger Rede und deren Geltungsorientierung sind unbestritten; sie eröffnen aber von selbst, so hebt Wellmer zurecht hervor, keine genuin moralische Perspektive. So haben sie insbesondere »keinerlei *direkte* Konsequenzen hinsichtlich der Frage, wann und mit wem und worüber ich zu argumentieren verpflichtet bin« (Wellmer, 1986:106).

Wellmer bezieht diese Kritik mit gleichem Recht auch auf die Formulierung einer Diskursregel, aus der Habermas seinen Universalisierungsgrundsatz U ableiten will:

Jedes sprach- und handlungsfähige Subjekt darf an Diskursen teilnehmen (Habermas, 1983:99).

Entweder, so Wellmer, »sagt die Regel«, »daß ich verpflichtet bin, mit jedem sprach- und handlungsfähigen Wesen auf dessen Wunsch jederzeit und über jeden Gegenstand in einen Diskurs einzutreten, und dann ist sie evidentermaßen *falsch*.«

Oder sie sagt, daß kein sprach- und handlungsfähiges Wesen *prinzipiell* von Diskursen ausgeschlossen werden darf, und in diesem Falle wäre die Regel viel zu *schwach* (Wellmer, 1986:106).

Die diskurstheoretische Engführung und begründungsrationalistische Ausrichtung der praktischen Philosophie zeitigt hier wieder ihre ineins überhöhende, »idealistische« *und* abschwächend-depotenzierende Konsequenz, bzw. ein *Schwanken* zwischen diesen Konsequenzen, je nachdem, wie man die Regeln und Grundsätze *auslegt* und auf welche Lebenssituationen man sie bezieht. So *vermischen* sich in der Folge allgemeine Standards des vernünftigen Umgangs von Menschen untereinander mit Kriterien moralischer Verpflichtung. Auch in den Ausführungen Apels, die ich zitiert habe, wird dies deutlich. Er versucht dort, die »Anerkennung« der Habermasschen vier Geltungsansprüche vernünftiger Rede emphatisch in den genuin moralischen Kontext der *Anerkennung von Personen* durch »Akte moralisch relevanter Interaktion« (loc. cit.) hinüberzuziehen. Er verfehlt hier auf typische Weise eine von Wellmer verdeutlichte kategoriale Differenz:

Rationalitäts-Verpflichtungen beziehen sich auf Argumente ohne Ansehen der Person; moralische Verpflichtungen beziehen sich auf Personen ohne Ansehen ihrer Argumente (Wellmer, 1986:108).

Die begründungsorientierte Zugangsweise zur Moralphilosophie führt somit zur diskurstheoretischen Engführung, und diese zu einem *begründungsrational enggeführten Universalismus*, an dem sich zeigt,

daß allgemeine Rationalitätsverpflichtungen oder auch allgemeine Präsuppositionen des Argumentierens zu schwach sind, um *allein* ein universalistisches Moralprinzip zu tragen (Wellmer, 1986:111).

Für die Probleme, die sich aus ungeklärten Begründungsvorstellungen bei Habermas und seiner Variante der Diskursethik ergeben, gelten ähnliche Kritikpunkte. Er unterläuft sie insofern, als er von Anfang an sehr schwache Auffassungen von der Geltung der von ihm freigelegten Argumentationspräsuppositionen und Prinzipien vertritt. Der *Stellenwert* der Diskursethik in seiner systematischen Gesamtkonzeption ist ein anderer als in der Apels; gleichwohl bleibt es eine Diskurs*ethik*. Wichtig für unsere Abgrenzung sind folgende Feststellungen:

1. Trotz Aufgabe eines Letztbegründungsanspruchs hält Habermas an einem genuin ethischen Anspruch fest; wie Apel kann er ihn nicht einlösen.
2. Wichtig ist ferner Habermas' Grundüberzeugung:

Die *moralischen* Alltagsintuitionen bedürfen der Aufklärung des Philosophen nicht (Habermas, 1983:108).

Der zweite Punkt offenbart eine latente Ambivalenz im systematischen Gesamtrahmen wie in bestimmten Einzelanalysen von Habermas: Einerseits ist seine systematische Rekonstruktion der Kritischen Theorie auf eine Basis lebensweltlicher Vernunft in der Alltagspraxis angewiesen, auf die sie *immer wieder* rekurriert, und zwar gerade, um im Interesse der *Diskursethik*

auf die Unausweichlichkeit derjenigen allgemeinen Voraussetzungen aufmerksam zu machen, unter denen unsere kommunikative Alltagspraxis *immer schon* steht (Habermas, 1983:141),

andererseits wird diese doch unverzichtbare und unausweichliche Basis als *intuitiv* für aufklärungsunbedürftig erklärt. Hier stimmt etwas nicht im Verhältnis von systematischer Rekonstruktion kritischer Potentiale und lebensweltlicher Evidenz. Eine verwandte Defizienz wird uns noch hinsichtlich der philosophisch-anthropologischen Reflexionsebene beschäftigen. Hier halte ich fest, daß *gerade* die unausweichlich als Sinnbedingungen unserer Orientierung fungierenden grammatischen und existentialen Konstitutionsverhältnisse der Aufklärung bedürfen, um selbst durchsichtig und explizit einsichtig gemacht zu werden, und nicht auf der unbegriffenen Ebene der bloßen Intuitionen verbleiben dürfen.

Wichtiger für unseren jetzigen Zusammenhang ist, daß auch die in universalistischer Perspektive unternommene diskursethische Aufstellung von Grundsätzen durch Habermas eine definitiv moralische Dimension nicht erreicht; sein Universalisierungsgrundsatz U, gemäß dem jede gültige Norm der Bedingung genügen muß,

daß die Folgen und Nebenwirkungen, die sich jeweils aus ihrer *allgemeinen* Befolgung für die Befriedigung der Interessen eines *jeden* Einzelnen (voraussichtlich) ergeben, von *allen* Betroffenen akzeptiert (und den Auswirkungen der bekannten alternativen Regelungsmöglichkeiten vorgezogen) werden können (Habermas, 1983:75f.),

dieser Grundsatz U kann nicht zur Rekonstruktion von Moralität dienlich sein, wenn diese kategorial etwas anderes ist als die Strategie des Ausgleichs und der Abstimmung untereinander im Rahmen eines *Interessenkalküls*. Neben die Rede von der »Befriedigung der Interessen eines jeden Einzelnen« treten in U die Allquantoren; sie jedoch können in einer jeweiligen Beurteilungssituation nicht genau dasjenige zum Situationsverständnis beitragen, was das spezifisch Moralische ausmacht. Wir müssen *Situationen moralisch* beurteilen, und das nimmt uns der Grundsatz U nicht ab. Wellmer bemerkt:

Im Grundsatz (U) wird ein universalistisches Moralprinzip mit einem demokratischen Legitimitätsprinzip auf undurchsichtige Weise »vermischt«, und zwar so, daß er am Ende *weder* als Moralprinzip *noch* als Legitimitätsprinzip überzeugen kann (Wellmer, 1986:55).

Die universalen Reden laufen moralisch leer, wenn wir bei ihnen nicht an konkrete Verhältnisse und reale Lebenszusammenhänge denken. Sonst heißt: sich auf den Standpunkt *aller* zu stellen lediglich: sich auf einen diffusen Standpunkt stellen. Bestimmte *semantische* Eigenschaften moralischer Urteile, selbst wenn wir sie richtig analysiert haben, bürgen allein nicht für den inhaltlichen Überzeugungscharakter dieser Urteile. Letzterer ist nicht an eine *Diskursform* zu binden, deren formalisierte Vernunftstandards bereits Bedingungen der Möglichkeit jeder alltäglichen Verständigung sind.

Gegenüber den Analysen zu den Voraussetzungen sprachlicher Verständigung in der Diskursethik muß daher nach den *Sinnbedingungen des gemeinsamen menschlichen Lebens* in ethischer Absicht gefragt werden. Und an die Stelle von Grundsätzen und Prinzipien, Regeln und Verfahren hat die systematische *Rekonstruktion der Konstitution einer genuin moralischen Perspektive* von Anfang an zu treten. Die Konstruktion von Begründungsschritten der Diskursethik und der »Ableitung« (Habermas) ihrer Grundsätze will sich als *formal* aller *inhaltlichen* moralischen Präjudizien enthalten; ihr »Begründungsprogramm« zielt allein ab auf »die transzendentalpragmatische Begründung einer normativ gehaltvollen Argumentationsregel.«

Habermas unterstreicht:

Alle Inhalte, auch wenn sie noch so fundamentale Handlungsnormen berühren, müssen von realen . . . Diskursen abhängig gemacht werden (Habermas, 1983 : 104).

Diese Formalität bringt es mit sich, daß die Diskursethik bewußt einen radikalen »Schnitt« zwischen »das Gute« und »das Gerechte« legt und auf diese Weise »funktioniert wie ein Messer« (Habermas, 1983 : 113). Sie bringt es mit sich, daß Perspektiven der *Kultur* eines gemeinsamen menschlichen Lebens und der *Totalität von Lebensformen* in sie nicht eingehen können und dürfen. Mit Nordenstam sehe ich hier eine »Cartesianische Einstellung« am Werk, die »auf dem moralischen Gebiet genauso unhaltbar« ist »wie auf dem erkenntnistheoretischen Gebiet« (Nordenstam, 1986 : 332), zumal selbst die dünnen Beinchen, auf denen die Grundsätze und Regeln stehen, letztlich auf ein paradigmatisches lebensweltliches Fundament angewiesen sind. Nordenstam hat recht, wenn er feststellt:

Bei den Diskursethikern steht eine spezielle Art der ethischen Kompetenzausübung im Brennpunkt, nämlich die freie Diskussion, die zur Aufgabe hat, existierende oder vorgeschlagene Moralnormen oder

Handlungen zu legitimieren. Die Diskursethiker neigen jedoch dazu, diese Art der Kompetenzausübung zu verabsolutieren, was dann auf Kosten derjenigen Form von Kompetenzausübung geht, die darin besteht, daß man ohne viel Aufsehen und große Reden tatsächlich zu den jeweils angemessenen Handlungsweisen gelangt (Nordenstam, 1986:331f.).

Nordenstam sieht einen Grund für diese diskurstheoretisch enggeführte Perspektive auf die Moral, die »auf Kosten dessen, was man ›die praktische Einstellung‹ nennen könnte«, eingenommen wird, in der

übertriebenen Vorstellung darüber, was ein Übergang von einer konventionellen Moral zu einer post-konventionellen, kritischen Moral zur Folge haben würde.

In der Tat schildert Habermas diesen Übergang in Anlehnung an entwicklungspsychologische Untersuchungen häufig als einen dramatischen, grundstürzenden Vorgang des Weltzerfalls, als eine Art säkularisierte Bekehrung zu einer reflexiv-diskursiven Einstellung. Die »Normen« »haben ihre Rückendeckung durch lebensweltliche Evidenzen verloren und müssen im Lichte von Prinzipien gerechtfertigt werden« (Habermas, 1983:170). Diese Fiktion einer totalen Infragestellung kritisiert Nordenstam mit Recht. So abrupt, daß *alles* in den Sog einer allgemeinen Verunsicherung gerissen wird, vollzieht sich die Herausbildung eines kritischen Reflexionspotentials auch beim Einzelnen nicht; ist nicht vielmehr das *Ernstnehmen* der in der religiösen, familiären und schulischen Erziehung vermittelten *traditionellen* und *bekannten* »moralischen Intuitionen« die tatsächliche Keimzelle auch noch eines radikalen kritischen Bewußtseins? Ich würde mit Nordenstam und in Anlehnung an Wittgenstein gegenüber Habermas und seiner Konstatierung einer post-konventionellen Bodenlosigkeit ebenfalls in anti-cartesianischer Absicht die fundamentalen moralischen *Gewißheiten* systematisch zu akzentuieren und zu rekonstruieren suchen, die gerade nicht Gegenstand eines »universalen Zweifels« sind und *sein können*:

Eine Menge moralischer Gewißheiten verbleiben mit Notwendigkeit auch auf dem post-konventionellen Niveau. Sie gehören zu den von den

Diskursethikern nicht thematisierten Voraussetzungen, ohne die die kritische Reflexion ins Leere gehen würde (Nordenstam, 1986:332).

Zu diesen Voraussetzungen gehören, so können wir Nordenstam ergänzen, gerade *auch* diejenigen selbstverständlichen alltäglich erhobenen Geltungsansprüche, deren Rekonstruktion den Kern kommunikativer Rationalität (wenn auch nicht Moralität) in den Reflexionen der Diskursethiker bildet. Auf *diese* Voraussetzungen müssen Analysen zur Konstitution der moralischen Praxis daher abzielen.

Mit dieser Kritik an bestimmten Begründungsvorstellungen der Diskursethiker, die selbst nicht in die komplexe und imposante »Innenarchitektur« ihrer Begründungsstufen und Ableitungszusammenhänge eintritt, weil sie nur Ausgangspunkt für eine grundsätzlich andere Zugangsweise zum Problembereich sein soll, verbinden sich systematische Gesichtspunkte, die kurz vorab deutlich gemacht werden können. Sie leiten gleichzeitig über zur Erörterung der Begründungsvorstellungen bei Tugendhat und Wolf. Philosophische Reflexionen und Klärungsmöglichkeiten sind bleibend auf ein *paradigmatisches Fundament* angewiesen, welches sie nur zum Schein auf Dauer entbehren und verlassen können. Grundsätze, Prinzipien und Regeln (auch der Argumentation) sind nicht *von sich aus* sinnkonstitutiv für eine Praxis und bestimmend für eine Lebensform. Sondern umgekehrt können wir ihren jeweiligen Sinn nur im Kontext einer Praxis und einer kulturellen Lebensform erfahren und bestimmen. Für die philosophische Untersuchung bedeutet das die systematische Unverzichtbarkeit von paradigmatischen Praxisanalysen und deren Primat vor vermeintlichen Ableitungs- und Begründungskonstruktionen. Ich stimme der Kritik von Rossvaer an Apel und Habermas zu, wenn er – bereits hinsichtlich unseres Verständnisses von Rationalität – schreibt:

Rationalität läßt sich nicht als Diskurs darstellen, der vor jeder Anwendung in Sprachspielen festgelegt ist (Rossvaer, 1986:200).

Sein Beispiel ist die Aufrechterhaltung der *universalen* Gültigkeit des Kategorischen Imperativs in der Lebensform des Konzentrationslagers als einer Regel, bei deren Anwendung in der Praxis keine weiteren Probleme auftreten, weil in dieser *Praxis* Juden *nicht mehr als Menschen* gelten.

Kambartel hat semantische Illusionen im Zusammenhang mit einer Rede von Begründungen gerade im Kontext einer »Kritik des ethischen Pluralismus« herausgearbeitet:

Man kann versuchen – und dies geschieht allenthalben –, allgemeine Sätze zu finden, welche das für moralische Orientierungen und Begründungen Typische hervorheben. In den Formen und Ausdrucksweisen, welche dabei eine Rolle spielen, ist etwa von der »Anerkennung der Person des Anderen« (als »Selbstzweck«), der »Überwindung der (eigenen) Subjektivität«, der »Unparteilichkeit« der Abwägung, der »Symmetrie« der praktischen Verhältnisse zwischen den Betroffenen oder den an einer moralischen Orientierung Beteiligten, einer »frei« gewonnenen, »nicht-strategischen« Übereinstimmung usf. die Rede. Es ist nicht leicht, der Suggestion zu widerstehen, mit diesen (höchst) *allgemeinen* Formeln lasse sich, gewissermaßen am *praktischen Ausdruck* der Moralität vorbei, das Wesen des moralischen Guten auf einer theoretischen Ebene definieren und erläutern und dann, terminologisch und deduktiv aufbauend, »begründend«, die Ethik als eine Art von Theorie entwickeln.

Jedoch:

Auch das mit diesen Ausdrucksweisen Gemeinte ist nur aus einem praktischen Lebenszusammenhang heraus zu verstehen, in dem sich die besonderen Verhältnisse zwischen Personen, und zur eigenen Person, äußern, auf die es für das Ethische ankommt (Kambartel, 1986:95 f.).

Die folgenden Analysen unserer Untersuchung ziehen aus diesen kritischen Einsichten aber gerade keine »skeptischen« Konsequenzen: Es geht angesichts der Bedeutung eines paradigmatischen Fundaments wie auch der Vorgängigkeit der Praxis für die Bedeutung von Regeln und allgemeinen Formulierungen gerade um den *transzendental-rekonstruktiven Rückgang in die Sinnbedingungen unserer moralischen Praxis im umfassenden Maße*, und nicht etwa nur z. B. hinsichtlich einer rationalen Praxis der Verständigung. Dabei, auch diese Kritik Kambartels hat weitreichende Konsequenzen, ist eine Dissoziation der *materialen* moralischen Inhalte von *Formen* der Urteilsbildung und Argumentation, auf der Habermas und Apel so insistieren, ebenfalls grundsätzlich in Zweifel zu ziehen:

> Was wir die *formale* Seite des Ethischen nennen könnten, wird also in seinen Kennzeichnungen selbst *leer* (zu *tautologischen* terminologischen Rochaden), wenn die Sprache, in der wir darüber reden, keinen begrifflichen Sitz in einer praktischen Kultur (der ethischen Einstellung) hat . . . Das Gegenüber einer *materialen* ethischen Kultur – der konkreten *Sittlichkeit* – auf der einen Seite und eines *formalen* Rahmens der *Moralität*, welcher sich scheinbar allein auf *Regeln und Bedingungen der Beurteilung* gründen ließe, auf der anderen Seite, dies hat dann etwas von einer semantischen Illusion an sich. Das Verständnis der Moralität . . . ist unausweichlich immer von bestimmten . . . »materialen« Äußerungen der Moral infiziert (Kambartel, 1986:97).

Unsere eigenen Untersuchungen werden als transzendentale Konstitutionsanalysen mit paradigmatischem Fundament die hier problematisierten Dichotomien hinter sich zu lassen versuchen. Wir haben es im Bereich der Konstitution der moralischen Praxis mit *neben einander* stehenden und sich wechselseitig erläuternden und stützenden *Einsichten* zu tun, die weder nach »Materialität« und »Formalität« noch nach »Idealität« und »Realität« aufgespalten und gegeneinander vereinseitigt werden können.

Zu den ungeklärten, die Basis einer Reflexion der moralischen Praxis aber auf reduktionistische Weise einschränkenden Begründungsvorstellungen gehören auch die diesbezüglichen Untersuchungen von Tugendhat und Wolf. Die hier leitende Grundauffassung können wir als den Begründungsrationalismus der unmöglichen Ausgangssituation bezeichnen. Auch hier tritt zunächst die Lage einer gleichsam cartesischen Nacktheit hinsichtlich praktischer Orientierungen ein bzw. wird konstatiert. Alle *höheren Wahrheiten*, so Tugendhat und Wolf, sind weggefallen. Das gilt selbstverständlich für mythische, theologische und metaphysische Wahrheiten zur Moralbegründung. Es gilt aber auch für »das Grundprinzip der Aufklärungsmoral, das Prinzip der gleichen Berücksichtigung aller als autonomer Wesen oder aller im Hinblick auf ihr aufgeklärtes Eigeninteresse« (Wolf, 1984:45). Es gilt – zur Überraschung von Gadamer – auch für die doch dem Anspruch nach kritische Rekonstruktion von Vernunftansprüchen durch Kant. So bemerkt Tugendhat z. B. an einschlägiger Stelle:

Daß mein Sein und das Sein anderer einen inneren Wert hat, kann Kant freilich nur mit Hilfe seines starken (metaphysischen) Vernunftbegriffs behaupten (Tugendhat, 1984:161).

Gadamer bemerkt zu dieser Auffassung:

Es wird mir sehr schwer, zu begreifen, wieso Kants Gebrauch des Vernunftbegriffs eine ›höhere Wahrheit‹ und einen Begriff vom Wesen des Menschen einschließen soll, die so nicht mehr gelten. Ist es nicht wirklich das Wesen der Vernunft und keine ›höhere Wahrheit‹, daß man einsames Denken und kommunikatives Denken nicht trennen kann, was Tugendhat in der Diskussion mit Habermas will? Kants ganzes Bestreben ist jedenfalls, höhere Wahrheiten, etwa im Sinne der Gottgegebenheit, von der Begründung der Moral fernzuhalten (Gadamer, 1985:11).

In der Tat haftet der Tugendhatschen Behauptung des Wegfalls aller höheren Wahrheiten dadurch selbst etwas Dogmatisches an, daß in ihr – ähnlich der Habermasschen Fiktion einer absoluten postkonventionellen Bodenlosigkeit – gleich auch sehr *schlichte Wahrheiten* und alltägliche vernünftige *Einsichten* »wegfallen«, als die sich z. B. bestimmte Kantsche Formulierungen ja möglicherweise auch verstehen lassen.

So aber gelangt Tugendhat zu einer (für meine später zu explizierenden Begriffe) *unmöglich stark reduzierten* Ausgangslage. Da »alle höheren Wahrheiten« – eben auch alle über zweckrationale Zusammenhänge hinausreichenden vernünftigen gemeinsamen Einsichten – »weggefallen« sind (inwieweit hier letztlich *geschichtsphilosophische* Vormeinungen über »die Aufklärung« und »die Moderne«, ähnlich wie bei Habermas, für die Problemexposition der Ethik eine problematische strukturierende Rolle spielen, könnte sinnvoll untersucht werden), bleiben als Alternative nur noch, »auf Moralität entweder ganz zu verzichten oder ein Begründungsprädikat zu suchen, das, ohne eine höhere Wahrheit vorauszusetzen, einen Grund abgibt, sich einem . . . normativen System freiwillig zu unterwerfen« (Tugendhat, 1984: 127). Die Grundsituation, auf die hin praktisch-philosophische Reflexion zu geschehen hat, stellt sich Tugendhat denn auch konsequent als das Zurückgeworfensein isolierter Einzelsubjekte auf ihr nacktes Interessenleben vor:

Der gemeinsamen Nenner dieser beiden verbleibenden Möglichkeiten sind die eigenen Interessen der Individuen, das, was jeder mit Rücksicht auf sein Wohl und das Wohl derer, denen er affektiv verbunden ist, will (Tugendhat, ebd.).

Ganz abgesehen davon, daß ich eine Alternative der Art, »auf Moralität . . . ganz zu verzichten«, mir nicht recht vorstellen kann (Wie sähe ein menschliches Leben dann aus? Könnten wir es beschreiben?), so halte ich die gesamte Konstruktion dieser Grundsituation für methodisch unmöglich. Wir könnten es ja – in Erinnerung an Descartes – für eine Tugend des Philosophen halten, extrem reduzierte und illusionslose Grundsituationen dieser oder ähnlicher Art zu entwerfen: Je reduktionistischer, desto kritischer, so könnte man meinen. Indessen entsteht auf diese Weise ein Fundamentalismus *ex negativo*, der *bestimmte sinnvolle Lösungen* im wörtlichen Sinne *a primis fundamentis* verhindert, die Wege zu ihnen abschneidet. So nämlich, wie in dem skeptischen Zweifel des Descartes ein durch die Weltreduktion systematisch notwendiger methodologischer Solipsismus sich ergibt, so kann die Konstruktion einer Grundsituation durch Tugendhat einer egozentrisch-individualistischen und utilitaristischen Perspektive von Anfang an nicht und damit *nie mehr* entraten. Aus dieser Perspektive – der einzigen, die *per constructionem* überhaupt möglich ist – erscheinen dann moralische Normen als sozial sanktionierte Imperative.
Der Begründungsrationalismus im Verbund mit bestimmten hermeneutischen Vorentscheidungen, nämlich dem *Außer-Kraft-Setzen ganzer Urteils- und Redeinstitutionen* durch bloßen Verweis auf das »Wegfallen höherer Wahrheiten« präjudiziert bereits auf systematische Weise die halb-utilita-

ristische, egozentrische Perspektive, von der her nun einzig noch praktische Orientierungen in den Blick zu treten vermögen.

Wir werden die Defizite der genannten systematischen Entwürfe in den Bereichen der philosophischen *Anthropologie* und der *Sprachphilosophie* exemplarisch weiterverfolgen. Soviel kann festgehalten werden: Eine reduktionistische Basis der philosophischen Reflexion, eine Unterbestimmung der Komplexität unserer gemeinsamen Praxis sowie die Engführung der paradigmatischen Basis auf rationale Verständigungsbedingungen in der Diskursethik *im Verbund* mit dogmatisch restringierten Begründungsvorstellungen verhindert die Aufklärung der vollen Konstitution der Moralität auf zweifache, sich ergänzende und sich wechselseitig verstärkende Weise. Wenn wir in unserer eigenen Untersuchung die Sinnbedingungen einer menschlichen Welt einsichtig zu machen versuchen, muß sich zeigen, daß die Wege zu Einsichten und Argumenten hier nicht aufgrund selbst unbegründeter Sinnkriterien dogmatisch beschränkt werden dürfen (wie im Falle des Ansatzes von Tugendhat), daß andererseits die Stärke, Reichweite und Komplexität transzendentaler Konstitutionsanalysen im vollen Sinne zur Geltung gebracht werden muß, und nicht auf Begründungen in Diskursen reduziert und enggeführt werden darf (wie bei Apel und Habermas). Keineswegs zu strenge, sondern zu enge, und damit kategorial falsche Begründungsvorstellungen gilt es zu kritisieren und zu überwinden. Ohne eine *unverkürzte* sprachkritische Reflexion auf die Sinnbedingungen unserer Praxis stößt jeder Versuch einer Ethik-Begründung auf unüberwindliche *methodische* Probleme.

§ 2 Unzulängliche
anthropologische Fundamente

Das philosophisch-anthropologische Defizit in der praktischen Philosophie kann sich ausprägen

1. als explizite Anthropologie, hier im Kern als Rückgriff auf nicht weiter problematisierte empirische Theorien;
2. als implizite Anthropologie, das heißt als mitgeführte, aber nicht weiter thematisierte und systematisch reflektierte Hintergrundvorstellung;
3. als expliziter Abweis jeglicher philosophischer Anthropologie im Kontext der Ethik.

Der erste Fall ist gegeben, wenn z. B. Tugendhat und Wolf auf empirische soziologische und psychologische Ergebnisse zurückgreifen, ohne diese Ergebnisse noch einmal eigens einer kritischen und begrifflichen Rekonstruktion zu unterziehen. Dieser leichtfertige Umgang mit der begrifflichen Gewandung empirischer Befunde muß überraschen, wenn doch sonst semantische Sinn- und Begründungskriterien bei den Autoren eine zentrale Rolle spielen. Es ist grundsätzlich zu fragen, wie sich der ggf. alltagssprachlich zu rettende Sinn der von Tugendhat und Wolf *ex cathedra* außer Kraft gesetzten Redeebenen der Vernunftphilosophie, der Aufklärungsmoral, der Transzendentalphilosophie und aller sonstigen »höheren Wahrheit« zu demjenigen problematischen szientifischen Sinn verhält, welchen sie umstandslos aus bestimmten z. B. sozialpsychologischen Theoriebildungen meinen beziehen zu können. Wir können den dogmatischen Ausschluß von Redeebenen unter pauschalem Hinweis auf deren Prätention höherer Wahrheiten nicht dadurch wieder gutmachen, daß wir andere, »empirische«, szientifische Redeebenen einfach zulassen. Die Bereitschaft dazu findet sich nicht nur bei Tugendhat und Wolf, sondern auch bei Habermas.

Betrachten wir exemplarisch zunächst die Mead-Rezeption bei Tugendhat (Rentsch/Stekeler-Weithofer, 1985). Dabei wird sichtbar, daß die ungeklärten Empirie-Rekurse selbst im größeren Zusammenhang mit den soeben erörterten ungeklärten Begründungsvorstellungen stehen. Letztere zwingen den Philosophierenden in Richtung der Rekurse. Tugendhat hatte bereits in *Selbstbewußtsein und Selbstbestimmung* auf Mead Bezug genommen, um seine Analysen des praktischen Sichzusichverhaltens in Richtung der Intersubjektivitätsthematik fortzuführen. Er will den Zusammenhang des Sichzueinanderverhaltens mit dem »Mitsichreden« klären. Warum rekurriert er dazu auf Mead: Er muß dessen Befangenheit im Subjekt-Objekt-Schema der traditionellen Erkenntnistheorie sowie dessen höchst problematische Orientierung am behavioristischen Paradigma von »Stimulus« und »Response« ebenso zurückweisen wie die Auffassung, das Stimulus-Reaktions-Verhältnis nehme »Signalcharakter« an und ermögliche *so* das Sichzueinanderverhalten von Menschen. Deutlicher noch hätte er auf den für solche Reden konstitutiven metaphorischen Schein hinweisen können, der entsteht, wenn zunächst auf Tiere und technische Apparaturen (»Sender«, »Empfänger«) Bezug genommen wird, und die dort gewonnenen Beobachtungen dann auf *menschliches Handeln* »übertragen« werden; der methodisch erzeugte Schein dieses Vorgehens ist verantwortlich für den Reduktionismus und die Zirkularität Meadscher Konstruktionen. Der *unkritische Aufgriff* sozialpsychologischer Begriffsbildungen setzt sich in weiteren Betrachtungen Tugendhats zur Intersubjektivitätsthematik fort. Auch noch der von ihm übernommene Torso Meadscher Vorstellungen zeigt die Folgen einer systematischen Statusverwechslung: als ließen sich Intersubjektivität und Kommunikation – anders gesagt: die sprachliche Verfassung einer menschlichen Lebenswelt – philosophisch über die Zurechtstellungen einer sozialpsychologischen Theorie erreichen oder gar ihrem Wesen nach auf die Stilisierungen einer solchen Theorie reduzieren.

Zwar schließt Tugendhat lose an die aristotelische Bestimmung einer *koinonia politike* als einer freien Verbindung von Individuen an. Das Wesen sozialer Institutionen und Organisationen sieht er jedoch in Handlungsregeln bzw. Normen, wobei »die Knotenpunkte« von Institutionen und individuellen Handlungen mit Mead als »Rollen« bezeichnet werden (Tugendhat, 1979:268). Es ist diese unkritische Übernahme eines auch bei Mead ungeklärten Begriffs der Sozialpsychologie, der mich hier von ungeklärter anthropologischer Fundierung sprechen läßt. Die »Rolle besteht in nichts anderem als einem Bündel kooperativer Pflichten und Rechte«; später werden Rollen als »Sinnangebote« definiert, schließlich als »die einzig möglichen Sinnangebote« (Tugendhat, 1979:271). Das ist das Entscheidende: Die *eigentlich* für ein Verständnis des praktischen Miteinanderseins unverzichtbaren und der philosophischen Klärung bedürftigen Grundbegriffe wie »Kooperation«, »Pflicht«, »Recht«, »Sinn« *wandern in das Definiens des Rollenbegriffs ab.*

Dieser Begriff jedoch ist nicht zuletzt kraft seiner Herkunft aus der Welt des Theaters und als Metapher in bestimmten soziologischen Entwürfen ein fragwürdiger *umbrella title* (Ryle), der dazu geeignet ist, mit Hilfe definitorischer Strategien an die Stelle der hermeneutischen Klärung von Begriffen und *im Gebrauch befindlicher* Urteile (z. B. über »Kooperation«, »Pflicht« und »Sinn«) zu treten. Das Tautologische und Zirkuläre dieser Vorgehensweise zeigt sich z. B., wenn Tugendhat »Vater«, »Mutter« und »Lehrer« als »Rollenprädikate« bezeichnet, nachdem Rollen zuvor als »Bahnen für die Ausübung von Fähigkeiten« (Tugendhat, 1979:276) bestimmt wurden. In dieser formalen Weite trifft das Wort keine Unterscheidung mehr; der leere Rollenbegriff dient der metaphorisch gestützten, formal-soziologischen Engführung anthropologischer und ethischer Grundbegriffe, welche als Hermeneutik bereits alltäglicher vernünftiger Selbstverständnisse nicht zu greifen vermag. Ich weise in diesem Zusammenhang vor auf die Analyse von Prädikaten wie »Vater«, »Schwester« oder »Lehrer« in den nachfolgenden Untersuchungen. Sie müßten dazu geeignet sein, ein Verständnis als »Rollen«, die »besser« oder »schlechter« (Tugendhat) gespielt werden, zumindest als abgeleitetes, und nicht als einzig mögliches Verständnis solcher Prädikate erscheinen zu lassen.

Es gibt bei Tugendhat anthropologische Analysen, die einen

deutlichen existentialistischen, in der Konsequenz dezisioni-
stischen Akzent haben. Das menschliche Leben vollzieht
sich in der Rekonstruktion dieser Analysen wesentlich in
»Ja/Nein-Stellungnahmen«. Ich halte diese Rekonstruktion
bereits handlungstheoretisch für ein zu einfaches, verkürztes
Modell. Denn es beschreibt die menschliche Grundsituation
als die eines *Einzelnen*, welcher sich jeweils im Sinne eines
Entweder-Oder zu *entscheiden* hätte, letztlich *für oder gegen seine Existenz schlechthin*. Es erforderte eine eigene
Abhandlung, um Tugendhats systematische Heidegger-In-
terpretationen, die über viele lediglich immanent bleibende
Versuche befreiend hinausweisen, zu würdigen und zu kritisieren. Es kann jedoch grundsätzlich zu diesen Interpretationen gesagt werden: Verkürzt man unter dem Einfluß des
empiristischen Sinnkriteriums die *transzendentale* wie auch
die *hermeneutische* Dimension der Heideggerschen Existentialanthropologie, dann *muß* von deren Analysen die von
Heidegger selbst so genannte »existentiell-ontische« Ebene
übrigbleiben, das heißt, die Ebene insbesondere von Er-
schließungsphänomenen auf der Ebene des unmittelbaren
Lebensvollzugs bzw. der je gestimmten Lebenserfahrung.
Zu dieser Beispielebene zählt Heidegger auch seine Kierke-
gaard-Rekurse. Insofern kann man in Tugendhats restriktiver Heidegger-Rezeption den säkularisierten existentialistischen Dezisionismus Kierkegaards wieder auferstehen sehen. Denn für Tugendhat reicht die *Seinsfrage* nur so weit,
wie unser Freiheitsspielraum der Ja/Nein-Stellungnahmen
und -Entscheidungen reicht (Tugendhat, 1979:225), während Heideggers Analysen in *Sein und Zeit*, begreifen wir sie
transzendental-anthropologisch, auf ein Verständnis des
Seins zunächst durch ein Verstehen unseres Lebens im Ganzen hinsichtlich seiner Sinnbedingungen abzielen. Dieses
Leben im Ganzen jedoch mit seiner komplexen internen
Konstitution können wir als solches nicht eigentlich zum
Gegenstand einer »Entscheidung« machen: Sein oder Nicht-
sein im kruden Sinne, das kann hier nicht die Frage sein.
Unsere sprachlichen Möglichkeiten des praktischen Beja-
hens und Verneinens sind zwar wesentlich für den Bereich

unserer autonomen Einzelentscheidungen, sie *konstituieren* hingegen *nicht* die vollen Möglichkeitsbedingungen des Selbstverständnisses und des Sich-zu-sich-(im Ganzen)-Verhaltens von Personen im *gemeinsamen* Leben. Zweifellos stellt Tugendhats Interpretation von Heideggers Analysen zum verstehenden Entwurf-Charakter des menschlichen In-der-Welt-seins daher eine existentialistische Verkürzung dar, wenn er in ihnen lediglich die Notwendigkeit des Entwurfs einer »Lebenskonzeption« für den Einzelnen artikuliert findet: Diese müsse gesetzt werden, »so oder so« (Tugendhat, 1979:228). Das ist erstens falsch, denn man kann z. B. in den Tag hineinleben und sich ohne Konzeption treiben lassen; zweitens weckt der Ausdruck »Lebenskonzeption« eine falsche Assoziation, indem er eine quasi-planerische Nuance mit sich führt: so, als konzipierten wir unser ganzes Leben. Das ist sicher nicht die Ansicht Heideggers, der in seinen Analysen nicht von einer solchen »Lebensplanung« handelt, sondern von dem fundamentaleren Phänomen der *Lebenshaltung* oder *Lebenseinstellung* – wir können auch sagen: unserer Lebensform. Einer solchen Einstellung mitsamt den zu ihr gehörenden, auch faktischen, Sinnbedingungen verdanken, recht verstanden, auch noch unsere jeweiligen Planungen und Konzeptionen unseres Lebens (unsere jeweilige Lebensführung) ihren Sinn. Aufgabe einer transzendentalen Hermeneutik in praktischer Absicht ist es, die Konstitution möglicher Einstellungen und deren Sinnbedingungen freizulegen. Konstitution und Sinnbedingungen selbst sind *nicht* Gegenstand einer Entscheidung und stehen *nicht* auf der Stufe von Lebenskonzeptionen einzelner Individuen.

Die existentialistisch-dezisionistische Heidegger-Interpretation überträgt Tugendhat mit seinem Begriff der praktischen Ja/Nein-Stellungnahme auf den sozialen Bereich. Der Totalitätsbezug wird, wie wir sahen, dadurch gewahrt, daß von der »Bejahung« bzw. der »Verneinung« »des Lebens« die Rede ist. Daß diese individualistische Perspektive nicht die Heideggers ist und sich systematisch wohl nicht halten läßt, habe ich zu erläutern versucht. Noch problematischer allerdings wird die sozialpsychologische Explikation des

Sinnes der Rede von der *Bejahung des Lebens* durch Tugendhat (Tugendhat, 1979:275f.; 227f.). Er erläutert ihn

1. durch das »frühkindliche Selbstwertgefühl« – es entsteht durch Bejahung;
2. durch das »zeitüberdauernde Selbstwertgefühl« des Erwachsenen: die anderen bejahen mich, ich bejahe mein Leben, meine »Rollen« im Meadschen Sinne und erfahre Anerkennung;
3. schließlich durch den Begriff des Charakters, der die »Identität« einer Person konstituiere, sich in deren Rollen durchhalte und zu dem ebenfalls das Verhältnis der Bejahung eingenommen werden könne.

Die hier verwendeten Begriffe (»Selbstwertgefühl«, »Anerkennung«, »Charakter«, »Identität« etc.) werden nicht geklärt, sondern der Sozialpsychologie – in der Meadschen Variante – entnommen. *Sie* und die mit ihrer Hilfe getroffenen Urteile wären aufzuklären.

So rekurriert Tugendhats *Moral des wechselseitigen Respekts* auf »affirmative voluntative« Beziehungen zu sich und zu anderen. Auf die Frage, *warum* wir diese Beziehungen einnehmen sollen, gibt Tugendhat eine nun nicht mehr überraschende und dennoch irritierende Antwort: Er verweist auf das sozialpsychologische Faktum, daß es für das schlichte Überleben, für das geistig gesunde und neurosenfreie Leben nötig sei, daß sich die Menschen selbst bejahen. *Entwicklungspsychologie* und *Rollensoziologie* zeigen uns ja, daß die für das eigene (schlichte) Leben notwendige Selbstachtung nur im Zusammenhang gegenseitiger »moralischer« Achtung im Rahmen einer »ethischen« Gemeinschaft zu *erlernen* ist. Wer also »ernsthaft« an seinem eigenen Leben interessiert ist, *muß* – zumindest partiell – die Einstellungen und Normen der Minimalmoral des wechselseitigen Respekts anerkennen. Zur Grundlage der Moral werden hier Sätze der Art »Wer sich für moralisch verachtenswert hält, und d. h., wer sich selbst verachtet, kann sich nicht lieben, hat kein affirmatives Verhältnis zum eigenen Sein«, und diese Sätze erhalten den Status »empirisch zu überprüfende(r) psychologische(r) Hypothese(n)« (Tugendhat, 1984:138ff.).

Die anthropologischen Grundlagen der Moral in Tugendhats Sicht bestehen also im Kern in zweierlei Einsichten: Zuerst muß es mir, dem einzelnen, um mich selbst gehen; ich muß die rechte Sorge um mein eigenes Leben-können haben. Diese Perspektive entstammt dem existentialistisch-dezisionistisch interpretierten Heidegger. Dann muß dem Egozentriker der Selbstbejahung durch die Ergebnisse der empirischen Sozialpsychologie demonstriert werden, daß er nicht ohne Anerkennung der anderen ein »ernsthaftes« und »bewußtes« »positives« Verhältnis zu seinem eigenen Leben anstreben kann. Es sei denn, so Tugendhat, eine »mißglückte Sozialisation« hätte bereits ein sehr dickes Fell, den »lack of moral sense«, mit sich gebracht. So gilt dann,

daß alle Moral auf einem empirischen Grund aufruht, auf der empirischen Voraussetzung einer bestimmten sozialpsychologischen Verfassung (Tugendhat, 1984:140; 155).

Es wird in den folgenden Untersuchungen darum gehen, eine solche *Verkehrung der Konstitutionsverhältnisse* zu vermeiden, die darin besteht, *den Sinn der Reden und Urteile* über die Liebe, die Achtung, die Ernsthaftigkeit und den Sinn dessen, was es heißt, ein bewußtes Leben zu führen, als Philosoph aus empirisch-sozialpsychologischen Forschungen zu beziehen. Wir können so sagen: Sind die sozialpsychologischen Forschungen, ihre begrifflichen Mittel und ihre Beschreibungsmethoden nicht bereits im Ansatz gänzlich verfehlt und stehen sie nicht völlig quer zu vernünftigen Orientierungen, dann wird auch in diesen Forschungen noch etwas von dem Sinn der genannten Reden und Urteile bewahrt und verstehbar bleiben. Aber: Das hier relevante Gebrauchswissen und Sinnverstehen *haben* wir als Menschen, die gemeinsam an der moralischen Praxis teilnehmen und in diese eingeführt sind, und wir müssen es nicht etwa erst – z. B. als diese Praxis *empirisch* beschreibende oder *theoretisch* erklärende Anthropologen, Psychologen oder Soziologen – *erwerben*. Ist man aber gleichwohl von der letzteren Auffassung überzeugt, dann unterliegt man einem methodischen Mißverständnis, das ich als den *fundamenta-*

len szientistischen Kategorienfehler durch die Verkehrung der Konstitutionsverhältnisse bezeichne.

Die gesamte folgende Untersuchung ist gegen diese Verkehrung gerichtet, und die Bezugnahme auf diesen Aspekt der ethischen Untersuchungen von Tugendhat macht nur deutlich, wie wichtig philosophisch-anthropologische Klärungsarbeit an der Basis ist, wenn die Grundlegung der Moralphilosophie an die empirische Psychologie abgetreten wird. Was geschieht, wenn diese empirisch sehr gut begründet, daß in Wirklichkeit ein Leben *in rücksichtsloser Mißachtung anderer* und in der *brutalen Verfolgung eigener Interessen* um jeden Preis die – quantitativ belegt – große Chance eines immensen »Selbstwertgefühls« und auch großen »Respekt«, den man dann durch andere erfährt, bietet? Wir können als Philosophierende nicht *unsere Hoffnung* darauf setzen, daß dergleichen nicht geschieht.

Ursula Wolf kritisiert Tugendhat zwar in einigen Punkten zu Recht. So sieht sie, daß dessen Halb-Utilitarismus nicht zu einer Begründung der Moral, sondern zum Aushandeln eines Rechtssystems führt. Bei ihr selbst jedoch führen begründungsdeduktivistische Mißverständnisse im Verbund mit der uns bekannten »Wegfall«-Behauptung hinsichtlich »höherer Wahrheiten« zu einem methodologischen Solipsismus in der Ethik, zu einem anthropologischen Psychologismus und Emotivismus, und dadurch schließlich zu einem *quasi-ethischen Ästhetizismus* und relativistischen Dezisionismus. Der systematische Zusammenhang von Moral und gutem Leben wird auf eine *Gefühlsbasis* gestellt. Es ist auch hier wieder aufschlußreich, wie gerade der Dezisionismus falsch verstandenen Begründungsvorstellungen entspringt. Es muß zunächst eine »starke« Idee von Begründung überhaupt konzipiert worden sein, eine Idee »beweisender« Argumente und deduktiv zwingender Folgerungen und »Ableitungen«. »Stark« daran ist, wie die Ausführungen von Wolf zeigen, vor allem ein sehr reduziertes Verständnis der Rede von »etwas begründen«. Die Sinnkriterien dieser Rede bleiben selbst im Dunkeln. Andererseits treten als Synonyma Wendungen wie »folgern«, »ableiten«, »demonstrieren«

und »beweisen« auf. Mit dieser *semantischen Reduktion des Begründungsbegriffs* in speziell *praktischen* Kontexten ist das Scheitern entsprechender Bemühungen im großen Stil vorprogrammiert. So ergibt sich,

daß wir das Grundprinzip der Aufklärungsmoral, das Prinzip der gleichen Berücksichtigung aller als autonomer Wesen ... nicht in einem reziproken Begründungsprozeß generieren können (Wolf, 1984:45).

Hat man alle moralischen Perspektiven zunächst ausgeschlossen, dann stellt sich die unlösbare Aufgabe der moral-*freien Begründung* der Moral. Wolf muß daher, um *einen* Schritt weiter zu kommen, eine kleine semantische Bewegung in die Richtung der menschlichen Möglichkeiten vernünftiger *Einsicht* ausführen; und sie muß ferner für einmal ein einsichtiges *Paradigma* heranziehen, um sich den lähmenden Restriktionen ihrer Analysen zu entziehen. Das geschieht, indem sie am Paradigma der Schlußszene der *Ilias* eine Haltung der Einsicht in die »existentielle(n) Situation des Menschen« aufweist, eine »Sichtweise des menschlichen Lebens«, mit der »eine Einstellung der gleichen Achtung aller« verbunden ist (Wolf, 1984:181 f.).
Entscheidend für die philosophisch-anthropologisch bleibende Defizienz der Analyse ist nun, daß solche Sichtweisen des menschlichen Lebens, solche praktischen Einsichten, von Wolf nicht hinsichtlich ihrer Konstitution (grammatisch und anthropologisch) aufgeklärt, sondern *in den diffusen Bereich der bloßen Subjektivität* verwiesen werden. Dieses Verweisen setzt einen grundsätzlichen methodologischen Solipsismus der gesamten Analyse fort: Stets ist es die Perspektive eines isoliert gedachten »Ich«, von der her sie überhaupt entworfen und durchgeführt wird. So wird »Die Konzeption der universalen und gleichen Achtung« mit Bedeutungsanalysen entwickelt, die allein diese Perspektive kennen:

Daß *ich* jemanden achte, bedeutet, daß *ich* weiß, daß er eine Person ist und sein Personsein *mir* moralische Beschränkungen auferlegt, und daß *ich* dieser Tatsache in *meinem* Handeln angemessenes Gewicht beimesse . . . *Ich* könnte z. B. überlegen, daß Personen egoistische Wesen sind, . . . *ich* könnte das so in Rechnung stellen, daß *ich* mich vor ihnen in acht nehme . . . (Wolf, 1984:102; Hervorhebung Th. R.).

Diese Konstruktion einer obstinaten Egozentrik dominiert, wie ein praktischer Kategorienfehler, weite Teile der Analysen. *Sichtweisen* wie die an der *Ilias* aufgewiesenen können

also das Individuum dazu veranlassen, sich eine Einstellung der gleichen Achtung aller zu eigen zu machen. Aber auch hier gilt wie bei der Frage des guten Lebens allgemein, daß wir niemandem beweisen können, daß er gerade diese Deutung der menschlichen Situation annehmen müßte (Wolf, 1984:182f.).

Die Rede von *beweisen* und von *annehmen müssen* mißversteht methodisch, worum es in praktischen Verständigungszusammenhängen nur gehen kann: um *gemeinsame Einsichten*, und nicht um »subjektive Einstellungen« einzelner, die diese dann anderen anzudemonstrieren hätten. Dem reduktionistischen Begründungs-, hier nun sogar: Beweis-Begriff entspricht eine isolationistisch-individualistische Lebensformkonzeption; letztere erhält in den Analysen Wolfs eine »affektive«, »voluntative« und »emotive« Basis. Diese Basis wird anthropologisch-begrifflich nicht geklärt. Es könnte sonst auch nicht geschehen, daß »Liebe und Freundschaft« kurzerhand zu den »Affekten« gezählt werden; auch hier weise ich vor auf die folgende Untersuchung.
In diesem Zusammenhang erhält die Lebensform universaler Rücksicht ein *affektives Fundament*, »weil sie an unsere Wertgefühle auf der unteren Ebene anknüpft«.

Wir können sie aber nicht in dem Sinn begründen, daß wir sie gegenüber Menschen, die das nicht sehen, argumentativ rechtfertigen können. Wenn jemanden eine andere Grundeinstellung zu anderen Menschen mehr anspricht und wenn es ihm gelingt, nach ihr zu leben und sich dabei zufrieden zu fühlen, dann können wir ihn nicht mit Argumenten widerlegen (Wolf, 1984:184f.).

Doch, wir können ihn widerlegen, und zwar mit sehr vielen Argumenten. Wir können ihm z. B. argumentativ seine Illusionen aufbrechen und die verblendete Meinung zu zerstören versuchen, im Leben käme es im wesentlichen darauf an, was »einen anspricht«.

Die isolationistische Lebensformkonzeption auf der Basis einer Affekte-Anthropologie führt Wolf zu einem resignativen Fazit, zum relativistischen Dezisionismus:

> Weder auf der einen noch auf der anderen Seite stehen zwingende Argumente. Vielmehr stehen sich hier verschiedene Sichtweisen der Welt und der menschlichen Situation gegenüber. Sie lassen sich nicht als richtig erweisen, sondern wir können sie nur noch plausibel zu machen versuchen, indem wir ihre Grundannahmen erläutern und ihre Implikationen explizit machen. Welche der beiden Lebensformen er vorziehen will, kann dann nur noch der einzelne selbst sehen (Wolf, 1984:199).

Es ist systematisch nicht mehr wichtig, daß dieses Fazit noch eine ästhetizistische Verbrämung erhält, indem Wolf keine Möglichkeit mehr hat, »ein Gefühl von Lebenssinn« anders als ästhetisch zu denken. Es gibt hier einen gewissen Totalitätsbezug, auch beim ästhetischen Urteil »bleibt . . . ein unbegründbarer Rest« (Wolf, 1984:172), so daß der Dezisionismus unberührt bleibt, und noch in der Negativität, der Erfahrung der Sinnlosigkeit vermag ja im »Leben der heroischen Verzweiflung« der Schein einer *ästhetischen* Erfüllung mitgeschleppt zu werden, wenn man es mit Wolf für diskutabel hält, daß ein Leben der heroischen Verzweiflung das »schönere Schauspiel« ist (Wolf, 1984:168).

De gustibus non est disputandum. Dieses Fazit gilt es, in den folgenden Untersuchungen zu kritisieren und zu destruieren. Die moralische Sicht der Dinge steht nicht neben anderen Sichtweisen zur individualistischen Auswahl bereit; sie läßt sich als richtige Sicht in einem gemeinsamen Verständnis explizieren. Der »einzelne« kann nicht »selbst sehen«, welche Lebensform er »vorziehen will«. Um diese Behauptungen zu begründen, ist es u. a. nötig, eine emotive, psychologistische und subjektivistische Affekte-Anthropologie, die fortgesetzt z. B. Freundschaft und Solidarität zu »Gefühlen« erklärt, durch eine kritische philosophische Anthropologie in praktischer Absicht zu ersetzen.

In ihrem Nachtrag zu den »Retraktationen« Tugendhats führt Wolf indessen aus:

»Diese gemeinsame Ausrichtung auf ein Telos hat eine emotionale Basis in Solidaritätsgefühlen, wobei das Gefühl der Solidarität nun nicht wie die Gefühle der Liebe und Freundschaft ein positives Gefühl für jedes einzelne Mitglied der Gemeinschaft als solches ist, sondern über den gemeinsamen Bezug auf dasselbe Ganze vermittelt ist. Daher eignet sich das Gefühl der Solidarität anders als das Gefühl der Freundschaft zur emotionalen Fundierung der moralischen Einstellung.«

Wenig später vertritt Wolf die Auffassung, die Aristotelische Freundschafts-Analyse habe im wesentlichen »Solidaritätsgefühle« im Auge: (Wolf, 1984: 221). Diese Ausführungen bestätigen den Befund einer affektpsychologistischen, emotivistischen Moralbegründung. Sie wiederholt die sensualistische Fundierung der Moral im 18. Jahrhundert vor der Kantschen Kritik; nämlich in den Werken von Shaftesbury, Hutcheson und Burke. Daher ist es auch kein Zufall, daß sich bei der Wiederholung der moralsensualistischen Grundlegung durch Wolf die *gleiche* Analogie zur ästhetischen Erfahrung herstellt. *Gefühle* des Sublimen sind das frühbürgerlich-atheistische Säkularisat der vergangenen theologisch konzipierten Dignität des Seins, welches numinos und auratisch beschrieben wurde. Systematisch betrachtet macht die affektive Fundierung die Aktivitäten rechtsextremistischer Wehrsportgruppen und fanatisierter islamischer Lumpenproletarier von Bewegungen ununterscheidbar, die vor der moralischen Perspektive nicht nur standhalten, sondern nur in ihr zu begreifen sind; klassisches Beispiel ist die Arbeiterbewegung. Verstehen wir solche Bewegungen von ihrer rationalen und moralischen Basis her, dann werden die *Gefühle*, die sie begleitet haben, als *Kriterium* ihrer Dignität überflüssig. Die Praxis der Solidarität steht nicht auf einer Gefühlsbasis. Im übrigen: Auch die aristotelische Freundschafts-Analyse ist anti-psychologistisch zu lesen.
Der dritte Fall unserer drei anfangs genannten anthropologischen Defizite – der gänzliche Abweis der Anthropologie in der Ethik – kennzeichnet die systematische Auffassung

des Kant der *Grundlegung* und wird in unserem Schlußkapitel thematisiert.

Hier geht es einleitend zunächst um die Rückgewinnung einer Fragestellung, die gegenwärtig nicht mehr selbstverständlich ist, nämlich der philosophisch-anthropologischen Fragestellung in praktischer Absicht. Kurz gesagt sind wir zunächst einmal Menschen, und als solche dann auch, in einem zu explizierenden Sinn, moralische Wesen. Deswegen scheint es mir unverzichtbar zu sein, die praktischen Fragen auf die menschliche Lebenssituation zurückzubeziehen, woher sie ihren Sinn haben, wo sie ihren definitiven Sitz haben und wo sie letztlich beantwortet werden müssen. Diese kritische anthropologische Rückbindung muß geschehen, ehe sich *ethikintern* bereits systematische Ausdifferenzierungen im Wege des Überspringens der *condition humaine* ergeben haben.

Für die Einleitung in die Rückgewinnung einer anthropologisch-praktischen Fragestellung eignet sich die kritische Diskussion des grundsätzlichen Aufsatzes *Moralität und Sittlichkeit. Treffen Hegels Einwände gegen Kant auch auf die Diskursethik zu?* von Habermas. Dessen spezielle Thematik interessiert hier nur am Rande. Wesentlich ist, auf welche Weise in diesem Beitrag das Verhältnis der Diskursethik zu einer lebensweltlichen Basis bzw. zu einem anthropologischen Fundament systematisch in den Blick tritt. Es scheint mir hier sichtbar zu werden, daß dieses Verhältnis nicht systematisch geklärt und integriert wird, sondern auf prekäre Weise offen bleibt. Zunächst fällt auf, daß die anthropologischen Analysen, die Habermas als zutreffend einbringt, sich von den *funktionalen und kompensationstheoretischen* Analysen des Gehlen etwa von *Moral und Hypermoral* nicht leicht unterscheiden lassen. Die *Diagnose* einer in Kompensationsverhältnissen denkenden Anthropologie stellt auch Habermas:

Unter anthropologischen Gesichtspunkten läßt sich nämlich Moral als eine Schutzvorrichtung verstehen, die eine in soziokulturelle Lebensformen strukturell eingebaute Verletzbarkeit kompensiert (Habermas, 1986:20).

Die kompensationsanthropologische Denkweise bestimmt dabei selbst noch seine *Kritik an Gehlen*. Die Moral verdankt sich zwar nicht »den biologischen Schwächen des Menschen«, den »Mängeln der organischen Ausstattung des Neugeborenen« und »den Gefährdungen einer überproportional langen Aufzuchtperiode« – so der krude biologistische Funktionalismus Gehlens –, wohl aber dem kompensatorisch aufgebauten kulturellen System, in welchem nach Habermas »jene tiefe Verletzbarkeit angelegt« ist, »die als Gegenhalt eine ethische Verhaltensregulierung nötig macht« (Habermas, 1986:35). An die Stelle des biologischen Funktionalismus der Herder-Gehlenschen Provenienz tritt ein nicht weniger problematischer kompensatorischer Funktionalismus des kulturellen Systems. Aus seiner Perspektive erst erscheinen die »pragmatischen Eigenschaften« praktischer Diskurse Habermas als so *unwahrscheinlich*. Systemfunktional-kompensatorische Redeweisen bezieht Habermas auf »alle Moralen«; er sieht den wahren »Kern des Naturrechts« darin,

daß alle Moralen in einem übereinstimmen: sie entnehmen demselben Medium sprachlich vermittelter Interaktion, dem die vergesellschafteten Subjekte ihre Verletzbarkeit verdanken, auch die zentralen Gesichtspunkte für eine Kompensation dieser Schwäche (Habermas, 1986:22f.).

Die *philosophisch-anthropologische* Grundfrage, die sich hier anschließen läßt, lautet, ob solche kompensatorisch-funktionalen Grundbegriffe, seien sie nun biologisch oder auf kulturelle Systeme bezogen ausgeprägt worden, sich überhaupt sinnvoll verwenden lassen. Schenkt man sich diese Frage, so erhält die anthropologische Basis den Status eines gleichsam diffusen, unkonstituierten Bereiches.

Indem Habermas das Hauptproblem im Bereich der *Individuation* ansiedelt, kann er zwar – mit Kant und Hegel gegen Herder und Gehlen – akzentuieren, daß es um gelingende Bildungsprozesse und nicht nur um gelingende Mängelkompensation geht. Gleichwohl bleibt die anthropologische Terminologie funktional-kompensatorisch bis in den Bereich

der Moral. Diese Tendenz wird verstärkt durch die durchgängige Rede von moralischen *Intuitionen* innerhalb der
Alltagspraxis. Auch hier verbirgt sich ein philosophisch-an-
thropologisches Problem: Einerseits sind Intuitionen Einge-
bungen unmittelbarer Anschauung ohne rationalen kognitiven Anspruch und Status, obgleich man intuitiv ja auch vieles
sofort richtig erfassen kann. Zum anderen kommt der Alltagspraxis mit ihren Intuitionen in den Analysen von Habermas eine herausragende, tragende systematische Bedeutung zu: Es heißt dann von den Intuitionen, daß sie es
sind

die die Diskursethik bloß auf den Begriff bringt (Habermas,
1986:29).

Das besagt: Auf eine nicht näher geklärte Weise kommen den
Intuitionen und den Formen der alltäglichen Praxis konstitutive Bedeutungen zu. Diese konstitutive Bedeutung gilt es
daher, begrifflich gerade aufzuklären. In den lebenswelt-
theoretischen Abschnitten seiner *Theorie der kommunikativen Kompetenz* versucht Habermas, diesem Desiderat
Genüge zu tun. Die Passagen bleiben aber stark programm-
atisch (»das Gesellschaftskonzept muß an ein zum Begriff
des kommunikativen Handelns komplementäres Lebens-
weltkonzept angeknüpft werden«) (Habermas, 1982:452).
Geklärt werden muß: (1) Welches Verständnis *transzendentaler Konstitution* den Lebensweltanalysen (»Die Lebenswelt ist gleichsam der transzendentale Ort, an dem sich
Sprecher und Hörer begegnen«) (Habermas, 1982:192) tatsächlich zugrundeliegt; (2) Welche systematische Bedeutung
dabei dem *impliziten Wissen* zukommt – genau dies ist der
zutreffendere Terminus für den Bereich, den Habermas andernorts den Intuitionen zuweist –, einem »*holistisch*« struk-
turierten Wissen, bei dessen Erörterung Habermas zu Recht
auf Wittgensteins Untersuchung *Über Gewißheit* Bezug
nimmt, diese aber zu Unrecht in die Nähe soziologischer
Untersuchungen von Alfred Schütz rückt und mit einem
»*Dogmatismus der alltäglichen Hintergrundannahmen und
-fertigkeiten*« verwechselt; schließlich (3) Wie sich näherhin

die *Formen der Sprache* (in ihrer grammatischen Konstitution) zu den *Formen der Praxis*, zu den *Lebensformen* (in ihrer existentialen Konstitution) verhalten.

Die kritischen Anschlußfragen, die ich an den diskutierten Aufsatz von Habermas richte, –

(1) Lassen sich die kompensationsanthropologischen Analysen zur Moral philosophisch-anthropologisch und begrifflich durch angemessenere Analysen in praktischer Absicht ersetzen?

(2) Läßt sich der zwischen *konstitutiver* Bedeutung und lediglich *intuitivem* Status ambivalent bleibende Sinn der Alltagspraxis als systematische Rekursinstanz präzisieren?

Wohin gehören die Intuitionen? Lassen sich ihre moralisch relevanten Inhalte genauer herausarbeiten? Auf welche Weise läßt sich alltagssprachanalytisch wie lebenswelttheoretisch präzisieren, inwiefern sie die philosophischen Rekonstruktionen *tragen*? –

diese kritischen Anschlußfragen führen mich auf folgende Thesen, zu deren Einlösung die eigenen Untersuchungen dienen. Es muß sich zeigen lassen, daß die richtige philosophische Anthropologie *gar nicht vor- und außerethisch* entwickelt werden kann, ebensowenig eine Philosophie der menschlichen Kultur. Umgekehrt läßt sich eine philosophische Ethik (und mithin auch ein Verständnis der möglichen Begründungen moralischer Perspektiven) *nicht ohne ein Verständnis des menschlichen Lebens* konzipieren. Es ist daher zu zeigen, daß moralischen *Einsichten* in der Praxis unseres Lebens (1) nicht ein lediglich intuitiver Status zukommt, ferner (2), daß sie sich nicht als Kompensationen allfälliger Defizite in der menschlichen Natur begrifflich rekonstruieren lassen. Dann aber ist der Redebereich, den die Diskursethik auszeichnet, nur ein regionaler *Teilaspekt* der vollen und komplexen Form eines sinnvoll begriffenen gemeinsamen Lebens und einer existentiellen und politischen Praxis. Auch die Klärung und das Verstehen dessen, was vernünftige Gespräche sind und welche gelungenen und erfüllten Gestalten wir von ihnen paradigmatisch kennen, kann im Rahmen einer philosophischen Anthropologie in praktischer Absicht ihren Ort haben, anstatt als Diskursethik von einer solchen Klärung isoliert und moralphilosophisch überfrachtet zu werden.

§ 3 Unzureichende sprachphilosophische Analysen

Für die moralphilosophische Reflexion unzureichend sind sprachphilosophische Analysen unter anderem aus folgenden Gründen:

1. *Semantizistische* Vorstellungen vom Funktionieren der Sprache im Kontext des restriktiven empiristischen Sinnkriteriums reduzieren die Reflexionssprache der Ethik und in erheblichem Maße die systematischen Rekonstruktions- und Interpretationsmöglichkeiten hinsichtlich unserer alltäglichen praktischen Orientierungssprache;

2. Der *methodologische Solipsismus* beherrscht die ethische Reflexion, wenn z. B. wiederum empiristisch eine »subjektive« Datenbasis des Empfindens, Erlebens und Wertens zum Ausgangspunkt gewählt wird;

3. Der *linguistische Idealismus* z. B. der Diskursethik läßt sich auf zwei Weisen kritisieren: *erstens* hinsichtlich der Fiktion einer idealen Verständigung zwischen Menschen, *zweitens* mit Bezug auf die Restriktion des Gedankens kommunikativer Rationalität, die in deren Einschränkung auf *sprachliche* Verhältnisse allein beschlossen liegt;

4. *Analytische* und »*meta-ethische*« Untersuchungen zur Sprache der Ethik sind unverzichtbar, sie haben jedoch nur einen Hilfsmittelcharakter für die tatsächlich erforderliche Kritik und Beurteilung unserer moralischen Praxis.

Das heißt: Gerade weil die sprachkritische Analyse und Klärung unserer Urteilspraxis und Begrifflichkeit in jedem, und so auch im moralphilosophischen Falle, unverzichtbar ist, können wir uns falsche und reduktionistische Vorstellungen nicht erlauben.

Ein Vertreter der semantizistischen Vorstellungen ist Tugendhat. Er hat bereits eine wahrheitsfunktionale »formale Semantik« als die einzig richtige Methode der Sprachanalyse ausgezeichnet, bevor er Sprachanalysen im Bereich der praktischen Philosophie durchführt. Zu diesem Vorgehen und zum Abweis aller »höheren Wahrheiten« tritt das empiristische Sinnkriterium, gemäß dem es nur definitorisch-analytische oder empirische Erfahrungs-Wahrheiten geben kann. Der tiefere Dissens geht hier nicht mehr um Fragen der praktischen Philosophie, sondern um das Wesen und die Möglichkeit des Philosophierens selbst; da die folgenden Analysen transzendental und hermeneutisch zu verstehen sind und außerdem versuchen, das leitende Philosophieverständnis möglichst explizit zu artikulieren, sei dieser Dissens auf die Durchführung verwiesen. Soviel kann bereits gesagt werden: Transzendental-hermeneutisch *beurteilen wir* selbst gemeinsam z. B. die Angemessenheit und Richtigkeit von Sinnkriterien in bestimmten Problemkontexten; wir setzen sie nicht selbst – unkritisch – voraus. Das bekannte und dennoch nicht aus dem Felde geschlagene Selbstanwendungsargument gegen das empiristische Sinnkriterium fragt daher zu Recht und weiterhin ohne Antwort, ob wir dieses Sinnkriterium selbst entweder auf analytischem oder auf empirischem Wege verstehen können.

Demgegenüber gilt es, die *Verfassung* unserer Redepraxis und unserer Erfahrungen, die *Konstitution* unserer Urteile und der zu ihnen gehörenden Lebensformen gemäß den *Bedingungen ihrer Möglichkeit* kritisch freizulegen. Die Sinnbedingungen von Erfahrungen, die Sinnbedingungen von Begründungen sowie die Sinnbedingungen z. B. von *begrifflichen* Gründen unterschiedlicher Art können wir nicht selbst einer formalen Semantik entnehmen oder die Aufgabe ihrer Klärung an eine empirische Theorie abtreten.

Wir sahen, daß der methodologische Solipsismus ethische Reflexionen in großem Stil prägen kann. So stilisiert Tugendhat die besondere Perspektive eines einzelnen Menschen, der sich fragt, warum er moralisch handeln solle, zu *der* Begründungsfrage der Ethik schlechthin. Ein sokratisch-dialektisch

Philosophierender hat Mühe, nicht bereits bei der ursprünglichen Frageperspektive mit seiner Maieutik einzusetzen. Und wenn nicht recht begründbar erscheint, daß die Einstellung des wechselseitigen Respekts *universal* zu verstehen ist, dann konstruiert Tugendhat die *Begründungsbedürftigkeit* der Einschränkung der Haltung des Respekts auf eine Binnenmoral. Er sieht hier dann »nicht, wie die Begründung erfolgen kann, ohne auf eine höhere Wahrheit zu rekurrieren« (Tugendhat, 1984:165). Aber wem gegenüber *sollten* denn jetzt solche »Begründungen« vorgebracht werden? Etwa gegenüber denjenigen, die »außerhalb« der Binnenmoral stehen? Warum? Der einzelne, der sich fragt, warum er überhaupt moralisch handeln soll, kann erst recht fragen, warum er ein universalistisches Begründungsverständnis ausbilden *soll*, wenn er doch mit seinen faktischen Begründungen in seiner Gruppe gut zurechtkommt. Die sprachlichen Reduktionsprozesse, die die Perspektive eines ethischen Solipsismus induzieren, setzen, so wird hier sichtbar, bereits bei den anfänglich gestellten Grundfragen der Ethik ein. Akzeptieren wir sie unkritisch, dann ist die Falle eines methodologischen Solipsismus schon zugeschnappt.

Bei Wolf sahen wir, wie der Solipsismus aus einer emotiven Affekte-Anthropologie entsprang, und wie er sich in den Hermetismus individualistischer Lebensvorstellungen und den Dezisionismus des Lebensgefühls fortsetzte. An der Basis liegen hier aber sprachphilosophische Defizite hinsichtlich der vermeintlichen »Subjektivität« unserer praktischen Orientierungen. Das ist in den eigenen Analysen zur Grammatik der hier konstitutiven Unterscheidungen und im Gegenzug zu den formal-semantischen und den »emotiven« Rekonstruktionen zu zeigen.

Von Kutscheras *Grundlagen der Ethik* bieten ein weiteres Beispiel sprachanalytisch gestützter Konstruktionen eines *zunächst isolierten* Orientierungssubjektes. Für dieses Subjekt entwickelt er in Analysen zur *Werterfahrung* als ersten Schritt eine Datenbasis-Sprache, in der über *eigene Erlebnisse* und *Empfindungen* gesprochen werden kann. »Werturteile beruhen auf Werterfahrungen« (von Kutschera,

1982 : 229). Diese Erfahrungen werden als »Werterleben« bezeichnet; von Kutschera (1982 : 241) ist der Auffassung, »daß unser Erleben . . . die letzte Grundlage unserer Urteile darstellt«.

Der Empirismus hält hier die Erfahrungsbasis zunächst sehr niedrig. Über einer Empfindungsebene entwickelt von Kutschera eine Wertsprache, die mit Sätzen der Art »Die Person a erlebt, daß der natürliche Sachverhalt p positiv ist« auf eine Grundform gebracht wird. In der Folge bemüht er sich, von der bloßen Subjektivität dieser Rede zu *objektiven* Werturteilen zu gelangen: »*Subjektiv*« sind Werte, »die sich allein oder doch vorwiegend aus unseren individuellen Neigungen und Interessen, aus unserer spezifischen Situation oder Eigenart ergeben. Als *objektiv* hingegen bezeichnen wir jene Werte, für die das nicht gilt.« Diese Passage ist charakteristisch für die Absetzungsstrategie von der subjektivistischen, empiristischen Basis, die *ex negativo* verfolgt wird: »Objektiv sind also jene Wertphänomene, die sich nicht allein oder vorwiegend aus persönlichen Neigungen erklären lassen.« Objektivität soll erreicht werden über Nicht-Subjektivität. Und:

Allein bei einer solchen Unabhängigkeit von individualspezifischen Parametern kann man auch eine intersubjektive Übereinstimmung in objektiven Werturteilen erwarten (von Kutschera, 1982 : 240 f.).

Das heißt: Intersubjektivität stellt sich *ex negativo*, als Dementi der subjektiv-empiristischen Basis her, die zuerst konstruiert wurde. Auf diesem Weg versucht von Kutschera im weiteren Fortgang, die genuin moralische Rede von *Personen, Pflicht, Achtung* und *Würde* zu erreichen. Eine detaillierte kritische Analyse der jeweiligen *Übergänge* von der Sprache I, der Basissprache des Empfindens und Erlebens über die Sprache II, die Sprache einer psychologischen Hermeneutik der Werterfahrung, zur Sprache III, der genuin ethischen und moralischen Rede mit den *Prinzipien* der Achtung und Selbstbestimmung kann meines Erachtens nicht zur Klarheit bringen, *wie* diese Übergänge systematisch tatsächlich zu vollbringen sind. Ich kann nicht sehen, wie ein Weg von der trotz aller späteren Dementis empiristischen

Empfindungsbasis zu den intersubjektiven Prinzipien des gemeinsamen Lebens führt.

So schlägt auch der anfängliche methodologische Subjektivismus immer wieder durch, und die »Objektivität« der Werte bleibt auf eigentümliche Weise schillernd und abhängig von Sprache I und Sprache II:

Für uns sind moralische Bewertungen nicht akzeptabel, die wir uns aufgrund unserer Werterfahrung nicht zu eigen machen können, mit denen wir uns nicht identifizieren können. Eine Moral, die *ich* mir nicht praktisch aneignen und in meine subjektiven Präferenzen aufnehmen kann, eine Moral, die nicht zu *meinen* Werterfahrungen paßt und zu *meinem* Streben nach Werten, das sich darin äußert, ist *für mich* nicht akzeptabel, auch wenn sie sonst allgemein anerkannt ist . . . Moralische Gebote werden *für mich* erst dann verpflichtend und gültig, wenn *ich* sie als richtig erkenne, und das heißt: wenn *ich* das, was sie fordern, *selbst* als wertvoll erfahre (von Kutschera, 1982:290; Hervorhebung Th. R.).

Wir müssen diese Sätze zudem noch im Zusammenhang mit der Tatsache lesen, wie stark von Kutschera anfänglich unser Erfahren in die Richtung des Empfindens und des Erlebens rückt, um zu sehen, daß er seinen methodologischen Solipsismus nicht mehr los wird. Die systematische sprachkritische Grundfrage angesichts dieses Befundes möchte ich so formulieren: *Was bedeutet hier »ich«? Wer ist dieses »ich«? In welcher Lebenssituation ist dieses »ich« vorstellbar bzw. vorgestellt?*

Ich weise auf die eigenen Untersuchungen hin, in denen ein anderer Ausgangspunkt gewählt wird.

Ich nehme von Kutscheras (im übrigen sehr klare und selbst »wertvolle«) Darstellung zum Anlaß, auf ein Phänomen der ethischen Reflexion hinzuweisen, welches selbst, obwohl indirekt, eine systematische Bedeutung hat. Ich nenne es das *Phänomen der invarianten Basisphänomene.* Es ist in der Ethik besonders auffällig, daß von systematisch *sehr* unterschiedlichen Ausgangspunkten und Voraussetzungen der Reflexion aus letztlich *sehr* ähnliche, ja *die gleichen* Grundbegriffe, Einsichten, Prinzipien etc. erreicht werden. Apel, Habermas, Tugendhat, Wolf, von Kutschera – um nur die hier von mir exemplarisch behandelten Autoren zu nennen –, sie alle versuchen auf ihre Weise, den *moral point of view* seinem Sinn gemäß zu analysieren und zu explizieren, und eben auch, ihn zu »begründen«, »letztzubegründen«, aus etwas anderem (z. B. aus »Eigeninteresse« oder eigenen »Werterfahrungen«) abzuleiten oder zu »beweisen«. Das deutet daraufhin, daß *nicht* die Wege, die hier gewählt wurden, und *nicht* die Begründungen, die man konstruiert hat, das *proprium* sind, sondern *die Basisphänomene selbst*. Letztere in ihrer *Konstitution* eigentlich zu erfassen, ist daher das Ziel meiner eigenen Untersuchung. Das Philosophieren muß *die Art und Weise der hier sichtbar werdenden Vorgängigkeit verstehen und systematisch begreifen*, anstatt auf dieser parasitär Scheindeduktionen und Egologien zu errichten.

Dieses Begreifen der Vorgängigkeit wird die spezifisch transzendentale und hermeneutische Methodenbewegung der folgenden Analyse bedingen; sie muß sich näherhin transzendental-anthropologisch und philosophisch-grammatisch entfalten. Denn Heidegger (in *Sein und Zeit*) und Wittgenstein (in den *Philosophischen Untersuchungen*) sind Autoren, die in der Moderne den Kantschen Grundgedanken der transzendentalen Konstitution wirklich systematisch fortgeführt haben (Rentsch, 1985).

Auch der *linguistische Idealismus* der Diskursethik weist gegenüber den soeben genannten Aufgaben entscheidende Defizite auf. Er überspringt im Interesse an seinen Begründungen zunächst einmal die menschliche Grundsituation und eine Kultur der moralischen Praxis, um diese durch eine Konstruktion wieder zu erreichen. Auf die Kritik von Nordenstam, Rossvaer, Kambartel und Wellmer hatte ich mich bereits bezogen. Abschließend möchte ich das spezifisch Idealistische der Konstruktion noch einmal kritisch akzentuieren. Der *Absolutismus* und *Infinitismus* des Grundgedankens tritt insbesondere in der von Apel vertretenen Fassung deutlich zutage, der von der Idee »einer absoluten Wahrheit der Verständigung in einer unbegrenzten Interpretations- und Interaktionsgemeinschaft« (Apel, 1973:217f.) ausgeht. Mit dieser Idee verbindet sich diejenige der *Idealität*

der Diskursbedingungen. Wellmer hat überzeugend herausgearbeitet, daß in die Konstruktion 1. ein szientistischer
Kerngehalt eingeht, und 2. sich damit ein unverträgliches
Theologoumenon kategorial vermischt. Der Gedanke letzter
Erkenntnis und absoluter Wahrheit, die »Idee einer vollen-
deten Physik« als der »ursprüngliche Traum des logischen
Empirismus« (Wellmer, 1986:90) verbindet sich mit der
messianischen Perspektive der Versöhnung, wie sie die klassische Kritische Theorie insbesondere im Werk Adornos in
der Negativität allein festgehalten hatte. Ich möchte diese
eigenartige Vermischung der beiden Gedanken hier nicht
weiter diskutieren, und verweise dafür auf Wellmers kritische Darstellung insgesamt (Wellmer, 1986:51-113).
Hier sind die praktisch-philosophischen Problem*konsequenzen* der Konzeption idealer Verständigungsbedingungen zu akzentuieren. Sie ergeben sich, weil die ursprüngliche
Konzeption, die Idee einer unbegrenzten idealen Kommunikationsgemeinschaft (Apel) bzw. einer idealen Sprechsi-
tuation (Habermas), *eine gegenüber den transzendentalen
Konstitutionsbedingungen gemeinsamer Verständigung bereits von vornherein selektive und reduktionistische Konzeption ist.* Die Analyse der Sinnbedingungen, die sie aus den
Präsuppositionen des Sprechens und des Argumentierens
entnimmt, ist selbst bereits derart *partial*, daß sie falsch wird.
Es handelt sich um eine Konstruktion *an den Sinnbedingungen möglicher Verständigung vorbei*, im Wege der Selektion
und Isolation einiger solcher Bedingungen, und deren »Idea-
lisierung«. Habermas sagt, der mit der Diskursethik so eng
verbundene »Universalisierungsgrundsatz funktioniert wie
ein Messer, das einen Schnitt legt zwischen ›das Gute‹ und
›das Gerechte‹« (Habermas, 1983:113). Husserl erzählte
einmal im Schülerkreis eine melancholische Anekdote, als er
in den endlosen Verfeinerungsarbeiten an seiner Phänomenologie nicht weiterkam: Als kleiner Junge habe er einst ein
Taschenmesser geschenkt bekommen. Voller Freude habe er
es wieder und wieder geschärft – bis seine Klinge schließlich
zerbrach.
Eine auch nur irgend triftige Analyse der *Sinnbedingungen*

unserer Verständigung muß deren wesentliche Grundzüge unverkürzt aufnehmen. Dazu gehören alle auf einen ersten und vordergründigen Blick als *negativ* zu bezeichnenden Grundzüge: die Möglichkeiten der Täuschung und der Lüge, die mangelnde Kompetenz, die Knappheit der Zeit, die Asymmetrien zwischen den Teilnehmern, die unverschuldete und die selbstverschuldete Unmündigkeit, das Fehlen wichtiger Teilnehmer, Befangenheit und konkrete Unvernunft, Uneinsichtigkeit, Unterbrechungen, kurz: die *Gefährdungen* von Sinn, welche selbst sinnkonstitutiv fungieren. Isoliert man einige Sinnbedingungen – z. B. die Sinnbedingungen authentischer Rede allein – und formt daraus eine Idealvorstellung, so droht diese zu einem trügerischen Schein zu werden. Die Sinnbedingungen, die eine Konstitutionsanalyse freizulegen vermag, wie z. B. die Wahrhaftigkeit, fungieren ja nur konstitutiv *inmitten defizienter Modi*. Sie sind von letzteren schon begrifflich gar nicht ablösbar. Lösen wir sie als »ideale« Kommunikationsbedingungen einer »idealen« Gemeinschaft dennoch ab, dann können wir (aus Gründen der überhaupt möglichen Sinnkonstitution) nicht mehr wissen, wie wir sie auf die Welt beziehen sollen:

Wir sind aufs Glatteis geraten, wo die Reibung fehlt, also die Bedingungen in gewissem Sinne ideal sind, aber wir eben deshalb auch nicht gehen können. Wir wollen gehen; dann brauchen wir die *Reibung*. Zurück auf den rauhen Boden! (Wittgenstein, Philos. Untersuchungen § 107).

Eine *Idealsprache* der Ethik, gewonnen aus partialen, isolierten Sinnbedingungen gemeinsamer Rede, steht nun funktionslos neben unserem Leben und unserer gemeinsamen Welt. Denn einen *Gebrauch* haben die vermeintlich idealen und ebenso nur vermeintlich isolierbaren (und dann kontrafaktisch verwendbaren) Redeteile nur in unseren konkreten Verständigungszusammenhängen und mit ständigem Bezug auf diese.

Ein ethischer Dualismus von *Idealität* und *Realität*, ein moralphilosophischer Cartesianismus *idealer* Sinnbedingungen und lediglich *realer* konstituierter Verhältnisse stellt daher eine konstitutionstheoretische Unmöglichkeit und einen grammatischen Kategorienfehler dar. Es gilt, *gelungene* Formen der Verständigung *inmitten* unserer einen Welt mit all ihren *auch* sinnkonstitutiven Negativitäten von *mißlungenen* Formen zu unterscheiden. Paradigmen beider Formenbereiche sind uns in Hülle und Fülle bekannt. Ein linguistischer Idealismus der Beseitigung aller Hindernisse der Verständigung ist damit nicht verbunden. Ich weise hier voraus auf meine Konstitutionsanalysen zu praktischen Sinnentwürfen.

Wellmer schreibt in seiner ausführlichen Kritik an der Diskursethik mit Bezug auf die philosophischen Diskurse:

> Hier macht aber die Idee eines Grenzwerts *idealer* Verständigung überhaupt keinen Sinn mehr. Die »Hindernisse der Verständigung« sind hier nämlich gleichursprünglich mit den Bedingungen der Möglichkeit der Verständigung: beide sind begründet in der Sprachlichkeit des philosophischen Gedankens selbst (Wellmer, 1986:99).

Ich würde dies auch auf unsere alltäglichen Verständigungen beziehen. Sie sind nicht bloß das »Reale« eines »Ideals«, das »Relative« eines »Absoluten«. Gerade, weil dies so ist, gibt es *hier* die Perspektive gelingender Kommunikation. Zurecht konstatiert Wellmer in diesem Zusammenhang, daß »die Diskursethik zu *Kantisch* geblieben ist«. Wie beim Reich der Zwecke

> steckt das Problem in den idealisierenden Begriffsbildungen selbst bzw. darin, daß sie als »Ideale der Wirklichkeit« genommen werden. Versteht man sie nämlich so, so rächt sich das Scheinhafte an ihnen darin, daß sie gleichsam zu flattern beginnen und ungreifbar werden (Wellmer, 1986:101).

Im Reich der Zwecke gibt es keine moralischen Probleme mehr, in der idealen Kommunikationsgemeinschaft entfallen die Notwendigkeiten, Fragilitäten, Bedürftigkeiten und Negativitäten, umwillen derer wir mit einander sprechen, und umwillen derer es so etwas wie Ethik gibt. Der linguistische Idealismus gerät in eine Perspektive, die auch der traditionellen Eschatologie vollendeter Kommunikation ihre Paradoxien aufnötigte: Die völlige kommunikative Transparenz der Erlösten im Jenseits, deren Leiber sich gleich einem unstofflichen Glas wechselseitig so durchdringen können, daß sie noch dieselbe Raumstelle einzunehmen vermögen, solche und ähnliche Vorstellungen vernichten gerade die menschliche Perspektive, um derentwillen sie entworfen wurden (Rentsch, 1987).

Auch, wenn der eschatologische Absolutismus nicht den Kern der Diskursethik Apels bilden sollte: Wesentlich bleibt, daß die Idealisierungsschritte sich einer reduktionistischen Konstitutionsanalyse der transzendentalen Sinnbedingungen möglicher Verständigung verdanken, obgleich Apel in seinem Aufsatz über den *Tod als Bedingung der Möglichkeit von Bedeutung* einen Schritt in die hier vermißte Richtung gegangen ist (Apel, 1978). Die eigenen Analysen haben daher einen Begriff der vollen Konstitution zu erarbeiten.

Der *zweite* Aspekt des linguistischen Idealismus bei Apel und Habermas läßt sich so präzisieren: Die Diskursethik stellt eine Engführung des Kommunikationsverständnisses her. *Ein* Paradigma vernünftigen Lebens, obgleich ein sehr gutes, soll zu *dem* Paradigma erhoben werden: das der Diskurse. Der linguistische Idealismus der oben behandelten, inneren Spielart, arbeitet mit an der zweiten Spielart. Im Kern stellt sie das sowohl *unmögliche* wie *unnötige* Unternehmen der *Deduktion von Lebensformen aus Sprachformen* dar. Anders gesagt: Auch die Diskurse weisen *Züge* der Konstitution der moralischen Praxis, jedenfalls Züge der rationalen Praxis auf; aber sie allein konstituieren weder diese Praxis, noch lassen sie sich zu *den* vornehmlichen und ausgezeichneten Modi der Praxis hochstilisieren, in welchen sich die Konstitutionsbedingungen zeigen.

Aus diesem Grunde ist der rigorose Schnitt zwischen Fragen des Guten und des vernünftigen Lebens und Fragen der Universalisierung von Normen im Wege der diskursiven Einlösung ihrer Geltungsansprüche eine künstliche Operation, analog der problematischen Dichotomie von *materialen, inhaltlichen Orientierungen* und *formalen Prozeduren*. Sind doch die Präsuppositionen der Argumentation, welche nun unbestreitbar sinnkonstitutiv für die Diskurse und ihren gesamten Anspruch fungieren, selbst nicht ablösbar von den Lebens- und Praxisformen, *in denen* sie ihren komplexen Sinn gewinnen. Apel spricht davon, daß wer *ernsthaft* argumentiert, bestimmte weiter zu entfaltende Verpflichtungen eingeht. Habermas sieht mit ihm die unumgänglichen Orientierungen der *Wahrhaftigkeit* und der *Wahrheitssuche* in den Argumentationen als notwendige reziproke Ansprüche erhoben, und gegen Tugendhat ist er überzeugt,

daß die Idee der Unparteilichkeit *in* den Strukturen der Argumentation *selbst verwurzelt* ist und nicht als ein zusätzlicher normativer Gehalt in sie *hineingetragen* zu werden braucht (Habermas, 1983 : 86).

Ernsthaftigkeit, Wahrhaftigkeit, gemeinsame Suche nach Wahrheit und Unparteilichkeit sind – das wäre absurd – keine Strukturen der Sprache. Habermas spricht im Falle der Unparteilichkeit von einer *Idee*, die *in den Strukturen der Argumentation selbst verwurzelt ist*. Diese halb »idealistische«, halb metaphorische (»verwurzelt«) Feststellung über Argumentations*strukturen* macht noch nicht unmißverständlich klar, daß Unparteilichkeit primär eine *Einstellung von Personen zueinander* ist. Das gilt auch für die von Apel sprachpragmatisch akzentuierte Ernsthaftigkeit. Es handelt sich weder um Ideen, noch um Strukturen, noch um Ideen, die »in den Strukturen . . . verwurzelt« sind, sondern es handelt sich um menschliche *Lebensformen*, und zwar in ihrer ganzen Komplexität.

Der *normative Gehalt* braucht, wie Habermas völlig zurecht gegen Tugendhat feststellt, nicht »zusätzlich« in die Formen unseres Argumentierens »hineingetragen« zu werden; aber nicht, weil er diesen auf geheimnisvolle Weise innewohnt, sondern weil die Formen des Argumentierens in unlöslichem Verbund mit entsprechenden Praxis- und Lebensformen stehen, dort ihren Sitz haben und ihren Sinn erhalten. Auf diese Weise partizipieren Diskurse an den vernünftigen Formen des gemeinsamen Lebens, an der moralisch qualifizierten Praxis. Die ebenfalls zurecht von Habermas und Apel immer wieder akzentuierte *Nichtverwerfbarkeit* bestimmter Bedingungen, die *Unausweichlichkeit* bestimmter Voraussetzungen, die im Einsatz transzendentalpragmatischer Argumente zutage tritt, verdanken sich der *Unhintergehbarkeit der Konstitution von Lebensformen*. Habermas versucht, diesem Zusammenhang systematisch Rechnung zu tragen, indem er die Diskursethik durch eine Theorie des kommunikativen Handelns ergänzt. Ich kann die Gelungenheit dieses Versuchs hier nicht diskutieren. Für die praktische Philosophie scheint es mir jedoch unumgänglich, die moralrelevanten Gesichtspunkte der Sprachpraxis *unmittelbar* im Zusammenhang mit den Lebensformen, in die sie eingebettet sind, zu begreifen. Dann entfällt die Anstückung einer separaten Theorie des Handelns an die Ethik. Eine Handlungstheorie isoliert von einer umfassenden philosophischen Anthropologie entwickeln zu wollen, scheint mir im übrigen ebensowenig möglich zu sein, wie eine philosophische Anthropologie, die nicht *a primis fundamentis* die wesentlichen ethischen Perspektiven systematisch mit einbezieht.

Die Einbettung in praktische Lebensformen gilt zudem bereits für das neben dem aristotelischen Widerspruchsfreiheitsprinzip zweite von Apel bevorzugt herangezogene Paradigma eines präsuppositionellen transzendentalen Arguments: für das *cogito, ergo sum* in der bekannten Hintikkaschen Rekonstruktion, in der die Bestreitung des Descartschen Satzes zu einer *existentiellen Inkonsistenz* führt. Wenn Apel auch gelegentlich von den »*existentialen* Präsuppositionen unseres Argumentierens« spricht, die es »durch strikte transzendentalpragmatische Reflexion« freizulegen gilt (Apel, 1986), so ist doch eine systematisch konsequente und durchgängige existential-anthropologische Einbettung der Präsuppositionsanalysen keineswegs erfolgt. Genau diese aber muß erfolgen, wenn es sich bei den entscheidenden Präsuppositionen um *existentiale* handelt. Neben die Rekonstruktion der normativen Implikationen von *Sprachformen* im Rahmen einer sprachkritischen philosophischen Grammatik hat daher die Rekonstruktion der moralkonstitutiven Aspekte der gemeinsamen *Lebensformen* im Rahmen einer anthropologiekritischen *Existentialanalyse* nicht als eine Ergänzung und nicht als eine zusätzliche Theorie zu treten, sondern als systematisch unverzichtbarer Teil einer holistischen Rekonstruktion selbst.

Ein solches Programm berührt sich zunächst mit den Intentionen einer Existentialpragmatik, wie sie Hans Ebeling verfolgt (Ebeling, 1982). Jedoch wird sich in der eigenen Durchführung zeigen, daß erhebliche systematische Differenzen eine Auseinandersetzung der Konzeptionen gerade erst fruchtbar machen könnten: so die wesentliche Bedeutung, die ich einer Transformation der Existentialanalyse, der Anknüpfung an die Sprachkritik Wittgensteins, einem paradigmatischen Fundament des Philosophierens sowie einer genuinen Konstitutionsanalyse in praktischer Absicht einräume.

Wenn die unzureichende Einbettung der Sprachformen in die Lebensformen systematisch im angedeuteten Sinne behoben wird, wird gleichermaßen der linguistische Idealismus zweiter Spielart verunmöglicht. Anstatt die konstitutiv fungierenden Lebensformen allererst aus den Präsuppositionen von Rede in Argumentationszusammenhängen wieder hervorzuholen und herauszulösen, werden sie in ihrer Komplexität selbst Thema der Reflexion. Die Formen der kommunikativen Rationalität und die Modi der moralischen Praxis sind unmittelbar in ihrem Kontext, dem gemeinsamen Leben, der transzendental-hermeneutischen Rekonstruktion ihrer Konstitution zugänglich zu machen. Es gibt zur Ethik diskursiver Verhältnisse *parallele* Paradigmen kommunikativer Rationalität, z. B. im Bereich der Arbeit, die wir nicht instrumentell-technizistisch unterbestimmen dürfen, im Bereich der Verhältnisse der positiven Interpersonalität, im Bereich der Erziehung – um nur einige zu nennen. Sie sind *nicht* den diskursiv-argumentativen Paradigmen ein- und unterzuordnen, sondern stehen gleichberechtigt neben diesen. Mir scheint im übrigen das *Schwanken im Anspruch*, welches die Varianten der Diskursethik von Apel und Habermas kennzeichnet, Folge des auch hier wieder zutage tretenden reduktionistischen Konstitutions- bzw. Praxisverständnisses zu sein: Der *Letzt*-Begründungs-Anspruch transzendentaler Argumente bei Apel hat – trotz unserer Kritik an den Begründungsvorstellungen selbst – insofern einen guten Sinn, als wir in der Tat, wenn wir auf die Sinnbedingungen unserer Argumentationspraxis stoßen, auf die *letzten*, nämlich die konstitutiven Möglichkeitsbedingungen dieser Praxis hinzuweisen vermögen. Aber eben nur dieser Praxis. Und insofern sind die *abschwächenden* Reden von Habermas im Bezug auf die von der bloßen Betrachtung von Argumentationszusammenhängen genommenen Ansprüche ihrerseits verständlich. Erst die Totalität der Praxis in der rekonstruktiven Perspektive kann die hier partial bleibenden Sprachanalysen angemessen plazieren. Wenn damit aus systematischen Gründen der Versuch verbunden sein muß, »das Moralisch-Gute«, das die Diskursethik nach Schnädelbach »aus den Augen zu verlieren« droht (Schnädelbach, 1987:230), *im Kontext von Lebensformen zu denken*, dann entspricht die Aufgabe der Untersuchung ebenfalls einer Forderung Nordenstams,

den Versuch einer Freilegung der notwendigen Grundlagen der Ethik als einen Versuch zu beschreiben, jene ethische Kompetenz zu rekonstruieren, die eine notwendige Bedingung dafür ist, das Richtige zu tun – statt ihn als eine Aufgabe darzustellen, die Normen der Ethik aus den transzendentalpragmatischen Normen abzuleiten, die alle kommunizierenden und argumentierenden Personen anerkennen müssen (Nordenstam, 1982:515).

Die sprachanalytischen und die meta-ethischen Zugänge zur Ethik allein sind ebenfalls unzureichend. Sprachanalysen müssen aus systematischen Gründen ineins lebensformbezogen sein. Berücksichtigt man dies, dann gehören die sprachkritischen Analysen zur philosophischen *Grammatik* unserer moralischen Urteile ins Zentrum der Ethik. Wenden wir uns auf diesem Hintergrund nun den eigenen Analysen zu.

ZWEITES KAPITEL

Transzendentale Anthropologie und praktische Philosophie

§ 4 Die Grundfrage der Philosophie

Läßt sich eine Grundfrage der Philosophie formulieren? Heidegger bestimmte diese Grundfrage zweifach: als Frage nach dem ›Sinn von Sein‹ – als ›Seinssinnfrage‹ – und als die Frage, ›Warum ist überhaupt Seiendes und nicht vielmehr nichts?‹ – als ›Seinsgrundfrage‹. In der Tradition der Analytischen Philosophie wird die Formulierung der ›Frage nach der Bedeutung von Bedeutung‹ – the meaning of meaning – gebraucht. Beide Formulierungen sind kompatibel, und in beiden ist hinreichend deutlich, daß es sich in der Philosophie um Sinngrundanalysen handelt, das heißt – in einem noch zu erläuternden Verständnis – um Fragen der Konstitution. Von Carnap bis Heidegger herrscht hier in diesem Jahrhundert eine gewisse Einmütigkeit. Jedoch gerade die genannten Philosophen sind in diesem Zusammenhang auch Anlaß für mich, hinter sie auf Kant zurückzugehen. Warum? Carnap wies die *Lebensfragen* einem Bereich jenseits der methodischen Vernunft zu. Er schrieb auf diese Weise – in der Kontinuität des lebensphilosophischen Irrationalismus – eine Entzweiung fest, die ich im folgenden nicht zementieren, sondern bekämpfen will. Denn die eigentümliche Verklammerung von Szientismus und Irrationalismus belastet unsere Epoche seit der Aufklärung und bis zur Stunde. Heidegger andererseits meinte, sich von expliziten praktischen Fragestellungen, erst recht von einer vernünftigen politischen Philosophie aus Gründen der Fundamentalität seiner eigentümlichen Fragestellung dispensieren zu können. Daran ist etwas. Jedoch die Wiederkehr des Verdrängten in der Gestalt des ›Titanensturzes der deutschen Philosophie‹ ist selbst eine derart fundamentale geschichtliche Tatsache, daß vor ihr keine noch so fundamentale Ontologie oder Seinsgeschichte eine Zuflucht gewährt.

Kant hat seine drei Grundfragen der Philosophie in der einen Frage: *Was ist der Mensch?* zusammengefaßt. Ich interpretiere bereits die Abfolge der drei voraufgehenden Fragen als eine rangbezogene Steigerung: Das theoretische wird vom praktischen und religiösen Erkenntnisinteresse über- und umgriffen; schließlich münden alle Erkenntnisinteressen in dem an einer vernünftigen Weltorientierung des Menschen. Um sie zu erreichen, sind wir auf die gemeinsame Selbsterkenntnis angewiesen. Das Philosophieren läßt sich daher im Kern als Anthropologie in praktischer Absicht bestimmen. Um nun auch noch den Aspekt der Konstitution zu berücksichtigen, formuliere ich die Grundfrage so:

Wie ist eine menschliche Welt überhaupt möglich?

Drei Gesichtspunkte sind mir bei dieser Formulierung zunächst wichtig.

1. Bewußt kommt der Rede von einer *menschlichen* Welt ein Doppelsinn zu, je nachdem, ob wir sie schlicht oder emphatisch auffassen. Bewußt deshalb, weil sich auf diese Weise der Versuch ankündigt, hinter bestimmte Dichotomien und Dualismen zurückzugelangen, die in der praktischen Philosophie weithin akzeptiert sind und in nicht geringem Maße ihre Problemlagen bereits vorzeichnen. Es wird jeweils zu fragen sein, inwiefern die ethischen Fundamentalunterscheidungen von »Sein« und »Sollen«, »Tatsache« und »Wert«, »Faktum« und »Norm«, aber auch z. B. diejenigen von »Materie« und »Form« oder »Individual-« vs. »Sozialethik« sich bestimmten nicht von vornherein einsichtigen Stilisierungen praktischer Lebenssituationen verdanken. Ist es richtig und ohne weiteres verständlich, zu sagen, die menschliche Welt zerfalle in Fakten und Werte, pure Faktizität und, davon abgetrennt, reine Normativität? Der systematische Fluchtpunkt dieser Fragen liegt in der Bestimmung der praktischen Lebenssituationen des Menschen auf eine Weise, die den szientistischen und sonst reduktionistischen Wirklichkeitsverständnissen (wozu auch irrationale Vorstellungen zählen) gegenüber resistent als auch den gegeneinander isolierten und zu Disziplinen verdinglichten Perspektiven z. B. einer philosophischen Anthropologie *ohne* Ethik oder einer praktischen

Philosophie *ohne* Reflexion auf die Situation der Menschen und ihre Lebenswirklichkeit überlegen sein müßte.

2. Zentral ist des weiteren der *Weltbezug* der Grundfrage. Die folgenden Analysen rekurrieren nicht auf Subjekte und deren Intentionen und Handlungen unmittelbar, sondern jeweils bereits so, wie diese Subjekte, Intentionen und Handlungen *in ganzen Lebenssituationen* allererst sichtbar und verstehbar werden. Mit diesem methodischen Rekurs verbindet sich der systematische Anspruch, in der Analyse eine Ebene des menschlichen Lebens und Handelns zu erreichen und strukturell freizulegen, die als *Lebenswelt* allen Theorien und Stilisierungen (auch solchen der praktischen Philosophie) noch voraus- und zugrundeliegt. Diese Ebene der menschlichen Praxis nenne ich die *menschliche Grundsituation*, mit einem weiteren Terminus die *primäre Welt* bzw. die primäre menschliche Welt. Ich möchte mit diesen Neubildungen die gemeinte Sache von Assoziationen der Husserl-Exegese wie auch von den diversen und nicht immer klaren soziologischen Verwendungen des Terminus »Lebenswelt« möglichst freihalten. Die primäre Welt – und nicht etwa eine wissenschaftliche oder ethische »Theorie« – ist mein Rationalitätskriterium. Diese Welt, in der wir leben und sprechen, existieren und prädizieren, arbeiten und nach dem Sinn unseres Tuns und Lebens fragen, ist die Ebene, auf die sich das Philosophieren jederzeit zurückbeziehen lassen muß. Denn alles methodische Bewußtsein und alle Bemühungen um die Klärung der Gedanken drohen szientistisch zu verfallen und zu formalen Glasperlenspielen zu werden, wenn nicht der entscheidende Lebensbezug der Analysen stets kriterial für deren Sinn selbst fungiert. Die folgenden Untersuchungen werden daher von Lesern zurückgewiesen werden, die a) eine methodische Möglichkeit der vernünftigen Verständigung über unsere praktische Weltorientierung bestreiten, b) – und dies führt bereits auf den dritten Punkt – die die Möglichkeit transzendentaler Erkenntnis leugnen und somit lediglich eine formalanalytische und eine empirische Vernunft anerkennen.

3. Die Grundfrage bezieht sich mit der Kantschen Formel

auf die *Möglichkeitsbedingungen* einer menschlichen Welt. Sie bezieht sich damit auf diejenigen strukturellen Gegebenheiten, die für die Verfassung (Konstitution) einer Welt *notwendig* sind. In den transzendentalen Argumentationen der nachstehenden Untersuchung wird es daher vornehmlich darum gehen, potentiellen Gegnern und Opponenten einsichtig zu machen, daß und wie sie sich im Bestreiten und Leugnen der aufgewiesenen Konstituentien selbst außerhalb einer (überhaupt möglichen) menschlichen Welt aufzustellen suchen und sich dabei in pragmatische (existentielle) Inkonsistenzen verstricken müssen. Wie dies im einzelnen erfolgt, kann nicht schematisch antizipiert werden.

Die transzendentalen Konstitutionsanalysen haben ferner einen *hermeneutischen*, sinn-*explikativen* Status. Das besagt zunächst nur: *Wir* sind die Subjekte der Auslegung unserer Grundsituation, und diese Auslegungsaufgabe können wir weder an eine – irgendwo bereitstehende – formale Semantik, noch auch an empirische Disziplinen abtreten. Wir können die Aufgabe einer transzendentalen Anthropologie als Weltkonstitutionsanalyse in praktischer Absicht z. B. nicht an empirische Anthropologien, nicht an Sozialpsychologien, nicht an Psychoanalysen, nicht an bestimmte Ethnologien abgeben. Man wird Rückgriffe dieser Art, insbesondere wenn sie ethische Untersuchungen kennzeichnen, dann unkritisch nennen können, wenn sie ohne nochmalige radikale Sprachkritik und Methodenreflexion »Ergebnisse« der genannten Disziplinen aufgreifen. Demgegenüber wird geltend zu machen sein, daß wir bereits in der primären Welt leben, obwohl gerade die übergroße Nähe der uns in ihr vertrauten Phänomene es für die philosophische Reflexion erforderlich macht, diese Phänomene gleichsam hinter unserem Rücken hervorzuholen und uns eigens vor Augen zu stellen. Es handelt sich bei dem methodischen Rückgang auf die primäre Welt nicht um ein selbst theoretisches Pathos der Theorielosigkeit: vielmehr hat sich die transzendental-anthropologische Konstitutionsanalyse im Felde der praktischen Vernunft systematisch als die stärkere Theorie, weil die radikalere Reflexion, zu erweisen, um die empirischen

Rekurse im szientistischen Sinne überflüssig zu machen und gegen sie die wesentliche *Lebenserfahrung* ins Recht zu setzen. Der spezifisch transzendentale Anspruch des Rekurses auf die primäre Welt richtet sich dabei nicht nur gegen deren szientistische Verstellungen, sondern auch gegen mögliche in der Philosophie selbst wirksame Verdeckungstendenzen, vornehmlich gegen eine vorgängig bereits fraglos als geltend unterstellte Dissoziation von theoretischer und praktischer Vernunft. Wenn der – im folgenden explikationsbedürftige – Grundsatz: *Wir können die primäre Welt nicht verlassen* zu einer Einsicht wird, dann können sowohl Konstruktionen der theoretischen wie der praktischen Vernunft danach beurteilt werden, inwieweit sie diesen vorgängigen Geltungsboden verlassen.

Die nachfolgenden Konstitutionsanalysen setzen sich mit ihrem transzendental-anthropologischen und hermeneutischen Anspruch bekannten Einwürfen aus, die ich kurz vorab erwähnen will. Transzendentale Argumente auch der hier vorgeführten Art müssen es gewärtigen, a) als *petitio principii*, b) als sogenannter *Zirkel*, c) als *Hypostasierung* (z. B. bestimmter semantischer Gegebenheiten) und schließlich d) als *naturalistische* Fehlschlüsse kritisiert zu werden. *Ein* alle diese bekannten Einwände betreffendes Argument sei daher hier bereits formuliert: Philosophische Einsichten und die paradigmatischen und dialogischen Wege zu ihnen stehen uns nicht wie formale Regelsysteme zur Verfügung, in denen operativ disponible Verfahren etwa deduktiv *sicher* von der einen zur anderen Einsicht führten. Vielmehr können wir im Philosophieren das paradigmatische Fundament der ›lebensweltlichen Evidenzen‹ – d. h. der Erfahrungen, die wir *in* und *mit* unserem Leben machen – nicht verlassen. Indem wir begreifen, daß *wir* selbst die Subjekte der Hermeneutik und ineins deren »Objekte« sind, nehmen wir die Einklagen der Zirkularität in die Methodenbewegung selbst auf. Darin wird bereits sichtbar, daß die Reflexion der Praxis selbst eine ausgezeichnete Praxisform ist, und zwar eine Praxisform, in der wir die primäre Welt gerade nicht verlassen können.

Die Grundfrage: wie ist eine menschliche Welt überhaupt möglich? zielt ferner nicht auf eine Restitution von Naivität und Unmittelbarkeit auf einer »höheren« methodischen Ebene. Gerade, wo primäre Welt, wissenschaftliche und philosophische Selbstthematisierungen des Menschen sich entzweien und auseinanderzubrechen drohen, benötigen wir systematische Konstruktionen, gerade hier muß die Arbeit der Reflexion einsetzen. Die Naivität eines »bloßen« Rekurses auf die primäre Welt muß daher *methodisch* gebrochen werden.

§ 5 Methode und Status der Philosophie

Die Bestimmung der Grundfrage der Philosophie ist unlöslich verbunden mit der Klärung ihrer Vorgehensweise und ihres Wesens. In der Philosophie geht es nicht um das Aufstellen von Theorien nach der Art der Einzelwissenschaften, sondern um die Kritik (das heißt: die gemeinsame vernünftige *Beurteilung*) unserer Lebens- und Weltverständnisse. Hierzu wird der Rückgang in die Konstitutionsbedingungen unserer Praxis erforderlich. Bereits die vorläufige Explikation des Sinnes der von mir gestellten Grundfrage der Philosophie machte methodische Bemerkungen unumgänglich. Ich möchte diese Bemerkungen im folgenden noch ein wenig ausführen. Was kennzeichnet näherhin die Methode des Philosophierens in meinem Verständnis?

1. *Transzendental* sind philosophische Analysen zu nennen, weil sie im Rückgang auf die existentialen und grammatischen konstitutiven Formen unserer Weltorientierung und unseres Selbstverständnisses erfolgen. Sie heißen also insbesondere nicht deshalb so, weil sie die menschliche »Erkenntnis« auf ein konstitutiv fungierendes »Subjekt« und dessen Leistungen zurückführen wollen. Damit setzt sich dieses Verständnis von ›transzendental‹ von bestimmten klassischen Varianten der Erkenntnistheorie, der Bewußtseinsphilosophie und des deutschen Idealismus, aber auch noch der Phänomenologie Husserls ab, und greift systematische Mo-

tive Heideggers und Wittgensteins auf. ›Transzendental‹ können die Analysen aber vor allem deswegen heißen, weil sie nicht lediglich auf *empirische* Prädikate und Sätze über unser Leben und ebenfalls nicht lediglich auf *analytische* Sätze im Rahmen einer ›formalen Semantik‹ Bezug nehmen. Die Möglichkeitsbedingungen einer menschlichen Welt können so nicht freigelegt werden, denn die begriffliche wie auch die empirische Verfassung der Praxis sind gleichermaßen rückbezogen auf ganze, sprachlich und pragmatisch bereits strukturierte *Lebenssituationen*. Erst im hermeneutisch-reflexiven und selbstreflexiven Rückbezug auf sie enthüllt sich die Gestalt einer menschlichen Welt der intersubjektiven Beurteilung. Der transzendentale Rückgang hat lebensformbezogen (existential) und sprachkritisch (im Sinne einer philosophischen Grammatik) zu sein. Solchermaßen als Analyse der *Voraussetzungen* (›Bedingungen der Möglichkeit‹) unserer Praxis und als Erinnerung an das Selbstverständliche und Vergessene begriffen, ist Philosophie Transzendentalphilosophie.

2. *Beschreibend (phänomenologisch; deskriptiv)* ist die philosophische Analyse, weil sie aufweisen soll, was ist, das heißt: wie die Formen unserer Weltorientierung tatsächlich (in Wahrheit) gestaltet sind. Das schließt insbesondere die methodische Verpflichtung ein, die menschliche Lebenswirklichkeit (die primäre Welt) in der Reflexion weder unterzubestimmen und auf etwas zu reduzieren, was sie nicht ist (Reduktionismus), noch auch, sie zu überhöhen, sie überzubestimmen und durch illusionäre Beschreibungen zu verdoppeln, die in der primären Welt nicht ausgewiesen werden können (unkritische Metaphysik). Die Termini »reduktionistisch« und »unkritisch-metaphysisch« können demnach insbesondere als Gegenbeispiele für die korrekte Rede von »konstituiert« bzw. »konstituiert in der primären Welt« dienen.

3. *Auslegend (hermeneutisch)* heißt die Analyse, weil es in ihr um uns selbst und unser Selbstverständnis und um die Praxis, an der wir bereits immer schon beteiligt sind, geht. Wir stehen dieser Praxis notwendigerweise nicht distanziert gegen-

über. Wir vermögen zu ihr kein Verhältnis der »reinen« Objektivität einzunehmen. Letztere stellt also bereits eine methodisch erzeugte Illusion dar. *Das Ganze* unseres Welt- und Selbstverhältnisses steht uns nicht gegenständlich gegenüber, sondern es ist uns stets nur ›lokal‹ zugänglich. Deswegen sind wir stets auf Beispiele aus der Praxis angewiesen, um diese, und durch sie uns selbst, auslegen zu können. Der auslegende, ›hermeneutische‹ Grundzug des Philosophierens zeigt sich in dessen *paradigmatischem* Fundament.

4. *Praktisch* und *pragmatisch* nenne ich die Philosophie nicht, weil sie es im wesentlichen mit der Erarbeitung einer ›Handlungstheorie‹ oder ähnlichen Bemühungen zu tun hat, sondern weil sie ihren Zweck nicht in sich selbst trägt. Vielmehr dient das Philosophieren zur klareren, durchsichtigeren Weltorientierung, insofern der Aufklärung in handlungsorientierender Absicht. Die rein systematische Geltungsorientierung des Philosophierens gründet daher in ihrer Lebensbezogenheit, letztlich in ihrer emanzipatorischen, nämlich auf die Befreiung von Illusionen und Verblendungen gerichteten Grundeinstellung. Deswegen ist auch jederzeit ein Reden *über* Philosophie und Philosophien in der Gestalt der Weitergabe von Informationen, Kenntnissen, Wissens»stoff« oder Bildungswissen als sekundär von dem eigentlichen Philosophieren abzuheben. Wo diese Unterscheidung nicht mehr zur Verfügung steht, entspringen Historismus und Relativismus. Ebenso steht die pragmatisch-emanzipatorische Ausrichtung der Philosophie gegen ein in Theorien und Disziplinen verdinglichtes Denken.

§ 6 Die faktische Grundsituation
und der Status
der transzendentalen Lebensformbegriffe

Die Grundfrage: Wie ist eine menschliche Welt überhaupt möglich? soll die praktische Philosophie an eine transzendental-anthropologische Reflexion der *condition humaine* zurückbinden. Ich möchte im folgenden zunächst und in vorbereitender Absicht faktische Bedingungen einer menschlichen Welt aufweisen und erörtern. Diese Möglichkeitsbedingungen der *faktischen Grundsituation* des Menschen eröffnen uns dann die Perspektive der Analysen zur *praktischen Grundsituation*.

Der Aufweis von Grundzügen einer menschlichen Welt – wir können auch vom *Horizont* einer Welt sprechen – erfolgt in einem (transzendental-anthropologischen) theoretischen *Feststellungszusammenhang*. Diese Feststellungen bilden insbesondere keinen deduktiven oder induktiven Begründungszusammenhang. Vergegenwärtigen wir uns eine vertraute Lebenssituation, um deren unverzichtbare strukturelle Konstituentien freizulegen. Eine solche Situation kann z. B. meine gegenwärtige Situation am Schreibtisch sein, aber auch die Situation desjenigen, der diesen Text liest, oder auch die Situation des Lehrens und Lernens, in der diese Analysen in der Öffentlichkeit vorgetragen werden. Wenn wir es im folgenden allerdings mit strukturellen ›transzendentalen‹ Eigenschaften der faktischen menschlichen Grundsituation zu tun haben, dann muß die Analyse für *alle möglichen* Situationen gelten. Welche Grundzüge lassen sich feststellen?

1. Zunächst der Grundzug der *Situationalität* selbst. Wir leben stets eingebunden in bestimmte Situationen, in diesem Falle etwa in Schreib-, Lese- oder Lehr- und Lernsituationen. Einzig und allein *in ihnen* sind uns unsere eigenen Handlungen und Intentionen überhaupt zugänglich und verständlich. (Ich unterstreiche bereits hier diesen Gesichtspunkt bei der Analyse der apriorischen Situationalität, weil er später noch wichtiger wird.) Jede überhaupt mögliche

(denkbare, fingierbare) Bewegung des Lebens hat eine von ihr unablösliche relevante Umgebung, einen Kontext von sinnkonstitutiven Bezügen, in dem sie allererst erscheint. Keine Lebenssituation zerfällt daher in ›subjektive‹ und ›objektive‹ Teile oder Stücke. Gegen einen fragmentarisierenden Dualismus richtet sich ein hermeneutischer Holismus. Für ihn besteht insbesondere nicht das Problem, daß und wie ein »innen« befindliches »Ich« oder »Selbst« nach »draußen« in die »Außenwelt« gelangt. Wie weitreichend diese Wendung gegen eine monologisch-subjektzentrierte Vorstellungsweise für die ethische Problematik ist, wird sich zeigen müssen. Heideggers Destruktion des Cartesianismus und Wittgensteins unter dem Titel des Privatsprachenarguments bekannte Analysen wurden bisher nicht hinreichend in praktischer Perspektive aufgenommen. Jedenfalls gilt: *Im* Schreiben wie *im* Lesen, *im* Lehren und Lernen sind wir jeweils bereits in einem öffentlichen situationalen Horizont angekommen, welcher jedem »nur subjektiven« oder »nur objektiven« Situationsaspekt vorausliegt. Ich spreche daher von der Situationalität als einer *transzendentalen Form des Lebens*. Die Situationalität ist *transzendental*, weil keine Erscheinung des Lebens (keine Erscheinung *im* Leben) ohne situativen Horizont sich zeigen kann. Situationen zählen daher zu den Möglichkeitsbedingungen von Erscheinungen. Die Situationalität ist eine *Form* des menschlichen Lebens, weil alle ›materialen‹ Prädikate, alle kontingenten Bestimmungen stets bereits *in* Situationen eingebettet gebraucht werden. Die Form der Situationalität verhält sich zum ›konstituierten‹ Orientierungsraum wie das Auge, das sich selbst nicht sehen kann, sich zum Gesichtsfeld verhält. Wir vermögen nicht alle Situationszüge zu explizieren, die jeweils sinnkonstitutiv fungieren. Denn jede Beschreibung geschieht bereits wiederum in einer Lebenssituation und setzt diese ihrerseits voraus. – Von einem mehr oder weniger ›lokalen‹ situativen Horizont läßt sich der ›totale‹ Horizont abheben, den ich den Horizont der *Welt* nennen will. Alles Leben und Sprechen, Denken und Handeln vollzieht sich im situativen Welthorizont, und es kann sich nur so vollziehen.

Die Analyse der faktischen Grundsituation, die ich vornehme, stellt nichts anderes dar als die Explikation der Grundzüge des situativen Welthorizonts selbst mittels der transzendentalen Lebensformbegriffe, die Explikation der Konstituentien des transzendentalen Horizonts der Welt.
Zu dieser Perspektive systematischer Analysen der Weltkonstitution zwei erläuternde Zusatzbemerkungen. Die erste
betrifft die Beziehung der Analysen zur klassischen Metaphysik, die zweite ihre Bedeutung für das Verständnis von
Vernunft (Rationalität). In der traditionellen Metaphysik
war die Rede vom *Sein* bzw. vom *Einen* geläufig. Mit ihr
indizierte man fast zwei Jahrtausende lang einen fundamen-
talphilosophischen Anspruch. Dem Sein bzw. dem Einen
(ens et unum convertuntur) sprach man mit Standardformu-
lierungen Kennzeichnungen wie »der erste und bekannteste
Gegenstand des Nachdenkens (des Intellekts)« zu, und dies
von der Antike bis in die Zeit der Schulmetaphysik des 17.
und 18. Jahrhunderts und bis zur Neuscholastik. Obwohl
als »erster« und »bekanntester« Gegenstand bezeichnet, galt
das Sein gleichzeitig als der »unbekannteste« und »verbor-
genste« Gegenstand der Reflexion. Im Rahmen meiner eigenen Analysen kann ich insofern zwanglos an diese traditionellen Redeweisen anschließen, wenn ich formuliere: *Der
erste und bekannteste, aber auch der noch unbekannte und
verborgene, erst zu beschreibende und auszulegende Gegenstand der philosophischen Reflexion ist die menschliche
Grundsituation, das heißt zunächst: die ganze praktische
Handlungs- und Lebenssituation der Menschen mit ihren
wesentlichen Zügen.* Hiermit verbindet sich der Anspruch,
mit transzendental-anthropologischen Analysen zu den
Grundlagen der praktischen Philosophie ineins eine systematische Rekonstruktion von Metaphysik und Lebenswelt
zugleich zu verbinden. Damit geht jedoch hier nicht auch
noch eine historisch-kritische Rekonstruktion einzelner metaphysischer Systementwürfe einher. Aus Gründen der rein
systematischen Durchführung des Themas beschränke ich
mich daher auf kurze Hinweise. Für die Kernthematik einer
Analyse der (praktischen, wie zunächst der faktischen)

Grundsituation trifft jedoch das ganz wesentliche Moment der gleichzeitigen ›Nähe‹ (Bekanntheit und Vertrautheit) und ›Ferne‹ (Unbekanntheit und Verborgenheit) in ausgezeichnetem Sinne zu. Die Situation der alltäglichen Komik, in der die Brille nicht gefunden werden kann, weil sie längst auf der Nase sitzt, könnte für philosophische Fragestellungen und Problemstrukturen paradigmatisch sein.

Das leitet zur zweiten Zwischenbemerkung über. Theorien und philosophische Systeme konkurrieren in großer Zahl und in großem Stil. Das Programm einer Hermeneutik der primären Welt stellt hier seiner Idee gemäß ein kritisches Korrektiv dar. Einwände gegen die Skepsis *a primis fundamentis*, wie sie vielleicht am tiefsten von Wittgenstein in *Über Gewißheit* vorgetragen wurden, haben präzise deutlich gemacht, daß einzig und allein auf dem Boden bereits *intersubjektiv unstrittiger*, gemeinsam akzeptierter Urteile und Wissensbestände sich strittig Problemlagen erheben können. Der unstrittige Geltungsboden (um einen Terminus Husserls hier zu verwenden) ist dabei stets reicher und umfassender als der strittige Bereich. In meiner Ausdrucksweise bewegen wir uns hier auf dem Boden der primären Welt. Die Explikation ihrer Grundzüge vermag als Rationalitätskriterium zu fungieren, wenn durch sie gemeinsame Züge aller menschlichen Lebens- und Handlungssituationen zu Tage treten, die die Rede von einem *anthropologischen Universalismus* rechtfertigen, zunächst für die faktische, dann auch für die praktische Grundsituation. Eine vorläufige Bestimmung von Vernunft kann daher lauten: ›*Vernunft*‹ *wird zugänglich, wenn es uns auf eine intersubjektiv einsichtige Weise gelingt, gemeinsame Züge mehrerer, vieler oder bestenfalls aller partikularer Lebenssituationen der Menschen sowie auch der Traditionen ihrer Interpretation freizulegen.* Es geht darum, in einen fundamentalen und unstrittigen Bereich vorzudringen, und in dem Maße, in dem das gelingt, wird die systematische Verklammerung von Rationalität und Universalität bereits für die Analyse der faktischen Grundsituation sichtbar werden. Ebenfalls kann auf diese Weise deutlich werden, wie wir zu einer vernünftigen Weltorientierung auf Dauer auf die Basis von Evidenzen der primären Welt angewiesen bleiben, an welcher sich – um eine Formulierung Wittgensteins aufzunehmen – alle Spaten zurückbiegen müssen.

2. Zur transzendentalen Situationalität als Lebensform im erörterten Sinne tritt als weiterer Zug der Grundsituation der Zug des *sich zu sich selbst verhaltenden – und in diesem Sinne sich seiner selbst ›bewußten‹ – menschlichen Lebens. Indem* ich diesen Text schreibe, *indem* jemand ihn liest oder als Vorlesung hört, vollzieht sich bereits jeweils und immer schon ein Selbstverhältnis. Und zwar haben wir in diesem Vollzug je bereits ein bestimmtes Verhältnis *zu uns selbst und zu unserer Lebenssituation* eingenommen. Terminologisch vornehmer können wir von der Selbstreflexivität als transzendentaler Form des Lebens sprechen. Ich möchte dabei allerdings unterstreichen, daß sich damit für mich keinerlei auch noch so minimale Anknüpfung an die traditionelle Bewußtseinsphilosophie oder Erkenntnistheorie im ›cartesianischen Paradigma‹ verbindet. Die situative Verfassung – und insofern ›Vermitteltheit‹ – des Sich-zu-sich-Verhaltens widerstreitet bereits einer subjektivistisch gedachten Selbstbeziehung, die von Gilbert Ryle treffend als ›optischer Mythos von der Selbsterleuchtung‹ bzw. als – aufgrund der mit ihr leider einhergehenden iterativen Strukturen und infinitiven Regresse – ›Zwiebelschalenmodell des menschlichen Bewußtseins‹ bezeichnet wurde. Die methodischen Irrungen, die sich hier bündelten, brauche ich in dieser Untersuchung nicht mehr aufzudecken.

Die transzendentale Selbstreflexivität im Horizont einer situativen, ›lokalen‹ und letztlich ›totalen‹ Weltganzheit ist konstitutiv für mögliche Praxis überhaupt. Insbesondere muß bereits der pragmatische Charakter dieser selbstbezüglichen Verfassung aller menschlichen Orientierungen unterstrichen werden. Die Vollzüge des Sich-zu-sich-Verhaltens treten in einer menschlichen Welt letztlich als leibliche Bewegungen in Erscheinung. Denken wir an unsere Beispiele: Das Schreiben vollzieht sich mit den Händen, als Leibesbewegung; die Augen folgen dem Text während des Lesens; ich spreche während des Vortrags, indem ich leibliche Bewegungen vollführe; die Zuhörer nehmen die konkrete Sinnlichkeit der Stimme wahr. Keine bewußtseinsphilosophische Konstitutionsanalyse vermag die konkrete geteilte Leiblichkeit der in diesem Sinne selbstreflexiven Orientierungssituationen zu ersetzen. In diesem Sinne verhalten wir uns – *nicht* im Medium eines ›Bewußtseins‹ unmittelbar – gemeinsam zu uns selbst, und keine unserer Handlungen ermangelt dieser strukturellen Eigenart.

Eine Zwischenbemerkung gilt dem systematischen Status des hier gegebenen Feststellungszusammenhangs über faktische Apriioritäten der primären Welt. Begründen wir sie nicht, und warum nicht? Argumentieren wir nicht für sie? Müssen wir nicht noch Beweise ganz anderer Art für die Gültigkeit der transzendentalen Lebensformen erbringen? Schenken wir uns nicht einen wesentlichen Teil der zu leistenden Arbeit? Ich meine, daß Feststellungen in der Tat *getroffen* werden, während etwa Behauptungen empirischer Art entsprechende Begründungsvorschläge erwarten lassen und erfordern. Näherhin stützen *Aufweise* die getroffenen Feststellungen. (Historisch kann an Husserls ›Prinzip aller Prinzipien‹, an Heideggers Begriff der ›formalen Anzeige‹ sowie an Wittgensteins Charakterisierung des Philosophierens erinnert werden.) Der *transzendentale* Status des Aufgewiesenen tritt zu Tage, wenn mögliche Einwände antizipiert und konstruiert werden, denen an die Stirn geschrieben steht, daß sie voraussetzen müssen, was sie bestreiten wollen, in unserem bisherigen Zusammenhang: Situationalität und Selbstreflexivität. Die ›Begründung‹ kann man hier indirekt im Scheitern der Abweise der transzendentalen Argumente sehen. Im Zusammenhang der Analysen zur praktischen Konstitution der primären Welt werde ich dies verstärkt zu nutzen versuchen. Es steht hier ein Prinzip der transzendentalen Anthropologie im Hintergrund, welches wir so formulieren können:

Es ist pragmatisch unmöglich, die primäre Welt zu verlassen.

Das heißt, es muß jeweils auch den Argumentationen und Einwänden gegen die unhintergehbare Konstitution der primären Welt ihr letztlich illusionärer Charakter anzumerken sein. (Auszuarbeiten sind die hier einschlägigen pragmatischen Unmöglichkeiten später im Kontext einer negativen Existentialpragmatik.) Arten und Weisen, die primäre Welt theoretisch oder praktisch verlassen zu wollen, erweisen sich als Ursprünge von Irrationalität. So ist es z. B. ein Ursprung des szientistischen Objektivismus, wenn eine Wissenschaft methodisch nicht mehr dazu in der Lage ist, sich selbst als eine komplexe Weise des menschlichen, gemeinsamen Selbstverhältnisses zu begreifen und so die eigenen Konstruktionen als an-sich seiende Realität dogmatisch ontifiziert. Insofern lassen sich die Modi des illusionären Überspringens der Grundsituation in den Formen des Reduktionismus wie auch der unkritischen Metaphysik vornehmlich daran identifizieren, daß sie auf eine ihnen selbst nicht mehr durchschaubare Weise aufhören zu können glauben, sich zu sich selbst in bestimmten (endlichen) Situationen verhalten zu müssen. Aus diesem Grundverhältnis ist aber faktisch kein Ausstieg möglich.

3. Dieser Aufweis dient der Charakterisierung der *Sprachlichkeit* als transzendentaler Form des menschlichen Lebens. Die horizontal-situationale, ›weltliche‹ Verfassung und die erfahrungskonstitutive transzendentale Selbstreflexivität sind beide unlöslich verbunden mit der menschlichen Fähigkeit zu sprachlichem Handeln. Ein elementares Unterscheidungs- und Prädikationsapriori zählt zu den unhintergehbaren Konstituentien der Orientierungen in der primären Welt. Näherhin zeigt sich an den transzendentalen Aufweisen der philosophischen Reflexion selbst, daß neben den Rekursen auf die unhintergehbaren *Lebensformen* (existentialanalytisch) ein ebensolch wichtiger Rückgang auf die *grammatischen Formen* steht. Für die transzendentalen Formen des Lebens gibt es daher jeweils Entsprechungen in fundamentalen Sprachmöglichkeiten, und beide apriorischen Formbereiche sind ineins praxiskonstitutiv. Hiermit verbindet sich die systematische Konzeption einer Existentialen Gramma-

tik. Trivialerweise zeigen die eingangs genannten Beispielsituationen (Schreiben, Lesen, Lehren und Lernen) die sprachliche, kommunikative Verfassung. Insbesondere sei bereits der nicht mehr triviale Punkt akzentuiert, daß ich mir selbst jeweils *nur* über kommunikative Modi zugänglich bin. Das Selbstverhältnis ist bereits kommunikativ konstituiert. So finde ich etwas über meine philosophischen Grundüberzeugungen mitnichten in einem sprachlosen ›Denken‹ heraus, auch nicht durch meditative Exerzitien (obwohl diese gelegentlich ihr Recht haben), sondern, indem ich mich – Hegelsch gesprochen – entäußere und meine Gedanken in der Welt objektiviere, z. B. aufschreibe, anderen mitteile und sie mit ihnen gemeinsam erörtere. Sie stehen dann da, sind mir so selbst sichtbar, lesbar zugänglich, und diese Art der Verschriftung ist ein wesentlicher Modus der Selbstverständigung.

Somit wird mir auch eine Erkenntnis, eine Einsicht, die ihren Ursprung ggf. in einer Weise der ›Introspektion‹ hatte, selbst in ihrer Bedeutung und Geltung allein in einer explizit sprachlichen Fassung auf Dauer zur Verfügung stehen. Ich muß die Einsicht selbst in ganzen Sätzen artikulieren können; deren spezifischer Gebrauchssinn ist für mich ebenso konstitutiv für das Verstehen wie für jeden möglichen Anderen. (An dieser sinnanalytischen Grundtatsache scheinen mir überzogene Formen einer »Schriftkritik«, einer Apotheose der »Dialogizität« wie auch tendenziell irrationale Modi einer Mystik des »Unsagbaren« ihre definitive Grenze zu finden. Sämtliche großen philosophischen Leistungen sind uns in der Gestalt von Texten überliefert, auch die Sokratische. Die radikale Mystik ist uns zugänglich und gegenwärtig in der Form vornehmlich von Predigten. Wo schließlich das Leben unter der Gewalt vernünftiger Einsichten eine radikal andere Gestalt annahm, wie z. B. in der Praxis Jesu, auch dort ist diese Gestalt als Text auf uns gekommen.) Im Horizont des kommunikativen Apriori kann daher die Dimension der Sprachkritik gerade nicht auf eine Position der Sprachskepsis führen. Bereits hier sei auch betont, daß das kommunikative Apriori systematisch mit dem der Situati-

onalität und mit dem des Sich-zu-sich-selbst-Verhaltens
verschränkt und ineinandergearbeitet ist. Insbesondere zer-
legt sich die Einheit der Sprache nicht in Schichten, Ebenen,
Teile oder voneinander abtrennbare Dimensionen, wie sie
etwa die Rede von »Syntax«, »Semantik« und »Pragmatik«
schon unterstellt hat, bevor weitere Analysen durchgeführt
werden. Geschenkte Fundamentalunterscheidungen am Beginn von Sinnanalysen legen bereits die Weichenstellungen
fest, denen gemäß spätere systematische Folgelasten entstehen. Das gilt für die Sprachphilosophie ebenso wie für die
Anthropologie, wenn wir für letztere etwa an Unterscheidungen wie die von »Leib« und »Geist« bzw. »Seele«, *res
cogitans* und *res extensa* bzw. »Innenleben« und »Außenwelt« denken. Anstatt von Syntax, Semantik und Pragmatik
zu reden, werde ich in den folgenden Analysen jeweils von
ganzen Sätzen in ihren wesentlichen Kontexten und ihrer
Einbettung in die *ganzen* Lebenssituationen ausgehen. Der
hermeneutische Holismus des Situationsapriori wird auf diese Weise in der Sprachphilosophie fortgeführt und durchgehalten.
Neben die Trias von Welt (Situationalität), sich zu sich selbst
verhaltendem Leben (Reflexivität) und Sprachlichkeit
(Kommunikativität) treten als weitere konstitutive Züge der
faktischen Grundsituation folgende Gruppen transzendentaler Lebensformen, welche gleichermaßen *in der Rede und
in der Praxis* aufgewiesen werden können.
4. Der transzendentale Grundzug der *Wirklichkeit* selbst
(transzendentale Faktizität). Daß jeweils alles so ist, wie es
ist, stellt selbst einen Grundzug aller Situationen dar. Wir
können ihn auch den Grundzug der Tatsächlichkeit nennen.
Diese Tatsächlichkeit als Konstituens einer menschlichen
Welt ist zunächst in dem Sinne unhintergehbar, als jede Si-
tuationsveränderung bereits wiederum eine ›neue‹ (andere)
faktische Lebenssituation heraufführt. Negativpragmatisch
formuliert: Wir können die Tatsächlichkeit der primären
Welt nicht verlassen. Wir können nicht den einen faktischen
Gegebenheitszusammenhang verlassen, ohne bereits in einen weiteren eingetreten zu sein. Ersichtlich erstreckt sich

diese transzendentale Tatsächlichkeit auf die gesamte Grundsituation. Dem Aufweis der Faktizität als Lebensform entspricht derjenige im Blick auf fundamentale sprachliche Möglichkeiten: etwa der *apophantischen* Rede (»Ich schreibe zur Zeit eine philosophische Abhandlung.«) der Feststellung, der Möglichkeit der *Referenz*, der sprachlichen Bezugnahme sowohl auf ganze Situationen wie auch auf einzelne Gegenstände in den jeweiligen Situationen, der zentralen Möglichkeit der *Existenzquantifikation* (»Es gibt Leser dieser Abhandlung.«) sowie der *indikativischen* Rede. In bestimmten sprachlichen Formen zeigen sich so Züge der apriorischen Verfassung der menschlichen Grundsituation.

Daß wir die transzendentalen Lebensformen letztlich zum Zweck einer Hermeneutik des menschlichen Selbst- und Weltverständnisses nicht gegeneinander isolieren dürfen, sondern sie in ihrer Gleichursprünglichkeit berücksichtigen müssen, und zwar vor allem wenn wir die Konstitution des praktischen Lebens aufklären wollen, möchte ich angesichts der transzendentalen Faktizität bereits durch eine Zusatzreflexion deutlich machen. Wenn wir ›Wirklichkeit‹ als Grundzug der primären Welt bezeichnen und exemplifizieren, dann ist damit nur ein erster Schritt getan, der weitere Problemlagen und systematische Aufgaben eröffnet. Was als ›wirklich‹, als ›Tatsache‹, als ›real‹, als ›Faktum‹ bzw. als ›existierend‹ gilt, ist selbst dem Bereich des Strittigen und der Dissense zugehörig. Keineswegs nämlich ist es damit getan – um ein fundamentales Beispiel zu nehmen – die Frage »Existiert Gott?« zu bejahen oder zu verneinen. Beides bleibt *logisch und damit auch ontologisch unkritisch*. Denn eine Antwort kann hier nur dann als vernünftig gelten, wenn der Sinn der *Rede* von ›existieren‹ hinsichtlich ihrer Kriterien intersubjektiv geklärt ist. Gleiches gilt für andere ›große‹ metaphysische Realitätsaussagen, etwa diejenigen, die das ›Ewige Leben‹ betreffen. Die eminent praktische Bedeutung und Tragweite des Wirklichkeits*verständnisses* muß uns ausführlich beschäftigen, paradigmatisch wird dies in einer Auseinandersetzung mit der Kantschen Rede von ›prakti-

scher Realität‹ geschehen. Darüber hinaus: Ich bin überzeugt, daß ein bestimmtes Wirklichkeitsverständnis, wie es
für die okzidentale Kultur prägend geworden ist, wesentliche Züge unserer praktischen Grundsituation eher verstellt
und verdeckt. (Dies scheint die systematische Stoßrichtung
der Kritik einer ›Vorhandenheitsontologie‹ durch Heidegger
und einer ›Vorhandenheitssemantik‹, in deren irriger Vorstellung vom Wesen der Sprache alle Wörter substantivisch
bestimmte Dinge benennen, durch Wittgensteins Spätphilosophie zu sein.) Um meine eigene Perspektive zu konturieren, kann ich – nur als Beispiel – das Endergebnis von Robert
Reiningers Untersuchung über die *Metaphysik der Wirklichkeit* (1931) zum kritischen Ausgangspunkt nehmen. Reininger zieht sein Fazit mit dem Grundsatz: »*Alles ist jetzt und
das Jetzt ist alles.*« Nun scheint dieser Satz einem – nicht
weiter ausweisbaren – metaphysischen Gefühl Ausdruck zu
geben. Wenn wir zur Formulierung Reiningers noch hinzusetzen: *Wirklich ist alles jeweils jetzt für mich*, dann haben
wir gleichwohl die denkbar knappe Artikulation eines Wirklichkeitsverständnisses, welches
(1) extrem präsenzorientiert und
(2) extrem subjektzentriert ist.
Nicht wenig verbreitet ist eine Bestimmung der Wirklichkeit, die darüber hinaus an ›empirischen Daten‹, an ›Sinnesdaten‹ ausgerichtet oder
(3) extrem an dinglichen Qualitäten gewonnen und somit
leicht quantifizierbar ist.
In der vorliegenden Untersuchung wird es ganz wesentlich
auch darum gehen, ein solches an der jeweiligen Gegenwart,
an monologischen Subjekten und an dinglichen Qualitäten
und Kategorien ausgerichtetes Wirklichkeitsverständnis
möglichst von vornherein zu überwinden. In vielen traditionellen Systementwürfen der Ethik, aber auch der Religionsphilosophie und kritischer Rekonstruktionsversuche der
Metaphysik gelingt dies nur so, daß dem *verdinglichten*
Verständnis der Wirklichkeit der Welt – die Rede vom verdinglichten Weltverständnis und Selbstverständnis fasse die
Denk- und Sichtweisen unter (1) bis (3) zusammen – ein

fiktionales, in diesem Sinne »*ideales*« Verständnis ethischer, praktischer Wirklichkeit lediglich entgegengesetzt wird. Die von der verdinglichten Realität abgehobene Realität der Praxis ist dann, so möchte ich es nennen, durch die ursprüngliche Verdinglichung stigmatisiert und systematisch verzerrt. Das praktische Welt- und Selbstverhältnis kann jedoch präsenzorientiert und subjektzentriert nicht begriffen werden, und auch nicht bloß in der Absetzung von einer verdinglichten Realität. Schon die Betrachtung der anfänglich genannten einfachen Beispiele: der Situationen des Schreibens, des Lesens, des Lehrens und Lernens zeigen, daß sich diese ›primären Sinnsituationen‹ bereits gerade nicht präsenzorientiert und subjektzentriert und schon gar nicht in dinglichen Kategorien verstehen und interpretieren lassen. Ihre ›Wirklichkeit‹ ist von einer minimalen internen Komplexität, die sich der Reduktion auf Momente (›Jetztpunkte‹), Subjekte und deren ›Eindrücke‹, ›Daten‹, ›Sinnesdaten‹ versperrt. Eine unkritische Ontologie der Wirklichkeit darf daher keinesfalls zur stillschweigenden Prämisse einer Reflexion der Praxis werden. Zentrale Fragen, die sich an die Bestimmung des Existentials der Faktizität anschließen, sind:

– Die Frage nach der Wirklichkeit des Nicht-mehr-Gegenwärtigen und des Noch-nicht-Gegenwärtigen über die Präsenzorientierung hinaus.
– Die Frage nach der Wirklichkeit der Anderen, der Mitmenschen über die monologische Subjektzentriertheit hinaus.

Mit der Analyse transzendentaler Lebensformen im Anschluß an die Existentialanalytik Heideggers und mit Einbeziehung der grammatischen Aufweise ist für die philosophische Anthropologie der faktischen Grundsituation jedenfalls ein dinglich-kategoriales Verständnis kritisch ausgeschlossen.

5. Die transzendentale Lebensform der *Möglichkeit* (transzendentale Potentialität) bildet mit der der Wirklichkeit eine Gruppe mit internen Beziehungen, deren formale Eigenschaften im logischen Verhalten der *modalen Operatoren*

(v. a. »möglich« und »notwendig«) zutage treten. *In der Per-*
spektive der transzendentalen Anthropologie muß die
Verschränktheit der Faktizität mit der Spontaneität in den
Blick treten. Sie strukturiert bereits die Form aller Rede und
Praxis, die ich als Sich-zu-sich-selbst-Verhalten unter 2. behandelt habe. Wir können sagen: Die Form der Möglichkeit
– am greifbarsten als die Gruppe der uns je offenstehenden
potentiellen, zukünftigen Handlungsmöglichkeiten – qualifiziert, *selbst als ein Faktum der Grundsituation*, deren
gesamte Wirklichkeit. Faktizitäten erscheinen jeweils im
Lichte der Potentialität, und können nur so erscheinen, und
ebenso werden die Möglichkeiten von der Wirklichkeit getragen, eröffnet und begrenzt. In unserem gegenwärtigen
Rahmen der faktischen transzendentalen Lebensformen genügt es zunächst, die elementaren Fälle aufzuweisen, in
denen uns ein Können (bzw. Nicht-Können) vertraut ist
(»Ich kann schreiben.« »Ich kann lesen.« »Ich kann einem
Vortrag folgen.«) Jede Lebenssituation weist charakteristische *mögliche* Fortentwicklungen auf, sei es, daß sie bereits
in notwendigen Bahnen vorgezeichnet sind (z. B. Älterwer-
den, Angehörige verlieren, Sterben), sei es, daß sie im Ergreifen bestimmter Handlungsweisen unsererseits wirklich
werden (Berufswahl, Partnerwahl, Wahl des Wohnortes, Mi-
litär- oder Zivildienst, Partei- und Religionszugehörigkeit
etc.). Schon die Feinstruktur jeder lokalen Lebens- und
Orientierungssituation ist durch unser Wählen, Entscheiden
und Verwerfen, Selegieren und Ergreifen bzw. Unterlassen
von Handlungsmöglichkeiten strukturiert. So ist es z. B.
beim Schreiben und auch beim Lesen oder Hören eines Tex-
tes: Jeweils ist es erforderlich, das Wichtige und Bedeutungs-
volle vom Unwichtigen oder bereits Bekannten zu sondern.
Die transzendentale Potentialität gliedert somit die interne
Struktur des Sich-zu-sich-selbst-Verhaltens gemäß bestimmten möglichen Verläufen und Verzweigungen von
Handlungssituationen. Das Sich-selbst-Verstehen *in* den Situationen, die *hermeneutische* Dimension der faktischen
Grundsituation, ist daher mit Vorgestalten von Freiheit in
der Analyse systematisch verbunden.

Im hier thematischen Zusammenhang ist zu Recht die Rede von der *Offenheit des Welthorizonts* gebraucht worden. Entscheidend ist, daß die Offenheit des Horizonts sich pragmatisch mit Bezug auf jeweilige Handlungsmöglichkeiten reformulieren lassen muß. (Auch die Antizipation ohne unser Zutun sich entwickelnder Verläufe des Lebens ist ein Handeln.) Eine völlige Offenheit – wie in existentialistischen Vorstellungen – muß seitens der transzendentalen Reflexion der faktischen Grundsituation aus naheliegenden Gründen bestritten werden, denn für die Offenheit des situativen Horizonts und seine möglichen Verläufe gilt weiter der Satz, daß wir die primäre Welt nicht verlassen können. Insbesondere die wesentlichen Züge der Faktizität können nicht im Handeln überschritten oder dispensiert werden.

6. Zu den unhintergehbaren transzendentalen Formen der Grundsituation zählt ebenso die *Räumlichkeit* (transzendentale Lokalität) der primären Welt. Wir müssen in der primären Welt immer irgendwo sein. Alle Lebenssituationen sind räumlich gegliedert. ›Hier‹ sitze ich, ›dort‹ liegen Aufzeichnungen, ›draußen‹ wird es Abend, ›im Stockwerk über mir‹ wird gehämmert: mit den verwendeten *lokalen Indikatoren* wird ein primärer Orientierungsraum des Lebens erschlossen, in dem sinnhafte Bewegungen und sinnvoll verstehbare Richtungen vollzogen bzw. ausgemacht werden können. Der leiblich (s. u.) erschlossene Orientierungsraum *ist* nicht noch einmal in einem weiteren, z. B. ›objektiven‹, ›physikalischen‹ Raum enthalten, welcher szs. den ›eigentlichen‹, ›tatsächlichen‹ Raum ausmachen würde. Vielmehr bleibt der leiblich konstituierte, gemeinsame Orientierungsraum *die Mitte der primären Welt*. Verschiedene Meßpraxen und Entwürfe von Behälterräumen sind stets nachträglich auf leiblichen Möglichkeiten konstituiert. Die Nivellierung und Vergleichgültigung des qualitativen Raumes der primären Welt in der Form von Koordinatensystemen und Raum-»Stellen« mit Numerierungen sieht ab von den mit lebensbezogenen Bedeutungen versehenen Orten und Stätten, an denen Menschen wohnen. In den ursprünglichen Lebenssituationen ist dagegen eine räumliche Gliederung in Orte und

Richtungen eröffnet, *in* der dann *auch* quantitative Aspekte abgehoben werden können, die aber selbst nicht allein von quantitativen Bestimmungen getragen wird. Die Räumlichkeit als transzendentale Lebensform selbst läßt sich nicht nach ›hier‹ oder ›da‹, ›hinten‹, ›vorne‹, ›oben‹ oder ›unten‹ etc. lokalisieren, sondern sie ermöglicht allererst solche internen Differenzierungen.

7. Der unhintergehbaren Räumlichkeit als Verfassung aller unserer Praxis entspricht die Zeitlichkeit (transzendentale Temporalität) als Lebensform. Ihr kommt in den Kontexten der praktischen Philosophie eine ausgezeichnete Bedeutung zu. Denn bereits die Züge der reinen Faktizität der menschlichen Lebenszeit: ihre *endliche Irreversibilität* und *Unwiederbringlichkeit*, ihr ›Gefälle‹ auf den Tod hin, sowie die *Endgültigkeit* und *Einmaligkeit* des existentiellen wie des geschichtlichen Geschehens gehören zu den indispensierbaren Konstituenten einer Welt, in der Kriterien der Moralität und ethische Kategorien wie Verantwortung und Schuld überhaupt verwendet werden können. Und dies nicht nur so, daß die ›existentielle‹ Zeit, die Zeit des Lebens, ein ›individuelles‹, die geschichtliche Zeit aber ein ›objektivierbares‹ und so distanzierbares Phänomen wäre. Vielmehr ist die ›Weltgeschichte‹ – der Gebrauch zur Selbstverständigung, den wir von ihr machen – ein Modus unseres eigenen hermeneutischen Selbstverhältnisses. Sie erscheint nur jeweils in unserer gegenwärtigen Aneignungspraxis. Und dennoch ist diese Praxis allererst durch die ›Arbeit der Weltgeschichte‹ möglich geworden. Der Aspekt der Wehrlosigkeit und Ohnmacht sowohl der Toten als auch der noch nicht Geborenen gehört bereits zur faktischen Grundsituation. An der Zeitthematik bricht auch die Problemlage einer möglichen Denkbarkeit der *Einheit* der menschlichen Welt besonders nachdrücklich auf. Die systematische Bedeutung der transzendentalen Zeitlichkeit für die Konstitution einer moralischen Welt der Menschen wird insbesondere greifbar, wenn wir uns auch hier im Ansatz bereits von einer monologisch-subjektzentrierten Sichtweise lösen und die Tatsache der transzendentalen Konstitution in Rechnung stellen, daß die-

se Zeitlichkeit keineswegs »je-mir« eigens »gehört«, noch auch in »meiner Gegenwart« jeweils »jetzt und jetzt« aufgeht. Die genannten praktischen transzendentalen Lebensformen Verantwortung und Schuld deuten bereits in die Richtung einer *primär interpersonalen Verfassung der ethischen Zeitlichkeit.* Das in den *temporalen Indikatoren* gegebene Orientierungsgerüst der ›früher‹, ›später‹, ›einst‹ und ›jetzt‹, ›damals‹ und ›dann‹ sowie der Tempora des Verbums in den empirischen Grammatiken der Sprachen erhält seine Funktionsfähigkeit zum Gebrauch in der primären Welt in den immer schon existentiell-qualitativ bestimmten Handlungssituationen. *Erst* Stilisierungsprozesse und Maßnahmen der Objektivierung und Distanzierung lassen uns in diesem Sinne eine ›ethikfreie‹ Zeitzone erreichen. Zeit- wie Raumkonstitution der primären Welt zeigen paradigmatisch, was die Rede von primären Sinn-Situationen meint: Die Orientierungszusammenhänge einer menschlichen Welt zerfallen nicht in Teile oder Stücke, aus denen sie dann nachträglich erst zusammengesetzt werden müßten, sondern sie bilden primäre (irreduzible) *Sinngebilde* oder *Sinngestalten.* Ich erörtere diese Grundtatsache unter der Überschrift ›Gleichursprünglichkeit‹. Der tiefere Grund dieser Konstitution der primären Welt in den sowohl irreduziblen wie unableitbaren (in diesem Sinne: unerklärbaren, der Erklärung nicht bedürftigen) Sinngestalten kann erst durch Aufklärung der Struktur des menschlichen Handelns in praktisch-philosophischer Perspektive erfolgen. Wir halten hier fest: *Die endliche Totalität des leiblichen, intern in qualifizierte Gegenden und Richtungen gegliederten existentiellen Orientierungsraumes ist so wenig zu verlassen wie die endliche, qualitativ gegliederte und lebensbedeutsame Orientierungszeit.*

Wir stoßen hier auf erste normative Implikationen lebensweltlicher Konstitutionsanalysen. Die theoretischen Feststellungen über unsere gemeinsame Grundsituation sind uns ebensowenig bloß in Distanz »gegeben« und zur neutralen Betrachtung verfügbar wie diese Grundsituation selbst. Die technische und apparativ ermöglichte Überschreitung des existentiellen Orientierungsraumes und der Lebenszeit läßt vergessen, wie das Leben – wie die Praxis einer menschlichen Welt – *letztlich* verfaßt ist. Vom transzendentalen Horizont aller menschlichen Praxis, dessen Konstituentien in der Gestalt der Lebensformen wir zunächst freizulegen versuchen, gilt:

1. Alles menschliche Leben und alle Orientierungen sind in ihm ermöglicht, durch ihn eröffnet und erschlossen,
2. alles Leben und alle Orientierungen sind in ihm begrenzt.

Es ist in den weiteren Analysen zu zeigen, daß diese Grundstruktur der primären Welt: der sinnkonstitutive Zusammenhang von Ermöglichung und Grenze zugleich ganz entscheidende Perspektiven eröffnet, die es gestatten, die Rede von den Grenzen der möglichen Erfahrung eindeutig in ihrer praktisch-philosophischen Bedeutung und Tragweite zu verstehen. Der Rekurs auf die primäre Welt dient auch so der Erneuerung und Bekräftigung der Lehre vom Primat der praktischen Vernunft. Das Überspringen, Verdrängen und Verdecken der Räumlichkeit und Zeitlichkeit und der übrigen transzendentalen Formen der ursprünglichen menschlichen Welt sowohl in wissenschaftlichen wie auch in philosophischen, etwa ethischen Konstruktionen macht es erforderlich, Kategorien der *Verdinglichung* der Lebenswelt sowie der *Entfremdung* von ihr in praktischer Absicht auszuarbeiten.

8. Die für unsere weiteren Untersuchungen zentrale transzendentale Lebensform der faktischen Grundsituation ist die *der Gemeinsamkeit mit den Anderen* (transzendentale Sozialität). Zunächst können wir sagen: Im Horizont meines Lebens, in seinen mannigfaltigen Situationen, erscheinen andere Menschen, die unüberbietbar ›real‹ in meine eigenen Handlungen und Orientierungen einbezogen sind und eingreifen. Diese apriorische Sozialität gehört zu den Voraussetzungen jedes einzelnen Menschen. An den Beispielen erläutert: Während ich dies schreibe, stehe ich im Gespräch mit möglichen Lesern. Dem entspricht das Lesen als kommunikativer Akt. Erst recht in der gemeinsamen Lehr- und

Lernsituation tritt *das kommunikative Wesen der menschlichen Grundsituation* in den Blick. Wenn wir uns in der menschlichen Welt umschauen, so verweist uns nahezu alles, was in ihr erscheint, auf diesen Kontext der *transzendentalen Intersubjektivität*. Erst von ihr her – fassen wir diese Feststellung anfänglich auch bloß genetisch und empirisch auf – vermag sich so etwas wie ›Subjektivität‹ und ›Individualität‹ zu bilden: im Medium der gemeinsamen primären Welt. Philosophisch-grammatisch betrachtet zeigt sich diese apriorische Gemeinsamkeit an der elementaren sprachlichen Möglichkeit der Verwendung der *personalen Indikatoren* »Ich schreibe gerade diesen Text.« »Wo ist er?« »Sie hat soeben angerufen.« »Wir sind in der Universität.« Diese und weitere elementare und fundamentale grammatische Möglichkeiten erschließen uns den Bereich der Intersubjektivität. Die hier sichtbar werdenden Formen der apriorischen Weltkonstitution sind selbst gerade keine Möglichkeiten eines »Subjekts«, eines isoliert gedachten »Bewußtseins« oder eines »Geistes«, eines hypostasierten »Selbst«, »Ich« oder »Ego«. Sondern sie stehen allen Menschen offen zur Verfügung. *Sie sind nicht das Privileg einer unzugänglichen Innensphäre, sondern Allgemeingut aller in der primären Welt sprechenden und handelnden Menschen.* Jeder kann z. B. das Wort ›ich‹ verwenden – es ist nicht etwa als Name für eine – z. B. meine – Person mißzuverstehen. Das besagt zunächst, daß die Menschen szs. nicht ›gegeneinander‹ als ›Subjekte‹, als ›Selbst‹ oder ›Ich‹ ausgezeichnet werden dürfen. Aber es wird in ethischer Perspektive zu fragen sein, *wie weit* die ›Intersubjektivität der Subjektivität‹ reicht, ferner, auf welche Weise die transzendentalen Lebensformen der Grundsituation – vor allem die *praktischen* Formen – jeweils eigentlich als ›Eigenschaften‹ von Personen, Subjekten oder Individuen vernünftig begriffen sind. Unsere bisherige Analyse wies Formen der menschlichen *Lebenssituation*, letztlich der *Grundsituation*, auf, also nicht Eigenschaften von Subjekten.

Diese Bemerkungen betreffen elementare grammatische Tatsachen, die in der Geschichte der Philosophie bis in die

Gegenwart sehr oft übersehen worden sind. Die tief sitzenden und in gewisser Weise für wirkungsmächtige Traditionen der europäischen Rationalität prägenden, daher sowohl im Alltagsleben als auch in Theorien verfestigten Dualismen und Dichotomien zwischen »Subjektivismus« und »Objektivismus«, »Psychologie« und »Physik«, »Geist« und »Natur«, ebenso daher die Aufteilung der Wissenschaften in »Geisteswissenschaften« und »Naturwissenschaften« werden im Überspringen der apriorischen Konstitution der primären Welt systematisch erzeugt. Die ontologisch völlig ungeklärte, aber faktisch lebensformkonstitutive Dichotomie von »Innenwelt« und »Außenwelt«, von »Subjekten« und »Objekten« in diesem Sinne, strukturiert und präjudiziert ontologisch aber ebenfalls die Arten und Weisen, wie wir es gewohnt sind, *die Verhältnisse von Subjekten untereinander und miteinander* vorzustellen, zu beschreiben, zu denken und zu leben. Wie verändert sich die Sichtweise auch der Ethik, wenn wir für die primäre Welt den Aspekt der *intersubjektiv verfaßten Lebenssituationen* als den konstitutionell fundamentalen Fall herausstellen können, *fundamentaler* als jede Subjekt-Objekt-Beziehung – sei sie auch noch so pragmatisch und operational gedacht –, fundamentaler aber auch als die geläufigen Weisen, sich Verhältnisse ›zwischen Subjekten‹ vorzustellen? Was bedeutet eine radikale Reflexion der Praxis mit Blick auf die transzendentale Sozialität für die grundlegende ethische Differenz von »Sein« und »Sollen«? Was bedeutet sie für die Dissoziation von »Individualethik« und »Sozialethik«? Was für die Unterscheidung eines »Willens« bzw. einer »Gesinnung« von den »Handlungen« eines Menschen? Bleibt die in der transzendentalen Anthropologie in praktischer Absicht auszuführende Kritik der Vorstellung von einer inneren Welt der Menschen, wie sie mit Vorhandenheitsontologie und Vorhandenheitssemantik systematisch verbunden ist, im Bereich der praktischen Philosophie und im Bereich unserer existentiellen Orientierungen folgenlos? Hinter diesen Fragen steht die Grundüberzeugung, *daß erst die Freilegung der transzendentalen Konstitution einer menschlichen Welt – und*

*mithin die Beantwortung der Grundfrage der Philosophie –
die praktischen Fragen neu zu erhellen vermag.*

9. Erst auf dem Hintergrund des kommunikativen Apriori und der transzendentalen Sozialität vermag sich die transzendentale Lebensform der *Einsamkeit* (transzendentale Individualität) abzuheben und zu konturieren. Das Verhältnis dieser konstitutiven Einsamkeit als eines Grundzuges der menschlichen Welt in ihrem Verhältnis zur Gemeinsamkeit ist praktisch-philosophisch von herausragender Bedeutung. Insbesondere muß deutlich werden, worüber sich die Einzigkeit der Individualitäten ethisch qualifiziert überhaupt herausbildet. Es muß möglich sein, auch hier in ethischer Perspektive defiziente Modi in der Gestalt z. B. verdinglichter Weisen, die eigene Individualität zu verstehen, zu identifizieren und von gelungenen Weisen zu unterscheiden. Beispiel einer großen Gruppe verdinglichter Modi der Konstitution der Individualität wäre deren Definition über die dinglichen Kategorien von *Besitz.* Die Quantifizierung existentieller Qualitäten und die Entstellung authentischer Weisen, in der Grundsituation zu leben und sein Leben (dessen transzendentale Formen) zu begreifen und zu führen, sind wesentliche Verfehlungen, die sich *praktischen Kategorienfehlern* verdanken.

Diese lassen sich – der Idee dieser Untersuchung gemäß – aus den Tatsachen der Konstitution der menschlichen Welt beschreibend-auslegend erheben; wir benötigen dazu nicht die Konstruktion eines Reichs des Sollens oder der Werte ›jenseits‹ der Wirklichkeit des Lebens. Im Falle der Einsamkeit kommt alles darauf an, wie wir diese transzendentale Lebensform praktisch begreifen, wie wir von den theoretischen Feststellungen der Anthropologie zu den praktischen Einsichten der Ethik und den praktischen Einstellungen gelangen, die eine vernünftige menschliche Welt ermöglichen. Wie wird sie sich noch denken und beschreiben lassen, wenn wir Assoziationen einer inneren privaten Welt zurückweisen und die *Einzigartigkeit der Individuen* nicht mehr auf dem Wege der Konstruktion einer monologischen Bewußtseinswelt darzustellen versuchen? Kann es gelingen, die fundamentalen Metaphern für das individuelle Leben, die z. B. *Tiefe* und *Fülle* heißen, systematisch und in ihrer ethischen Dimension zu reinterpretieren, ohne anthropologisch in den psychologisierenden oder bewußtseinsphilosophischen Subjektivismus zurückzufallen? Auch hier ist ein wichtiger erster Schritt, nicht auf Subjekte und ihr vermeintliches Innenleben zu schauen, sondern auf die ganzen und einmaligen Lebenssituationen, auf die geschichtlichen Welten, in denen sie überhaupt auftreten.

10. Verschränkt mit den bereits aufgewiesenen unhintergehbaren faktischen Möglichkeitsbedingungen einer jeden menschlichen Welt begegnet der Grundzug der *Leiblichkeit* als transzendentaler Lebensform. Alle unsere Orientierungen, Handlungen und Vollzüge sind leiblich ermöglicht, vermittelt und *getragen*. In der transzendentalen Anthropologie bereits der faktischen Grundsituation müssen wir hier jedoch ein reduktionistisches Verständnis des menschlichen Leibes, welches diesen kategorial auf die Ebene eines physikalisch (oder sonst mit nicht genuin anthropologischen Begriffen) beschreibbaren Körpers oder gar Dinges zurücksetzt, abwehren. Die traditionelle Rede von einer ›beseelten‹ Leiblichkeit kann so verstanden werden, daß die genuin menschliche Weise, leiblich zu leben, im Vollzug des Existierens mit allen transzendentalen Grundzügen verschränkt ist, so daß sie nicht von ihnen – etwa von der Weltlichkeit, der Reflexivität, der Sprachlichkeit und Sozialität – isoliert werden und für sich allein betrachtet werden kann. Sie ist und bleibt nämlich die Leiblichkeit inmitten einer menschlichen Welt. Das Sich-zu-sich-Verhalten, die Reflexivität, läßt sich schlecht idealistisch als Vorgang »im Bewußtsein«, kruder »im Kopf«, fassen, besser in dem (kritisch zu präzisierenden) materialistischen Sinne, in dem wir von einer leiblichen *Basis* unseres Lebens und mithin einer menschlichen Welt überhaupt sprechen.

Es muß aber weiter gefragt werden, ob wir die subjektivistisch-solipsistische Denk- und Sichtweise der Grundsituation, die wir angesichts des Existentials der Einsamkeit bereits – wenigstens in der Tendenz – abgewiesen haben, jetzt angesichts der apriorischen Leiblichkeit doch wieder in volle Geltung bringen sollen. Nichts liegt doch zunächst näher! Nichts scheint doch lebensweltlich an Evidenz unmittelbare Leiberfahrungen und Leibesbewegungen zu überbieten. Nichts scheint die Wirklichkeit der primären Welt deutlicher auszumachen, als separate, einzeln sich bewegende sichtbare Leiber. Nichts liegt näher, als zu sagen: Wir *sind* diese Leiber. So unwiderleglich diese Feststellung zu sein scheint, ebenso unklar ist noch ihr Sinn, insbesondere im Blick auf ethische Implikationen für das menschliche Selbstverständnis. Die transzendentale Anthropologie in praktischer Absicht muß hermeneutisch-kritisch klären, *wie* – in welchem Sinne näherhin – wir unsere Leiber sind. Kant redet von der *Amphibolie* der Reflexionsbegriffe. Mit gleichem Recht können wir von der Amphibolie der Begriffe reden, mit denen wir kategorial unser Welt- und Selbstverständnis zu fassen und zu beschreiben versuchen. Angesichts der transzendentalen Leiblichkeit muß zumindest eine Konfusion mit der empirischen Körperlichkeit und ihren Prädikaten (»groß«, 1,80 m; »klein«, 1,50 m; »dick«, »dünn« etc.) ausgeschlossen werden. Desgleichen muß überlegt werden, wie die Leiblichkeit mit der primären Situationalität konstitutionell verbunden ist. Jedenfalls scheint ein Bild der primären Welt unangemessen zu sein, gemäß dem wir wie »innere«, »versteckte« Steuermänner in unserer Leibmaschine sitzen. Wir stehen nicht noch einmal – als luftige Geistwesen – »hinter« unserem Leib. Wir sitzen auch nicht in ihm, wie in einem Behälter. Den Leibbehälter gibt es in der Konstitution der primären Welt ebensowenig wie einen Behälterraum oder eine Behälterzeit. Gerade angesichts des unbezweifelbaren Leibapriori stellt sich daher bereits im Kontext der Analysen der faktischen Grundsituation die Frage, *wo, wann und wer wir eigentlich sind*. Wollen wir die Ethik und die Reflexion der Praxis im ständigen Blick auf die *condition humaine* entwickeln, in diesem Sinne einen ›existentiellen Realismus‹ nicht aufgeben und preisgeben, dann kommen wir um diese Frage nicht herum. Vor allem deshalb nicht, weil *Vorverständnisse* davon, *wo* wir sind, das Alltagsleben prägen und durchherrschen. Die meisten Menschen werden sich wohl an der »Raum-Zeit-Stelle« lokalisieren wollen, die sie gerade mit ihrem Körper einnehmen. An dieser Stelle im Datennetz kann gleichzeitig »kein Anderer« sein – es ist kein Platz zusätzlich da. Bereits Platon betrachtete den Leib als Individuationsprinzip. Tugendhat bestimmt auf ähnliche Weise Personen mit Bezug auf raum-zeitlich lokalisierbare Verläufe. Im hier entwickelten situationalen Denken der menschlichen Welt ist eine solche schließlich empirische Lokalisation unzulänglich, irreführend und sekundär. Wir befinden uns immer schon in konkreten Lebenssituationen, welche *auch* eine leibliche (näherhin sehr komplexe) Form (›Leibfundament‹, leibapriorische ›Basis‹) aufweisen. »Wir« koinzidieren somit keineswegs etwa mit den äußeren Grenzen unserer Haut – welche im solcherweise vergegenständlichten Selbstverständnis gleichsam die »Hülle« wäre, in der wir »stecken«. Die transzendental-anthropologischen Modi der *Erstreckung* unserer selbst, zeitlich, räumlich, leiblich, in der Gemeinsamkeit, sprachlich, und je in den ganzen, unteilbaren Lebenssituationen, sie müssen ausdrücklich in den Blick genommen werden, um ein verdinglichtes Selbstverständnis an der Basis der praktischen Philosophie auszuschließen.

Ich insistiere gerade an dieser Stelle darauf, weil eine für die Ethik im Paradigma Kants fundamentale Unterscheidung, die von empirischem und transzendentalem Subjekt, von mir in freilich veränderter Gestalt aufgegriffen werden soll. Wir müssen diese Unterscheidung in der *einen* Wirklichkeit der menschlichen Welt treffen, ohne eine Zweiweltentheorie zu errichten. Die sinnliche Konstitution der Gesamtsituation, die optisch, haptisch, motorisch etc. ausgeformt ist, macht die Reflexion des Leibapriori unumgänglich. (Kant sah dies im *Opus postumum*.) Der Leib als Möglichkeitsbedingung einer menschlichen Welt ist aber nicht als das »Außen« eines »Innen« begreifbar. Wo sollte dieses »sein«? Es erhebt sich der Verdacht, daß erst die Verdinglichung des Leibes zu einem Ding der Außenwelt im Rahmen einer szientistischen Metaphysik auch das Bewußtsein zu einem Innen-Ding hat werden lassen. Wenn es aber keine Leib-Hülle, keine Larve des Ich gibt, zu der der weltlos-leiblose Geist additiv hinzuträte, andererseits aber auch keinen »inneren Steuermann«, der die Körpermaschine in Gang zu halten hätte, dann muß weiter gefragt werden, was diese negativen Befunde als *praktische Einsichten* bedeuten. Die transzendentale Konstitutionsanalyse der Faktizität führt uns bereits zu Formen des Lebens (einer menschlichen Welt), welche ganzen Situationen ihre Gestalt verleihen, anders gesagt: welche sich in allen Situationen zeigen. Situationen sind *weder innen noch außen*; nur *in* ihnen kann etwas erscheinen, sich ereignen, getan werden. Und dieses »in« darf nicht konkret, empirisch-räumlich hypostasiert werden, denn Situationen sind keine Kästen, keine Behälter.

Für diese Problemlage an der Basis einer transzendentalen Anthropologie in praktischer Absicht möchte ich das stichwortartige Kürzel ›weder innen noch außen‹ als Überschrift verwenden.

Was das Kürzel methodisch-systematisch bedeutet, läßt sich wie folgt erläutern. Die philosophische Anthropologie beschreibt die *Phänomene des Lebens*. Diese *stehen da* in der Welt – eine Formulierung, die sich nicht nur bei Wittgenstein findet, sondern bereits bei Platon. Die Analyse der *Verfassung* einer möglichen Welt bezieht sich auf die *Voraussetzungen* des Lebens, die ich transzendentale Formen desselben nenne, und zu deren Verständnis wir *weder* einen Rekurs auf ›subjektive‹ Aspekte (mentale Akte, Konstitutions›leistungen‹), *noch* einen Rekurs auf eine ›transzendent-objektive Realität‹ benötigen. Die primäre Wirklichkeit der Welt vermag weder im Blick auf »Strukturen der Welt« (empirisch, »ontologisch«, »physikalisch«) noch im Blick auf ein (oder »das«) Bewußtsein, dessen Funktionieren und innere Vorgänge in ihm, zugänglich zu werden. Ursprünglicher als nachträglich vorgestellte »objektiv vorhandene Weltstrukturen«, ursprünglicher aber auch als alle zu den Phänomenen hinzugedachten »subjektiven Konstitutionsleistungen« sind die transzendentalen Formen der primären Welt, welche sich uns *in den Vollzügen der Rede und Praxis zeigen*. In den

Vollzügen und in der normalen Rede, denn – und dies ist die *crux* der Philosophie, weil es keine »transzendentale Sprache« gibt und je geben kann – die transzendentalen Formen der Welt *und* des Lebens dürfen auf keinen Fall in irgend einem Sinne *platonistisch* mißverstanden und zu (existierenden) Entitäten eigenen Rechts vergegenständlicht werden! *Die Formen – ihr Gebrauch in der philosophischen Rede – dienen der Erläuterung und dem Hinweis auf die Phänomene des Lebens, nicht deren Verdopplung durch etwas zu ihnen Hinzutretendes.* Die Rede von den Formen hat einen Gebrauch in Konstitutionsanalysen. *Hinter* den Phänomenen jedoch ist nichts mehr. Den platonisch anmutenden Reden von Formen kommt mithin methodisch ein therapeutischer und negativer Status – im Kontext der Abwehr hypostasierender Vorstellungsweisen – zu. Das wird auch für den Aufweis praktischer transzendentaler Lebensformen der primären Welt gelten.

11. Schließlich müssen wir die apriorische *naturale Getragenheit* einer menschlichen Welt thematisieren. Bereits Oskar Becker hat – im Anschluß an und gegen Heidegger – diese ›kosmische‹ Getragenheit als ein ›parontologisches‹ Existential bzw. als Paraexistential bezeichnet und analysiert. Nicht »bloße« Natur tritt hier bei den Analysen zur faktischen Konstitution in den Blick; vielmehr besagt die Getragenheit durch nicht von Menschen erzeugtes Geschehen, daß wir mit unseren Leibern in das natürliche Geschehen des Wachsens, der Ernährung und des Alterns – um wichtige Beispielbereiche zu nennen – hineinragen. Die menschliche Welt ist auch eine natürliche Welt. Wenn wir einen Schritt weiter gehen, können wir vielleicht sagen: Die Praxis der primären Welt ist eingelassen in das kosmische Geschehen mit seinen Urphänomenen (Tag und Nacht, Jahreszeiten, natürliche Rhythmen, Hunger und Sättigung, Schlafen und Wachheit, Traum und Wirklichkeit etc.). Mit dem Himmel und der Erde, mit den Meeren, Gebirgen und Landschaften gehört die natürliche Welt denkbar fundamental zum faktischen Horizont. Das besagt aber nicht, daß angesichts der naturalen Getragenheit als menschlicher

Lebensform nun die übrigen aufgeführten Formen außer Kraft gesetzt wären. »Natur« kann daher nicht »an sich«, sondern stets immer schon auch durch diese Formen vermittelt und verstehbar geworden in die Praxis und auch in die Analyse eintreten. Wir sind es, die in unserem jeweiligen situationalen Selbstverhältnis auch ein ›Naturverhältnis‹ etablieren, und im Horizont unserer Praxis erscheint Natur somit je und je verschieden.

Die vorgestellten konstitutiven Züge der faktischen Grundsituation des Menschen bilden den Horizont menschlicher Praxis bereits vor- und außer-ethisch, ohne daß wir praktische Dimensionen in die Reflexion der *condition humaine* einbeziehen. Die Züge bilden die fundamentalen Möglichkeitsbedingungen aller menschlichen Kulturen überhaupt, unbeschadet des individuellen Reichtums, in welchem diese sich auszuprägen vermögen. Weil wir die menschliche Welt nicht verlassen können, darf die ethische und politische Reflexion sich nicht über diese Konstitutionsbedingungen hinwegsetzen, sie außer acht lassen. Ich halte als Grundsatz fest:

Die praktische Philosophie muß stets die transzendentale Konstitution der faktischen menschlichen Grundsituation mitreflektieren.

Sie wird damit systematisch mit der Frage nach den Möglichkeitsbedingungen einer menschlichen Welt verklammert.

Drei weitere wesentliche Ergebnisse für eine Hermeneutik der praktischen Grundsituation möchte ich ebenfalls bereits festhalten.

1. Die philosophische Reflexion der Praxis darf nicht bei einzelnen Subjekten und deren Selbstbewußtsein ansetzen, sondern muß Form und Verfassung von *Lebenssituationen* zum Ausgangspunkt nehmen. (Sie soll nicht das Innenleben von Geistern, sondern den Horizont menschlicher Praxis aufklären.)

2. Dabei ist insbesondere die *sprachliche Verfassung* dieser Praxis (grammatisches Form-Apriori) in deren je spezifi-

schem Bezug zu menschlichen Lebensformen zu berücksichtigen.
3. Es muß systematisch versucht werden, in der praktischen
Philosophie die These von der *Vorgängigkeit der* transzendentalen *Intersubjektivität* (Sozialität) vor ›subjektiven‹ menschlichen Möglichkeiten sowohl in der Analyse
einzulösen als auch ihre Tragweite zur Geltung zu bringen.
Bevor ich die Untersuchung von der Analyse der *faktischen*
in die der praktischen Grundsituation überführe, sind in den
§§ 7 und 8 zwei Gesichtspunkte zu behandeln, die diese
Überführung ermöglichen. Einerseits der Gesichtspunkt der
Gleichursprünglichkeit der transzendentalen Formen, zum
zweiten der vorgreifende Hinweis auf den *zweifachen Ursprung der primären Welt sowohl in der transzendentalen
Faktizität als auch Spontaneität.*

§ 7 Gleichursprünglichkeit

Das Ziel dieses Kapitels ist es, den spezifischen Zusammenhang der in § 6 unternommenen Konstitutionsanalysen
exemplarisch herauszustellen. Dieser Zusammenhang läßt
sich als *Gleichursprünglichkeit* der wesentlichen Aspekte der
faktischen Grundsituation des Menschen systematisch explizieren. Indem wir diesen Heideggerschen Terminus (SZ 131)
philosophisch-grammatisch reformulieren, verfolgen wir die
Aufgabe einer Konstitutionsanalyse der vollen Gliederung
der menschlichen Grundsituation und damit auch der möglichen einzelnen Lebenssituationen. Der Gebrauch des Wortes *voll* weist hier auf die *minimale interne Komplexität*
unserer möglichen Weltorientierung hin, anders gesagt: auf
deren *Mindest-Komplexität*. Die Konstitutionsanalysen haben überall die Aufgabe, diese zu bestimmen. Denn auf diese
Weise können sie ihre kritische Funktion auf zweifache
Weise erfüllen:
1. Die Bestimmung der minimalen internen Komplexität unserer Weltorientierungen sichert die philosophische Re-

flexion und das Selbstverständnis des gemeinsamen Lebens davor, *unter* diese Mindest-Komplexität zurückzugehen. Der Situationsbegriff, den wir bei unserer Analyse der faktischen Grundsituation in Ansatz gebracht haben, hat genau diese Funktion. Mit ihm wird jeweils verhindert, eine situationslose »Theorie des Bewußtseins« oder des »Subjekts« bzw. eine menschenlose »Objektivität« zum Ausgangspunkt zu nehmen. Was sich nicht situationsbezogen an der primären Welt ausweisen läßt, ist in diesem Sinne nicht konstituiert (in der primären Welt nicht konstituierbar) bzw. *konstitutiv unterbestimmt.* Bei gleichursprünglichen Aspekten der Grundsituation liegt eine konstitutive Unterbestimmung vor, wenn einer oder mehrere der Aspekte in die Bestimmung nicht mit eingehen.

2. Ebenso liegt eine *konstitutive Überbestimmung* vor, wenn die strukturellen Grundzüge des menschlichen Lebens in die Analyse nicht eingehen, weil sie schlicht verlassen werden. So können wir die räumlichen und zeitlichen Verhältnisse unseres Lebens nicht suspendieren. Alle Lebensbewegungen sind endlich, begrenzt und diskursiv. Pränatale, metempsychotische und postmortale Konzeptionen, wie sie in Religionen, Philosophien und auch den diffusen Orientierungsfiktionen z. B. von Sekten eine Rolle spielen, sind *Illusionen,* wenn sie sich nicht vernünftig als spezifische Weisen, die eine primäre Welt zu sehen, interpretieren lassen.

Die Akzentuierung der strukturellen Gleichursprünglichkeit richtet sich so gegen reduktionistische Unterbestimmungen wie metaphysische Überschreitungen der primären Welt. Der mit ihr verbundene Holismus verfolgt die systematische Absicht, die ursprünglichen und ganzen Lebenssituationen nicht verdinglichend zu depotenzieren oder transzendent zu verkennen. ›Gleichursprünglich‹ sind Konstitutionsaspekte zu nennen, wenn sie 1. *voneinander unableitbar* sind, wenn sie 2. in ihrem Verständnis *irreduzibel aufeinander* sind, und wenn sie 3. nur miteinander und durch einander verständlich, und nicht aus noch einem anderen Zug der Grundsituation ›ableitbar‹ sind. Anders gesagt: Die Aspekte müssen sich als *unverzichtbar füreinander* aufzeigen lassen.

Exemplifizieren wir dies zunächst an unseren räumlichen Orientierungsmöglichkeiten. Ich möchte hier bereits folgenden Aufbau der Sinnkonstitution in der primären Welt als eine zweckmäßige Vergegenwärtigung ihrer Gliederung vorschlagen:

Fundamental und *primär* sind die menschlichen *Lebensvollzüge* in der gemeinsamen Welt, in den Lebenssituationen. (Diese lassen sich im Fortgang unserer Untersuchung als praktische Sinnentwürfe präzisieren.) Paradigmatisch für diese Vollzüge sind z. B. Leibesbewegungen. Auch die *sprachlichen* Vollzüge sind Lebensvollzüge, und sie funktionieren selbst sinnvoll im Kontext der anderen, weiteren Lebensvollzüge. (Keineswegs sind alle Lebensvollzüge sprachlicher Art.)

Dinge gibt es nur eingelassen in menschliche Lebensvollzüge.

Innerhalb der sprachlichen Lebensvollzüge gibt es spezifische dingkonstitutive Vollzüge. Zur räumlichen Orientierung verwenden wir die elementaren *lokalen Indikatoren*: »hier«, »da« und »dort«, »oben«, »unten«, »hinten« und »vorne«, »in der Mitte«, »dazwischen«, »seitlich davon«, »nah bei«, »weit weg«. Sie bilden, so schlage ich vor, eine *grammatische Gruppe* von minimaler interner Komplexität. Das heißt: Zur Bedeutung der Rede von »hier« gehört bereits ein Verständnis und eine Gebrauchsmöglichkeit von »da« und »dort«. Die Gebräuche der Glieder der grammatischen Gruppe sind systematisch miteinander verbunden. Zum Gebrauch von »Dort oben links im Regal steht der ›Tractatus‹« gehört in der Situation, daß »wir« uns »hier unten« »beim Regal« befinden, zum »links« gehört das »rechts davon« etc. Zum Gebrauch von »Ich bin hier« gehört des weiteren bereits, daß *ein anderer* von seinem Standort aus den Satz »Er ist dort« behaupten kann. Die grammatische Gruppe der Lokalindikatoren ist intern so verfaßt, daß zur sinnvollen Verwendung von »hier« bereits die Antizipation der Gebräuche von »da« und »dort« gehört. Die Gebräuche und ihr jeweiliger Sinn weisen ein spezifisches wechselseitiges Qualifikationsverhältnis auf und werden durch und miteinander ermöglicht. Eine *Gestalt* unserer räumlichen Orientierung ergibt sich erst mit der Gleichursprünglichkeit der möglichen Aspekte. Eine philosophische Beschreibung der alltäglichen Raumkonstitution kann daher unmöglich hinter die minimale interne Komplexität unserer räumlichen Orientierungen zurückgehen, wie sie sich in unserem Gebrauch der gesamten grammatischen Gruppe zeigt.

Dies gilt ebenfalls für die personalen Indikatoren »ich«, »du«, »er«, »wir« etc. Bewußtseinsphilosophische Analysen haben hier eine Vorrangstellung des *Ich* in der Erkenntnistheorie systematisch etabliert, die auch für die praktische Philosophie leitend wurde Demgegenüber muß bereits von vornherein deutlich gemacht werden, daß wir uns schon in den schlichtesten Zusammenhängen *solipsistisch weder orientieren noch äußern können*. Insbesondere sind Sätze, in denen wir den Indikator »ich« verwenden, keine Sätze über eine Person mit dem »Namen ›ich‹«, sondern Äußerungen von uns, Äußerungen von Personen. Diese Äußerungen sind *ohne Kenntnis der ganzen grammatischen Gruppe* der Personalindikatoren unmöglich. »Ich«, »du« und die weiteren Worte dieser Gruppe treten hier stets gemeinsam auf. Die Möglichkeiten ihres Gebrauchs sind miteinander verbunden. Zum vollständigen Begriff unserer alltäglichen Lebenssituationen gehört daher der interpersonale Horizont, der mit der ganzen Gruppe der Personalindikatoren erschlossen wird. Der Gebrauch von »Ich bin hier« schließt die Möglichkeit eines Partners mit ein, »Er ist dort« zu behaupten. Er schließt für einen Dritten die Möglichkeit ein, »Beide sind da hinten« oder ähnliches zu äußern. Es besteht im Ansatz keine Möglichkeit einer monologischen und auf ein isoliertes Subjekt allein bezogenen Analyse: Daß es ohne die Mitmenschen nicht geht, ist eine grammatische Tatsache. Wer »ich« sagt, läßt sich bereits auf die gemeinsame Welt und deren grammatische Konstitution ein. Wir treten in den Gesamtzusammenhang der möglichen Weltorientierung ein, nicht in ein »Teilstück« dieser Orientierung.

Diese irreduzible und sinnkonstitutive Gleichursprünglichkeit in der Struktur menschlicher Praxis kennzeichnet auch deren zeitliche Aspekte. Diese – Vergangenheit, Gegenwart und Zukunft – sind aufeinander bezogen und qualifizieren sich durch einander. Ähnlich, wie die Subjektphilosophien eine einseitige Vorrangstellung des »ich« etablierten, waren philosophische Reflexionen der Zeitaspekte der menschlichen Grundsituation häufig am »jetzt« – oft als »Punkt« vorgestellt – orientiert. Dies hat – und auch hier greift die Analogie zur Bewußtseinsphilosophie – *nihilistische* Konsequenzen: Wenn nur »das Jetzt« »eigentlich wirklich ist«, dann wird alle Vergangenheit zum Schatten dieses substanzhaft hypostasierten »Gegenwartsdinges« mit dem Namen des »Jetzt«, und alle Zukunft wird ebenfalls zum Schemen und Schatten dieses »Jetzt«. So wird auch das erkenntnistheoretische *ego cogito* als *»fundamentum inconcussum«* zur eigentlichen Garantie aller Realität: Es *kann* dann Zweifel an der »Existenz« anderer Menschen geben, und es *kann* Zweifel an der »Existenz« der »Außenwelt« aufkommen. Die Akzentuierung der Gleichursprünglichkeit der grammatischen Gruppen der lokalen, personalen und temporalen Indikatoren und des zu ihnen gehörenden Gebrauchssinnes in den konkreten Lebenssituationen unterläuft mit dem Hinweis auf die nicht mehr hintergehbare, minimale interne Komplexität die konstitutive Unterbestimmung, die mit der reduktionistischen Auszeichnung von »ich« wie von »jetzt« notwendig verbunden ist.

So ist die primäre menschliche Welt in ihrer zeitlichen Gliederung zunächst nicht zu »Punkten« auf einer »Zeitgeraden« vergleichgültigt, die als jeweilige »Jetztpunkte« objektiviert sind. Vielmehr geschieht ein mögliches Objektivieren in der interexistentiell qualifizierten Zeit des gemeinsamen Lebens, in welcher sich gleichursprüngliche Aspekte der lebensbedeutsamen (orientierungsbezogenen) Zukunft (»Demnächst fahre ich für längere Zeit weg«, »Bald ist es Zeit, diesen Besuch zu machen«, »In kurzer Zeit wird sich die ganze Situation klären«, »Irgendwann einmal *muß* ich ihr das sagen«), lebensbedeutsame und orientierungsbezogene

Aspekte der Vergangenheit (»Früher hatte alles einen gewissen Glanz«, »Damals konnte ich noch nicht begreifen, was das bedeutete«, »Vor langer Zeit sagte man . . .«, »Als ich vierzehn war, fiel mir zum ersten Mal auf . . .«) und der lebenswichtigen Gegenwart (»Zur Zeit geht es besser«, »Gerade jetzt muß das passieren!«, »Plötzlich hatte sich alles verändert«, »Im Nu war sie verschwunden«) wechselseitig ermöglichen und qualifizieren. Und diese ›äquiprimordiale‹ Qualifikation gilt bereis für jede sinnvolle Lebenssituation und für das Verständnis jedes *einzelnen* der Beispielsätze. »Zur Zeit geht es besser« heißt auch: Es ging bereits schlechter, und es steht dahin, wie lange es besser geht. *Ereignisse* und *Veränderungen* werden auf dem Hintergrund der gleichursprünglichen Aspekte der Lebenszeit erfahren, die gemeinsam sinnkonstitutiv sind. Die grammatische Gruppe der Zeit-Indikatoren gestattet es uns, die öffentliche gemeinsame Welt zeitlich zu gliedern. Die interexistentielle Weltkonstitution erfolgt über die öffentlich bekannte Verwendung der grammatischen Gruppen. Ihr sinnkonstitutiver Zusammenhang *ermöglicht und fordert* ineins das Überschreiten eines subjektivistischen, datenzeitlichen und z. B. auch auf einzelne »Sinnesdaten« gestützten Weltverständnisses. Auch angesichts der vermeintlichen Basis der Erfahrung in solchen Daten bestätigt sich ein situativer Holismus. Er gründet hier im Leibapriori. Unser Leib ist nicht wie ein Apparat verfaßt, an dem Einzelteile isoliert voneinander zu bestimmten Funktionen dienen. Eine solche Beschreibung greift zu kurz, weil sie die synästhetische Gleichursprünglichkeit der Leiberfahrung konstitutiv unterbestimmen muß. Nehmen wir als Beispiel nur die leibliche Erfahrung von Honig; an einem Fichtenhonig fällt (1) optisch die goldbraune bis schwarze Farbe ins Auge; (2) haptisch das Fließend-Klebrige; ich schmecke eine spezifische klebrig-kräftige Süße (3); ich rieche den schweren Waldesduft bzw. ein an ihn erinnerndes Aroma (4); akustisch ließe sich (5) vielleicht von der Stille des Honigs sprechen, denn geräuschlos rinnt er vom Löffel in den Tee. Die leiblich-sinnliche Honigerfahrung läßt sich nur als Gesamt dieser Aspekte bestimmen.

Und auch hier qualifizieren sich die Aspekte wechselseitig, so daß z. B. die spezifische Farbe, die spezifische Bewegungsart und der Duft gemeinsam wiederum den eigentümlichen Geschmack mit ausmachen: der Honig schmeckt auch goldbraun, sieht auch still aus, etc. Bereits an der Basis der sinnlichen und leiblichen Erfahrungen stoßen wir daher auf Phänomene irreduzibler Ganzheit, angesichts derer es nicht möglich ist, einen Einzel-Aspekt abzutrennen und für den einzig wesentlichen zu erklären.

Wir können festhalten: *Konstitutionsanalysen dürfen nicht von einer grammatisch reduktionistischen Basis ausgehen.* Sie dürfen minimale interne Komplexitäten der aufgezeigten Art nicht überspringen oder hintergehen. Der grammatische Reduktionismus wirkt sich sonst auch in der Form eines reduktionistischen *Lebensbezugs* aus. ›Egozentrische‹ Verständnisse des Lebens, einseitig ›präsenzorientierte‹ Verständnisse unserer zeitlichen Orientierungen sind Beispiele für diese Auswirkung. Daß wir die Grundsituation nicht verlassen können, heißt mit Blick auf die Gleichursprünglichkeit: Wir können die minimale interne Komplexität überhaupt möglicher menschlicher Praxis nicht hintergehen. Vom Begriff einer vollen Konstitution und vollen Gliederung der menschlichen Grundsituation aus zeigt sich mithin bereits im Ansatz das kommunikative Wesen der menschlichen Welt und ihrer gleichursprünglichen Formen. Von diesem Verständnis aus lassen sich traditionelle ontologische und erkenntnistheoretische Vorstellungen von Subjekt und Praxis an ihrer noch jeweils grammatisch reduktionistischen Basis identifizieren, am folgenreichsten wahrscheinlich im Falle des Anfanges der Philosophie beim großgeschriebenen »Ich«. Statt eines monologischen ›transzendentalen Subjekts‹ der Erkenntnis gilt es, die Apriorität der kommunikativen Praxis der Menschen grammatisch und anthropologisch – bezogen auf Sprache *und* Leben – als konstitutiv für die primäre Welt auszuzeichnen. Es kann dann kein isoliertes Subjekt mehr geben und keine zu einem Objekt verdinglichte Welt, sondern die gemeinsame, kommunikativ verfaßte Praxis endlicher Wesen. Im folgenden wird weiter zu klären sein:

1. Wie verhalten sich Faktizität und Praxis in der Konstitution zueinander? Hier wird die systematische Konzeption eines zweifachen Ursprungs der primären Welt entwickelt.
2. Hat die Gleichursprünglichkeit grammatisch weiterreichende Konsequenzen, z. B. hinsichtlich der Verhältnisse und der Interdependenz deskriptiver und praktischer Sätze? Wenn die ganze Praxis jeweils bereits gegeben ist, läßt sie sich dann in »Sein« und »Sollen« aufspalten? Analysen zur Grammatik unserer praktischen Weltorientierung werden diesen Fragen nachgehen.

Im Blick zu behalten ist, ob nicht bestimmte Fragestellungen traditioneller Ethik an einer konstitutiven Unterbestimmung der menschlichen Praxis im erörterten Sinne kranken; ob sie nicht die minimale interne Komplexität unserer Einsichten und Selbstverständnisse verkennen.

§ 8 Der zweifache Ursprung der primären Welt

Im folgenden möchte ich – mit einigen Vorgriffen auf spätere Kapitel – die Frage nach den Voraussetzungen einer menschlichen Welt, die Frage: *Wie ist eine menschliche Welt überhaupt möglich?* weiter behandeln. Es geht mir dabei um eine grundlegende rationale Hermeneutik der ›Lebenswelt‹. Da dieses Wort mittlerweile inflationär verwendet und mit mancherlei Assoziationen verbunden wird, verwende ich statt seiner den systematischen Titel ›primäre Welt‹. Ich spreche auch von der ›Grundsituation‹ des Menschen. Von dieser primären Welt verlange ich sehr viel: Verstehen wir ihre Grundzüge und ›normativen Implikationen‹, so sind wir gegen das geschützt, was Habermas treffend die laufende ›*Kolonialisierung der Lebenswelt*‹ genannt hat. Diese Kolonialisierung – das heißt: das Wirksamwerden irrationaler Welt- und Selbstverständnisse und illusionärer Orientierungen – kann auf zwei grundsätzliche Weisen erfolgen: einmal durch eine metaphysische *Verdopplung* und Überhöhung der primären Welt durch eine Über- oder Hinterwelt, wir könnten auch von der illusionären Konstruktion einer *transzendenten* Welt sprechen, zum zweiten durch eine szientistische *Reduktion* der primären Welt und ihrer Erfahrungsmöglichkeiten. Im zweiten Falle können wir auch von einer Verdinglichung der primären Welt sprechen. Der Philosophie kommt die kritische Aufgabe der Destruktion beider Kolonisationsbewegungen zu. Und zu diesem Zweck muß sie die Grundzüge der primären Welt freilegen und analysieren. Wir können dieses Unternehmen auch eine ›kritische Hermeneutik der normativen Implikationen der Grundzüge der primären Welt‹ nennen. Historisch bin ich der Auffassung, daß genau dies das Wesen der rationalen Philosophie seit ihrem Entstehen ist.

Ich möchte zunächst die These vertreten, daß die Wissenschaften die Frage nach den Bedingungen der Möglichkeit der primären Welt *nicht* stellen können und nicht beantworten. Warum nicht? Als Antwort möchte ich der Partikularität der Wissenschaften die Einheit und Ganzheit (Totalität) der primären Welt gegenüberstellen. Diese Totalität ist lebensbezogen, und wir können sie uns nicht als theorieabhängig oder theoriegestützt denken. Es stimmt noch am ehesten, daß die Griechen im Kosmos des Aristoteles lebten, weil er den Grundzügen der primären Welt nachgezeichnet ist; dem entsprechend ist der aristotelische Erfahrungsbegriff dem Begriff der Erfahrungen, die wir in dieser Welt machen können, nah. Jedoch bereits die Kopernikanisch-galileische Welt entfernt sich von der primären; ihre grammatischen Regeln verschieben sich gegen die Sprache der primären Welt, wenn wir etwa den Satz »Jeden Morgen geht die Sonne auf« betrachten. In einer Welt, wie sie Newton beschrieb, ist von Kräften die Rede, die wir in der primären Welt nicht erfahren. Vollends befremdlich wäre es, für unsere Gegenwart zu behaupten, wir lebten »in Wirklichkeit« in der Minkowski-Welt oder im Einstein-deSitter-Universum, also in mathematischen Modellen des Kosmos. Im Falle der physikalischen Kosmologie leuchtet diese fundamentale Differenz der sich wandelnden wissenschaftlichen Konstruktionen und der dauernden menschlichen Grundsituationen deutlich ein. Wie aber steht es mit Wissenschaften, die sich mit dem Menschen selbst beschäftigen, etwa mit der Psychologie? Auch hier ist es so, daß wir uns bei der Lektüre der Schrift *Über die Seele* des Aristoteles weithin auf vertrautem Grund befinden. Er beschreibt hier im wesentlichen Züge der primären Welt. Wenn er Feststellungen trifft wie die, daß nur nach Verlust des Tastsinns ein Lebewesen sterben muß, weil ohne diesen Sinn die anderen Sinne nicht gebraucht werden können, so stellt er Sätze zusammen, die an der primären Welt ausgewiesen sind und die in diesem Beispiel auf die moderne philosophische Rede vom Leibapriori vorweisen: Ohne Leib geht es nicht. Schlagen wir nun Psychologen der Gegenwart auf, so stehen wir vor einem verwirrenden Anblick. Sollen wir sagen: »In Wirklichkeit« ist die menschliche Welt wie in der Lehre Freuds, oder Adlers, Jungs oder gar Lacans strukturiert? Hat sie Stockwerke, wie »Es«, »Ich«, »Überich«? Walten »Archetypen« in ihr? Wird sie durchherrscht von organisch bedingten »Minderwertigkeitskomplexen«? Oder ist sie vom »Unbewußten« oder von einem »Geburtstrauma« wesentlich geprägt? Hat in ihr ein alles spätere strukturierendes ursprüngliches »Spiegelstadium« stattgefunden? Nun, ich meine, wenn solche teils bereits massiv die primäre Welt kolonialisierenden Redeweisen überhaupt einen vernünftigen und intersubjektiven Sinn haben, dann nur, wenn wir über theorieexterne Rationalitätskriterien zu ihrer Beurteilung verfügen, und ihnen im Rahmen dieser Kriterien einen Sinn geben können. Das heißt: Ich möchte den Grundsatz formulieren:

Wenn sich eine praktisch lebensbedeutsame, – auch wissenschaftliche – Sprache von der Alltagssprache (der in der primären Welt gesprochenen Sprache) entfernt, muß unser kritischer Vorbehalt gegenüber ihrer Vernünftigkeit wach werden.

Man könnte auch sagen: *In dubio pro reo*, wobei der Angeklagte hier die primäre Welt ist. Dieser Grundsatz soll auch für die Redepraxis etwa der Theologie, und erst recht für die

Philosophie selbst gelten: *Primum vivere, deinde philoso-phari* (Seneca). Im Mittelalter hieß es: *Vita est actus pri-mus.*

In verstärktem Maße gilt der genannte Grundsatz dann für eine als technisches Verfügungswissen zur Praxis werdende Theorie. Darin drückt sich weder ein Rousseauismus aus, noch eine Feindschaft gegenüber der technisch fortgeschrittenen Zivilisation. Es drückt sich darin vielmehr eine *Wissenschaftsfreundschaft* aus. Freundschaften sollten von einer möglicherweise sogar schonungslosen Offenheit geprägt sein. Die Freundschaft zu den Wissenschaften kann hier für den Philosophen sehr weit gehen. Er muß sich gegen Tendenzen richten, in denen sich ein technisches und instrumentelles Welt- und Selbstverhältnis *an die Stelle* der primären Welt zu setzen trachtet und sich zu deren Fundament oder Basis erklären will. Hier gilt: *Techniken sind nie Orientierungen. Wir können Orientierungen nicht herstellen, sondern sind darauf angewiesen, sie gemeinsam im Gespräch zu finden. Diese Grundtatsache ist die Basis einer rationalen Kultur. Die Kultur wird daher tendenziell desto irrationaler (und damit Unkultur), je mehr sich im Zuge eines szientistischen und technokratischen Kategorienfehlers Techniken an die Stelle kommunikativer Praxis setzen.*

Stellen wir uns einen einzelnen Menschen vor, der alles das tut, bzw. zu tun versucht, was er *technisch* tun kann. Ich würde sagen, seine Identität als vernünftige Person zerfiele in kurzer Zeit. Das heißt: Die praktische Grundfrage: Wozu tun wir etwas? ist undispensierbar. Bereits der Einzelne lebt falsch, wenn er sich in lauter technische Großprojekte verstrickt. Er vergeudet dann seine Zeit. Angesichts des ständig eskalierenden Akkumulationsprozesses unübersichtlich werdender Wissensbestände und technischen Verfügungswissens muß also stets beurteilbar gehalten werden können, was im Sinne der praktischen Lebensorientierungen zu tun und zu lassen ist. Wir sind im Leben auf nicht partikulare praktische Einsichten unverzichtbar angewiesen. Unser Leben und unsere Praxis zerfallen ja nicht in Fächer, Disziplinen und theoretische Vergegenständlichungszusammenhänge; wir können sie nicht experimentell distanzieren. Während das menschliche Leben ohne weiteres vor- und außerwissenschaftlich (und mit bescheidenen Techniken) möglich war *und* weiterhin möglich ist, sind Wissenschaften jeglicher Art erst *in* dem Leben der Menschen überhaupt denkbar und möglich. Es bedeutet keinen ›Abschied von der okzidentalen Rationalität‹, wenn darauf hingewiesen wird. Denn diese europäische Vernunft ist nicht im mindesten reduzierbar auf die technische Rationalität. Sie ist *im Kern* und *im Wesen transtechnische*, kommunikative Rationalität. Deswegen kann sich das ›Weiter so!‹ der politischen Werbeplakate auch nicht auf das ›Immer mehr!‹ quantifizierbarer Steigerungsprozesse beziehen, sondern es muß sich auf die Mehrung transtechnischer kommunikativer Vernunft beziehen lassen. Daran wird auch die Politik praktisch kriterial zugänglich.

Ich möchte im folgenden einige wesentliche Grundzüge der primären Welt systematisch hervorheben. Die menschliche Welt und die ihr zugehörige Praxis, in der allererst Wissenschaften und Techniken möglich sind und sinnvoll oder unsinnig sein können, also die primäre Welt ist als umgreifender Horizont nicht wissenschaftlich (auch nicht metaphysisch) zu vergegenständlichen. Ich möchte dies die *These von der theoretischen (insbesondere szientistischen) Unrekonstruierbarkeit der primären Welt nennen. Sie gilt, weil Vergegenständlichungen immer nur eine lokale, begrenzte Reichweite haben. Wissenschaftlich konstituierte Erfahrung hat immer nur ein begrenztes Recht gegenüber der Lebenserfahrung in der primären Welt.* Illusionäre, transzendente Vorstellungen der primären Welt bzw. einer zusätzlichen Welt haben – lassen sie sich nicht sinnvoll in dieser Welt verstehen und auf sie zurückbeziehen – gar kein Recht.

Insbesondere die Grenzen überhaupt möglicher menschlicher Erfahrung lassen sich nicht auf dem Wege einzelwissenschaftlicher Forschungen bestimmen. Eine Analyse der primären Welt im Medium der philosophischen Reflexion jedoch hat diese Grenzbestimmung zu leisten: Indem sie Grundzüge der primären Welt aufweist, weist sie auch bereits jeweils Grenzen auf, die in ihr *nie* überschritten werden können. Da die primäre Welt Rationalitätskriterium ist, bedeutet dies: Irrationalität liegt stets da vor, wo diese Grenzen verletzt werden. Menschliches Leben vermag sich nur innerhalb der im folgenden aufgewiesenen, sinnkonstitutiven Grenzen zu vollziehen.

1. Die Welt selbst meint den umfassenden Horizont, in dem allererst Gegenstände der Erfahrung erscheinen können. Dieser Horizont kann weder ›subjektiv‹ – psychologisch, – noch ›objektiv‹ – physikalisch – vergegenständlicht werden. Wissenschaften als menschliche Handlungszusammenhänge entspringen der Vergegenständlichung des sie allererst ermöglichenden Horizonts. Ebenso zerbricht die Welt primär nicht in »Natur« und »Geist«: Der uns umgreifende Horizont aus Erde, Wasser, Luft und Licht ist keine »auch noch« zu unserem Leben hinzukommende, ihm äußerliche Hülle – was etwa mit der Rede von einer »Umwelt« suggeriert wird. Unsere primäre Welt hat eben nicht noch eine solche Um-Welt, sondern sie ist nur *eine* Welt. Auch die Rede von der »Natur« ist ungeklärt. Ich meine im übrigen, daß die griechische und altorientalische Rede von einem *Kosmos* bzw. von einer *Schöpfungsordnung* entgegen bestimmten szientistischen Konzeptionen rational interpretierbar ist, insoweit sie auf die vorgängige Einheit der primären Welt zurückbeziehbar ist.

2. Die primäre Welt ist gleichursprünglich mit dem menschlichen Leben. ›Gleichursprünglich‹ besagt: ›Welt‹ und ›menschliches Leben‹ sind nie ohne einander möglich, und gleichermaßen ist eine Reduktion des einen auf das andere unmöglich. Das menschliche Leben in der primären Welt bestimme ich als *praktischen Sinnentwurf mit Richtung auf Erfüllungsgestalten.* Diese Erfüllungsgestalten sind wesentlich kommunikativ. Die Modi der Kommunikation sind vielgestaltig: z. B. sexuell (erotisch), ästhetisch, politisch, religiös – um nur auf große Gruppen von solchen Modi hinzuweisen. Das Wesentliche ist, daß jede wissenschaftliche Bestimmung des Menschen unterbestimmt ist, die nicht bereits dessen Wesen als Sinnentwurf mit kommunikativer

Erfüllungsrichtung voraussetzt. Wir können dies die *transzendental-anthropologische Basis der Verdinglichungskritik* nennen. Wissenschaften sind jeweils nur einzelne, partikulare, lokale Sinnentwürfe. Sie müssen zurückgebunden bleiben an die Sinnentwürfe der gemeinsamen Primärwelt.

3. Mit der Bestimmung des Lebens der Menschen verbindet sich bereits, daß die primäre Welt ihrem Wesen gemäß *kommunikativ verfaßt* ist. Sie ist eine Sprachwelt. Die Sprache, in und mit der wir leben, ist ebenfalls nicht zu vergegenständlichen. Sie ist kein Ding – so wie auch die Welt und das Leben keine Dinge sind –, sondern gehört zum umgreifenden Sinnhorizont der primären Welt. Die Möglichkeiten, die die Sprache erschließt, eröffnen insbesondere die Möglichkeit der Selbstbezüglichkeit praktischer Sinnentwürfe, so daß das menschliche Leben als kommunikativ verfaßtes praktisches Selbstverhältnis gekennzeichnet werden kann.

4. Die ursprünglichen Züge der primären Welttotalität, der selbstreflexiven praktischen Sinnentwürfe mit ihren Erfüllungsrichtungen und des kommunikativen Wesens unserer Grundsituation zeigen bereits, daß diese eine primär intersubjektive (interpersonale, interexistentielle) Situation ist. Wir können dies so formulieren, daß die Anderen, die Mitmenschen zu den Voraussetzungen unserer selbst gehören. Monologisch-subjektzentrierte Modi der Reflexion der Praxis sind mithin illusionär. Sie sind nur Orientierungs*fiktionen*. Wir sind *uns selbst nur* über die Anderen und die gemeinsame Sprache und Praxis zugänglich.

5. Gemeinsame Sprache und Praxis ermöglichen die Subjektivität eines menschlichen Lebens in der primären Welt. Sie ist letztlich ebensowenig hintergehbar wie die übrigen Formen der primären Welt. Die in den Wissenschaften vorgenommene theoretische Distanzierung der Subjektivität muß daher methodisch bewußt gehalten und darf nicht übersprungen werden. Die *Abblendung bestimmter wesentlicher Aspekte der lebensweltlichen Totalität ist selbst eine menschliche Leistung, zu sehen und zu beurteilen einzig und allein im Kontext praktischer Sinnentwürfe. Eine Umkehrung* dieser Konstitutionsverhältnisse, so daß die primäre Welt *aus*

den partikularen wissenschaftlichen Entwürfen abgeleitet, erklärt oder allererst verstanden werden könnte und zugänglich würde, ist methodisch unmöglich und eine Illusion.

6. Die primäre Welt weist fundamentale räumlich-zeitliche Gliederungen auf. Sie ist geprägt durch eine lebensbezogene, praktische Orientierungsräumlichkeit und -zeitlichkeit. Diese existentielle Raum-Zeit ist konstituiert auf der primären Leiblichkeit. Von unserem Leib aus erscheint die räumliche Gliederung der primären Welt. Die existentielle Zeit ist die Zeit unseres einmaligen Lebens. Die Raum-Zeit unseres einmaligen leiblichen Lebens ist *praktisch unhintergehbar*. Jede überhaupt mögliche menschliche Handlung ist endlich verfaßt und leiblich getragen und vermittelt.

Aus den genannten Grundzügen können wir nicht aussteigen. Insbesondere akzentuiere ich noch einmal eigens die *Endlichkeit* und die *naturale Getragenheit* einer menschlichen Welt. Die Endlichkeit prägt die gesamte primäre Welt. Die lebensbezogene Orientierungszeit jedes menschlichen Lebens gliedert sich bereits von selbst in Geburt, Kindheit, Jugend, Erwachsensein, Altern und Sterben. Aber auch jeder überhaupt mögliche menschliche Sinnentwurf ist konstitutiv endlich. Eine sinnvolle menschliche Praxis ist daher bereits von ihrer vorgängigen Verfassung her an ihre endlichen Bedingungen zurückzubinden und darf nicht in illusionäre Verunendlichungsanstrengungen theoretisch und technisch abgleiten. Keineswegs gelten die Züge der primären Welt nämlich lediglich für Individuen, also in einem privat verstandenen existentiellen Bereich: Sie gelten auch im sogenannten Makro-Bereich. Die Dissoziation eines »Makro-Bereiches« von einem »Mikro-Bereich«, der die primäre Welt in technokratische Gewalt- und Herrschaftsillusionen und privatistische Irrationalität auseinanderreißt, kann als ein epochaler praktischer Kategorienfehler erscheinen, vergleichbar dem cartesischen Zerreißen der primären Welt in *res cogitans* und *res extensa*, und ist wahrscheinlich eng mit diesem geschichtlich verbunden. Es muß gefragt werden, was die unüberwindliche Begrenztheit und konstitutive innere Endlichkeit aller praktischen Entwürfe, die überhaupt den Menschen möglich sind, für Wissenschaft, Kultur und Zivilisation *politisch* eigentlich bedeuten.

Das gilt gleichermaßen für die naturale Getragenheit der primären Welt. Die Welt besteht nicht additiv aus Subjekten mit einer natürlichen Schutzhülle Umwelt. Sondern die primäre Welt ist bereits immer eine Welt mit ihrem natürlichen und sie tragenden, umgreifenden Horizont. *Die existentielle Leiblichkeit ist die Mitte der primären Welt, in der deren naturaler Grund und deren kommunikatives Wesen sich vereinen und durchdringen.* Dieses ursprüngliche Durchdringungsgeschehen liegt allen menschlichen Möglichkeiten voraus. In der primären Welt sind unsere *Lebenserfahrungen* ermöglicht. Diese sind kein Zurkenntnisnehmen von distanzierbaren Daten, Fakten oder isolierten Sachverhalten. Vielmehr erschließt sich in ihnen vor jeder wissenschaftlichen Erfahrung unsere faktische Grundsituation, die uns mit ihren Zügen auch die überhaupt möglichen Bahnen für die uns eröffneten praktischen Sinnentwürfe vorzeichnet. Entscheidend ist, daß es nur *eine* primäre Welt gibt, die wir faktisch nicht hintergehen und verlassen können. Ihre Grundzüge bilden eine gleichursprüngliche Totalität, in welcher sie sich wechselseitig ermöglichen, qualifizieren und tragen.

Ich möchte nun den entscheidenden Schritt von einer *Hermeneutik der faktischen Grundsituation* zu einer *Hermeneutik der praktischen Grundsituation* tun und damit die weiteren Analysen dieser Untersuchung vorbereiten. Vorwissenschaftliche Erfahrung ist nicht nur *faktisch* durch die aufgewiesenen Grundzüge konstituiert und erhält lediglich den Status eines strukturellen Rahmens unseres Lebens. Sondern in der primären Welt verschränkt sich die *transzendentale Faktizität* mit der gleichermaßen *konstitutiven Spontaneität*, ja ich möchte sagen: erfahrungs-, lebens- und gesellschaftsermöglichenden *Kreativität*. Einerseits müssen wir als Menschen praktische Sinnentwürfe je und je vollziehen. Andererseits weisen sie gerade mit diesem Notwendigkeitscharakter in den Bereich eröffneter Möglichkeiten und damit in einen Raum menschlicher *Freiheit*. Diese Offenheit verbindet sich mit der konstatierten Erfüllungstendenz praktischer Entwürfe. Denn die Rede von der Erfüllungsrichtung besagt: Die primäre Welt darf nicht als krude, sinnfreie (oder gar sinnlose) Faktizität begriffen werden. Sie muß als praktische Grundsituation mit all ihren normativen Implikationen nicht-reduktionistisch in den Blick genommen werden. Die *eine*, unteilbare menschliche Welt konstituiert ebenfalls die praktischen Grundzüge und Möglichkeiten des Menschen.

Hier ist es nun entscheidend, daß die primäre Welt in praktischer Hinsicht stets den Charakter der *singulären Totalität* aufweist. Dieser Charakter der einmaligen Ganzheit ist gleichsam das Antlitz des Lebens, in dem wir uns wiedererkennen können. Nach dem Satz des Cusanus *Totum relucet in omnibus* gilt dies sowohl für das Ganze der Welt wie auch für jedes einzelne menschliche Leben. Aus der Einmaligkeit entspringen die ethischen, ästhetischen und religiösen *Sinn-Entwurfmöglichkeiten* der primären Welt. Auch hier besteht eine charakteristische, konstitutive Differenz zwischen den Erfahrungen, die wir in dieser Welt machen können, und denjenigen Erfahrungen, die wissenschaftlich möglich sind. Denn in der Naturwissenschaft verlassen wir die einmalige Totalität und begeben uns in die anonyme szientifische Intersubjektivität. Ihre Forschungen und Ergebnisse sind neutral gegenüber den qualitativen Grundzügen der primären Welt. An die Stelle der Einmaligkeit tritt die technisch mögliche Reproduzierbarkeit. Ein Kernkraftwerk kann überall auf der Welt errichtet werden. Die qualitativen Gestalten des Lebens jedoch, z. B. dichterische und musikalische Formen oder religiöse Riten, sind zunächst einmal der Ubiquität entzogen. Die technische Verfügbarmachung der Kultur durch die Industrie läßt die Autonomie der primären Welt daher nicht unbeschädigt zurück. Die tief das Leben in der primären Welt verändernden technischen Möglichkeiten verletzen Züge der singulären Totalität durch die Steigerung der Reproduktionsmöglichkeiten. Die Einzigartigkeit des Lebens – wesentlicher Zug der primären Welt und mithin auch konstitutiv für ein rationales Welt- und Selbstverständnis – droht als Erfahrung nivelliert und zugedeckt zu werden. Dies ist von politischer Bedeutung.

Eine ähnliche Verschiebung der existentiellen Qualität in Richtung auf verdinglichte, entfremdete Quantität ergibt sich, wenn die in der primären Welt unverzichtbare Angewiesenheit auf Beurteilungskriterien im Lichte eines vernünftigen Lebensverständnisses zugedeckt wird durch den irrationalen Schein der Steigerung von Informationen und Daten. Die primäre Welt ist als einmalige Ganzheit, als praktische *Totalität* allein richtig begriffen. Die Erosion vernünftiger Lebensverständnisse setzt ein, wenn die Praxis als Ansammlung und Bündel von Fakten betrachtet und somit ihrer wesentlichen Dimension entkleidet und beraubt wird. Ein rationaler Universalismus der primären Welt muß sich daher gegen jegliche Verkehrung der Konstitutionsverhältnisse richten, die in diesem Sinne praktisch wirksam wird. Fundamentale Möglichkeitsbedingungen einer menschlichen Welt sind das Begreifen sowohl der *singulären Totalität* des Lebens als auch der *konstitutiven Sponaneität* des Menschen, das heißt seines Wesens als *praktischer Sinnentwurf*. Für die praktische Konstitution der primären Welt sind Akte kommunikativer Freiheit unverzichtbar.

Die politischen, ethischen, ästhetischen und religiösen Entwürfe der Menschen sind zentrale Möglichkeiten des Lebens in der primären Welt. Sie sind vernünftig nur dann begriffen, wenn ihre *Richtung auf kommunikative Erfüllungsgestalten hin* beachtet wird. Allein so tritt das Leben in seiner unreduzierbaren einmaligen Ganzheit in den Blick der philosophischen Reflexion. Ich möchte diese Grundtatsache die *existentiell politische Verfassung* der primären Welt nennen. Auch sie ist etwa in der Philosophie des Aristoteles selbstverständliche Grundlage des vernünftigen Nachdenkens. Die wissenschaftliche Steigerung des Herrschafts- und Verfügungswissens ist gegenüber der existentiell-politischen, praktischen Richtung des Lebens auf kommunikative Erfüllungsgestalten eben dieser Praxis jederzeit zweitrangig, wenn man von der kruden Tatsache des Primats des Fressens vor der Moral keinen zynischen und mithin irrationalen Gebrauch machen will.

Was ist das Wesen der kommunikativen Erfüllungsgestalten

der Praxis in der primären Welt? Der Fortgang unserer Untersuchung wird zu zeigen versuchen: Sie sind im wesentlichen nicht-instrumenteller, gewaltloser Art. Gewaltlose, nicht-instrumentelle Welt- und Selbstverhältnisse ermöglichen sie. Anders formuliert: *Die primäre Welt wird getragen von gewaltlosen, nicht-instrumentellen Verhältnissen zwischen den Menschen.* Zu dieser Einsicht gelangen wir nicht unmittelbar über die Wissenschaften, aber jederzeit durch unsere Lebenserfahrungen. Die hier wesentlichen *Erfahrungen kommunikativer Solidarität* sind in Wahrheit diejenigen nicht weiter reduzierbaren und durch keine Theorie hintergehbaren Grundzüge des Lebens, an denen – um eine Formulierung Ludwig Wittgensteins wieder aufzugreifen – sich alle Spaten zurückbiegen müssen. Die Voraussetzungen der primären Welt zerlegen sich in der Analyse in eine Vielgestalt von Modi, die wir gewohnt sind, mit Disziplintiteln wie »Ethik«, »Ästhetik« oder auch mit dem Wort »Religion« zu indizieren. Ich möchte abschließend grundlegende Modi der nicht-wissenschaftlichen Erfahrung auf diesem Hintergrund aufweisen. Neben den faktischen Zügen der Grundsituation, und keineswegs isoliert von ihnen, lassen sich praktische Lebensformen präzise benennen, in denen die primäre Welt ihr kommunikatives und nicht-instrumentelles Wesen enthüllt. Diese Lebensformen sind unlöslich verbunden mit der menschlichen Spontaneität und Kreativität. Gleichermaßen sind sie undenkbar ohne die praktische Einsicht in die *endlichen Verhältnisse* in der primären Welt.

Der zweifache Ursprung der primären Welt, nämlich einerseits der Rahmen der faktischen Grundsituation mit ihren Zügen, andererseits das Potential der in dieser Situation möglichen Spontaneität des Lebens und des Sprachgebrauchs, dieser Ursprung ist als Einheit begriffen in der Rede von der endlichen Freiheit der Menschen. Wiederum ist es nötig, verdinglichende Vorverständnisse dieser Rede bereits kritisch auszuschließen. Die endliche Freiheit findet sich vor in den konkreten, gemeinsamen Lebenssituationen. Ihre Grundstruktur ist der Sinnentwurf mit Erfüllungstendenz. Die Modi der Erfüllung sind kommunikativ: Sie werden sich als kommunikative Interexistentiale präzisieren lassen und sind das praktische Gegenteil einer wissenschaftlichen Objektivierung von Gegenständen ohne Einbezug der für die primäre Welt wesenskonstitutiven kommunikativen Solidarität.

Am medizinischen Handeln kann deutlich werden, wie die instrumentelle und kommunikativ-solidarische Ebene der Grundsituation ineinanderverwoben sind. Natürlich muß die Ärztin mein Auge »objektivieren«, um es zu behandeln, und kann mich dabei nicht freundlich anschauen, anlächeln etc. Aber es ist evident, daß die technische Praxis, hier die Behandlung eines erkrankten Auges, umgriffen ist von der nicht-instrumentellen, kommunikativ-solidarischen Praxis. Distanziert mich gegebenenfalls eine medizinische Behandlung ganz und gar zu einem Objekt, so daß ich lediglich noch Bestandteil einer komplizierten Apparatur bin, dann ist tendenziell auch die Dimension der kommunikativen Gemeinsamkeit verlassen. Die Orientierung an quantitativen Steigerungsprozessen, in diesem Falle an der bloßen Verlängerung des physischen Lebens um jeden Preis, ist eine irrationale Orientierung. Das Individuum ist nicht ein isolierbares Subjekt, welches ebenso auch zum bloßen Objekt verdinglicht werden kann, sondern es ist *selbst die ganze jeweilige Situation*, auf der existentiellen wie auf der politischen Ebene. Und hier sind zentral und sinnkonstitutiv die jeweiligen *Erfüllungsgestalten* der situativen Totalität. Wenn die primären praktischen Sinnentwürfe unlöslich verbunden sind mit ihren möglichen Erfüllungen, dann dürfen wir grundsätzlich kein reduktionistisches Situationsverständnis etablieren und praktisch werden lassen, in welchem unsere Lebenssituationen auf pure Faktizität beschränkt werden. Der von mir vertretene rationale Universalismus der primären Welt erhebt Einspruch sowohl gegen ein Zerreißen dieser Welttotalität in »Natur« und »Geist«, einzelne »Subjekte« und »Objekte« wie auch gegen eine Aufspaltung in krude Faktizität und Normativität in der Gestalt von »Werten«, »Idealen« und »Sinn«, welche zu dieser Faktizität gleichsam noch additiv hinzuträten. Das Leben zerfällt nicht so in »Sein«

und »Sollen«. Es bildet recht verstanden eine praktische Totalität aus Sinnentwürfen und deren kommunikativen Erfüllungsgestalten.

Eine monologisch-subjektzentrierte und bewußtseinsphilosophische Grundstellung läßt übersehen, daß irreduzibel
und basal *die ganzen* praktisch-totalen Lebenssituationen
sind, wie sie uns in ihrer naturalen Getragenheit und leib-
apriorischen Verfassung sinnlich-konkret vertraut sind, *und
ineins* bereits immer schon strukturiert sind durch die Sinnentwürfe mit den Modi kommunikativer Erfüllungen, Verzerrungen und Verfehlungen. So sind Faktizität und Spontaneität ineinander verschränkt. Ich bin der Überzeugung,
daß eine radikale Überwindung des Cartesianismus in ihren
Konsequenzen für eine rationale *praktische* Philosophie bisher noch nicht durchdacht und vollzogen wurde. Eine phi-
losophiegeschichtliche »Erklärung« für diesen Tatbestand
könnte sein, daß wichtige Kritiker des verdinglichenden ontologischen Dualismus, welcher die abendländische Philosophie und auch Kultur prägt, nämlich Heidegger und Wittgenstein, der eine in der Form einer transzendental-anthropologischen Destruktion der Ontologie, der andere in der
Form einer Sprachkritik und Destruktion einer »Vorhandenheitssemantik«, daß diese beiden Denker ethisch und
politisch wenig explizit sind, sehen wir von Heideggers fa-
talem Engagement ab.

Was die Verdinglichungskritik Heideggers wie auch Wittgensteins in praktischer Hinsicht bedeutet, läßt sich so
sagen: *Nicht die Partikularität der divergierenden und kulturell dissoziierten Lebenswelten wird in einer umgreifenden
wissenschaftlichen Rationalität in eine szientifische kommunikative Universalität* (etwa in der Gestalt einer »unendlichen Forschungsgemeinschaft«, einer szientistischen *Una
sancta catholica) aufgehoben und überwunden, sondern es ist
genau umgekehrt: Die divergierenden und partikularen Entwürfe der »Natur«wissenschaften werden erst sinnvoll
verstehbar und beurteilbar (kriterial zugänglich), wenn sie
auf die sie allererst ermöglichende transzendentale Konstitution der lebenweltlichen Praxis und auf die Erfahrungen der*

primären Welt zurückbezogen werden können. Das wird nicht anders durch die Tatsache, daß technische Handlungszusammenhänge (ich spreche nicht mehr von technischer ›Rationalität‹) allüberall reproduzierbar sind. Und weiter: Die praktische Horizontkonstitution wird nicht von den Naturwissenschaften geleistet. Keine Anlage der *big science* gibt von sich aus Auskunft über ihren Sinn, das heißt darüber, ob sie tatsächlich zur Mehrung transtechnischer kommunikativer Rationalität etwas beiträgt. Die Wissenschaften ersetzen daher niemals die sogenannten »traditionellen« religiösen, philosophischen und politischen, auf das Ganze des Lebens in seiner Einmaligkeit bezogenen Orientierungen. Der Ort, die Stätte des Lebens, bleibt immer die primäre Welt. Sie ist auch die Stätte der Vernunft, die mit Kant bleibend von Sinnlichkeit und Verstand zu unterscheiden ist.

§ 9 Der praktische Sinnentwurf

Faktizität und Spontaneität (Kant), Geworfenheit und Entwurf (Heidegger), faktische und praktische Grundsituation ermöglichen in ihrem Zusammenspiel die Wirklichkeit der menschlichen Welt. Ich möchte im folgenden die Rede von den praktischen Sinnentwürfen, wie sie bereits im vorangegangenen Kapitel verwendet und als ›transzendental-anthropologische Basis der Verdinglichungskritik‹ bezeichnet wurde, erläutern und systematisch präzisieren, und zwar als die entscheidende *Grundform menschlicher Weltorientierung*.
Entgegen bestimmten Analysen im Bereich der Handlungstheorien läßt sich das pragmatische Fundament einer menschlichen Welt nicht so rekonstruieren, als zerfiele es in einzelne, voneinander isolierte Vollzüge. Alles Handeln geschieht vielmehr in einem situativen Sinnhorizont. Dieser Horizont ist dem Handeln nicht äußerlich, gleichsam wie eine es umkleidende Hülle, sondern gehört *als jeweilige Erfüllungsrichtung* zum Handeln untrennbar dazu. Betrachten wir als Beispiel eine Fotografie: Kinder spielen am Meer mit

einem Ball. Wir verstehen die Szene in ihrer momentanen
›Erstarrung‹ nur dann, wenn wir sie ›nach hinten‹ in ihre
Vergangenheit und ›nach vorne‹ in ihre Zukunft prinzipiell
verlängern, das heißt ergänzen können. Das eine Kind hat
gerade den Ball geworfen, das andere *will ihn jetzt* fangen.
Was sich hier zeigt, ist der minimale qualitative Holismus
primärer Sinnsituationen: Situationen in der menschlichen
Welt erscheinen im Horizont ihrer Erfüllungsgestalten und
werden nur in einem solchen Horizont überhaupt verstehbar, und dies gilt bereits für eine sehr elementare Ebene. Die
Fotografie stellt eine Bewegung des Lebens künstlich still.
Da uns die Situationsaspekte bekannt sind, können wir diesen Stillstand nach ›früher‹ und ›später‹ in Bewegung setzen.
Wir vermögen die Situation zur Sinneinheit zu ergänzen, wir
können antizipieren, wie der Ball gefangen wird, wie eine
Welle über einem Kind zusammenschlägt, wie ein Kind nach
hinten ins Wasser fällt etc. Stets haben wir es mit minimalen
Ganzheiten einer überhaupt möglichen menschlichen Welt
zu tun.
Auch die *Sätze* unserer Sprache zeigen diese minimale und
irreduzible Komplexität. Jemand sagt zu mir: »Komm bitte
her, ich muß dir unbedingt etwas Wichtiges sagen!«. In der
gegenwärtigen Verständigungssituation hat der Satz seinen
verständlichen Gebrauch, indem er sich sowohl auf die voraufgehende, noch jetzt bestehende Situation (ich bin noch
nicht bei dem Sprechenden) als auch auf zukünftige Orientierungsmöglichkeiten und -erfordernisse (ich soll etwas
Wichtiges erfahren) bezieht. *Ganze* Sätze in *ganzen* Sinnsituationen erweisen sich als die grundlegenden Einheiten
unserer Orientierung. Ebenso steht es mit nicht-sprachlichen menschlichen Sinnentwürfen, etwa mit Melodien, die
wir als ein *Ganzes* mit Anfang, Verlauf und Ende (z. B.
durch Kadenzieren) erfahren.
Auch die Spuren vergangenen Lebens bezeugen diesen minimalen Sinnholismus der Verstehensbedingungen. Ein Papyrusfragment im Wüstensand oder eine Tonscherbe mit
Versteilen der Sappho verlangen nach der Ergänzungspraxis
der Archäologen und Philologen ebenso wie die steinernen

Überreste einer Tempelanlage. Wir müssen auch hier bereits ganze Sinnentwürfe *unterstellen*, um eine Rekonstruktion überhaupt beginnen zu können: Ganze gegenwärtige Sinnentwürfe erschließen und verstehen ganze vergangene Sinnentwürfe. *Unterhalb minimaler ganzer Sinnentwürfe mit ihren Erfüllungsgestalten beginnt weder die primäre Welt, noch können einzelne menschliche Vollzüge unterhalb oder außerhalb dieser Komplexitätsstufe angesetzt und begriffen werden.* Der Grundsatz: »Wir können die primäre Welt nicht verlassen« präzisiert sich so zu einem *hermeneutischen Holismus der Sinnentwürfe und Erfüllungsgestalten.* Hinter sie gelangen wir nicht zurück. Außerhalb ihrer können wir weder ein Ereignis der Geschichte noch ein Ereignis unserer eigenen Biographie verstehen. Sie bilden in Richtung der ›Mikro-Ebene‹ menschlicher Orientierungen eine minimale Grenzgestalt möglichen verstehbaren Sinnes. Die Konstitutionsverhältnisse der primären Welt bestätigen auf diese Weise die klassische Feststellung, das Chaos sei nicht vorstellbar. Kants Formulierung, »Es gibt überall keine Regellosigkeit«, kann im Blick auf die Einheit von Sinnentwurf und Erfüllungsgestalt wiederholt werden. Bezeichnen wir (als zusätzlichen terminologischen Vorschlag) diese Einheit als ganze Sinngestalt, so können wir feststellen: *Stets zeigen sich in der primären Welt elementare Sinngestalten minimaler Komplexität.* Und: *Gerade aufgrund* dieser Minimalbedingung der Sinnkonstitution vermögen sich neben gelungenen Gestalten insbesondere auch *verzerrte* und *beschädigte* Gestalten zu zeigen.

Präzisieren wir die konstitutive Struktur der Sinngestalten der primären Welt, der Einheit von Sinnentwurf und Erfüllung. Wenn wir das Leben nicht metaphysisch über- noch szientistisch unterbestimmen, sondern es dort aufsuchen, wo es stattfindet, dann wird unüberbietbar deutlich: Ohne ein Verständnis der Menschen als auf Erfüllung ihrer praktischen Sinnentwürfe angelegte Wesen muß uns ein Verständnis ihrer Praxis und ihres Lebens *notwendig* verschlossen bleiben. Vergegenwärtigen wir uns menschliche Lebenssituationen:

- ein gemeinsamer Einkauf von Lebensmitteln
- ein gemeinsames Essen
- ein Verkehrsunfall; die am Unfall Beteiligten, die ›Schaulustigen‹, der eintreffende Krankenwagen, die Polizeibeamten
- die Situation einer universitären Vorlesung
- der Trost eines Trauernden, das Gespräch mit ihm
- eine ernsthafte Diskussion
- die Suche nach einem irgendwo verlegten Gegenstand
- eine Streitsituation
- eine Situation der Peinlichkeit und des betretenen Schweigens
- jemand straft einen anderen mit stummer Verachtung
- ich erkundige mich nach dem Weg (»Wo geht es zum Sommerberg?«)
- »Bitte bring mir morgen den Aufsatz über Augustinus mit.«

Szenen des Lebens sowie Sätze in Lebenssituationen sind verstehbar aufgrund der primären Einheit von Sinnentwürfen und ihren Erfüllungsgestalten. Zunächst ist deutlich:

1. Wir können nicht redend und handelnd die jeweilige Gegenwart verlassen, sondern befinden uns stets in gegenwärtigen Orientierungssituationen: beim Einkaufen, beim Essen, in der Vorlesung, auf der Suche, im Streit, in Situationen z. B. der Peinlichkeit, des Verlangens nach Auskunft oder des Bittens.

2. Wir können uns jedoch keine gegenwärtige Orientierungssituation ohne ihre Vorgeschichte denken. Ohne eine solche Qualifikation durch eine Vergangenheit überhaupt ist sie nicht möglich. Vor dem Einkauf wurde ein Einkaufszettel geschrieben; vor dem Essen wurde gekocht; der Unfall durchkreuzte die Wege und Absichten der Beteiligten; die Vorlesung wurde vorbereitet; der Trauernde hat Grund zur Traurigkeit; es ergab sich ein Problem, das zur Diskussion Anlaß gab; Schlüssel oder Brille wurden erst verloren, zuvor hatte man sie noch; der Streit brach aus, weil . . .; Peinlichkeit und betretenes

Schweigen stellten sich ein, denn . . .; etc. Gegenwärtige Sinnentwürfe sind durch vergangene Situationen und die zu ihnen führenden Sinnentwürfe stets qualifiziert.

3. Wir können uns nicht redend und handelnd in der jeweiligen Situation orientieren, ohne bereits über diese hinaus bestimmte zukünftige (und auf zukünftige Situationen gerichtete) Orientierungen zu entwickeln und entwickelt zu haben.

Einem linear vorgestellten ›Nacheinander‹ von Orientierungen geht mithin ein sich wechselseitig qualifizierendes ›Ineinander‹ der hier genannten Aspekte der Orientierungszeit der menschlichen Sinnentwürfe voraus. Die jeweiligen Sinngestalten der menschlichen Praxis bestehen nicht ›additiv‹ aus aufeinanderfolgenden Teilen, sondern sind ermöglicht durch die qualitative Beziehung von Sinnentwurf und Erfüllung in wiederum bereits sinnhaft qualifizierten ganzen Situationen.

Ich möchte im folgenden feststellen, daß die primären Sinnentwürfe zu Recht *praktisch* zu nennen sind, und erläutern, warum dies so ist. Eine transzendentale Anthropologie mit Blick auf die Konstitution der Moralität muß an diesem Punkt so einsetzen: Die Rede von bloßen ›Entwürfen‹ bzw. vom ›Entwurfcharakter des Daseins‹ (so vornehmlich in der Existentialanalyse Heideggers und in der existentialistischen Ontologie Sartres) ist zu unbestimmt und zu leer, um das spezifische Konstituens einer menschlichen Lebenssituation und auch des ganzen Lebens in einer menschlichen Welt präzise zu fassen. Ebenso noch äußerlich und zu neutral scheint mir hier eine indifferente Rede von ›Intentionen‹, ›Absichten‹ und mit ihnen verbundenen ›Handlungen‹ zu sein. Denn, und dies ist die entscheidende Feststellung, *den bloß technischen und lediglich instrumentellen Vollzügen gehen die menschlichen Sinnentwürfe, sie ermöglichend, praktisch voraus.* Das Einkaufen und auch das Essen haben ihren Ort in einem umfassenderen Lebenszusammenhang. Der Unfall ist als solcher hinderlich und ärgerlich, weil er als technische Panne umfassendere *Sinnentwürfe* stört und vereitelt. Der Schlüssel soll wiedergefunden werden, nicht, weil ich sehen will, ob er funktioniert, sondern weil ich zu einem Freund will und dazu mein Auto benutze. Der Streit ist mit Argumenten auf beiden Seiten durchsetzt; sie werden zwar im Zorn beigebracht, aber die suggestiven und rhetorischen Elemente sind umgriffen vom Sinnentwurf, dem anderen einmal und unverblümt die – berechtigte – Meinung zu sagen. Wir sehen: Praktische Sinnentwürfe umgreifen und tragen instrumentelle Handlungen, sie gehen technischen Orientierungen konstitutiv voraus und ermöglichen so auch allererst Strategien. Der Grenzfall, daß strategische und instrumentelle Welt- und Selbstverhältnisse als ganze Weltsichten sich *an die Stelle* von praktischen Sinnentwürfen setzen, ist damit nicht ausgeschlossen, sondern wird so erst sicht- und beurteilbar.

Fingieren wir eine Lebenssituation, in der der praktische Horizont plötzlich wegbricht und mithin von unserem gegenwärtigen Sinnentwurf nur noch ein instrumenteller Restbestand verbleibt: Ich finde mich z. B. mit einer Schere in der Hand vor, mir fällt aber nicht mehr ein, was ich mit ihr wollte, welchen Zeitungsartikel ich ausschneiden wollte. Die instrumentelle Ebene selbst verliert dann umgehend ihren *Sinn*. Ich halte die Schere lediglich noch in meiner Hand. Ich finde mich ebenso mit einem Bleistift in der Hand ratlos vor, wenn mir entfallen ist, welchen Einfall ich mir unbedingt notieren wollte. Wenn die sinnkonstitutive Praxis wegfällt, dann werden die Techniken ihrerseits *als Techniken* sinnlos. So sind uns auch große Anlagen wie Stonehenge oder die Figuren der Osterinseln nur dann verständlich, wenn wir die sinnkonstitutive Praxis – kurz: die praktischen Sinnentwürfe – kennen, zu der sie gehören. Techniken sind ohne ihre praktischen Sinnentwürfe, die ihnen konstitutiv vorausgehen, buchstäblich sinnlos und können von selbst keine Orientierung geben. Das gemeinsame Leben in einer Welt ist nur möglich, wenn dieser Primat der praktischen Sinnentwürfe vor instrumentellen Umgangs- und Zugangsweisen gegeben ist. Das sagt noch nichts über die *Güte* dieser Sinnentwürfe selbst. Jedenfalls müssen sie trans-technisch und nicht-instrumentell aufgefaßt werden. Das Herstellen von Geräten, das Konstruieren von Maschinen, die technische Erweiterung unserer Handlungsmöglichkeiten, das Verwenden von Gebrauchsdingen – diese technischen Vollzüge erhalten allererst im umgreifenden und sie tragenden Kontext der praktischen Sinnentwürfe ihren verständlichen Sitz. Bloß instrumentelle Vollzüge können demgemäß nicht – für sich allein – weltkonstitutiv fungieren, ohne ihrerseits bereits praktisch konstituiert zu sein. Das bedeutet auch, daß die primäre Welt *nicht* dualistisch oder dichotomisch in Techniken einerseits, Praktiken andererseits zerfällt, sondern daß die praktischen Sinnentwürfe die Techniken sowohl tragen als auch jeweils neu ermöglichen.

Ein zweites strukturelles Konstituens der praktischen Sinnentwürfe läßt sich als ihre *Untrennbarkeit* von den jeweiligen Erfüllungsgestalten bezeichnen. *Die klassische Grundfrage: »Wie gelangen wir vom ›Sein‹ zum ›Sollen‹?« ist in den Vollzügen des Lebens zunächst immer schon beantwortet: Die Einheit von Sinnentwürfen und ihren spezifischen Erfüllungsgestalten ist das ursprüngliche, in der Praxis des gemeinsamen Lebens durch keine Skepsis zu hintergehende Konstituens.* Was in der klassischen Dichotomie von Sein und Sollen in zwei ontologische bzw. grammatisch separate Bereiche auseinandertritt, das erweist sich als in der menschlichen Orientierungswelt untrennbare Einheit. Vergegenwärtigen wir uns ganze Sätze in entsprechenden Lebenssituationen.

– Ich habe Sehnsucht nach ihr.
– Hoffentlich wird es in der nächsten Zeit etwas Ruhe geben.
– Am liebsten wäre ich jetzt am Meer.
– Am Abend wurde besprochen, wohin die Reise gehen sollte.
– Hoffentlich geht es ihm bald wieder besser.

Sinnkonstitutiv und jeweiliges Sein und Sollen übergreifend ist bereits der praktische Sinnentwurf *mitsamt* seiner Erfüllungs*richtung*. Als volles und minimal komplexes Konstituens der Orientierung in der primären Welt kann so der praktische Sinnentwurf in der Einheit mit dieser Erfüllungsrichtung gelten.

Dieser Schritt ist wichtig: Insbesondere erweist sich die Unerfülltheit, Mangelhaftigkeit und Bedürftigkeit angesichts der Untrennbarkeit von Entwurf und Erfüllung lediglich als ein partialer Aspekt der menschlichen Grundsituation. Bereits die Verwiesenheits- und Angewiesenheitsverhältnisse der Sehnsucht-nach-jemandem, der Hoffnung-auf-etwas, des Wunsches-nach-etwas, der Vorbereitung einer Weiterreise und der Hoffnung-für-jemanden zeigen, daß primär nicht eine krude Faktizität gegeben ist, sondern daß in den konkreten Situationen bereits ganze sinnvolle Handlungs- und Verstehenszusammenhänge die Orientierungen tragen. Die Feststellung der Untrennbarkeit von Sinnentwurf und Erfüllung für die ganze Praxis dient vor allem der Kritik an einseitigen, reduktionistischen und kompensationsanthropologischen Vorstellungen, in deren Gefolge ›funktionale‹ Thematisierungen etwa moralischer Lebensformen verbreitet sind. Ihnen ist entgegenzuhalten, daß der Mensch sich nicht allein als *Mängelwesen* und als *bedürftig* bestimmen läßt, sondern als *auf Erfüllung seiner Sinnentwürfe in einem gemeinsamen Leben angelegtes Wesen.* Das menschliche Leben ist ohne diese konstitutive Struktur nicht möglich; nur so ist es denkbar. Ohne die aufgewiesene Untrennbarkeit unserer Entwürfe und ihrer Erfüllungsgestalten könnten wir nichts tun und nichts verstehen.

Wir dürfen uns nun die Bezogenheit unserer Sinnentwürfe aufeinander und untereinander nicht hierarchisch-aufgestuft vorstellen. In dieser Vorstellung haben wir zunächst von lokalen, vor allem instrumentellen Handlungen auszugehen, dann treten ›größere‹ Sinnhorizonte in den Blick, schließlich, ›am Ende‹ der Hierarchie, an der ›Spitze‹ einer Pyramide von Zwecken, Unter-, Ober- und Endzwecken, *ein* ›Endziel‹ – vielleicht *das gute* oder *das glückliche Leben* genannt. Warum ist diese (auch in traditionellen Ethiken verbreitete) Vorstellung von der praktischen Grundsituation falsch? Ich nenne drei Gründe für dieses dritte, ›negativ‹ zu charakterisierende Konstituens:

1. Der erste Grund ist die *Dignität* der vermeintlich unteren oder inferioren, elementaren und fundamentalen Entwür-

fe und ihrer Erfüllungen. Die sinnlich-leiblichen Entwürfe, z. B. Essen, Trinken und Schlafen, die sinnlichen Aktivitäten, z. B. Hören und Sehen, haben neben ihren tragenden Funktionen für weitere, komplexere Sinnentwürfe einen selbstzweckhaften, selbstgenügsamen Kern. Zwar dienen viele Entwürfe weiteren und komplexeren Entwürfen; das tangiert jedoch nicht ihren eigenen Sinn. Und erst recht dürfen wir uns nicht die gesamte Praxis, weder individuell noch politisch, auf ein Ziel instrumentell hingeordnet vorstellen. Vielmehr zeigt bereits die nähere Analyse elementarer Sinnentwürfe, daß ihr Wesen verkannt wird, wenn wir sie lediglich als Funktionen weiterer, höherer Entwürfe mißverstehen. Die Instrumentalisierung und Funktionalisierung der Praxis auf ein Endziel hin depotenziert die vielen *authentischen Wege* zu vernünftigeren, besseren Lebensgestalten, mit den konstitutiv zu ihnen gehörenden Irr- und Holzwegen. Die Erfüllungsgestalten der jeweiligen Sinnentwürfe werden gleichsam verjenseitigt, wenn auch ›in der Immanenz‹. Demgegenüber akzentuiert das transzendental-anthropologische Konstituens der untrennbaren Einheit von Entwurf und Erfüllungsgestalt die jederzeit mögliche Authentizität der Praxis. ›Jemanden trösten‹, ›jemanden zum Lachen bringen‹ oder ›jemandem aufmerksam zuhören‹, ›sich gemeinsam um sachliche Klarheit bemühen‹, ›sich um etwas mehr Unbefangenheit und Offenheit bemühen‹ sind jeweils *selbst* authentische Praxisformen hier und jetzt, und zwar sowohl individuell wie auch auf gesellschaftlicher und politischer Ebene.

2. Der zweite Grund ist die *Existentialität* des Lebenssinnes, das heißt des Sinns des ganzen Lebens. Dieser kann transzendental-praktisch nicht als materiales Endziel, materiales höchstes Gut oder Inhalt *im* Leben gedacht werden. Er darf nicht als Abschluß einer Wertehierarchie »nach oben« vergegenständlicht werden. Dieser Punkt spiegelt auf der Ebene der singulären Totalität des menschlichen Lebens im übrigen den erstgenannten Grund, die Dignität der vielen alltäglichen Sinnentwürfe. Wenn ein sinnvolle-

res Leben nicht in bestimmten erreichten Zielen oder Gütern besteht, sondern eine spezifische *Art und Weise zu leben* ist, dann sind auch so hierarchisch-aufgestufte Vorstellungen als nicht angemessen abzulehnen. Vielleicht ist die Befreiung von instrumentell mißverstandenen Restbeständen theozentrischer und eschatologischer Vorstellungsweisen in diesem Bereich durch Einsicht in die Konstitution der praktischen Sinnentwürfe zu befördern. Im Fortgang der Untersuchung wird dazu die Rede von der Existentialität des Sinnes allerdings in die Perspektive der Interexistentialität überführt werden müssen.

3. Der dritte Grund ist die *Komplexität des Guten*, anders gesagt: die Komplexität der Erfüllungsgestalten der praktischen Sinnentwürfe. Viele Sinnentwürfe mit authentischen Erfüllungsgestalten können im gemeinsamen Leben und auch im Leben der einzelnen nebeneinander stehen, ohne auf ein letztes oder höchstes Ziel hierarchisch hingeordnet zu sein und ohne sich zu stören oder gegenseitig auszuschließen. Dennoch stehen die Sinnentwürfe eines Menschen oder einer gemeinsamen Lebenspraxis nicht beziehungslos und isoliert für sich da. Es lassen sich ›lokalere‹ von ›totaleren‹, wichtigere von unwichtigeren Entwürfen unterscheiden. Einzelne, lokale Sinnentwürfe stehen z. B. in einem größeren Kontext der Lebenserhaltung, und diese wird umgriffen von ganzen Lebensplänen und Lebensaufgaben, von leitenden Hoffnungen und auch von politischen Rahmenzielen. Aber dies mindert nicht die Komplexität der Entwürfe und Erfüllungen. Und die jeweils nötige Herstellung einer internen Konsistenz für diese Komplexität läßt sich kaum ohne Bezug auf eine konkrete Situation der Praxis theoretisch antizipieren.

Die Nichtinstrumentalität und die Nichtpartialität der Sinngestalten des Lebens fällt an bestimmten Formen der menschlichen Praxis ganz besonders deutlich auf:

– an den genuin moralischen Sinnentwürfen; ›gute Handlungen‹ lassen sich hier als Erfüllungen begreifen – sie sind selbst der Sinn; wenn jemand einem anderen in konkreter

Notlage tätig hilft, so läßt sich dieser praktische Entwurf nicht ›instrumentell‹ allein beschreiben; entsprechend ist das böse Handeln selbst seine eigene Strafe;

– an den liebenden und freundschaftlichen Sinnentwürfen; sie entziehen sich grammatisch und anthropologisch in ihren authentischen Modi jeder depotenzierenden funktionalen oder instrumentellen Sichtweise;

– an den ästhetischen Sinngestalten: Diese, ob als Musik, als Bild oder als sprachliches Werk, sind selbst sinnvoll und nicht lediglich ›um etwas anderen willen‹ da. Sie entziehen sich den instrumentellen und quantitativen Kategorien, und sie verweisen gerade so nicht ästhetizistisch auf eine nur selbstgenügsame Schönheit, sondern auf das ästhetische Weltverhältnis als eine mögliche menschliche Lebensform;

– an den religiösen Sinnentwürfen: Allein das Beispiel des Festes, der gemeinsamen Feier (etwa der Ernte) zeigt, daß diese Praxis im Kern ihren Sinn in sich selbst trägt.

An diesen Beispielen wird die Komplexität der authentischen Praxisformen bereits erkennbar. Ebenso wird sichtbar, wie die bekannten und vertrauten Sinnentwürfe zu inauthentischen Modi verzerrt werden können. So kann der Kommerz die Kunst usurpieren, ebenso können betrügerische Sekten unter Führung von Scharlatanen die religiösen Sinngestalten zur Ausbeutung und Versklavung von Menschen instrumentalisieren; und etwa das Spielen oder das Treiben von Sport können ähnlichen Pervertierungen ihres ursprünglichen Entwurfssinnes unterzogen werden. An den Beispielen der moralischen, der liebenden, der ästhetischen und der religiösen Sinngestalten des Lebens zeigt sich neben dieser geradezu konstitutiven Mitgegebenheit ihres Bedroht- und Gefährdetseins jedenfalls ein durchgängiger Totalitätsbezug auf die ganze menschliche Situation.

Dieses vierte Konstituens, die Differenziertheit der Sinnentwürfe in *lokalere* (partiale) und *totalere* Modi, läßt sich weiter so präzisieren und zuspitzen, *daß wir vom Menschen selbst als von einem Sinnentwurf sprechen*. Wie steht es mit der Sinngestalt seines Lebens, die unbeschadet der Komplexität möglicher Sinnentwürfe nicht mehr allein relativ zu bestimmten Situationen erfahrbar und verstehbar wäre, sondern in praktischer Hinsicht mit Bezug auf die ganze menschliche Lebenssituation? Die Frage nach der nicht-lokalen Sinngestalt einer menschlichen Welt bzw. nach den absolut zu nennenden Sinngestalten wird sich erst nach Klärung der transzendentalen Lebensform der singulären Totalität und der Analyse der Rede von einer Bestimmung des Menschen beantworten lassen: Welches sind die Bedingungen der Möglichkeit in praktischer Hinsicht, mit denen wir uns selbst als auf Erfüllungsgestalten angelegte Sinnentwürfe zu begreifen vermögen?

Der Blick auf den Totalitätsbezug ist der Ort, eine Bemerkung zum Status der Philosophie einzufügen. Indem ihre Reflexion auf die praktische Weltorientierung und das Selbstverständnis der Menschen im Ganzen ausgerichtet ist, kann sie selbst als fundamentaler praktischer Sinnentwurf bezeichnet werden. Daher kommt in ihr auch der Charakter der transzendentalen Selbstreflexivität als Lebensform auf prägnante Weise zur Geltung. Und zwar nicht nur, wenn diese hermeneutisch explizit gemacht wird, sondern auch wider Willen, wenn sie methodisch zu unterschlagen versucht wird. Das Philosophieren selbst erweist sich im Kern als genuine praktische Lebensform. Der Satz: Jeder philosophiert, besagt dann, daß wir als Menschen existentiell wie auch politisch auf Selbstverständigung und reflexive Ausbildung umgreifender Situationsverständnisse angewiesen sind. Wir müssen zu prinzipiellen Einsichten und vernünftigen Urteilen kommen, um überhaupt als Sinnentwürfe existieren zu können. Dadurch erhält das philosophische Nachdenken jedoch nicht den Status einer ›Metapraxis‹, und im Philosophieren werden wir nicht wie durch Zauber einer idealen Sprache mächtig. Sondern gerade Philosophie im hier entwickelten Verständnis ist konstitutiv zurückbezogen auf die alltägliche Welt unserer bekannten Sinnentwürfe. So muß die Ethik rein am Blick auf die Struktur menschlicher Sinnentwürfe und ihrer möglichen Erfüllungsgestalten in der primären Welt orientiert sein.

Ein fünftes Konstituens bezieht sich auf das zweite, die erläuterte Untrennbarkeit von Entwurf und Erfüllung, zurück. Diese läßt sich zunächst so weiter präzisieren: Sie ist derart, *daß in der Regel keine Unklarheit über die mögliche Erfüllungsgestalt besteht.* In den meisten Situationen überwiegen die möglichen Formen der Verzerrung und Verfehlung die wenigen gelungenen Formen der Praxis. Am elementarsten wird dieses Verhältnis noch auf der technischen, schematischen Ebene greifbar: Den wenigen Arten, Tee wirklich gekonnt zuzubereiten, stehen viele mißlungene Arten gegenüber. Die Rechenaufgabe hat nur eine richtige Lösung. Nur auf eine Weise sitzt der Nagel richtig in der Wand. Mit Bezug auf die volle Gliederung der praktischen Grundsituation haben wir zwar bereits die Komplexität möglicher Erfüllungsgestalten hervorgehoben. Dennoch gilt: *In den einzelnen, konkreten Orientierungssituationen ist ein praktisches Vorverständnis der gelungenen Formen menschlicher Praxis geläufig.* Diese Tatsache des praktischen Vorverständnisses zeigt: Ohne die jeweilige Erfüllungsrichtung lassen sich die Sinnentwürfe in der primären Welt nicht verstehen. Das gilt nicht nur für einen distanzierbaren Betrachter des menschlichen Tuns und Treibens: dieser muß die möglichen Erfüllungen kennen und unterstellen können, um die beobachteten Handlungen interpretieren zu können. Es gilt ebenso für jeden Menschen im Bezug auf sich selbst. Er weiß, auf wen er wartet; er weiß, was er sich von einem Gespräch erhofft; er weiß, was er sagen wird. Die Störungen solcher praktischer Gewißheit werden selbst als defizitär erfahren: »Ich habe zu nichts Lust.« – »Alles ödet mich an.« – »Ich weiß nicht mehr, was ich tun soll.«, dieses Leiden an mangelnden Sinnentwürfen bekundet bereits das Verlangen nach Beendigung dieses Zustands. *Daß der Mensch selbst als Sinnentwurf existiert und das praktische Vorwissen möglicher Erfüllungsgestalten für ihn orientierungskonstitutiv ist, das ist auch Möglichkeitsbedingung der Erfahrung von Entfremdung und Entbehrung.*

Die Erfüllungsgestalten sind also Voraussetzungen einzelner Sinnentwürfe. Ich möchte daher von der *Apriorität* der Erfüllungsgestalten reden. Nicht die unqualifizierte *Leere* einer lediglich formalen ›Zukünftigkeit‹ ist im Blick auf die Konstitution unserer Praxis festzustellen (dieser Befund scheint in Heideggers Daseinsanalyse zur These vom ›Primat der Zukunft‹ unter den Zeitekstasen zu führen), sondern deren bereits immer qualifizierte mögliche Erfüllungsstruktur. Diese ist – jeweils situativ und personal konkretisierbar – erfahrungsermöglichend und so lebenskonstitutiv. Der *Sinn* der Sinnentwürfe entstammt ihren Erfüllungsgestalten. Dieser Schritt von der Untrennbarkeit von Entwurf und Erfüllung (das zweite Konstituens) zur Apriorität der Erfüllung bedeutet näherhin, daß wir jeweils im Vollzug unserer Sinnentwürfe schon ein Vorverständnis gelungener Praxis, sinnvollen Zusammenlebens und in diesem Sinne ›erfüllter‹ Verhältnisse besitzen. Die Erfüllungsrichtung ist zentrales Konstituens menschlicher Praxis. Auch das widerspricht den Theorien der Kompensationsanthropologie und des depotenzierenden Funktionalismus: Der Mensch existiert nicht als mangelhaftes Wesen, dessen Defizienzen (organischer, sozialer, moralischer Art) funktional kompensiert werden müßten, sondern selbst als auf komplex differenzierte Erfüllung angelegter praktischer Sinnentwurf inmitten einer kommunikativ und interexistentiell verfaßten Welt. Ebenso erscheinen die Verzerrungsformen der Praxis *als solche* im versagten Horizont der Erfüllung. Das heißt: Wir kommen in unseren praktischen Lebenssituationen bereits her von – wenn auch vielfach gebrochenen und rudimentären – Erfahrungen gelungenen Lebens. Gerade im Fragmentarischen und in der Erfahrung von Bedürftigkeit und Mangel scheinen Gestalten eines sinnvollen Lebens auf.

Als sechstes Konstituens wäre das kommunikative Wesen der vorauszusetzenden, erfahrbaren Erfüllungsgestalten zu analysieren. Es handelt sich wesentlich um Erfahrungen im gemeinsamen Leben mit anderen Menschen. Aus diesem gemeinsamen Leben stammen z. B. die anfänglich genannten zwölf praktischen Situationen. Erst, wenn solche gemeinsamen Erfahrungen hinreichend bekannt sind, werden auch individuelle, »subjektive« Sinnentwürfe möglich. Die Entfaltung dieses sechsten Konstituens erfordert jedoch die vorherige Ausarbeitung der Interexistentialanalyse.

Ich fasse zusammen. Die praktischen Sinnentwürfe erwiesen sich in ihrer Konstitution näherhin

1. als primär vor technisch-instrumentellen Vollzügen
2. als untrennbar von ihren jeweiligen Erfüllungsgestalten
3. als nicht hierarchisch auf ein Endziel (»höchstes Gut«) bezogen
4. als differenziert in lokalere und totalere Entwürfe
5. als ihrerseits konstituiert durch ihre Erfüllungsgestalten;
6. wurde auf das kommunikative Wesen der Entwürfe und Erfüllungen bereits vorgreifend hingewiesen.

Neben diesen Konstituentien sind selbstverständlich die anderen, schon analysierten transzendentalen Formen der menschlichen Grundsituation auch hier gültig; so können wir z. B. mit unseren Sinnentwürfen bei all ihrer Zukünftigkeit die jeweilige Gegenwart nicht verlassen, und wir bleiben auch bei intellektuellen Sinnentwürfen leibliche Wesen.

§ 10 Totalität und Singularität

Im folgenden geht es um die Aufklärung der Konstitution des menschlichen Lebens als einer *einmaligen Ganzheit*. Was bedeutet sie für die Praxis? Angesichts dieser Frage stellen sich mehrere Aufgaben. Auf dem Hintergrund des soeben Ausgeführten ist deutlich: Diese singuläre Totalität kann nicht unabhängig von der lebenskonstitutiven Struktur der praktischen Sinnentwürfe thematisiert werden. Zwar gilt es, sie zunächst als Form der faktischen Grundsituation zu erfassen, als faktisches Konstituens. Darüber hinaus aber muß die singuläre Totalität im normativen Horizont und als Form der praktischen Grundsituation analysiert werden. Sie muß über ein faktisches Konstituens hinaus im Horizont ihrer möglichen Erfüllungsgestalten befragt werden. Die Sinnkonstitution in der primären Welt läßt sich nie auf eine dieser

Perspektiven reduzieren und depotenzieren; somit kann die transzendentale Rekonstruktion nur gemäß dem zweifachen Ursprung der primären Welt ausgerichtet sein. Es stellen sich folgende Fragen:

1. Wie lassen sich Einmaligkeit und Ganzheit (Singularität und Totalität) als faktische transzendentale Lebensformen beschreiben?
2. Wie läßt sich ihre wechselseitige Bezogenheit aufeinander genauer explizieren?
3. Was bedeutet die singuläre Totalität in praktischer Perspektive?

Zur Aufklärung der interexistentiellen Konstitution der einmaligen Ganzheit sei vorab auf die Interexistentialanalyse verwiesen. Beginnen wir mit der Erörterung der ersten Frage. Als problematisch hat es sich mittlerweile herausgestellt, die Explikation des hier angesprochenen Phänomenbereichs auf dem Wege einer Theorie des »Bewußtseins«, des »Selbstbewußtseins«, aber auch eines isoliert konzipierten »Ich«, eines »ego cogito« oder eines – im problematischen Falle tendenziell monologisch aufgefaßten` »transzendentalen Subjekts« zu erreichen. Nicht, weil die philosophischen Theorien dieses Zuschnitts keinen Erkenntnisfortschritt bedeutet hätten; es ist immer wieder von ihnen zu lernen. Leider sind die großen Theorien des Bewußtseins und des Ich aber auch von Folgeproblemen, Aporien und Widersprüchen begleitet, die eine Anknüpfung an sie auch zur Klärung des in Rede stehenden Themas nicht ratsam erscheinen läßt. Die Tradition faßte das »Ich« grammatisch als eine Art Substantiv mit merkwürdigem logischen Verhalten; substanzontologisch wollte sie es als eine Art merkwürdigen Gegenstand denken. Ebenso merkwürdig war die diesem »Gegenstand« entsprechende Zugangsweise: Am ehesten erwies sich das »Ich« einer meditativ-kontemplativen Einstellung gegenüber als offenbarungswillig. Mit Bezug auf diese Vorstellungen war Hume im Recht, wenn er einklagte, daß sich solch ein Ich nicht unter den unterscheidbaren »Daten« unserer Erfahrung auffinden läßt. Wenn wir nun aber auch dieses Daten-Kriterium für sinnvolle Erfahrungen nicht akzeptieren, dann können wir im Duktus unserer Untersuchungen fordern: *Die singuläre Totalität des menschlichen Lebens muß in der vollen Gliederung der menschlichen Grundsituation beschrieben und analysiert werden.* Sie kann gar nicht als »Ich« und als isoliertes »Subjekt« begriffen werden; erst recht nicht als isoliertes »Datum«, und auch nicht als ein »Ich denke«. Ein Zugang ist nur über die transzendental-konstitutive Mindestkomplexität *ganzer* Sätze in *ganzen* Situationen möglich. »Ich bin soeben in der Küche gewesen und habe mir noch eine Tasse Tee geholt.« – In solchen Sätzen hat der synkategorematische Ausdruck *ich* eine sinnvolle Verwendung. Synkategorematisch heißt ja: nicht allein, nicht für sich verwendbar. Und diese Ergänzungsbedürftigkeit besteht hier vornehmlich hinsichtlich *verbaler* Ergänzungen: »Ich trinke Tee.« – »Ich suchte nach meinem Schlüssel.« – »Ich sehe eine rote Rose.« – »Ich flehe dich an: Glaube mir!«. So ist der Gebrauch von *ich* von vornherein in die ganze jeweilige Lebenssituation eingebettet. Um dies hervorzuheben, könnte man künstlich schreiben:

Ich-sehe-eine-rote-Rose,

und darauf insistieren, daß dieses komplexe Satzgebilde das ganze und ungeteilte Phänomen anzeige. Was mit *ich* jeweils gemeint ist, zeigt sich in den Lebensvollzügen des alltäglichen Existierens. Wir können das ›bewußte Ich‹ daher als *Handlungsmöglichkeit* interpretieren und in unserer Terminologie feststellen: Wo die traditionelle Bewußtseins- und Subjektphilosophie vom Ich bzw. vom Bewußtsein oder Selbstbewußtsein spricht, da ist es sehr oft angebracht, von Menschen und ihren praktischen Sinnentwürfen in konkreten Situationen zu sprechen. Eine sinnvolle Rede vom *ich* muß eingebettet werden in den Kontext einer Lebenspraxis. Die einmalige Ganzheit des Lebens – sie scheint mir das eigentliche Thema der Diskussion unter dem Titel ›personale Identität‹ zu sein – darf ebenfalls von vornherein nicht als etwas Substanzielles *neben, hinter* oder *über* den alltäglichen Lebensvollzügen hypostasiert werden; sie würde sonst zu einer rätselhaften Pseudo-Entität, wo sie sich in Wirklichkeit einzig und allein *in* den situativen praktischen Sinnentwürfen zeigen kann.

Wenden wir uns auf diesem verdinglichungskritischen Hintergrund der Beantwortung der ersten Frage zu: Wie lassen sich Einmaligkeit und Ganzheit (Singularität und Totalität) zunächst als faktische Lebensformen beschreiben? Die primäre Welt mit ihren irreduziblen Sinngestalten zeigt sich uns in der Form qualitativer Ganzheiten. Bereits einzelne Gegenstände, lokale Situationen und schließlich die nicht mehr relativ bestimmbaren Totalitäten des ganzen Lebens und der Ganzheit einer menschlichen Welt treten in unsere Orientierungspraxis *als deren Voraussetzung* in der Form der singulären Totalität ein. Einfache wie komplexe Lebenssituationen lassen sich nicht als aus Stücken oder Teilen zusammengesetzt verstehen, sondern umgekehrt lassen sich Situationsaspekte nur auf dem Hintergrund der ganzen Situation verstehen. Hier ist die Analogie mit literarischen Texten angemessen: Eine Passage aus einer Novelle oder einem Roman vermag nur im ganzen Kontext richtig verstanden zu werden. Novellen und Romane stellen selbst singuläre Ganzheiten dar, sie sind in diesem Sinne anthropomorph. Wie läßt sich die singuläre Ganzheit des menschlichen Lebens selbst genauer fassen? Das Leben zwingt uns, ihm eine bestimmte *Gestalt* zu geben, eine *existentielle Konfiguration* unserer selbst. Diese müssen wir Tag für Tag tätig hervorbringen. Die umfassende Tätigkeit der Gestaltung kann als das *Führen des Lebens* bezeichnet werden. Von Anbeginn an, faktisch und unaufhebbar sind wir diskrete, leiblich verfaßte Wesen mit dem Zug der Einmaligkeit, einer zunächst faktisch konstatierbaren Unaustauschbarkeit und Unverwechselbarkeit. *Wir sind in unserem Leben immer an der Gestaltung der einmaligen Ganzheit, die wir faktisch schon sind, praktisch tätig: Unser Leben ist die Gestaltwerdung der singulären Totalität selbst.* Dieser Tatsache der Konstitution können wir uns nicht entziehen. Wir müssen unsere ganze jeweilige (einmalige) Situation sowohl sein als auch gestalten. Menschen sind in diesem Sinne horizontbildende Wesen, indem sie ihre gelebten, antizipierten, vergessenen oder verdrängten Möglichkeiten sind. Die singuläre Totalität ihres Lebens darf dabei nicht etwa als ein Großbehälter verräumlichend vorgestellt werden, in welchem etwa nur *ich* mich befände. Einmaligkeit und Ganzheit führen auf die Perspektive einer einmaligen *Welt*, und nicht nur auf die eines einmaligen ›subjektiven‹ menschlichen Lebens. Ihre Analyse muß eine ›spatiale Monadologie‹ und nach Möglichkeit alle dichotomischen Konstruktionen nach dem Schema des Bildfeldes von »innen« (in mir, in meinem Kopf, tief im Inneren) und davon dann unterschiedenem »außen« hinter sich lassen.

Die transzendental-anthropologische einmalige Ganzheit jedes Lebens ist unabgeschlossen und auch im Leben nie abschließbar zu gestalten. Wir werden nicht identisch mit den Erfüllungsgestalten, deren Sinnentwurf unser Leben ist. Erst mit dem Tod ›vollendet‹ sich die Gestalt des Lebens und wird eine endgültige Gestalt. Gerade dieser Zug der Faktizität ist aber nicht in einer ›reinen‹ Thanatologie – unter Absehung von der Struktur der Sinnentwürfe, der Erfüllungsgestalten und des kommunikativen, interexistentiellen Wesens der Menschen thematisierbar. *Faktisch* gelten jedoch die folgenden Konstitutionsaussagen:

1. *Jeder Mensch ist sein ganzes Leben.* Ein angemessenes Selbstverständnis kann schon faktisch nicht ›Ausschnitte‹ oder ›Teile‹ des Lebens zum ganzen Leben erklären.

2. Da Welt und Leben gleichursprünglich sind, kann festgestellt werden: *Jeder Mensch ist seine ganze Welt.* Diese darf jedoch nicht als eine ›subjektive‹ oder gar ›solipsistische‹ interpretiert werden.

3. Dennoch gehe ich noch einen Schritt weiter und stelle fest: *Jeder Mensch ist (recht verstanden) die ganze Welt. Die* ganze Welt kann nämlich nur in je – einem Leben erscheinen, welches freilich ganz und gar interexistentiell konstituiert ist. Erst auf dem Hintergrund einer gründlichen Destruktion des Subjektivismus und psychologistisch-solipsistischer Auffassungen kann diese Konstitutionsfeststellung richtig interpretiert werden. Die ganze Welt, die jeder (bereits faktisch) ist, bleibt die Welt des gemeinsamen Lebens.

Die beiden ersten Feststellungen lassen sich auch negativ-existentialpragmatisch formulieren: Wir können unser Leben nicht verlassen. Wir können unsere Welt nicht ›hintergehen‹. Hinter unser Leben kann unser Erkennen – mit Dilthey gesprochen – nicht zurückgehen. Die dritte Konstitutionsfeststellung wird erst im Horizont der praktischen Sinnentwürfe und der ethischen Perspektive richtig verstehbar: Im praktisch relevanten Sinne ist jeder die ganze Welt, die dadurch zur einmaligen Ganzheit wird, daß sie die Welt seiner Verantwortung ist. Das heißt: Sie wird die einmalige Ganzheit gerade interexistentiell. Diese genuin praktische Perspektive thematisiert die Antwort auf die dritte Eingangsfrage.

Die zweite Frage: Wie läßt sich die Bezogenheit von Singularität und Totalität aufeinander explizieren? zielt auf die wechselseitige Untrennbarkeit dieser Konstitutionsaspekte, auf ihre Gleichursprünglichkeit. Die Gestaltwerdung eines Lebens muß sich in der Form einer *existentiellen Dialektik* vollziehen, indem einerseits die konkreten Sinnentwürfe in den einzelnen Situationen Bewegungen auch des ganzen Lebens sind und mithin ihren Sinn auch mit Bezug auf diese Totalität gewinnen oder verlieren, und indem andererseits dieser ›Rahmen‹ der Totalität immer durch die einzelnen, singulären Sinnentwürfe in den lokalen Situationen qualifiziert wird. Erst durch diese existentielle Dialektik von Singularität und Totalität bildet sich die uneinholbare Weltgestalt eines einmaligen menschlichen Lebens *als konkrete Lebensform* aus. Diese Konstitution der Einmaligkeit ist ein universales transzendental-anthropologisches Faktum. Die Gleichursprünglichkeit von Singularität und Totalität bedeutet, daß die Ganzheit des Lebens nie außerhalb von singulären Situationen erfahrbar ist (gleichsam ›aufzuscheinen‹ vermag), und wiederum, daß diese singulären Situationen sich näher oder, im ernsten Fall, ›letztlich‹ nur in der Perspektive der Totalität begreifen lassen. Die einmalige Welttotalität überträgt sich in jede situative Augenblicklichkeit und damit in sämtliche Lebensbewegungen. Jeder Sinnentwurf hat somit Teil am ganzen Leben, wenn wir ›Teil‹

hier nicht quantitativ verstehen. Das ganze Leben läßt sich nicht als ontologisches Objekt konstruieren, das abgelöst hinter den jeweiligen Sinnentwürfen liegt oder über ihnen schwebt. Die volle Schärfe und Genauigkeit erhält diese Feststellung erst in der Perspektive einer moralisch begriffenen einmaligen Lebensganzheit. Wir können hier von der ethischen Zeit als der absoluten Zeit eines menschlichen Lebens in der primären Welt sprechen. Alles kann sich nur in dieser Zeit vollziehen; folglich muß sich auch alles in dieser Zeit ereignen.

Dies führt uns zur dritten Frage. Was bedeutet die singuläre Totalität des Lebens in praktischer Perspektive? Um sie zu beantworten, ist eine weitere Präzisierung der bisherigen Feststellungen hilfreich. Wie konstituiert sich singuläre Totalität? Ohne die volle Gliederung der Grundsituation zu berücksichtigen, kann die Thematisierung der »personalen Identität« nicht gelingen. Um zur praktischen Perspektive überzuleiten, ist folgender Grundzug des Lebens hervorzuheben:

Die singuläre Totalität des Lebens bildet sich gemäß der existentiellen Dialektik von Einmaligkeit und Ganzheit in den Wandlungen des Lebens.

Als dieselben erfahren wir uns im wesentlichen während und nach entscheidenden, nachdrücklich erfahrenen Veränderungen unseres Lebens. Diese existentiellen Veränderungen sind gleichzeitig ein *Weltwandel.* Insbesondere, weil wir von wichtigen Wandlungen unserer selbst – nämlich der singulären Totalität unseres Lebens – wissen, und indem wir uns wiederum zu ihnen verhalten, erhält die Gestalt eines Lebens ihre Unverkennbarkeit. Ein Blick auf die faktische Grundsituation und ihre ›natürliche‹ Gliederung in Kindheit und Jugend, Reife und Erwachsensein, Alter und Tod macht dies bereits deutlich. Aber diese Wandlungen des sinnerfahrenden und leiderfahrenden Lebens sind schon verwoben mit den genuin praktischen existentiellen Wandlungen, an denen unsere Feststellung sich bestätigen kann. Hier ist zu denken an die Wandlungen von Sichtweisen des ganzen Lebens, an das Ereignis einer »Umwertung aller Werte«, aber auch daran, etwas oder jemanden ›plötzlich‹ oder allmählich ›ganz anders‹ zu sehen. Die ästhetischen und dramatischen Kategorien der Katharsis und der Peripetie bzw. die religiöse der Metanoia lassen sich in diesem Zusammenhang anthropologisch explizieren. *Die singuläre Totalität wird – gegen Heideggers Thanatologie – nicht auf exzellente Weise in der Antizipation des eigenen Endes erfahrbar, sondern in den Weisen des Sichtwandels des sinnerfahrenden Lebens.* Das Innewerden der eigenen Sterblichkeit und konstitutiven Vergänglichkeit kann selbst *ein* Anlaß zu einem solchen Sichtwandel sein. In den partikularen Fällen der Veränderung (die Haare werden grau) ist es trivial, daß ›ich‹ es bin, der sie erfährt. Gravierend ist es, wenn ›ich‹ in der Totalität meines Lebens und Selbstverständnisses es bin, der sich wandelt, dessen Sicht sich tiefgreifend verändert. Deswegen auch läßt sich ein Leben in wenigen wirklich einschlägigen Anekdoten verdichten. Praktisch-philosophisch von großer Tragweite ist daher die Tatsache, daß die Menschen nicht nur konstitutiv als Sinnentwürfe zu verstehen sind, sondern darüber hinaus *als Wesen, die zu grundlegendem Wandel der Sicht fähig sind*. Die Apriorität der Erfüllungsrichtung bleibt dabei der entscheidende Bezug.

Wie können wir die praktische Bedeutung des Ausgeführten im Blick auf die menschliche Situation hervorheben? Sowohl die Singularität wie die Totalität erscheinen nicht als bloße Fakten, sondern bereits im Licht von Erfüllungsgestalten der Praxis. Die uneinholbare, einmalige Weltgestalt eines jeden Lebens zeigt sich in der apriorischen Perspektive des Zerbrechens oder der erfüllten Ganzheit, der Beschädigung oder der Unversehrtheit, des Scheiterns oder Gelingens. Die möglichen Erfüllungsgestalten der singulären Totalitäten lassen sich nicht von deren bloß faktischer Form ablösen und isolieren. Sondern *nur durch diese Faktizität hindurch* vermögen Menschen ihre Erfüllungsgestalten zu verstehen, weil sie zu den Möglichkeitsbedingungen des Lebens gehört. Mit der singulären Totalität sind in praktischer Perspektive folgende transzendentale Lebensformen gegeben:

1. Bereits faktisch besteht die *Unvertretbarkeit durch andere*. Faktisch gelten pragmatische Tautologien, wie z. B. »Nur ich kann alles tun, was ich tun kann.« »Kein anderer kann mir meine praktischen Sinnentwürfe abnehmen.« »Der andere ist, was ich nicht sein kann.« Diese Sätze gelten, wohlgemerkt, für jeden Menschen und sind daher selbst wiederum nicht Privilegien »eines« auszuzeichnenden »Subjektes«. Wir haben es mit einer reziproken, interexistentiellen, symmetrischen Unvertretbarkeit zu tun. Die Perspektive der Unvertretbarkeit wird alltäglich real erfahren, wo gilt: »Ich weiß, daß es in dieser Situation jetzt ganz auf mich ankommt.« Die Basis der Lebenserfahrung zeigt, daß ich kein anderer sein kann, z. B. in der Tatsache, daß man niemandem seine Trauer abnehmen kann. Die Einmaligkeit wird interexistentiell zur Unaustauschbarkeit. Wir können in den aufgewiesenen Zügen mithin die Bedingungen der Möglichkeit des *Ernstes des Lebens* sehen. Diese geläufige umgangssprachliche Redeweise verweist auf die Unumgänglichkeit, das eigene Leben zu führen. Auch die alltäglich bekannten Reden von der *Schwere* des Lebens und der *Last* sind mit dieser Unumgänglichkeit (und mit der Zerbrechlichkeit und Gefährdung des menschlichen Lebens) verbunden. Die singuläre Totalität konstituiert diese Grundmöglichkeiten, und sie zeigen sich zeitlich in der Endgültigkeit und Unwiederbringlichkeit aller gelebten Sinnentwürfe. Erst von diesem Ernst her läßt sich eine mögliche Unbeschwertheit und Leichtigkeit des Lebens denken. Eine existentielle Dialektik läßt sich also auch hinsichtlich der Schwere und der Leichtigkeit feststellen. Moralisch entscheidend ist die singuläre Totalität nun für die praktischen transzendentalen Lebensformen der *Verantwortung* und der *Schuld*. Ersichtlich werden beide nur möglich, wenn ein *einmaliges* Leben nicht vertretbar und unaustauschbar seine Sinnentwürfe praktiziert (erstes Konstituens), und wenn dieses Leben *als ganzes* der Grund, der Urheber dieser Entwürfe ist und als solcher angesprochen und zur Rechenschaft gezogen werden kann. Zwei Möglichkeiten müssen grammatisch für die Konstitution ausgeschlossen sein: Erstens die Möglichkeit, andere

bzw. einen anderen als den wahren Urheber *meiner eigenen* Sinnentwürfe einzusetzen; zweitens die Möglichkeit, Abschnitte meines Lebens als nicht eigentlich *zu meinem ganzen Leben* gehörig zu interpretieren. Beide Möglichkeiten führen in der Praxis zu den Schwierigkeiten der Rechtsprechung, wenn sich die Fragen nach dem tatsächlichen Hergang eines Verbrechens oder nach der Zurechnungsfähigkeit stellen. Festgehalten werden muß aber: *Die Praxis einer menschlichen Welt ist ohne die durch die transzendentale Lebensform der singulären Totalität konstituierten praktischen Grundzüge der Verantwortung und der Schuld schlechthin unmöglich.* Das bedeutet auch: Bestimmte Diskussionen über ›personale Identität‹ in rein theoretischer Hinsicht erweisen sich als Scheindiskussionen, wenn wir sie auf die Möglichkeitsbedingungen der menschlichen Praxis beziehen. Gefragt werden kann, ob die transzendentale Lebensform der singulären Totalität in der isolierten theoretischen Betrachtungsweise überhaupt in den Blick treten kann. Weiter kann gefragt werden, ob die philosophische Reflexion auf die Konstitutionsbedingungen einer Welt überhaupt disziplinär aufgespalten werden kann und darf; die transzendental-anthropologische Reflexionsbewegung in praktischer Absicht richtet sich explizit gegen solche Aufspaltungen.

2. Neben der Unvertretbarkeit durch andere läßt sich von einer *Unvertretbarkeit für andere* sprechen; sie stellt einen Seitenaspekt dar. Ich bin in meiner existentiellen Eigenart (der Singularität meines Lebens) und gemäß meiner genuinen Fähigkeiten eine praktische Erfüllungsperspektive für die anderen. Wir wachsen in bestimmte natürliche Gestalten des Lebens – Tochter oder Sohn, Mutter oder Vater, Schwester oder Bruder – hinein, unsere Sinnentwürfe führen zu Gestaltungsaufgaben im gemeinsamen Leben – als Schüler oder Lehrer, als Arbeiter in verschiedenen Berufen. Diese nur von außen als »Rollen« zu bezeichnenden Lebensgestalten eröffnen jeweils gemäß den individuellen Kompetenzen spezifische, näherhin interexistentielle Erfüllungs- und Versagungsmöglichkeiten. Die Austauschbarkeit des einzel-

nen in der modernen industriellen und hochtechnisierten Arbeits- und Verwaltungswelt (»Jeder ist ersetzbar.«) weist auf die kritischen Potentiale einer transzendental-anthropologischen Reflexion in praktischer Absicht und deren normative Implikationen. Wir können dann sagen: Eigentlich ist jeder eine singuläre Totalität und ist unaustauschbar; die Organisationsform der gesellschaftlichen Arbeit verdeckt und verstellt, ja negiert vielfach diese auf bestimmte Erfüllungsgestalten angelegte Lebensform. Ebenso eröffnet sich hier die Perspektive einer Kritik der Freizeit und ihrer Organisationsformen; eine Kritik der Einebnung und Verstellung authentischer Praxisformen durch die heteronomen Modi eines sozialtechnologischen Instrumentalismus'. Gerade die Unvertretbarkeit für andere, wie sie durch die singuläre Totalität konstituiert ist, zeigt, wie wenig die existentielle und individuelle Perspektive von gesamtgesellschaftlichen und politischen Fragen abzutrennen ist. Das wird sofort sichtbar, wenn wir an die interne Komplexität und Abstufung der singulären Totalität im Verlauf der einzelnen Lebensphasen denken: Unvertretbarkeit für andere besteht jeweils in differenzierter Form während der Lebenszeiten, die sich während der identitätskonstitutiven existentiellen Wandlungen verändern. Jeweils handelt es sich um Erfüllungs- und Versagungsperspektiven, bei denen es auf mich *als* Kind, *als* Tochter, *als* Lehrer, *als* Großvater, *als* Kranker oder Gesunder, *als* Erfahrener oder Unerfahrener ankommt, auf etwas, das nur ich tun bzw. nicht tun kann. Ein Isolationismus der Generationen (mit Kinderfeindlichkeit, Altenreservaten) läßt sich als interexistentielle Verarmung derjenigen Erfüllungsgestalten des Lebens analysieren, die sich der Differenziertheit der Unvertretbarkeit für andere verdanken können.

3. Die singuläre Totalität eröffnet in praktischer Perspektive auf dem Hintergrund der Faktizität der Ganzheit den Horizont der *erfüllten Ganzheit des Lebens*. Weitere Schritte unserer Untersuchung präzisieren diesen Horizont. Hier kann negativ bereits unterstrichen werden, daß – auch philosophisch – landläufige Verständnisse des erfüllten Lebens

bzw. des ›Glücks‹ häufig zu kurz greifen und unaufgeklärt sind. Gerade der überwältigende Eindruck der singulären Totalität des Lebens legt ›subjektive‹ Bestimmungen des Glücks und der Erfüllung nahe. Glück wird verstanden als Zustand desjenigen, dem »alles nach Wunsch und Willen geht« (Kant). Es fragt sich hier, ob ein vernünftiges Verständnis *meiner* Wünsche und *meines* Willens auf ›subjektivem‹ Wege überhaupt erreichbar ist. Oder ob nicht die Tatsache, daß sich *Menschen untereinander* und mit ihren Sinnentwürfen und Erfüllungsmöglichkeiten als einmalige Ganzheiten in der primären Welt begegnen, die Möglichkeit der erfüllten Ganzheit praktisch in eine interexistentielle Perspektive stellt, die auch das Glücksverständnis betrifft. Zu fragen ist daher: *Wie ist erfüllte Ganzheit im gemeinsamen Leben möglich?* Die Perspektive der erfüllten Ganzheit kann auch die der ›Identität‹ (der Übereinstimmung mit sich selbst) genannt werden. *Wie ist menschliche Identität interexistentiell praktisch möglich?* Diese Frage erfordert eine kritische Reflexion der Rede von ›Erfüllung‹, ›gelingendem Leben‹ und der Bestimmung des Menschen, mit denen sich spätere Teile dieser Untersuchung befassen.

4. Gleichermaßen eröffnet sich die Perspektive der erfüllten Einmaligkeit oder anders gesagt: der Erfüllungsgestalten von *Individualität.* Auch sie wird interexistential analysiert werden. Eine Psychologismuskritik muß die Individualität aus dem Bereich der Beliebigkeit subjektiver Lebensgefühle herauslösen. Denn gerade die beschädigte Individualität wird in den Formen des subjektivistischen Irrationalismus pathologisch sichtbar. Die Frage: Wie ist autonome Individualität möglich? kann nur im Blick auf das gemeinsame Leben erörtert werden.

5. Schließlich läßt sich angesichts der singulären Totalität des Lebens, der Unvertretbarkeit durch und für andere, und der erfüllungsbezogenen Perspektiven der Identität und Individualität eine traditionelle Fragestellung reformulieren, die auf einen möglichen absoluten Wert des einmaligen Lebens gerichtet war. Es ist die Frage nach einem nicht durch die Vergänglichkeit aufhebbaren, nicht durch die zeitliche Un-

wiederbringlichkeit depotenzierbaren Sinn eines Lebens. Kann die Rede von der ›uneinholbaren Weltgestalt eines Menschen‹ vernünftig erläutert werden? Kann praktisch ein nicht tilgbarer Sinn gedacht werden? In der Folge unserer Untersuchung wird der Kontext entfaltet, in dem diese Fragen weiter verfolgt werden können. Die Rede von einem endgültigen Sinn, der als essentiell nicht tilgbar ist, kann nicht ohne das transzendental-anthropologische Konstituens der singulären Totalität weiter erläutert werden. Da es sich nicht als Eigenschaft eines isolierten *Ich* oder *Selbst* verstehen ließ, müssen die systematischen Perspektiven der kommunikativen Interexistenz und der einzigartigen Lebenssituationen nun in dieser Hinsicht entwickelt werden.

§ 11 Die Destruktion der Existentialen Analytik Heideggers

Die folgenden kritisch-destruktiven Bemerkungen und Thesen zu Heideggers Existentialanalyse verfolgen zwei Absichten:

1. eine Kritik der tiefgreifenden Defizite dieser Existentialanalyse, insbesondere hinsichtlich der Grundlagen der Ethik,
2. die Vorbereitung auf eine systematische Alternative in der Gestalt der Analyse des kommunikativen Wesens des Menschen, die unter der Bezeichnung ›Interexistentialanalyse‹ ausgeführt wird.

Den Ausgangspunkt für dieses Unternehmen soll eine kritische Interpretation des Existentials der Sorge bilden, wie es Heidegger in *Sein und Zeit* analysiert hat. Damit wird gleichzeitig deutlich, wo die im folgenden entwickelten transzendental-anthropologischen Auffassungen entscheidend von Heidegger abweichen. Die Interpretation kann so auch das entscheidende Defizit an praktisch-philosophischer Reflexion verständlich machen, das für Heidegger charakteristisch ist. Dieses Defizit ist gegenüber vielen oberflächlichen ethischen Systemgedanken traditioneller Art zunächst eine von Heidegger selbst kultivierte Stärke seiner Analysen und hängt mit deren destruktiver Radikalität zusammen. Es handelt sich – so könnte man sagen – um ein wohldurchdachtes Defizit. Zum anderen ist es auch noch ein gut verstecktes Defizit. Denn die Fundamentalunterscheidungen von *Sein und Zeit* lassen sich scheinbar ohne große Mühe systematisch in praktisch-philosophische Unterscheidungen, auch solche traditioneller Art, überführen: Das ›Dasein‹ als ›Worum-willen‹ ist nicht als Zweck eines Seienden, welches es nicht selbst ist, zu verstehen, sondern gerade umgekehrt, das ›nicht daseinsmäßige Seiende‹ ist ›umwillen‹ des Daseins da. Die Unterscheidung der Existentialien von den Kategorien kann sich mit der Rede Kants vom Menschen als *Zweck an sich selbst* verbinden. Ferner impliziert die genannte Grundunterscheidung bereits eine prinzipielle Verdinglichungskritik: Zugangsweisen zu und Behandlungsarten der anderen als ›vorhandenes‹ Ding oder ›zuhandenes‹ Zeug sind sicherlich als unangemessen zu kennzeichnen. Die Analyse der Existentialität vermag sich so im Ansatz mit Vorverständnissen menschlicher *Würde* zu vereinbaren. Die existentiale Uneigentlichkeit zeigt sich ontisch-existentiell in Lebensformen der *Heteronomie*, von denen sich die Modi der Eigentlichkeit als *autonome, selbstbestimmte* Lebensformen abheben. Und weiter: Wir müssen jeweils in der öffentlichen Ausgelegtheit der Situation leben; aber eigentlich so leben, heißt: selbstbewußt und selbstbestimmt die dort praktizierten Handlungs- und Verständnisweisen eigens übernehmen und sich explizit aneignen, während das bloße Übernehmen und Befolgen der habituellen Vollzüge uneigentlich und fremdbestimmt, an das ›Man‹ ›verfallen‹ und eindimensional ist. Auf diesem Hintergrund ließen sich die klassischen Unterscheidungen von *Legalität* und *Moralität* bzw. *Legitimität* entwickeln. Schließlich ist die existentiale Möglichkeit eine fundamentale Seinsweise des Daseins. In der Analyse Heideggers verbindet sich die Freiheit des Menschen zunächst systematisch sehr eng mit dem Verstehen. Dieser Zusammenhang von Freiheit und Verstehen kann als Akzentuierung des kommunikativen Grundzugs der Praxis gelten. Ist nicht, wenn Heidegger die Freiheit später als das ›Frei-sein‹ für das ›eigenste Seinkönnen‹ bestimmt, der Raum für ein ethisches Verständnis in Richtung der Autonomie und verständnisvollen Gemeinsamkeit eröffnet?

Auch wenn zugestanden werden muß, daß diese ethische Perspektive in *Sein und Zeit* nicht zu finden ist, so können doch die skizzierten Anknüpfungs- und Übersetzungsmög-lichkeiten als sinnvoll angesehen werden. Sie sind nicht nur nicht ausgeschlossen, sondern nützen einer existential-an-thropologischen Reformulierung Kantscher Termini. Die Defizienz, die ich freilegen will, gründet tiefer. Sie gründet so tief, daß von ihr her eine systematische wie auch material-anthropologische Weichenstellung für die Analysen von *Sein und Zeit* erfolgt, die meines Erachtens sogar über diese hin-aus bestimmend für Heideggers weiteres Denken war. Dies ist jetzt zu zeigen.

Der Analyse der Sorge als der Grundstruktur des menschli-chen Selbst- und Weltverhältnisses kommt in *Sein und Zeit* eine systematische Zentralstellung zu. Die Beschreibungen laufen auf dieses Existential zu (§§ 1-41), konzentrieren sich in ihm (§§ 42 ff.), vertiefen die Sorge-Analyse in der Todes-analyse, wobei der Tod als äußerste Grenze und Verunmög-lichung des sorgenden Sich-zu-sich-Verhaltens erscheint (§§ 46-53), vertiefen sie weiter in der Analyse von Gewis-sensruf (als ›Ruf der Sorge‹) und ursprünglichem Schuldig-sein als den gleichsam innersten Grenzen des sorgenden Sich-zu-sich-Verhaltens (§§ 54-60), um eben diese Sorge-Analysen schließlich mit den Analysen zur ›Zeitlichkeit‹ als ursprünglichem ›ontologischem Sinn der Sorge‹ (§§ 61-66) zu wiederholen. Auch die abschließenden drei Kapitel neh-men ständig wieder Bezug auf die Sorge-Analyse. Was hat Heidegger im Kern mit ihr akzentuiert?

Heidegger hat die Tatsache ins Zentrum gerückt, *daß wir das Leben tätig zustande bringen*. Wir können dies den tran-szendentalpragmatischen Grundzug der Existentialontolo-gie nennen. (Historisch ist sein Brief an Husserl vom 22. Oktober 1927 mit der klassischen Formulierung: »Die transzendentale Konstitution ist eine zentrale Möglichkeit der Existenz des faktischen Selbst.« von Interesse.) Die Analysen haben nun auf diesem Hintergrund ein zweifaches, systematisch heikles und in diesem Sinne voraussetzungsreiches Gefälle:

– Einerseits tritt durch die pragmatische Option eine *technische*, instrumentelle und operative Ebene sinnkonstitutiv in die Analysen ein. Diese Ebene der pragmatischen Konstitution Im-Umgehen-mit-etwas führt zu den Zuhandenheitsanalysen. Die ›Sorge‹ hat hier eine *technisch-pragmatische* Bedeutung.

– Zum anderen ist die Sorge Sorge um das eigenste Selbstseinkönnen. Es geht hier nicht um zu bewältigende äußere und zeughaft-gegenständliche Wirklichkeit, sondern um die Bewältigung der Faktizität (und der äußersten und innersten Grenzen) der eigenen Existenz selbst. Hier erhält die Sorge einen transzendental-*solipsistischen* bzw. existential-*subjektivistischen* Charakter. Dieser Solipsismus mündet in die *thanatologische* Engführung der Todesanalytik sowie in die existentiale ›Deduktion‹ der Weltgeschichte aus der Geschichtlichkeit des menschlichen Daseins (vgl. §§ 72-83).

Dieses zweifache, 1. instrumentell-operative und 2. solipsistisch-thanatologische Gefälle von *Sein und Zeit* ergibt sich aus der methodisch-systematischen Zentralstellung der Sorge-Analyse. Das Gefälle (oder: die Tendenz) in die genannten Richtungen besteht *trotz* des Anspruchs Heideggers, eine Destruktion der traditionellen Ontologie, Bewußtseinsphilosophie und Erkenntnistheorie vollzogen zu haben. Der klassische cartesianische Standpunkt wird pragmatisch überwunden, indem die Modi der Vorhandenheit als abkünftig von den Weisen des Umgehens-mit-Zeug erwiesen werden. Wird er jedoch auch anthropologisch wirklich überwunden? Richtig gesehen ist, daß die Lebensvollzüge das Ursprüngliche sind, daß die ›kategoriale‹ Ebene in der existentialen gründet (und diese wiederum in der existentiellen). Jedoch: Noch nicht radikal genug gesehen ist in *Sein und Zeit* die *apriorisch kommunikative Verfassung* unserer

Praxis. Die Formulierung des Sorge-Existentials ist in diesem Sinne *nicht* neutral und *nicht* lediglich formal. Sie bleibt – bei aller prätendierten Destruktion der Bewußtseinsphilosophie und des Subjektivismus – *monologisch*. Die kritische Kernthese gegen Heidegger möchte ich zunächst so formulieren:

In Heideggers Beschreibung der Form aller menschlichen Praxis in ihrer minimalen internen Komplexität in der Gestalt des Existentials der Sorge geht das Moment der interexistentiellen Konstitution nicht strukturell ein.

Aus dieser kritischen These ergeben sich zwei Anschlußfragen:
1. Inwiefern besteht das genannte strukturelle Defizit der Konstitutionsanalyse? Wie zeigt es sich näherhin?
2. Wie kann das Defizit systematisch behoben werden?

Diese Fragen können nur beantwortet werden, wenn bei der Beschreibung der Form möglicher menschlicher Weltorientierung und Selbstverhältnisse das Moment der, so schlage ich vor: apriorischen *Inter*existentialität wirklich berücksichtigt wird. In Heideggers Sorge-Analyse geht es nicht strukturell ein, sondern tritt *lediglich von außen auch noch*, als zusätzliche existentiale Bestimmung, hinzu. *Nachdem* die Struktur der Sorge monologisch-subjektzentriert (es geht stets um mich selbst, es muß mir um mich gehen) freigelegt worden ist, treten Perspektiven wie ›Mitsein mit Anderen‹ und ›Fürsorge‹ in den Blick. Sie treten wesentlich unter pejorativen Titeln in den Blick, das heißt unter dem Gesichtspunkt der Enteignung des Wesentlichen der eigenen Existenz, unter dem Gesichtspunkt der Enteignung der Eigentlichkeit. Der zentrale Titel für diesen Sachverhalt ist in der Existentialanalytik das ›Verfallen an das uneigentliche Man‹. Das heißt: Apriorische Interexistenz und kommunikatives Wesen der menschlichen Welt treten zunächst *in depravierten Modi* in den Blick der Analyse. Läßt sich dies an den Phänomenen ausweisen und legitimieren?

Betrachten wir die Sorge-Analyse genauer, um deren strukturelles Defizit präzise zu benennen und dann den Versuch ihrer praktisch-anthropologischen Destruktion zu unternehmen. Die volle Sorge-Struktur lautet bei Heidegger zunächst

Sich-vorweg-sein im Schon-sein in-der-Welt als Sein-bei innerweltlich begegnendem Seienden (SZ § 41).

Zerlegen wir die synkategorematische Formulierung in einem weiteren Schritt in ihre Bestandteile, um sie kritisch zu betrachten.

1. Das ›Sich-vorweg-sein‹ gibt zum einen eine nicht näher bestimmte und insofern *leere Zukünftigkeit* vor. Zum anderen bestimmt es die ›Sorge‹ *primär monologisch*. Denn dieses Strukturmoment unterstellt ein einzelnes Orientierungssubjekt (»Dasein«): »Ich bin mir vorweg« statt »Ich bin«. Beide so eröffneten Perspektiven sind durch unsere Konstitutionsanalysen zu kritisieren. Anstelle eines unbestimmten Sich-vorweg-sein muß die transzendentale Anthropologie *a primis fundamentis* menschliche Orientierungen als praktische Sinnentwürfe mit unablösbaren Erfüllungsgestalten konzipieren. Auch die primär monologische Analyse unterschlägt, daß die Sinnentwürfe ihren Sitz zunächst im gemeinsamen Leben haben, und daß die Erfüllungsgestalten wesentlich kommunikativer Natur sind.

2. Das ›Schon-sein in-der-Welt‹ qualifiziert diese Welt nicht als die gemeinsame Welt des Zusammenlebens.

3. Das ›Sein-bei innerweltlich begegnendem Seienden‹ qualifiziert das »begegnende Seiende« nicht näher, sondern läßt es gänzlich unbestimmt. Obwohl das Wort *begegnen* aus dem Umgang der Menschen miteinander stammt, »begegnet« bei Heidegger auch ein Werkzeug (›Zeug‹), mit dem, hat man es ›zur Hand‹, eine Technik ausgeübt werden kann (›Zuhandenheit‹). Blickt man es lediglich an, ohne mit dem Instrument etwas zu tun, erhält es den Charakter der bloßen ›Vorhandenheit‹. Primär *begegnen* jedoch im gemeinsamen Leben andere Menschen. Wir sind ›bei‹ den anderen Menschen, fern von ihnen, in ihrer Nähe etc. Das Sein-bei anderen Menschen *hat eine ganz andere Konstitution* als das Sein-bei Werkzeugen oder bei bloß

vorhandenen Gegenständen. Die formalisierte Sorge-Struktur als Heideggers konstitutionsanalytische Fassung der Form möglichen menschlichen Handelns (möglicher Weltorientierung) deckt diese Differenzierungen zu.

Zunächst kann eingewendet werden, daß es bei der Sorge-Analyse ja gerade um die Erfassung der ›allgemeinen‹, ›formalen‹ Aspekte der Weltorientierung gehe. Jedoch: Diese Analyse gestattet es auch später nicht, Fälle menschlicher kommunikativer Praxis von Fällen des technischen Herstellens von etwas bzw. des instrumentellen Umgangs mit Werkzeugen *gemäß ihrer Konstitution* voneinander zu unterscheiden. Sie nivelliert so

– einen Nagel mit dem Hammer einschlagen
– sich das Hemd zuknöpfen
und
– jemandem eine Bitte erfüllen
– einem anderen aufmerksam zuhören.

Daß diese Vollzüge bzw. Handlungen die gleiche formale Zeitstruktur haben (›sich-vorweg‹ – ›schon‹ – ›bei‹), ist ihnen nicht wesentlich, sondern äußerlich. Die Nivellierung der instrumentellen und der kommunikativen Orientierungen durch das Sorge-Existential gestattet es Heidegger jedoch, auch die Beziehungen der Menschen untereinander ›formal‹ als ›Verfallen an das innerweltlich Seiende‹ zu kennzeichnen, wie das ›Sein-bei innerweltlich begegnendem Seienden‹ auch heißt. Demgegenüber muß gefragt werden, ob sich nicht konstitutiv auch hinsichtlich der Zeitlichkeit etwas ändert, wenn wir die interexistentielle Verfassung der Praxis ins Zentrum der Analyse rücken. Ferner muß gefragt werden, ob durch Heideggers Analyse nicht *eigentliche Modi des gemeinsamen Lebens* bereits methodisch (›ontologisch‹, ›formal‹) und systematisch ausgeschlossen werden, so daß ein gelungenes Leben (›Eigentlichkeit des Daseins‹) nur noch als formale Ganzheit des *einzelnen*, nämlich jemeinigen und ›in den Tod vorlaufenden‹ Daseins bestimmt zu werden vermag. Nicht das Beispielmaterial (›ontisch-existentielle‹ Explikationsebene), sondern die im Ansatz enggeführte transzendentale Konstitutionsanalyse überhaupt möglicher menschlicher Praxis wäre dann für die Defizite verantwortlich. In unserer Analyse tritt an die Stelle der ›Sorge‹-Struktur als der Möglichkeitsbedingung menschlicher Praxis deren Bestimmung als praktischer Sinnentwurf des Menschen mit unablösbaren, wesentlich kommunikativen Erfüllungsgestalten in einer gemeinsamen Welt. Dabei erscheinen nicht ›die Anderen‹ oder ›Andere‹ als Möglichkeitsbedingungen meiner (wiederum ›subjektiv‹ konzipierten) Praxis (bzw. Sorge) – dies wäre eine bloße Verschiebung der Problematik auf »die anderen Subjekte« hin –, sondern konstitutiv für menschliche Sinnentwürfe sind immer bereits die *möglichen Formen gemeinsamen Lebens*. Demgegenüber bleibt die Konstitution der ›Sorge‹ monologisch und vermag zudem nicht zwischen herstellenden Vollzügen von Menschen mit Bezugnahme auf nicht-menschliches, zuhandenes ›Zeug‹ einerseits, praktischen Sinnentwürfen unter Menschen im gemeinsamen Leben andererseits zu differenzieren. Läßt sich das ›Sich-vorweg-sein‹ nicht bereits strukturell als Sinnentwurf in einem kommunikativen Horizont fassen? Richten sich die Sinnentwürfe mit ihren Erfüllungsgestalten nicht primär in eine interexistentiell ›erschlossene‹ Situation? Muß dann nicht die ›ekstatische‹ Konstitution primär zwischenmenschlich – mit Bezug auf die *Ekstasen der Interpersonalität* – und nicht primär formal-zeitlich begriffen werden? Ist eine kritische Destruktion der cartesischen Denkweise im Schema des ›sorgenden‹ pragmatischen Umgehens (›worumwillen‹, ›um-zu‹) in einer horizontalen Welttotalität bereits radikal genug vollzogen? Verfolgen wir diese kritischen Fragen, so ergibt sich die systematische Perspektive der Entwicklung einer Interexistentialanalyse. Wie ist eine menschliche Welt überhaupt möglich? Welche Formen der menschlichen Praxis lassen sich vor andern wirklich als *sinnkonstitutiv* auszeichnen? *Entscheidend ist, daß sich das in der Sorge-Analyse strukturell isoliert gedachte Sich-zu-sich-Verhalten eines Menschen selbst allererst in einem kommunikativen Horizont apriorischer Interexistentialität konstituieren kann. Aus diesem Horizont vermag ›ich‹ auf ›mich‹ zurückzukommen und ›mich‹ zu entdecken.*

Paradigmatisch für diese Konstitutionsebene sind die Personalindikatoren, deren Gleichursprünglichkeit wir schon im Blick auf die faktische Grundsituation hervorgehoben haben. Da Heidegger das Bild vom ›Ausstehen‹, von der ›ekstatischen‹ Konstitution, aus Gründen der Gleichursprünglichkeit der Zeitaspekte auf die ›Zeitigung der Zeitlichkeit‹ anwendet, d. h. auf die apriorische Form überhaupt möglicher menschlicher Zeitorientierung, können wir von der ekstatischen Interexistentialität reden. Betrachten wir die Personalindikatoren in Verbindung mit den für eine menschliche Welt konstitutiven interexistentiellen Sprachbehandlungen wie z. B. dem Versprechen und entsprechenden zeitlichen Indizierungen, dann wird deutlich, daß eine zeitlich-sorgende, monologische Weltkonstitution *a primis fundamentis* zu kurz greift.

(1) Er hat mir versprochen, von diesem Tage an so etwas nie wieder zu tun.

(2) Du kannst mir vertrauen, ich habe die Werkzeuge so weggeräumt, daß du sie ohne lange zu suchen finden wirst.

(3) Glauben Sie mir, ich habe den Hammer nicht benutzt!

(4) »Bitte, wo geht es nach Z.?«
»Fahren Sie zunächst geradeaus weiter, dann . . .«

(5) Bitte, gib mir das Salz!

Diese Beispiele sind geeignet, folgendes zu verdeutlichen:

1. Bereits in sehr elementaren Zusammenhängen, ja gerade dort, konstituiert sich ein jeweiliges *Selbstverhältnis* (ein ›sorgendes Sich-zu-sich-Verhalten‹) nur inmitten eines gemeinsamen Lebens und durch dieses.

2. Sprachliche Interexistentiale – die Sprachhandlungen des Versprechens, Vertrauens, der Versicherung des Glaubens oder des Bittens – ermöglichen auch den (zunächst) gemeinsamen Umgang mit Gegenständen im technischen Sinne. Die Formen des instrumentellen Weltverhältnisses werden daher umgriffen und ermöglicht durch die praktischen Sinnentwürfe. Erst das Verständnis der kommu-

nikativen Praxis mit so elementaren und fundamentalen Sinnbedingungen wie Täuschungslosigkeit, Ehrlichkeit, Richtigkeit der Auskunft, Verläßlichkeit der Information mit den entsprechenden reziproken Sinnerwartungen ermöglicht eine Orientierung im Gebrauchssinn der ›Zuhandenheit‹.

Das heißt: Bereits in der – von Heidegger systematisch diskreditierten, und dennoch zu Recht zum methodischen Ausgangsbereich gewählten – ›durchschnittlichen Alltäglichkeit‹ sind schlichte authentische Modi kommunikativer Interexistenz unverzichtbar, um weitere sorgende Vollzüge des Selbstverhältnisses zu ermöglichen. Diese schlichten authentischen Modi des Vertrauens auf andere Menschen und in deren Äußerungen tragen das gemeinsame Leben. *Lügen* und *Betrügen* sind daher auch erst *nach* dem Eintritt in die interexistentiellen Modi der Wahrheit, der Wahrhaftigkeit und der Glaubwürdigkeit als defiziente Modi erlernbar und praktizierbar. Die jeweils eigene Zeitorientierung eines Menschen wird dabei entscheidend in der Interexistenz qualifiziert und modifiziert. Das zeitliche Sich-zu-sich-Verhalten ist durch das gemeinsame Leben zugänglich und geformt, z. B. in folgenden kommunikativ-interexistentiellen Verhältnissen:

– jemandem zuhören
– jemandem helfen
– sich untereinander beraten
– an jemanden denken
– für jemanden arbeiten
– jemanden lieben
– auf jemanden warten
– jemandem etwas beibringen.

Das, was wir jeweils tun, und wie wir uns zu uns selbst verhalten können, ist durch kommunikative Interexistentiale konstituiert. Das gilt auch für die Zeit des gemeinsamen Lebens. Die Zeitlichkeit der primären Welt ist interexistentiell konstituiert.

Heideggers Existentialanalyse überspringt die Ebene der interexistentiellen Konstitution. Sie freizulegen, ist Aufgabe der nächsten Schritte dieser Untersuchung. Zuvor sollen die entscheidenden Gründe und vor allem Konsequenzen dieses Defizits der Existentialanalyse kurz aufgewiesen werden. Sie alle sind dafür verantwortlich, *daß Heidegger die ethische Dimension der transzendental-anthropologischen Konstitution nicht bzw. nur verzerrt in den Blick bekommt*. Er sieht nicht, daß gelungene Formen des gemeinsamen Lebens die primären Modi situativer Erschlossenheit bilden, daß in ihnen ›das Sein‹ sich anfänglich ›lichtet‹.

1. Das Sorge-Existential stellt eine technisch-pragmatische Engführung der gemeinsamen Praxis dar und schreibt diese *a primis fundamentis* konstitutionsanalytisch fest. Die so festgestellte Struktur gibt eine monologische Verfaßtheit der Selbstbezüglichkeit bereits im Ansatz vor. Die primäre Konstitutionsebene wird instrumentell am Paradigma des Umgehens mit handhabbaren Werkzeugen entwickelt.

2. Dem entspricht eine systematische Depotenzierung des gemeinsamen Lebens in der Gestalt des Paradigmas der ›uneigentlichen Existenz‹: der ›Verfallenheit an das Man‹ mit ihren Grundzügen des ›Geredes‹ (SZ § 35), der ›Neugier‹ (SZ § 36) und der ›Zweideutigkeit‹ (SZ § 37). Es wird so nicht sichtbar, daß positive kommunikative Interexistentiale wie Wahrhaftigkeit, Aufrichtigkeit, Vertrauen, gegenseitige Hilfe und Bemühung um Klarheit und Eindeutigkeit die durchschnittliche Alltäglichkeit ebenso charakterisieren. Diese authentischen Modi der Alltäglichkeit ermöglichen eine vernünftige Weltorientierung und ein transparentes Selbstverhältnis *gerade auch für jeden einzelnen*, so daß nicht von einem ›Verfallen‹ an sie im pejorativen Sinne die Rede sein kann. Darüber hinaus sind hier die positiven Modi vorgängig *sinnkonstitutiv* auch für die Verzerrungsformen, für deren Verständnis wie für ihre Praktizierung. Durch die Engführung der Analyse bei der Sorge-Struktur verstellt Heidegger sich im Ansatz die Möglichkeit, diese Tatsache der Konstitution freizulegen. So kann die durchschnittliche Alltäglichkeit selbst nur als geschlossener Verfallenheits- und Verblendungszusam-

menhang in den Blick treten: auf dem Grund einer bereits transzendental-anthropologisch mit der ›Sorge‹ festgeschriebenen *primären Verdinglichung.*

3. Aus dieser Depotenzierung der authentischen Formen des gemeinsamen Lebens ergibt sich in der immanenten Konsequenz der Existentialanalyse die notwendige *Verdekkung der kommunikativen Interexistentiale.* Die Verdekkung zeigt sich im Fortgang der Analysen von *Sein und Zeit* in der nahezu ausschließlichen Konzentration auf Existentiale wie Furcht, Angst und Tod. Das hermeneutische Gefälle dieser Analysen steigert sich von der Sorge über die Furcht – hier sind noch Gegenstände der Welt einbezogen – bis zur Angst, in der alles innerweltlich Besorgbare in die Sinnlosigkeit ableitet, um im einzigartigen jemeinigen Tod die Klimax zu erreichen. Nicht das ontisch-existentielle Beispielmaterial, welches oft Anlaß zur Kritik an Heidegger wurde, ist es, das philosophischsystematisch hier irreführt; es ist vielmehr die *interne Konsequenz* der Analyse auf der Ebene der transzendental-anthropologischen Konstitution selbst. *Weil* die Ebene der praktischen Sinnentwürfe mit der Sorge-Struktur bereits von Anfang an mit dem ›Verfallen an das innerweltliche Seiende‹ gleichgesetzt und somit verfehlt wurde und so erst recht die kommunikativen Erfüllungsgestalten der Praxis gar nicht in den Blick treten konnten, müssen weitere Modi der Erschließung konstitutiv auf *Vereinzelung* des Menschen abzielen.

4. Völlig konsequent erfolgt daher in *Sein und Zeit* eine *monologische* Bestimmung des guten Lebens, der ›eigentlichen Existenz‹: Da die technisch-instrumentelle Ebene, in die die menschliche Praxis enggeführt wurde, für eine solche Perspektive nicht in Frage kommt, andererseits aber die kommunikative Ebene der Interexistenz entweder abgeblendet oder auf paradigmatisch verzerrte Formen reduziert wurde, bleibt nur eine radikalisierte Vereinzelung des einzelnen Daseins in Konfrontation mit seinem sterblichen Leben im Ganzen, um die Möglichkeitsbedingung der Eigentlichkeit auszumachen. Die Totalisierung des

Selbstverhältnisses wird ontisch-existentiell durch die gegenstandslose Todesangst paradigmatisiert. An die Stelle des Cartesianismus und seiner Konstruktion einer subjektbefangenen Selbstsicherheit tritt nicht die systematische Perspektive des gemeinsamen Lebens in der primären Welt; sondern die Selbstsicherheit wird nur zum ganzen In-der-Welt-sein und dessen Todesgewißheit ausgedehnt: Ich habe Todesangst, also bin ich eigentliche Existenz.

Diese kritischen Thesen zu Heideggers Existentialanalytik sind bewußt pointiert. Es wird nicht bestritten, daß ohne ein Verständnis der eigenen Endlichkeit keine vernünftige Lebensorientierung möglich ist. Eine gerade in den verschiedenen Formen des alltäglichen Lebens in der Interexistenz sichtbar werdende unverzichtbare und differenzierte Bedeutung der *singulären Totalität* des Lebens wurde bereits beschrieben. Sie ist jedoch nicht mit der *thanatologischen Engführung* verbunden, in welche die Analysen der Heideggerschen Existentialanthropologie münden. Die hier bewußt möglichst prägnant herausgestellten strukturellen Defizite der Heideggerschen Konstitutionsanalyse führten im Schulzusammenhang unmittelbar nach Erscheinen von *Sein und Zeit* zu entsprechenden alternativen Untersuchungen, allen voran Karl Löwiths Habilitationsschrift *Das Individuum in der Rolle des Mitmenschen* (1928). Mit völliger Klarheit erkannte Heidegger in seinem Gutachten die für Löwith leitende systematische Grundintention, die er wie folgt zusammenfaßt: »Es soll gezeigt werden, daß schon die anthropologische Grundfrage (sc. »was ist der Mensch?«, Th. R.) *als Frage*, von der Art ihrer Beantwortung noch ganz abgesehen, weder in der verengten Orientierung auf ein isoliertes Subjekt noch mit Rücksicht auf dieses isolierte Ich in seiner bloßen Beziehung zu Objekten gestellt werden darf, daß sich vielmehr alle personalen Verhältnisse sowohl als auch alle Sachbezüge der Subjekte zur ›Welt‹ auf dem Grunde des *ursprünglichen Miteinander Seins* von Menschen konstituieren« (Heidegger, 1928:470). In der Tat! Aber diese Einsicht prägt keineswegs Heideggers eigenes Denken in der

Tiefe. Gerade eine transzendental-anthropologische Reflexion auf die Konstitution der Moralität kann das interexistentielle Defizit von *Sein und Zeit* zum Ausgangspunkt nehmen, um die Hypothek eines monologisch-subjektzentrierten Denkens für die praktische Philosophie zu überwinden. Wie tief dieses Denken noch *Sein und Zeit* prägt, zeigt im übrigen noch besonders eindrücklich der § 69 des Werkes: »Die Zeitlichkeit des In-der-Welt-seins und das Problem der Transzendenz der Welt«. Hier wird – wiederum im Wege der Verdeckung und des Überspringens der interexistentiellen Konstitution – schließlich die Konstitution der Welt aufgespalten

(a) in die Ekstasen der Zeitigung der Zeitlichkeit, und
(b) in die Schemata der Weltlichkeit der Welt, die sich im ›Besorgen‹ zeigen.

Man kann die systematische Grundstellung der transzendentalen Anthropologie Heideggers daher als einen verzeitlichten und verweltlichten Cartesianismus bezeichnen. Dieser wird nicht dadurch gebrochen, daß *Sein und Zeit* eine existentiale Interpretation des transzendentalen Schematismus Kants im Rücken hat, denn fortgesetzt wird der Gedanke, die Konstitution des menschlichen Seins auf dem Wege über die Gegenstandskonstitution zu erreichen. Und die monologische Grundstellung wird ebenso nicht durch den existentiell-ontischen Untergrund des Kierkegaardschen Denkens gebrochen; denn diese gegen einen universalen Zusammenhang der Verdinglichung, der Verblendung und Weltverfallenheit aufgebotenen Analysen der Schuld, der Furcht, der Angst und des Todes radikalisieren nur die systematisch angelegte Vereinzelung.

Demgegenüber wird der Fortgang unserer Untersuchung zeigen, daß nur eine *Interexistentialanalyse* es ermöglicht, die Konstitution der primären Welt und der Moralität aufzuklären. Auch die Existentiale Heideggers werden von ihr aus neu in den Blick treten.

Alle faktischen Formen der Grundsituation erscheinen in der Perspektive der praktischen Realität der primären Welt bereits als *kommunikative, interexistentielle Formen* einer menschlichen Welt. Für die theoretische Wirklichkeit der Wissenschaft, jedoch auch bereits für das Wirklichkeitsverständnis des common sense und der alltäglichen Welt ist unbestritten und konzediert, daß *private* Einfälle, Phantasien, Visionen und Illusionen, Eindrücke und Intuitionen zunächst einmal nichts anderes darstellen als Orientierungs-*fiktionen*. Wenn jemand z. B. der Überzeugung Ausdruck verleiht, er werde ständig von einem großen weißen Hasen begleitet und könne sich mit ihm unterhalten, wenn diesen Hasen jedoch sonst niemand sehen oder hören kann, dann befinden wir uns in einer Komödie, oder der Betreffende leidet an einem getrübten Wirklichkeitsverständnis. Das heißt: Was als ›wirklich‹ gilt, ist *apriori* intersubjektiven Kriterien untergeordnet und durch diese allererst bestimmbar. Es ist zunächst kein Element einer Konsensustheorie der Wahrheit, sondern eine konstitutive Gegebenheit der primären Welt, die es hier angesichts der grundlegenden menschlichen Orientierungen einsichtig macht, von einer *systematischen Verknüpfung der Rationalität mit der Universalität* zu sprechen.

›Wirklichkeit‹ (der vernünftige Gebrauch des Prädikats ›wirklich‹) nennt also nicht die bloß gegenständliche Realität »unter Abzug der subjektiven Momente«, sondern ist näherhin als eine *kommunikative, transzendentale und praktische Lebensform der Menschen* zu analysieren und zu verstehen. Ich nenne solche Formen im folgenden – im Anschluß an, aber auch in kritischer Distanz und Absetzung von Heidegger – *kommunikative Interexistentiale*. Bestimmen und exemplifizieren wir im folgenden die Interexistentiale genauer.

Der für die ethische Reflexion dabei wesentliche Aspekt des ›Aufbaus der Welt‹ gemäß unserer Rekonstruktion besteht darin, daß die *kommunikative Realität des gemeinsamen Le-*

bens den unhintergehbaren Primat vor jeder monologischen und subjektzentrierten Perspektive besitzt, und dies gerade nicht erst im ethischen und moralischen Kontext, sondern faktisch in aller Alltäglichkeit.

Es ist zunächst eine unbestreitbare Tatsache unserer Genese, daß wir, allein und hilflos gelassen, in der blinden Natur gefangen blieben und alsbald in sie zurückkehren würden. Bereits jeder Einzelne hat faktisch nur eine Zukunft in einer selbst geschichtlichen Gemeinsamkeit mit Anderen. Der genetische Primat ist überall zu erhärten. Jedoch entscheidend ist für unseren systematischen Zusammenhang die Interexistenz als transzendental-apriorisches Konstituens. Bereits die genauere Betrachtung der transzendentalen Lebensformen der faktischen Grundsituation zeigt, daß wir diese, recht verstanden, nicht als *Existentiale* im Sinne Heideggers, sondern als *Interexistentiale* begreifen und analysieren müssen.

1. Die *Welt*, in der wir gemeinsam leben, ist kein ›Existential des Daseins‹, sondern konstitutiv und allen ›subjektiven‹ Orientierungen in ihr vorausliegend ein *Interexistential*. Die Welt ist keinesfalls in irgend einem Sinne eine Eigenschaft von Subjekten – dies kann niemand ernsthaft meinen; als Interexistential begriffen sind ihre Grundzüge ineins Beziehungen, Handlungszusammenhänge auch zwischen Personen. *Die apriorische Situationalität ist interexistentiell verfaßt.*

2. Das gemeinsame *Leben* muß ebenfalls als *Interexistential* begriffen werden. Je *mein* Leben ist es *nur*, insofern es bereits vorher *(a priori)* interexistentielles Leben war, ist und sein wird. Nur interexistentiell vermag ich ein Verständnis auch meiner eigenen Lebenswirklichkeit zu gewinnen. So muß ich mich mit den Augen der Anderen sehen lernen und beurteilen können, um selbst meine eigenen Sinnentwürfe verstehen zu können. Erst das gemeinsame, das interexistentielle Leben ermöglicht ›mein‹ ›einziges‹ Leben.

3. Die *Sprache* kann nur als *Interexistential par excellence* verstanden werden. *Meine* ›ureigensten‹ Lebenssituatio-

nen erschließen sich mir durch die interexistentielle Grammatik der Sprachgemeinschaft und Sprachpraxis, in der ich mich allererst zu orientieren, zu artikulieren und zu verständigen gelernt habe. Primär ist der Zugang zu mir selbst interexistentiell grammatisch konstituiert. Wittgenstein hat diese grundstürzende Einsicht in die Konstitution der menschlichen Welt in den §§ 243 ff. der *Philosophischen Untersuchungen* entwickelt (vgl. die informative Darstellung in Zimmermann, 1989).

Jede einfache Lebenssituation, die wir uns vor Augen führen, wird uns die interexistentielle Konstitution bestätigen. Stets – das ist ein erster Prüfstein dieser Konstitutionsaussage – werden wir *Relationen zwischen Personen* antreffen, die allererst die Selbstverhältnisse der Personen je zu sich selbst ermöglichen und von diesen vorausgesetzt werden müssen; die Verhältnisse der Personen zu Dingen, zu nichtmenschlichen Gegenständen, lassen sich ihrerseits nur auf der Basis der interexistentiellen Beziehungen verstehen. Wir können diesen ›Aufbau‹ schematisch folgendermaßen wiedergeben, wobei (3) die Ebene (2), (2) die Ebene (1) voraussetzt.

(3)	*Kategoriale, dingliche Konstitution* durch Personen in der Interexistenz und Existenz.
(2)	*Existentielle Konstitution* der einzelnen Personen und ihres Sich-zu-sich-Verhaltens.
(1)	*Interexistentielle Basis der Konstitution*, Interexistentiale in der Praxis und in der Rede.

Dieser Aufbau läßt sich – das sei nebenbei angemerkt – als extremes Gegenstück zu Rudolf Carnaps Analyse des logischen Aufbaus der Welt bezeichnen. Das Ergebnis seiner Konstitutionstheorie sieht er in folgendem erkenntnistheoretischen Schichtensystem:

4. Geistige Gegenstände
3. Fremdpsychische Gegenstände
2. Physische Gegenstände
1. Eigenpsychische Gegenstände

(nach: R. Carnap, Scheinprobleme in der Philosophie, Frankfurt am Main 1971, S. 42).

Betrachten wir weitere transzendentale Lebensformen der faktischen Grundsituation im Blick auf ihren Status als kommunikative Interexistentiale in der Praxis und in der Rede. Unsere Orientierungswelt gliedert sich in einen öffentlichen Raum und in eine öffentliche Zeit. Die gemeinsame alltägliche Praxis ist hier für jede subjektive Orientierung vorausgesetzt. Wir kommen in eine Welt, in der z. B. gemeinsame Zahlen, Maße und Gewichte bereits immer schon im Gebrauch sind. Primär sind die interexistentiellen Orientierungen, die uns hinsichtlich der Mitmenschen ausrichten. In Abwandlung des Privatsprachenarguments Wittgensteins kann die Frage gestellt werden, ob eine *Privatpraxis* überhaupt möglich ist. Kann dem Begriff einer menschlichen Praxis ein rein subjektiver Status zukommen? Könnte eine private Praxis aus sich heraus *Kriterien* bereitstellen, die sie von der Beliebigkeit völlig willkürlicher Einfälle zu unterscheiden gestattete? *Woher sollen die Kriterien genommen werden?* Für unseren Kontext der systematischen Entwicklung der Grundgedanken der Interexistentialanalyse genügt hier zunächst der Grundsatz, daß ich jeweils selbst zu meiner Orientierung darauf angewiesen bin, zu unterscheiden, ob ich es mit beliebigen und zufällig entstandenen *Vorfindlichkeiten* oder mit *Sinnzusammenhängen* zu tun habe. *Daß* es sich um Sinnzusammenhänge handelt, *das kann ich nicht ›für mich allein‹ erfinden, lediglich wollen*, sondern es muß auf eine grundsätzliche Weise *so* sein. Im Zweifelsfall versichere ich mich der Nicht-Beliebigkeit durch *Rückgang in die Interexistenz.*

Die begriffliche Interexistentialität unserer Orientierungen ist in der transzendental-anthropologischen Konstitutionsanalyse bereits insofern einbezogen, als *unterhalb* der minimalen internen Komplexität der vollen Gliederung der faktischen Grundsituation keine Orientierung denkbar ist. »Bricht« auch nur ein Konstituens der transzendentalen Faktizität »weg«, so haben wir es bereits nicht mehr mit einer *überhaupt möglichen* menschlichen Lebenssituation in der primären Welt zu tun. Insofern ist die Rede von einer subjektiven Praxis eine *contradictio in adiecto*. Vollzüge, die nicht prinzipiell in der Interexistenz konstituiert sind, erscheinen daher ebenso unmöglich wie nicht leiblich vermittelte praktische Sinnentwürfe. Wie bereits andernorts festgestellt, konstituiert sich Sinn in der primären Welt nicht ›präsentisch‹, augenblicklich und ›punktuell‹, sondern in minimaler zeitlicher Erstreckung und Kontinuität. Ferner konstituiert sich Sinn nicht existentiell und subjektiv, sondern interexistentiell. Die minimalen Konstitutionsbedingungen von Sinn verweisen ineins auf eine jeweilige öffentliche, gemeinsame *situative Totalität*, die sich nicht als die Innenwelt eines Subjekts oder mehrerer Subjekte denken läßt. Die Stabilität unserer Praxis und ihrer Sinn- und Verstehensbedingungen läßt sich über eine ›subjektive Innenwelt‹ – losgelöst von einer minimal komplexen situativ-pragmatischen Totalität – nicht sichern und nicht einmal denken. Auf die Frage: Wie ist Praxis überhaupt möglich? kann in der Perspektive der Interexistentialität daher geantwortet werden:

Praxis ist überhaupt nur möglich, wenn mehrere Handelnde das Gleiche tun.

Sie ist möglich, wenn wir – um eine Formulierung Hegels aufzugreifen – sagen können, daß das Tun des einen das Tun des anderen ist. Bereits in der Perspektive der faktischen Konstitution läßt sich eine menschliche Welt mit ihren Praxisformen also nicht so begreifen, daß wir *einzelne Subjekte* sind, die sich ›existierend‹ um sich selbst ›sorgen‹ und sich in diesem Sinne ›zu sich selbst verhalten‹, und zu denen dann andere Subjekte gleichsam von außen hinzutreten. Sondern jeweils vorgängig im apriorischen Sinne sind bereits *Verhältnisse zwischen den Menschen*. Die eigentümlichen Kategorien, die wir zur richtigen Erfassung dieser Tatsache der Konstitution einführen, heißen daher nicht ›Existentiale‹, sondern Interexistentiale.

Jeder kann das Wort *ich* verwenden. Es gehört niemandem als Privateigentum. Es handelt sich um einen *synkategorematischen*, d. h. nur im Satzzusammenhang verwendbaren Indikator. Die grammatische Ergänzungsbedürftigkeit des Indikators wird insbesondere durch *Verben* befriedigt: Ich *schreibe* ein Kapitel. Ich *wechsele* das Kabel der Schreibmaschine *aus*. Ich *hoffe*, daß meine Darstellung verständlich ist. Das isolierte *ich* muß mit Verben gesättigt werden, ohne die es stumm und tot dasteht. Mit den Verben reicht das *ich* in die *öffentlich situativ erschlossene Handlungswelt des gemeinsamen Lebens*, in die Interexistenz, in die es als von jedem verwendbares Wort ohnehin gehört. Nicht isoliert, sondern *nur* in den Lebensvollzügen des alltäglichen Existierens hat es Sinn. Was die Tradition als Rätsel hypostasierte – das *bewußte Ich* –, das zeigt sich als *Möglichkeit zum Handeln in der Interexistenz des gemeinsamen Lebens*. Insofern benennt *das Gleiche tun in der Interexistenz* ein wesentliches Konstituens der primären Welt. Die Bewußtseinsphilosophie – mindestens von Descartes bis Husserl – isolierte *gegen* die öffentliche Grammatik *das* Ich, *das* Subjekt, *das* Bewußtsein, *das* Selbstbewußtsein, *das* Cogito, *das* Ego, *das* Selbst, ja noch *die* Existenz, *das* Dasein als In-der-Welt-sein. Wenn auch die Frage, wie der ›Selbstversorger‹ Subjekt zur Welt kommt, durch die Weltanalyse v. a. Heideggers beantwortet zu werden schien – die interexistentielle Konstitution wurde so noch nicht erreicht. Der vollständige Begriff einer menschlichen Lebenssituation wurde weiterhin unterbestimmt.

Die Interexistentiale sind keine Eigenschaften von Subjekten, sondern Grundzüge des gemeinsamen Lebens, und als solche benennen sie zwischenmenschliche Beziehungen. Um den Argumentationsgang für einmal etwas aufzulockern, zitiere ich ein Prosastück von Lars Gustafsson:

Banalität

In einem idyllischen Gartenrestaurant am Lago Maggiore, wo man viele Liebespaare unter grünen Bäumen zusammensitzen sieht, die von unten durch die trauten Laternen der Wirtschaft beleuchtet werden, Hand in Hand oder die Arme um die Schultern, um die Hüfte des anderen gelegt, einander ins Ohr flüsternd, wie der Wind im Blätterwerk über ihnen flüstert, nimmt er plötzlich wahr, wie *gleich* sie alle aussehen.

Er wird von dem entsetzlichen Verdacht ergriffen, daß vielleicht *alle* Verliebten die ganze Zeit *genau das Gleiche* zueinander sagen.

Und erleben sich als vollkommen einzigartig, auserwählt, als einzige von einem Gefühl erfaßt, das das gewöhnlichste der ganzen Welt ist.

Alle Menschen haben dasselbe Recht, sich »ich« zu nennen. Nur ein Mensch auf der ganzen Welt kann sich ohne Widerspruch »ich« nennen.
(L. Gustafsson, Eine Liebe zur Sache, München 1983, S. 18.)

Obwohl der Verfasser ein guter Kenner der Philosophie Wittgensteins ist, so läßt sich doch die Stringenz des hier Dargestellten unabhängig von dieser Tatsache würdigen. In unserer Terminologie reformuliert können wir sagen: Die singuläre Totalität und unableitbare, einzigartige Weltgestalt einer Person ist *selbst ein Interexistential*. Die Einzigartigkeit ist nicht ›an sich‹, ›beziehungslos‹, gerade nicht *weltlos* und *ohne Andere* gegeben und überhaupt ausbildbar; sie bedarf zur Ausbildung der interexistentiellen Objektivität, nämlich der eingangs bereits apostrophierten *kommunikativen Realität des gemeinsamen Lebens.* So wird sie im Text Gustafssons im Interexistential der Verliebtheit kommunikative Realität. *Vor* und *außerhalb* der Interexistenz ist die Einzigartigkeit, die einmalige Weltgestalt eines Lebens, unmöglich.

Die Interexistentialanalyse muß folgende Irrwege ausschließen:

Erstens. Es führt kein Weg vom isoliert konzipierten Einzelsubjekt zu den anderen Subjekten. Der Schritt von der Subjektivität zur Intersubjektivität ist nicht zu vollziehen, *weil* zunächst ein isoliertes Orientierungswesen gedacht wird. Diese Fiktion prätendiert bloß ihre Möglichkeit; sie unterläuft daher die minimale Komplexität der primären Welt und jeder möglichen Lebenssituation. Für die epistemologische Fiktion eines lebens- und orientierungsfähigen isolierten Subjekts, welches *dann* zu Anderen findet, müssen entscheidende Konstitutionsbedingungen einer menschlichen Welt außer Geltung gesetzt werden. *Ein* Subjekt ist in der primären Welt unkonstituierbar. Aber es benötigt zur ›Selbstkonstitution‹ nicht nur die ›Gegenständigkeit‹ einer objektiven Außenwelt, sondern bereits zu deren Konstitution die Anderen, ohne die keine Wirklichkeit möglich ist. Die Selbstvergewisserung in elementaren Fällen erfolgt über die gemeinsame Orientierungspraxis. Somit »schließe« ich nicht aus der Einsamkeit der inneren Selbsterfahrung *per analogiam*, daß die Anderen »mir« ähnlich geartete Wesen sind. Überwältigend real sind die Verhältnisse der *interexistentiellen menschlichen Kultur*: Sexualität, Fortpflanzung, Erziehung und Sozialisation; die sprachliche Gemeinschaft der Menschen; Ehe, Familie und Verwandtschaftsverhältnisse; Gemeinde und Schule, Staat, Regierung und Politik; die Gesetze; Arbeit, Geld und Tauschverhältnisse; Religion und Kirche; überwältigend gering zunächst das einzelne Subjekt. Philosophiehistorisch beiseite gesprochen: Zweifellos hatte Hegel gegenüber Kants Konzeption des transzendentalen Subjekts den Aspekt der ›interexistentiellen Konstitution‹ gesehen, ins Zentrum gerückt und bereits in der frühen Jenenser Realphilosophie material-anthropologisch in seine Analysen einbezogen, indem er hier die Interexistentiale der *Sprache*, der *Arbeit* und der *Liebe* interpretierte, wie später die Gewalt- und Anerkennungsverhältnisse in der Geschichte. Im § 20 der *Enzyklopädie der philosophischen Wissenschaften im Grundrisse* von 1830 findet sich eine Destruktion des transzendentalen Subjektivismus, die als Antizipation des Wittgensteinschen Privatsprachenarguments gelten kann: »Indem die *Sprache* das Werk des Gedankens ist, so kann auch in ihr nichts gesagt werden, was nicht allgemein ist. Was ich nur *meine*, ist *mein*, gehört mir als diesem besondern Individuum an; wenn aber die Sprache nur Allgemeines ausdrückt, so kann ich nicht sagen, was ich nur *meine*.« Hegel sieht im folgenden klar, daß noch die subjekttheoretische Ausdrucksweise der Konstitutionsanalyse

Kants (»Das: *Ich denke*, muß alle meine Vorstellungen begleiten *können*.«) »ungeschickt« ist, nämlich die Allgemeinheit der interexistentiellen Grammatik verdeckt. Diese muß zur methodischen Basis der Analyse werden, denn dann erst ist ein subjektzentrierter Anfang *a priori* ausgeschlossen. Ein großes Beispiel für den sonst hier möglichen Irrweg stellen die *Intersubjektivitätsanalysen* Husserls dar. In ihnen wird das ganze systematische Arsenal der analogischen Argumentation, des ›Parallelismus‹ noch einmal – vergeblich – aufgeboten. Aber wir sahen: Auch die Ernennung des Mitseins-mit-Anderen zum Existential durch Heidegger bleibt der Konstitution im Kern äußerlich, denn die Interexistenz ist nicht noch ein ›Existential‹ neben den anderen und steht nicht auf gleicher Stufe mit ihnen.

Zweitens. Ein weiterer Irrweg, den die Interexistentialanalyse ausschließen muß, ist eine *Nivellierung der interpersonalen Differenzen* auf die Unterschiedslosigkeit einer Indifferenzphilosophie der Intersubjektivität. Mit ihr ginge einher, die von uns bereits im Abschnitt über Totalität und Singularität analysierte einmalige Welttotalität eines jeden Lebens durch die Konzeption der vorgängigen Interexistenz zu *depotenzieren*. Die Interexistenz *ist* vorgängig; indem sie es ist, dominiert das Konstitutionsgeschehen aber nicht die Anonymität eines Heideggerschen *Man*. Dominant sind die *Relationen* zwischen den Menschen; letztere müssen gerade in ihrer Interexistenz als singuläre Totalität begriffen werden.

Drittens. Nahe liegt ein Weg, der die traditionelle bewußtseinsphilosophische, egologische Konstitutionsrichtung lediglich *umkehrt*: Nicht *ich* (mein Bewußtsein) bin logisch Voraussetzung der Anderen, sondern die Anderen konstituieren mich. So hatten z. B. bestimmte ›Dialogphilosophen‹ das ›Ich‹ vom ›Du‹ (Martin Buber) her verstehen, ja gewissermaßen ›ableiten‹ wollen. Aber bereits die Betrachtung der personalen Indikatoren zeigt, daß ein ›Verstehen‹ der Verwendung von ›ich‹ aus der Analyse von ›du‹ nicht möglich ist. *Nur* die *ganze* grammatische Gruppe der jeweiligen Indikatoren in ihrer semantischen Gleichursprünglichkeit ermöglicht das Sprachspiel. So kann ich die Sinn- und Verwendungsbedingungen von ›jetzt‹ auch nicht denen von ›später‹ entnehmen. Schließlich verbirgt sich in der bloßen Umkehrung der Konstitutionsrichtung auch ein *regressus in infinitum*: Woher bezieht das jeweilige ›du‹ seine Verfassung? Als selbst ein ›ich‹ betrachtet, setzt es wiederum ein ›du‹ voraus. Buber konzipiert letztlich ein Ewiges Du (Gott), dem die Einzelnen sich dialogisch verdanken. Dies kann hier nicht in Ansatz gebracht werden. Eine bloße Umkehrung reproduziert die systematischen Mängel, um derentwillen sie geschah, nur allzuoft.

Viertens. Wenn der Ansatz beim Subjekt, die nivellierende Depotenzierung und auch die Umkehrung der Konstitutionsrichtung sich als Irrwege erweisen, dann scheint die Konzeption einer *wechselseitigen Konstitution* der Interexistentialanalyse am nächsten zu kommen. Nur darf auch diese nicht so gedacht werden, daß *zunächst Einzelsubjekte* sich isoliert gegenüber stehen, die alsdann sich wechselseitig durch ihre Interaktionen ermöglichen – ein Irrweg. *Unus homo, nullus homo* – auch in der wechselseitigen Konstitution.

Die wechselseitige Konstitution muß so begriffen werden, daß wir Menschen werden (im Sinne der Konstitution einer menschlichen Welt, nicht lediglich genetisch), *indem wir in die kommunikative Realität einer gemeinsamen Welt eintreten. In* dieser kommunikativen Realität lernen wir uns selbst allererst kennen. *Vor* und außerhalb der kommunikativen Realität von ›uns‹ zu reden, hat gar keinen Sinn. Noch nicht einmal die traditionelle Rede von einer *tabula rasa* hat hier eine Verwendung. Die Interexistentiale in unserer Praxis und Rede benennen genau jene Strukturen der öffentlichen Handlungswelt, die *Objektivität transsubjektiv verbürgen.* Ich finde etwas über mich selbst heraus, indem ich etwas tue – in der öffentlichen Handlungswelt. Ich muß dazu Interexistentiale praktizieren, sie aktualisieren, das heißt: *nicht* Eigenschaften meiner selbst, sondern Grundzüge des gemeinsamen Lebens. Ich nenne einige Gruppen von Interexistentialen:

- sexuelle und erotische Interexistentiale
- pädagogische Interexistentiale (lehren und lernen)
- ökonomische Interexistentiale (tauschen und handeln)
- politische Interexistentiale (Macht und Kompromiß)
- ästhetische Interexistentiale (Betroffenheitsmodi wie Katharsis oder Schock, Erschütterung und Erhebung)
- religiöse Interexistentiale (meditative und kongregative; gemäß einer Unterscheidung von Kambartel).

Die kommunikativen Interexistentiale, ihre konstitutive Rolle im gemeinsamen Leben sowie ihre grammatische Verfassung werden im Zentrum unserer weiteren Untersuchungen zum anthropologischen Universalismus stehen. Zuvor sollen die Perspektiven der anthropologischen Fragilität, Asymmetrie, Alterität und Negativität entwickelt werden.

§ 13 Die anthropologische Fragilität

Zur vollen Gliederung der menschlichen Grundsituation gehört eine Gruppe von Zügen, die wir unter die Überschrift der menschlichen Gebrechlichkeit oder Fragilität stellen können. Je stärker Anthropologie und Ethik in der Reflexion miteinander verklammert werden, desto wichtiger wird es, kein einseitig zurechtgestelltes Bild der menschlichen Lage zu zeichnen. Die Anlage des Lebens auf Sinn und Erfüllung wäre undialektisch thematisiert, wenn nicht gleichermaßen eine Reflexion auf die Bedrohtheit der Lebensentwürfe durch Unsinn, auf die Gefährdetheit der menschlichen Praxis erfolgen würde. Das Leben bewegt sich nicht gleichförmig, sondern ist zwischen ›dialektische‹ Momente eingespannt, deren Ausgleich eine ständige Aufgabe stellt. Ich möchte diese dialektische Verfassung durch den Aufweis *konstitutiver* Verhältnisse zwischen voneinander nicht trennbaren Lebensformen, besser noch: durch den Aufweis dialektisch aufeinander bezogener Lebensform*aspekte*, verdeutlichen.

Die menschliche Praxis vollzieht sich allein in den Grenzen der Möglichkeiten *konstitutiv fragiler* Wesen. Diese Fragilität prägt und formt die möglichen Lebenserfahrungen. Wir können folgende Konstitutionsaussagen treffen:

1. Das Leben bringt den *Tod* mit sich.
2. Die Freiheit eröffnet bereits die Wirklichkeit des *Bösen*.
3. Formen der Solidarität bergen die Möglichkeit ihres *Scheiterns* in sich, denn sie können eigentlich nicht erzwungen werden.

Wesentlich ist, daß diese Zusammenhänge tatsächlich konstitutiv sind. So, daß wir z. B. nicht formulieren könnten: Es möchte vielleicht einmal sein, daß freie Wesen sich verfehlen. Es könnte vielleicht geschehen, daß unsere Teilnahme an einer solidarischen Praxis und die mit ihr verbundene Preisgabe strategischer, selbstbehauptungsfixierter Orientierungen uns einem möglichen Mißlingen aussetzt. Diese Formulierungen sind falsch, weil sie die konstitutive und notwendige Verbundenheit der jeweiligen Lebensformaspekte nicht sehen lassen. Es muß aber deutlich werden, daß ein Begreifen unserer Lebensform hier nur gelingt, indem wir *beide* Aspekte jeweils in der Perspektive des anderen Aspekts sehen lernen. Wir treffen diese dialektischen Konstitutionsverhältnisse ferner in folgenden Grundzügen des Lebens an:

4. Dem menschlichen Leben wird zu Recht der Charakter der *Schwere* zugesprochen. Die Mühseligkeiten seiner Bewältigung können zwar für einige zu gewisser Zeit geringer sein, sie können aber auch unter günstigen Umständen nicht zum Verschwinden gebracht werden. Wenn sich daher Züge der *Leichtigkeit*, der Unbeschwertheit einstellen, so werden sie allererst auf dem Hintergrund der Schwere und Last des Lebens erfahrbar.
5. Die interexistentielle Konstitution der menschlichen Praxis ist durch eine primäre *Ferne* gekennzeichnet. Die meisten Menschen stehen – aus verständlichen Gründen – den meisten anderen fern. Erst aus dieser primären Ferne vermögen sich Formen der interexistentiellen *Nähe* zu entwickeln. Dieser Gesichtspunkt wird im Blick auf die anthropologische Alterität (§ 15) vertieft.

Auch den Grundzug der Schwere möchte ich zu den Modi

der Gebrechlichkeit, der anthropologischen Fragilität, zählen; ebenso die primäre interexistentielle Ferne, die bereits die Perspektiven der Fremdheit, Unvertrautheit und der Verständnislosigkeit in sich trägt. Leiblich prägnant sichtbar wird die Fragilität der Menschen in ihren ›exzentrischen‹ (H. Plessner) Möglichkeiten des *Lachens* und des *Weinens*. Sie zeigen das Eingespanntsein des selbstreflexiven Lebens in die Ambivalenz seiner Grundsituation.

Die Züge der Fragilität gehören nicht einer ›existentialistischen‹ Privatsphäre zu. Die Bedrohtheit und Gefährdetheit gilt für die gesamte menschliche Praxis, denken wir nur an deren internationale Großformen *Frieden* und *Krieg*. Das Insistieren auf der Fragilität hat zunächst die Funktion, Illusionen eines naiven anthropologischen Optimismus auszuschließen. Es ist aber kein Votum für eine pessimistische Anthropologie. Es besagt, daß Endlichkeit, Sterblichkeit, Versagungen, Zerfallenheiten und Formen der Entfremdung nicht nur zu den zu lösenden Problemen, zu den aufhebbaren Formen des Leidens gehören, sondern wesentlich zu der unabänderlichen Verfassung der Grundsituation. Die Formen der Fragilität treten zu unserer Praxis nicht noch gleichsam ›von außen‹ als lästig und störend hinzu; sondern die Praxis selbst ist konstitutionell fragil. Die Fragilität gehört zu den Möglichkeitsbedingungen der Praxis selbst.

Keine anthropologisch-praktische Reflexion darf daher die konstitutive Zerbrechlichkeit der Verhältnisse der menschlichen Grundsituation verdrängen oder überspielen:

– Ohne ein Verständnis von Sterblichkeit und Tod können wir auch kein vernünftiges Verständnis unseres Lebens – und zwar auch des gesellschaftlichen und politischen – gewinnen. Es ist eine Voraussetzung für das Gelingen individueller wie sozialer praktischer Sinnentwürfe, daß es sich bei ihnen um die Praxis *sterblicher* Wesen handelt.

– Ohne ein Verständnis der Wirklichkeit des Bösen können wir kein vernünftiges Verständnis unserer Freiheit gewinnen. Voraussetzung des Gelingens unserer nicht fremdbestimmten praktischen Sinnentwürfe ist es, zu wissen, daß wir in einer Praxis *sich verfehlender* Wesen leben.

– Ohne ein Verständnis der Möglichkeit des Scheiterns können wir an der gemeinsamen Praxis nicht sinnvoll teilnehmen.

Entscheidend ist nun: Wir dürfen die Modi der Fragilität,
Hinfälligkeit, Vergänglichkeit und Gefährdung durch die
Natur, durch andere und durch uns selbst, mithin Schuld,
Wahnsinn, Unglück und Scheitern, nicht wiederum isoliert
von der gemeinsamen Praxis und den Selbstverständnissen
thematisieren. Es liegt nahe, eine pessimistische Anthropologie des Elends zu entwickeln. Sie ist tatsächlich ein Grund-
motiv der europäischen Dichtung und Theologie. Philosophisch-anthropologisch wird die sündentheologisch bereits
in extenso durchreflektierte konstitutive Gebrochenheit des
Menschen paradigmatisch in den Beschreibungen der
menschlichen Grundsituation, die Pascal gegeben hat: die
charakteristischen hier analysierten Daseinsweisen sind Lan-
geweile, Eitelkeit, Nichtigkeit, Irrtum, Zweifel, Verlorenheit, die Zwiespältigkeit »zwischen Unendlichkeit und
Nichts«, Tod, Vergänglichkeit und Ohnmacht. Diese Analysen lassen sich unter dem Gesichtspunkt der konstitutiven
Fragilität als Lebensform interpretieren und bestätigen, weil
sie die *Unaufhebbarkeit* dieser Grundzüge herausstellen. Es
muß festgestellt werden: Die Modi der Fragilität sind im
Kern nicht defiziente und tilgbare Mißgestalten des Lebens.
Es handelt sich nicht um gleichsam von außen kommende,
der integren Grundsituation zustoßende Kalamitäten, nicht
um Störungen eines ansonsten »normalen« Ganges der Dinge. Die Modi der Fragilität sind Konstituentien der menschlichen Situation. Es genügt jedoch philosophisch-anthropologisch nicht, den konstitutiven Status der Gestalten der
Fragilität zu akzentuieren. Es muß vielmehr weiter gefragt
werden: Wie sind diese Gestalten näherhin in die Konstitution einer menschlichen Welt einbezogen?

Auf dem Hintergrund unserer bisherigen Untersuchung
kann zunächst geantwortet werden: Die Modi der Fragilität,
der Leidbedrohtheit und Schuldgefährdetheit werden *erfahrbar* im Zusammenhang unserer Sinnentwürfe und ihrer
Erfüllungsrichtungen. Die praktischen Sinnentwürfe bilden

den Horizont, in dem allererst die Gestalten der Hinfällig-
keit und Zerbrechlichkeit erscheinen können. Wir können
somit auch formulieren: *Die Sinnentwürfe im gemeinsamen
Leben sind Sinnentwürfe im Horizont von Endlichkeit, Lei-
den, Schuld, Wahnsinn und Tod. Die Modi der menschlichen
Fragilität selbst werden jedoch allererst im Horizont der
Sinnentwürfe erfahren.*
Betrachten wir Gestalten des Schmerzes, von denen die
menschliche Lebenssituation bedroht ist:
– Heimweh, während der Leidende gezwungen ist, in der
  Fremde den Lebensunterhalt zu verdienen;
– Liebeskummer: eine unaufhebbare Fremdheit und Ferne
  ist an die Stelle der Vertrautheit und Nähe getreten;
– Einsamkeit, z. B. eines Kindes, welches allein gelassen
  wurde;
– Leiden angesichts politischer Gewaltverhältnisse.
Wir sehen an der phänomenologischen Basis, daß die Modi
der Gebrochenheit jeweils im Horizont von Sinnentwürfen
erscheinen:
– im Horizont der möglichen Heimkehr in die Heimat;
– im Horizont der erinnerten Formen des kommunikativen
  Lebens;
– im Horizont bereits erfahrener Nähe und Gemeinsamkeit;
– im Horizont eines Wissens von den Möglichkeiten der
  Organisation gerechter Formen des Zusammenlebens.
Sowohl individual- wie sozialethisch sind es die Sinnentwürfe des gemeinsamen Lebens, die den Horizont der sonst
nicht erfahrbaren Modi des Schmerzes, der Entbehrung und
des Leidens bilden. Die Thematisierung der Fragilität muß
daher auf deren Einbettung in die Konstitution der Entwürfe
und Erfüllungsgestalten achten. Die Konstitution der praktischen Grundsituation darf nicht undialektisch analysiert
werden. Das bedeutet:
1. Die Konstitution der Fragilität darf nicht isoliert, sondern
   muß im Kontext der *Interexistentialanalyse* thematisiert
   werden.
2. Die konstitutiven Züge der menschlichen Gebrechlichkeit

treten uns nicht als krude Faktizität vor Augen, sondern bereits verbunden mit bestimmten *Erfahrungen* und *Einsichten*.

Diese Gesichtspunkte sind zu beachten, wenn die Modi konstitutiver und unaufhebbarer Fragilität näher betrachtet werden. Diese Modi gehören in ihrer Unaufhebbarkeit dann nämlich zur Lebenssinnkonstitution, zu den Bedingungen, unter denen es möglich wird, Sinn zu erfahren und in Richtung auf kommunikative Erfüllungsgestalten der Praxis zu handeln. Die Erfahrungen der Verletzlichkeit sind *Grenzerfahrungen*, die zu grundlegenden Einsichten führen können. Die Sinnkonstitution des gemeinsamen Lebens schließt die konstitutive Fragilität der moralischen Verhältnisse selbst notwendig ein: Ohne Modi der *Preisgabe eigener Verfügungsmacht* entstehen gar nicht erst die Modi kommunikativer Solidarität und Autonomie. Was oft mit den *termini technici* der Reziprozität und Symmetrie interexistentieller Verhältnisse im praktischen Bereich bezeichnet wird, nennt genau jene Gestalten wechselseitiger Selbstpreisgabe, die Voraussetzung authentischen gemeinsamen Lebens sind. Das heißt: *Die Möglichkeit der Verletzung ist wechselseitig die conditio sine qua non überhaupt in der Perspektive des Gelingens stehender Formen der Interexistenz.*

Wir können nicht in das gemeinsame Leben eintreten, ohne den Tod in Kauf zu nehmen. Wir können nicht in Verhältnisse dieses Lebens eintreten, ohne daß die hier konstitutiven praktischen Sinnentwürfe die Realität des interexistentiellen Bösen mit sich führen. Wir werden an anderen schuldig, andere an uns. Schließlich sind praktische Interexistentiale – für die Konstitution der Moralität indispensabel – nur um den Preis ihrer Verletzlichkeit, und das heißt: um den Preis ihrer wieder und wieder *realen* Verletzung überhaupt als konkrete Lebensgestalten möglich. Versprechen kann es nur geben, wenn sie gebrochen werden können. Vertrauen als Interexistential ist nur möglich, wenn Mißbrauch und Enttäuschung möglich und immer wieder auch wirklich sind. Die Fragilität ist somit *lebenssinnkonstitutiv*, denn nur im Horizont des endlichen und unwiederbringlichen Lebens sind authentische (einmalige) Sinnerfahrungen und konkrete, irreversible Erfüllungsgestalten möglich. Sie ist *authentiekonstitutiv* für die praktischen (freien) Sinnentwürfe von Menschen, denn ohne die Perspektive des bösen Handelns und die Möglichkeit des egozentrisch in sich verkrümmten Selbstverständnisses gleichursprünglich mitzueröffnen, kann es kein gemeinsames freies Leben geben. Sie ist moralkonstitutiv im engeren Sinne, denn die Dignität der hier entscheidenden Orientierungen entstammt gerade wechselseitiger Preisgabe und Verletzlichkeit. Hier wird sichtbar: Die Konstitution der Moralität läßt sich von der transzendental-anthropologischen Rekonstruktion der vollen Konstitution der Grundsituation nicht künstlich isolieren. Denn sie ist auch nur *ein* Aspekt des Lebens, wenngleich der entscheidende und wesentliche. Weiter wird sichtbar: Die Fragilität tritt auf keine Weise als bloß äußerliche Störung zur Praxis hinzu. Sie gehört auf allen Ebenen untrennbar zur Konstitution selbst. *Zwei* Konsequenzen hat diese Feststellung vor allem nicht: Erstens hat sie keine pessimistische oder gar tragische Anthropologie und Ethik zur Folge. Zweitens leitet sie keiner kompensationsanthropologischen Ethik, Moralphilosophie und Gesellschaftstheorie Vorschub. Ich argumentiere im folgenden abschließend gegen diese Konsequenzen.

Die konstitutive Fragilität wird *festgestellt.* »Pessimistische« bzw. »tragische« Vorstellungen der Grundsituation wie auch dogmatisch-theologische Objektivationen in der Rede von »Prädestination« und »Sündenfall« sind grammatisch und transzendental-anthropologisch zunächst ebenso unklar wie eine psychoanalytische Rede vom »Unbewußten«, vom »Es«, vom »Todestrieb« und ähnliche Begriffsbildungen. *Sie können nur als selbst von Menschen konzipierte bildliche Sinnentwürfe und Konstruktionen gewertet und nicht als »Abbildungen« der ganzen Grundsituation in praktischer Hinsicht betrachtet werden.* Wir stehen hier unter dem Schutz des Negativen (das beschäftigt uns noch in den Abschnitten zur anthropologischen Negativität und zur Analyse der Menschenwürde) und eines generellen, fundamen talen *Bildverbots*. Daß wir uns kein Abbild von der ganzen Grundsituation machen können, schließt die Einsicht ein, daß unser Selbstverständnis nicht zu einem mythischen oder tiefenpsychologischen Urbild versteinern kann, wenn wir uns nicht – theoretisch oder auch praktisch – freiwillig in eine solche Abhängigkeit begeben. Es kann gleichsam keine Fotografie unserer Grundsituation geben, weil wir selbst noch hinter der Kamera stehen. Wir selbst sind es auch, die wesentliche Züge unserer Situation in der philosophischen Reflexion nachzeichnen. Zur Grundsituation gehört ihre Offenheit, ihre Unabbildbarkeit, gehören – wir selbst.

Eine kritische Anthropologie in praktischer Absicht muß daher sowohl das Konstituens der Fragilität akzentuieren und präzisieren als auch weitere bildliche Konstruktionen der Grundsituation als ganzer, die transzendentalpragmatisch unmöglich sind, zurückweisen. Eine entscheidende Bedeutung erlangt bei dieser Kritik der Abweis der Vorstellungen eines *hypostasierten »Innen«*. So könnte man – bezogen auf einen Menschen – den »Ödipus-Komplex« als eine psychische Eigenschaft in seinem »Innern«, als mentales »Objekt« in ihm als »Subjekt« vorstellen. Gemäß unserer Analyse handelte es sich bei dieser Vorstellung um die *»Hypostasierung eines komplexen Interexistentials zum »Innen« eines »Ich«*. Die ursprüngliche Tragödie des Sophokles vergegenwärtigt interexistentielle Lebenssituationen, und dies selbst als kommunikative dramatische Inszenierung. Beziehen wir diese Überlegung auf traditionelle Titel für große Bereiche der konstitutiven Fragilität: das *Böse*, die *Angst*, die *Schuld*, dann ergibt sich der Vorschlag, diese nicht primär als Eigenschaft im Innern von Subjekten zu denken, auch nicht im Heideggerschen Sinne als »Existentiale‹ – als Formen des jemeinigen In-der-Welt-seins also – sondern zunächst als Formen des gemeinsamen Lebens, als Interexistentiale. Wie weit die methodische intrasubjektive Hypostasierung kommunikativer Interexistentiale des gemeinsamen Lebens in Theologie, Philosophie und Psychologie tatsächlich und im einzelnen reicht, muß hier offen und eigenen Untersuchungen vorbehalten bleiben. Jedenfalls kann soviel bereits gesagt werden: Die Formen der Verdinglichung eines »Innen«, der intrasubjektiven Hypostasierung in den Fällen der menschlichen Fragilität finden sich keineswegs lediglich in den Verzerrungen theoretischer Zugriffe und Beschreibungen; vielmehr finden sie sich in den durchschnittlichen alltäglichen Selbstverständnissen ebenso. Den theoretischen und durch Theorien gestützten praktizierenden Formen der Hypostasierung kann nicht eine tatsächlich von Selbstmißverständnissen freie authentische Lebenspraxis entgegengesetzt werden. Die sinnkritischen Differenzierungen müssen vielmehr in die Lebenswelt selbst eingezogen werden. Das bedeutet nicht, daß in den Praxisformen der primären Welt kein Anhalt für sie existiert.

Die transzendental-anthropologische Analyse der konstitutiven Fragilität leistet keinem dogmatischen Pessimismus Vorschub und unterstützt kein »tragisches« Lebensgefühl, sondern löst verdinglichende Bilder gerade auf, ohne die Dialektik und Gebrochenheit in der Grundsituation zu unterschlagen. Die Analyse der Fragilität begünstigt zum zweiten nicht eine *kompensationsanthropologische* Sichtweise im Bereich der Ethik und Sozialphilosophie. Den Modi der Fragilität:

– der lebenssinnkonstitutiven Endlichkeit,
– dem authentiekonstitutiven Bösen und
– der moralkonstitutiven Verletzbarkeit

entsprechen interexistentielle *Modi der* wechselseitigen, *kommunikativen Solidarität*: Hilfe und Beistand, Anteilnahme, tätiges Mitleid, Trost und Verzeihung, Gestalten der Liebe. Praktisch-anthropologisch ist gemäß unseren Analysen ein auf die fragilen Züge der Grundsituation beschränktes *Teilverständnis* prinzipiell ausgeschlossen, denn die Erfahrungen des Defizitären setzen bereits Vorverständnisse im Horizont sinnvoller gemeinsamer Praxis voraus. Diese Praxis schließt aber die Modi kommunikativer Solidarität notwendig – und bereits aus begrifflichen Gründen – mit ein. Nun läßt sich stets eine folgende Deutung applizieren:

(1) Handlung h kompensiert das Defizit d. Oder:
(2) Handlung h kompensiert den Mangel m.

Da diese Deutungen in nahezu alle Praxiszusammenhänge eingezogen werden können, sind sie solange unproblematisch, als sie lediglich mit einer *façon de parler* zum Ausdruck bringen, daß wir keine Schwierigkeiten haben, den jeweiligen Sinn von h zu erkennen. Problematisch werden die Deutungen, wenn *authentische* Modi kommunikativer Solidarität *lediglich* als Funktionen der Kompensation von Zügen der konstitutiven Fragilität in ihnen erscheinen. Wer sagt,

(1) Was die Leute »Mutterliebe« nennen, das ist nur ein Brutpflegeinstinkt, der automatisch abläuft, um die Lebensunfähigkeit des hilflos organminderwertigen Kleinkindes zu kompensieren.

(2) Was die Ethik »Universalismus« und »kommunikative Solidarität« nennt, das sind lediglich Instinktresiduen aus der Frühzeit der Sippenverbände, die allerdings zur Moralhypertrophie (so Arnold Gehlen) argumentativ hochstilisiert werden.

(3) Was die Leute »Geist«, »intellektuelle Fähigkeiten« und »vernünftiges Denken« nennen, das ist nichts anderes als ein Surrogat der konstitutionellen Organminderwertigkeit des Menschen (so z. B. gesehen in den Analysen Alfred Adlers),

wer solche funktional-depotenzierenden generellen Behauptungen aufstellt, verkennt und verfehlt *a primis fundamentis* die Konstitution der menschlichen Welt. Zwar kann die funktionale Rekonstruktion mit »erdrückendem« empirischen Material abgesättigt sein *und* auch mit der faktischen Auswirkung der Modi kommunikativer Solidarität in der Praxis koinzidieren – sie muß dennoch die grammatische Verfassung dieser Praxis systematisch ignorieren. Sie muß methodisch die Augen davor schließen, daß wir die Modi der konstitutiven Fragilität im gemeinsamen Leben *bereits eingebettet in den vernünftigen und solidarischen Umgang mit ihnen* kennen und verstehen lernen. Im Kern müssen die kompensationsanthropologischen Deutungen daher von usurpiertem authentischen Sinn zehren.

Die konstitutive Fragilität darf somit weder geleugnet noch

dogmatisch zu einer Metaphysik des Wesens des Menschen hypostasiert werden. Sie muß im grammatischen und interexistentiellen Kontext vernünftiger Weisen gemeinsamen Lebens und im Kontext mit ihnen verbundener praktischer Erfahrungen und Einsichten begriffen werden. Dann zeigt sich auch das stets kritisch bewußt zu haltende *nur partiale* Wesen kompensatorischer Deutungen authentischer Praxis.

§ 14 Die anthropologische Asymmetrie
(an den Beispielen der Herrschaft und Sexualität)

Es gibt eine Reihe von konstitutiven Interexistentialen, die notwendig zur Grundsituation auch in praktischer Hinsicht gehören, deren konkretere Ausgestaltungen aber so differenziert sind, daß nur mit speziellem Bezug auf jene Ausgestaltungen weitere relevante praktische Einsichten gewonnen und Feststellungen – jeweils bereits situationsspezifisch – getroffen werden können. Diese Tatsache gestattet es mir, auch eine kurze methodologische Bemerkung über die Selektivität der für die Konstitution der moralischen Praxis erforderlichen Analysen einzuschalten.
Zwei wesentliche Konstituentien der genannten Art sind *Herrschaft und Sexualität*. Sie strukturieren notwendig die Grundsituation.
Zunächst sind die Situationen des menschlichen Lebens durch eine Reihe von *unvermeidlichen Asymmetrien* geprägt. Allein die zeitliche Differenziertheit der menschlichen Welt in Generationen bringt grundlegende Ungleichheiten – vor allem der Kenntnisse – mit sich. Erfahrungen und Fähigkeiten müssen tradiert werden. Die pädagogischen Interexistentiale (lehren und lernen, erziehen) sind konstitutiv für eine in der Geschichte real werdende menschliche Welt. Das unverzichtbare Desiderat der Lebensgestaltung verbindet sich hier mit der Abfolge der Lebensalter. Die Menschen sind lernfähig und lernbedürftig, und hierauf gründen sich Formen der interexistentiellen Asymmetrie und Ungleich-

heit, Formen der Dominanz in der Gestalt sinnvoller Möglichkeiten von Autorität. Die sehr lange Lern- und Orientierungsphase der Menschen – eigentlich endet sie erst mit dem Tod, denn unseren Erfahrungen ist stets von neuem die Form der singulären Totalität eingeprägt –, aber auch die dauerhafte Angewiesenheit auf Erfahrungen und Kenntnisse anderer, diese Tatsachen legen strukturelle Asymmetrien und Ungleichheiten in der Verfassung einer menschlichen Welt an. Die generationellen Asymmetrien bedingen es, daß Menschen in die volle Gliederung der Grundsituation in praktischer Hinsicht erst hineinwachsen. Die transzendentalen Prädikate der Mündigkeit, der Autonomie und der kommunikativen Solidarität, die wir weiter unten genauer thematisieren, können dem Kind nicht zugesprochen werden. Wir wachsen in genau jene volle Konstitution hinein, die durch diese Prädikate allererst bestimmt ist. Insofern ist primär nicht eine Geworfenheit in die Welt – Heideggers dem gnostischen Mythos entlehntes Bild – zu konstatieren, sondern ein Geborenwerden von einer Mutter. Es erfolgt die lebensermöglichende Prägung durch die Dominanz der kommunikativen Interexistenz.

Neben diesen generativ bedingten und unvermeidlichen Asymmetrien sind in der Konstitution der menschlichen Welt die interexistentiellen Modi der Herrschaft, der Macht und der Gewalt festzustellen. Unvermeidliche *Herrschaft* als strukturell zur Konstitution gehöriges und mit der Ausdifferenzierung der konkreten menschlichen Welt und ihrer arbeitsteiligen Organisationsform gegebenes Interexistential ist zu unterscheiden von zeitbedingten Formen legitimierter *Macht* und illegitimer *Gewalt* als verzerrtem Modus gemeinsamen Lebens. In praktischer Perspektive müssen die Formen der Dominanz danach beurteilt werden können, ob sie an Modi kommunikativer Solidarität zurückgebunden und auf reale Erfüllungsgestalten in der Praxis des gemeinsamen Lebens ausgerichtet sind. Sinnvolle Herrschaft (Dominanz im guten Sinne, Autorität) ist ein kommunikatives Interexistential; legitime Macht hat als ihre Legitimationsbasis nicht-instrumentelle kommunikative Verhältnisse. Gewalt ist kein kommunikatives, sondern ein rein instrumentelles Interexistential. Als solches ist es, wie die strategische Lüge hinsichtlich der Wahrhaftigkeit, ein defizienter Modus authentischer Dominanz. Drei Gesichtspunkte seien an dieser Stelle noch hervorgehoben.

1. Auch in – idealisiert gedachten – egalitären Verhältnissen wird sich Macht nicht als entbehrlich erweisen lassen. Die transzendental-anthropologische Analyse der Konstitution hat hier anti-utopistische Konsequenzen.
2. Ein spezielles Problem stellt die Möglichkeit und die Identifizierung so genannter struktureller Gewalt dar, d. h. der Verschleierung der militanten Aufrechterhaltung von Unrechts- und Ausbeutungsverhältnissen durch die Gestalten scheinbar sinnvoller organisatorisch bedingter Machtverhältnisse.
3. Ein weiteres Zentralproblem stellt die Thematik der legitimen Gewalt, die ggf. gegen illegitime, Gewalt nur verschleiernde Formen der Macht im Interesse vernünftiger Lebensformen aufgeboten werden muß, dar.

Die beiden letzten Gesichtspunkte zeigen bereits deutlich, daß eine Behandlung hier jeweils auf *konkrete* Gesellschaften und Lebensverhältnisse zu blicken hat und daher Konstitutionsanalysen im engeren Sinne nur den Zweck haben, mögliche Formen der anthropologischen Dominanz herauszustellen.

Das gilt auch für die *sexuelle* Differenz in der Grundsituation. Hier ist auf dem Hintergrund der bisherigen Analysen festzustellen, daß das Leben als Frau bzw. als Mann gemäß dem Leibapriori und dem anthropologischen Holismus mit der Gleichursprünglichkeit der Grundzüge jeweils die sexuelle Konstitution der *singulären Totalität* dieses Lebens ist. Wir haben es näherhin mit den sexuellen Interexistentialen als Voraussetzungen einer menschlichen Welt zu tun. Die leibliche Verfassung der Menschen ermöglicht hier bereits spezifische Sinnentwürfe mit kommunikativen Erfüllungsgestalten. Auch die Gestalten der Fragilität sind durch die sexuelle Konstitution modifiziert. Frauen sind, anders als Männer, bereits leiblich zu Formen der kommunikativen

Solidarität disponiert, die sie als Mütter auch jahrtausende-lang zu bestimmten »Rollen« im gemeinsamen Leben prä-disponierte und auch verurteilte. Für die Konstitution der praktischen Grundsituation ergibt sich, daß angesichts der Sexualität *genuine, spezifische* Sinnentwürfe und Erfüllungs-gestalten im gemeinsamen menschlichen Leben möglich sind. Die genuinen Erfüllungsgestalten weiblicher Praxis im Kontext des gemeinsamen menschlichen Lebens eigens zu begreifen, kann Aufgabe eines rationalen anthropologischen Feminismus sein, während, wie in der Folge deutlich zu ma-chen ist, Forderungen nach der Emanzipation und Gleich-berechtigung von Frauen sowie nach Abschaffung der Unterdrückung von Frauen bereits grammatisch im Kontext eines anthropologischen Universalismus und Egalitarismus ihren selbstverständlichen Sitz haben müssen. Eine spezielle Untersuchung zur Philosophie der Sexualität könnte es sich zur Aufgabe machen, diesen wesentlichen Aspekt der Grundsituation gerade in seiner interexistentiellen Verfas-sung zu analysieren.

Dominanz und Sexualität der Konstitution gehören, mit den angesprochenen Differenzierungen, notwendig zum ge-meinsamen Leben. Die Konstitution der Moralität selbst jedoch bezieht sich fundamental-anthropologisch auf *Men-schen*; und ihre Konstituenten würden unter *herrschaftsfrei-en* Verhältnissen nicht verändert. Der selektive Gesichts-punkt der Anthropologie in praktischer Absicht besteht darin, sich auf Konstitutionsaspekte bereits *für jeden Men-schen*, und unabhängig von den jeweiligen gesellschaftlichen Organisationsformen, in denen er sich befindet, zu konzen-trieren. Anders gesagt: Die Analyse der grammatischen und interexistentiellen Möglichkeitsbedingungen einer mensch-lichen Welt ist auch der Versuch, dafür zu argumentieren, die sexuellen Verhältnisse wie auch die Herrschaftsverhältnisse bereits aus der Perspektive der praktisch begriffenen Grund-situation zu sehen, und nicht lediglich als *factum brutum* der Gattungsgeschichte des *animal rationale*.

Neben den Fragilitäten und Asymmetrien konstituiert ein wesentlicher Grundzug die primäre Welt: die anthropologische Alterität, d. h. die Ferne und Fremdheit der geschichtlichen Völker und ihrer Kulturen in Raum und Zeit. Dieser Grundzug ist unüberbietbar evident und führt zu Reflexionen über den kulturellen Relativismus angesichts inkommensurabler praktizierter Lebensformen. Menschliches Leben muß je und je *faktisch* in Raum und Zeit beginnen und kultiviert werden. Es kann nicht ›abstrakt‹, ›an sich‹, ungeschichtlich, ungeographisch in die Wirklichkeit treten. Das *principium individuationis* gilt nicht nur für die einzelnen Individuen, sondern ebenfalls für Ethnien und ihre kulturelle Lebenswelt. Es ist selbst ein durchgängiges Konstituens der primären Welt, daß die geschichtliche Gestaltgebung ihrer Praxisformen auf überaus komplexe, erhebliche Weise differiert.

Näherhin läßt sich eine diachrone von einer synchronen Alterität unterscheiden. Die *diachrone Alterität* zeigt sich im Blick auf frühe Lebensformen und Hochkulturen, im Blick auf untergegangene Reiche und Weltreiche, auf geschichtliche Epochen wie die Antike oder das Mittelalter.

Diese diachrone Alterität in der Zeit potenziert sich durch die *synchrone Alterität* im Raum: Die Räumlichkeit der primären Welt, Länder und Meere, Berge, Wüsten und Wälder, bilden auf fundamentale Weise die *naturale Basis* jeweiliger Lebensformen. Die Ethnien bilden ein interexistentielles und dennoch individuelles Ethos aus. Da die apriorische Notwendigkeit der Formgebung besteht, entstehen auf allen Gebieten der menschlichen Technik und Praxis über der Konstitution der primären Welt – als ethnisch-kulturelle Überformungen – charakteristische *Eigenstile* und konkrete *Sittlichkeiten*.

Wir können in dieser Untersuchung nur die für die Konstitution der Moralität systematisch relevanten Aspekte der transzendental-anthropologischen Alterität betrachten. Wir können zwei Aspekte herausheben, die zudem miteinander verklammert sind:

1. Die konstitutionelle Tatsache der Alterität macht die Reflexion auf die Möglichkeitsbedingungen der Achtung vor der Würde des Fremden, des Fernen und des Anderen (im Unterschied zur eigenen Kultur) im Sinne einer praktisch-anthropologischen und *interexistentialen Xenologie* unumgänglich. Näherhin geht es darum, die ethischen Möglichkeitsbedingungen sowohl des Verstehens als auch der Interaktion mit fremden, fernen und anderen Kulturen und Lebensformen herauszuarbeiten. Eine praktische Xenologie muß daher zu einem *hermeneutischen Universalismus* ausgeweitet werden, in dem die kulturelle Dignität des jeweils Fremden, Fernen und Anderen konstitutiv für die interexistentiellen Formen sowohl des Verstehens als auch der Interaktion ist. Als transzendentales Konstituens in praktischer Hinsicht ist die anthropologische Alterität als der Reichtum und die Fülle geschichtlich konkreter Lebensformen zu kennzeichnen. *Individuum est ineffabile.* Sowohl für das einzelne menschliche Individuum als auch für den Stil von Kulturen ist eine *interne Unendlichkeit* und transzendentale Individualität zu sehen und zu beachten, die eine gewaltsame Vereinnahmung und eine repressive Deskription nach den nur der eigenen Kultur entnommenen Kriterien *a priori* verbietet. Die interne Unendlichkeit der Individualität brachte die Tradition in der Formulierung zum Ausdruck, daß der Logos in unzählige Sterne zerspringt, die sich alle wechselseitig erhellen und erleuchten.

2. Die anthropologische Alterität macht ferner die Reflexion der Bedeutung der xenologischen Differenz für die Möglichkeit *relativistischer* Argumente gegen einen moralischen Universalismus notwendig. Näherhin läßt sich ein Relativismus in der Moral zum Vorwurf des *ethnozentrischen, eurozentrischen Fehlschlusses* bei der Argumentation für den ethischen Universalismus systematisch zuspitzen und präzisieren. Ein solcher Einwand wird in § 27 der Untersuchung – also nach der Entwicklung eines transzendentalen Universalismus – diskutiert.

Entscheidend ist, daß beide Aspekte der Alterität in ihrer Bedeutung für die Konstitution der Moralität einen unverkennbaren systematischen Bezug und eine interne, analytisch zu erfassende Verklammerung aufweisen: Ist nicht, pointiert gesagt, genau diejenige europäische Kultur und technisch-wissenschaftliche Zivilisation, die eine universalistische Ethik ausbildete, auch diejenige, die auf beispiellose Weise eine weltgeschichtliche und planetarische Kolonisation aller ihr fremden Lebenswelten exekutierte und das menschliche Antlitz des Fremden und Anderen kulturterroristisch entstellte und auslöschte?

Wenn wir aber unserer Maxime folgen, die Konstitution der Moralität könne nicht anders freigelegt werden, als im Rekurs auf die volle primäre Grundsituation der Menschen, *mit* der Reflexion auf die Fragilität, *mit* der Reflexion auf die Asymmetrie, *mit* der von Anfang an relevanten Reflexion auf die Alterität und die xenologische Differenz, *mit* der – im folgenden Paragraphen thematischen – interexistentialen Negativität, wenn wir diese systematische Perspektive ernstnehmen, dann wird es sich erweisen, daß ein Verständnis dieser Konstitution reduktionistisch unterlaufen würde, wenn die Alterität und die übrigen konstitutionellen Grundzüge lediglich als externe Gesichtspunkte *nachträglich* gegen die dann vermeintlich schon erfaßte, schon begriffene Verfassung der menschlichen Moralität gehalten und gleichsam von oben herab oder »prozedural« thematisiert würde. Die Alterität ist ein nicht wegzubringendes Konstituens der menschlichen Grundsituation; sie würde es selbst dann noch sein, wenn eine planetarische Einheitskultur das Antlitz der kulturellen Individuationen ausgelöscht und zum Verschwinden gebracht hätte. Denn die geschichtliche Fülle der konkreten Gestalten des Lebens, sei es die Gestalt der armenischen Welt oder die Gestalt des Ostjudentums, diese Fülle stellte selbst dann noch einen Anspruch auf anamnetische Solidarität als genuin moralischer Pflicht, der wir uns nicht entziehen können. Die Moralität muß vor der Individualität *bestehen*, vor der internen Unendlichkeit der Personen wie der Kulturen. Betrachten wir zur Vertiefung dieses

Problems die Konstitution der anthropologischen Negativität. Denn die Ferne, die Fremdheit und Entzogenheit prägen als transzendentale Konstituentien lediglich bei äußerst oberflächlicher Betrachtung nur die interexistentiellen Verhältnisse zwischen den Völkern und Kulturen. Sie prägen intern jede Interexistentialität selbst.

§ 16 Die anthropologische Negativität

Den Abschluß unserer Analyse der menschlichen Grundsituation in praktischer Absicht bildet die Herausarbeitung der *Nichtigkeit* des Lebens bzw. einer negativen Existentialpragmatik. Wir müssen verdeutlichen, *wie* negativ und wie begrenzt unsere anthropologische Reflexion tatsächlich ist. Wesentlich für die praktische Perspektive ist, zu wissen, was wir nicht können. Dieser Gesichtspunkt wurde in der Ethik, vornehmlich, wenn sie von der philosophischen Anthropologie abgelöst entstand, vielleicht nicht immer gebührend berücksichtigt. Was wir nicht können, brauchen wir erst nicht zu versuchen. Es erübrigt sich dann, darauf hinzuweisen, daß wir es auch nicht sollen und nicht dürfen. Und dennoch entspringen die wesentlichen Formen menschlicher *Selbstverfehlung* dem *Anrennen gegen die Grenzen des Lebens und der Praxis*. Sie entspringen dem Sich-Entwerfen auf pragmatische Unmöglichkeiten.

Die folgenden Untersuchungen stellen auch einen Vorschlag zur Rekonstruktion der traditionellen Reden vom *Nichts* dar, die zu Recht auf eine gewisse Reserve bei rational orientierten Philosophen stießen. Eine existentialpragmatische Reformulierung versucht, die hier etwa bei Hegel, Heidegger und auch Sartre, aber auch bereits in der antiken Tradition der Ontologie geläufigen Substantivierungen in anthropologische *Handlungsanalysen* aufzulösen. Anstatt über ›das Nichts‹ und seine vermeintlichen Taten (»nichten« z. B.) zu reden, können wir *Feststellungen über das, was Menschen nicht können, treffen*. Die sich so zeigenden *Grenzen* des Menschenmöglichen haben es mit den Sinnkonstituentien einer menschlichen Welt auf eine sehr fundamentale Weise zu tun. Wir haben zunächst die ›rein negative‹ Seite dieses Aspekts der Grundsituation freizulegen.

Elementar ist das Faktum, etwas nicht zu können. Zum Beispiel kann jemand nicht schwimmen: »Hilfe, ich kann nicht schwimmen!« Jeder vermag sich einschlägige Situationen des Nicht-Könnens vorzustellen. Jemand kann nicht Autofahren; er hat es nie gelernt. Ich kann nicht gut Bergsteigen. Ich bin nicht schwindelfrei. Ich werde leicht seekrank. Ich vertrage abends keine schweren Mahlzeiten. Mein Orientierungssinn ist sehr schlecht ausgebildet, ich weiß nicht genau, wo wir sind. Das Nicht-Können in diesen elementaren Fällen beruht entweder auf bestimmten leiblichen Handicaps oder darauf, eine bestimmte Praxis, z. B. das Schwimmen, nicht gelernt zu haben. Es handelt sich also um ein Nicht-Können, das bei entsprechender Übung oder bei entsprechender körperlicher Eignung prinzipiell auszuräumen ist.

Unter dem Titel der anthropologischen Negativität geht es um Fälle des Nicht-Könnens, die *alle* menschlichen Handlungsmöglichkeiten *prinzipiell* betreffen, anders formuliert: Es geht um die Grenzen des Lebens. Es geht also nicht nur um die Grenzen der Erfahrung oder der Erkenntnis, sondern um die Grenzen der uns möglichen praktischen Sinnentwürfe und ihrer Erfüllungsgestalten. Sie herauszuarbeiten ist wichtig. Angesichts der oben aufgeführten Elementarbeispiele käme niemand auf den Einfall, die Grenzen des eigenen Könnens seien für die sinnvolle Weltorientierung bedeutungslos. Wer nicht schwimmen kann, weiß dies in der Regel und richtet sich danach. Wer nicht schwindelfrei ist, klettert nicht leichtsinnig im Hochgebirge herum. Hier sind unmittelbare bedrohliche Folgen bekannt, die Unvernunft liegt auf der Hand. Die Grenzen unseres Könnens im technisch-pragmatischen, im instrumentellen Bereich auch des Umgangs mit uns selbst sind relativ klar gezogen und ihre Verletzung rächt sich meist umgehend. Subtiler liegen die Dinge im Bezug auf unser Selbstverständnis und unser Welt- und Selbstverhältnis. *Die hier gezogenen Grenzen sind gleichsam unsichtbar.* Sie zu überschreiten, ist nicht mit unmittelbaren bedrohlichen Folgen verbunden. Wir stürzen nicht ab, wir ertrinken nicht, wenn wir die Grenzen des Lebens verkennen und verfehlen. Jedenfalls nicht gleich. Um so gravierender sind die praktischen Irrtümer, die sich hier ergeben können. Betrachten wir zentrale Aspekte der Negativität in der Konstitution der Grundsituation.

Erstens. Wir wissen nicht, *woher* unsere praktischen Sinnentwürfe kommen, sondern wir vollziehen sie schlicht und einfach. Ich meine damit nicht, daß wir keine Möglichkeiten der rationalen Argumentation und Begründung der Sinnentwürfe zur Verfügung hätten, daß wir nicht gemeinsame vernünftige Orientierungen gewinnen und ausarbeiten können. *Daß* wir selbst in den Sinnentwürfen und sogar als solche existieren, können wir nicht noch einmal erklären oder begründen. Einzelne Erklärungen und Begründungen sind selbst praktische Sinnentwürfe. Die Frage: Woher stammen unsere Sinnentwürfe? kann nicht auf einen »Grund« »hinter ihnen« abzielen. Verstehbar werden sie, wie wir sahen, von ihren Erfüllungsgestalten her. Ich nenne den negativen Aspekt der praktischen Sinnentwürfe als eines Wesenszuges der Grundsituation die *Grundlosigkeit* unseres Handelns. Unsere Sinnentwürfe genießen, anders formuliert, den Schutz des Negativen, indem sie gerade nicht noch einmal auf etwas zurückführbar sind, was sie nicht selbst sind. Sie stützen sich nicht noch auf eine ›positive‹ Basis. Auch nicht auf einen »Kern des Ich«. Umgekehrt könnte man sagen: Was jemanden unverkennbar zu »sich selbst« als einem Individuum macht, sind seine unverwechselbaren Sinnentwürfe. Hinter diese Entwürfe jedoch gelangen wir nicht, weder pragmatisch noch ›reflexiv‹. In der *Grundlosigkeit* der Entwürfe zeigt sich die *Uneinholbarkeit* unserer selbst.

Zweitens. Das führt auf einen weiteren negativen Grundzug. Wir hatten die singuläre Totalität des menschlichen Lebens thematisiert. Lange ontologische und bewußtseinstheoretische Gewohnheit kann die Frage nahelegen: *Worin besteht diese einzigartige Ganzheit denn eigentlich?* Und auch hier muß die Antwort negativ sein. Gerade darin besteht die ein zigartige Ganzheit jedes Lebens, daß sich *keine weitere Eigenschaft* bzw. *keine Summe von Eigenschaften* und auch kein zusätzliches Faktum angeben läßt, in der sie besteht. Die transzendentale Lebensform der singulären Totalität steht nicht auf der Stufe einzelner Prädikate des Lebens, einzelner empirischer Eigenschaften in diesem Leben. Negativ-existentialpragmatisch können wir geradezu formulieren, daß eine Konfusion seiner selbst mit bestimmten Eigenschaften ein fundamentaler praktischer Kategorienfehler ist. Die Unverwechselbarkeit unserer selbst als singulärer Totalität mit unseren Eigenschaften ist ein für Alltagsverständnisse sicher zunächst kontra-intuitiver Gesichtspunkt. Erleben wir uns doch physisch, als unverkennbare Leiber, bekannt hinsichtlich unserer Charakterzüge und Dispositionen, vertraut in Eigenheiten und Gewohnheiten. Und es wurde bereits darauf insistiert, daß wir uns selbst nur in den Interexistentialen des gemeinsamen Lebens in der Handlungswelt zugänglich sind. Die negativ-anthropologische Feststellung, die hier angezielt wird, meint etwas anderes. Sie zielt gerade darauf ab, die Illusion eines substanziellen Kernes, eines »an-sich« seienden »Ich« hinter den interexistentiellen Vollzügen zu zerstören. Ein solches »Ich« können wir nicht vergegenständlichen. *Wir können die singuläre Totalität unseres Lebens als Ganzes nicht vergegenständlichen.* Tun wir dies, so überschreiten wir eine Grenze des Lebens. Wir begeben uns dabei in große Gefahr, denn wir setzen uns mit etwas in der Welt (mit etwas im Leben) gleich, stellen uns auf die Stufe einer gegenständlichen Realität. Dies ist illusionär, denn in Wahrheit sind *wir* es selbst, die dies *tun*. Wir selbst sind keine gegenständliche Realität, sondern Form und Voraussetzung aller solcher Realitäten. Die negativ-anthropologische Reflexion der Grundsituation soll durchgängig an der primären Welt ausgewiesen werden, das heißt: an prinzipiell jedermann zugänglichen Lebenserfahrungen. Wenn es wahr ist, daß wir uns nicht mit empirischen Prädikaten allein charakterisieren dürfen, ohne einem fundamentalen Irrtum zu erliegen, dann muß dieser Irrtum auf einfache Weise verdeutlicht werden können, ohne direkt transzendentalphilosophische Spitzensätze zu bemühen. Um uns in der alltäglichen Welt zu orientieren, müssen wir uns jederzeit von anderen Personen, Dingen, aber auch von unseren Gedanken und Gefühlen zu unterscheiden vermögen. *Identifizieren wir uns mit etwas-in-der-Welt ganz und gar, so haben wir es mit pathologischen Phänomenen zu tun.* So verfällt der Wahnsinnige an seine Vorstellungen, Einbildungen und Gefühle. Die anthropologische Fragilität zeigte die Bedrohtheit dieser Möglichkeit der Selbstunterscheidung. Die Tradition isolierte substanzontologisch ein *Ich* als different von aller Welt. Zu ihm gab es in dieser Konzeption einen kontemplativen, introspektiven Zugang. Die negativ-anthropologische Reflexion soll es vermeiden, ein *Ich* als welttranszendentes Quasi-Ding vorzustellen. Die Rede von der uneinholbaren Weltgestalt einer Person soll in diese Richtung weisen. Daß ich in der Grundsituation lebe, daß ›die Welt meine Welt ist‹, ist keine beobachtbare Tatsache in der Welt. Die einzigartige Ganzheit, die wir je selbst – in der Interexistenz – *sind*, läßt sich nur negativ bestimmen. Als *Form* des gemeinsamen Lebens ist sie gegenwärtig in allen Sinnentwürfen, in allen alltäglichen Vollzügen, jedoch nichts Substanzielles neben, hinter oder über ihnen. Die singuläre Totalität meint eine unableitbare und unverfügbare Gegebenheit unserer Grundsituation. Sie gehört zum *Sinn* all unserer Vollzüge, sie ist ein Konstituens des Menschseins. Sie darf nicht mit einer Vorstellung von mir konfundiert werden, darf nicht gleichgesetzt werden mit einem Gedanken, den wir uns über uns machen. Die hier vorgetragene negativ-anthropologische Reflexion der anthropologischen *Entzogenheit* und *Eigenschaftslosigkeit* unserer selbst, die *Uneinholbarkeit* unserer selbst als Weltgestalten, hat Anschlüsse zur Analyse der *Freiheit* und der *Würde*.

Drittens. Die voranstehenden negativ-anthropologischen Feststellungen dürfen nach dem bereits in der Interexistentialanalyse Ausgeführten nicht auf die Ebene der singulären Totalität *eines* menschlichen Lebens eingeengt und beschränkt bleiben. Die Uneinholbarkeit unserer selbst und die anthropologische Entzogenheit gilt vielmehr für die interexistentielle Konstitution und ihre alltäglichen Gestalten in der primären Welt. Diese stehen unter dem Schutz der Negativität. Wie ist diese bildliche Redeweise näher zu explizieren?

Zunächst muß die Entzogenheit als Interexistential begriffen werden. Es handelt sich um das *wechselseitige Verhältnis* der Entzogenheit zwischen Menschen. Wenn wir uns z. B. mit jemandem in der Stadt verabreden, uns am Abend zu treffen, so ist dies ein einfacher Fall wechselseitiger Unsicherheit und Unsicherbarkeit: Jeder kann die Verabredung nur zum Schein getroffen haben, beide können nicht kommen. Das kommunikative Interexistential der Verabredung und das des Sich-Treffens lebt von der reziproken Garantielosigkeit, die es kennzeichnet. Eine Verabredung der genannten Art kommt nur zustande, wenn keine instrumentelle Beherrschbarkeit des Verhältnisses besteht. Das unterscheidet ein Rendezvous z. B. von einer Zwangsvorführung. Sichtbar wird, daß die reziproke Garantielosigkeit nicht erst hohe und subtile Formen moralischer Verhältnisse prägt, sondern daß sie auf ebenso elementare wie fundamentale Weise die ganze Praxis konstituiert. Denn die Angewiesenheit darauf, sich auf andere *verlassen* zu können, besteht durchgängig. Sie prägt das gesamte Leben aller Menschen. Sie stellt somit keinen Sonderfall dar, zu dem wir uns eigens erst *bequemen* müßten. Der Leser mache das Gedankenexperiment, einen Tag lang anstelle der Modi des Sich-Verlassens auf andere versuchsweise stets Modi des Mißtrauens zu praktizieren. Schnell wäre die Handlungsunfähigkeit erreicht. Dies ist der praktische Aspekt der Kritik am universalen Zweifel, die Wittgenstein in seinen Gedanken über Gewißheit vorgebracht hat. Ein Zweifel, der an allem zweifelt, kann nicht gelingen. Ohne ein Sich-Einlassen auf garantielose Praxis kommt überhaupt keine gemeinsame Praxis zustande. Die Tradition unterschied die *securitas* im Sinne technisch-instrumenteller Gesichertheit von der für kommunikative Verhältnisse kennzeichnenden *certitudo*, jener Gewißheit, die z. B. paradigmatisch in den spezifisch religiösen Sinnentwürfen des Glaubens, der Liebe und der Hoffnung wirksam ist. Wir können mit Bezug auf die Konstitution der menschlichen Welt feststellen, daß die Ungesichertheit, das Nichtbestehen der *securitas*, gerade Voraussetzung für die Formen der *certitudo* ist.

Die nicht technisch und instrumentell gesicherte Gewißheit trägt die wesentlichen kommunikativen Interexistentiale des Vertrauens, des Sich-Verlassens auf die Mitmenschen, des Versprechens und damit auch die Möglichkeiten der wechselseitigen Offenheit füreinander. Die Negativität in der Gestalt der wechselseitigen Entzogenheit ist damit gerade Ursprung authentischer personaler Beziehungen. Was wir *nicht* können – über die anderen als sinnentwerfende Wesen eigenmächtig verfügen –, das ist sinnkonstitutive Voraussetzung der Modi kommunikativer Rationalität in der Rede und in der Praxis. Hier zeigt es sich, daß strukturell gewaltlose und nicht-instrumentelle Verhältnisse in der Weltkonstitution eine ganz wesentliche Bedeutung haben, allerdings nicht reduziert auf den linguistischen Idealismus der Diskursethik. Wir benötigen keine »Metaphysik« der zweiten Person und keine Mystifikation »des Anderen« oder »des Du« zu einer gleichsam auratischen Größe, um zu sehen, daß die praxistragenden Relationen von der analysierten Art sind. Versuchen wir auf diesem Hintergrund, uns die Verhältnisse beim Kennenlernen eines Menschen, den wir vorher nie gesehen haben, zu vergegenwärtigen: *Von Anfang an*, und das heißt, von den ersten gemeinsam gewechselten Sätzen an, etabliert sich ein mehr oder weniger offenes und vertrauensvolles Verhältnis im Maße, in dem die Partner bereit sind, füreinander zwanglos und ohne Not offen und durchsichtig zu werden. Die reziproke Entzogenheit eröffnet die Möglichkeit der Transparenz. Stellen wir uns vor, wir würden in eine unbekannte Weltgegend verschlagen. Dort lernen wir uns völlig fremde Eingeborenenstämme kennen. Es wird – soviel ist aus grammatischen und konstitutionellen Gründen klar – zu einer kommunikativen Praxis zwischen den Eingeborenen und uns kommen, wenn wir in garantielose Verhältnisse gemeinsam eintreten. Es wird jeweils sichtbar: Wir bedürfen der Mitmenschen und einander nicht in reduzierter, instrumentell zugänglicher Form. Wir bedürfen ihrer gerade in ihrer Ferne und Entzogenheit. Wir bedürfen ihrer im Schutze der Negativität. Diese Negativität in der Inter-existenz zeigt, *daß eine menschliche Welt nicht durch einen substanziellen »Kern« des Menschseins garantiert ist, sondern sich selbst allererst in der Einsicht in die instrumentell und pragmatisch untilgbare Entzogenheit und Unverfügbarkeit der Mitmenschen bildet.*

Der Schutz des Negativen, das heißt: die lebenssinnkonsti-tutive Bedeutung dessen, was wir nicht können – der Gren-zen unseres Lebens und Handelns – ließ sich so auf dreierlei Weise präzisieren:

1. als die *Unableitbarkeit* (Grundlosigkeit) unserer Sinn-entwürfe;
2. in der Gestalt der *Nichtobjektivierbarkeit* der singulären Totalität unseres Lebens;
3. als die wechselseitige pragmatische *Entzogenheit* der Menschen füreinander im gemeinsamen Leben.

Eine im Ansatz vollständige Analyse der Negativität in der Konstitution, unter Einbezug von Fragilität, Asymmetrie und Alterität, müßte die Grundzüge der Unwiederbringlich-keit in der menschlichen Interexistenz, der Unumkehrbar-keit der sterblichen Lebensbewegung, der Unvermeidlich-keit der zukünftigen Situationen, der Endgültigkeit des Geschehens, der Unvordenklichkeit der Anfänge sinnhaften und bewußten Lebens und der Unvorhersehbarkeit seines Endes mit den hier aufgewiesenen Grenzen des Lebens ge-meinsam behandeln und interkorrelieren. Auf diese Weise kann die hypostasierende Rede von einem *Nichts* negativ-existentialpragmatisch entmythisiert und anthropologisch aufgelöst werden. Für unseren Zusammenhang genügen die Aspekte negativer Selbstkenntnis, die für die weitere Analy-se der Konstitution der moralischen Praxis unverzichtbar sind. Wenden wir uns nun der systematischen Entfaltung des Begriffs eines anthropologischen Universalismus zu.

DRITTES KAPITEL

Der anthropologische Universalismus

§ 17 Die Wiederholung der Grundfrage:
Wie ist eine menschliche Welt überhaupt möglich?

Auf dem Hintergrund der bisherigen Konstitutionsanalysen und ihrer Ergebnisse läßt sich die eingangs gestellte Grundfrage reflektiert wiederholen und präzisieren. Die Wiederholung bezieht die entscheidenden Schritte der Untersuchung mit ein.

1. Die praktisch-philosophische Reflexion muß die volle Gliederung der faktischen menschlichen Grundsituation einbeziehen. Anthropologie und praktische Philosophie sind systematisch zu verklammern, denn *wir können die primäre Welt nicht verlassen.* Insbesondere sind wir in der philosophischen Reflexion auf eine vor- und außerwissenschaftliche gemeinsame Basis angewiesen. Ohne einen – nicht erst zu konstruierenden, sondern unsere konstruktiven Entwürfe bereits vorgängig tragenden – unstrittigen Kernbestand von Orientierungen gäbe es keine Rationalität.

2. In einem Zusammenhang von Konstitutionsaussagen zeigen sich die Grundzüge einer überhaupt möglichen menschlichen Welt als faktische transzendentale Lebensformen: die Situationalität selbst, verstanden als die ganze praktische Handlungs- und Lebenssituation der Menschen; das sich zu sich selbst verhaltende – in diesem Sinne ›sich selbst bewußte‹ – menschliche Leben; die Sprachlichkeit als das ›kommunikative Apriori‹; die Wirklichkeit, die unumstößliche transzendentale Faktizität, die nicht von vornherein als präsenzorientiert und subjektzentriert gedacht werden darf; die handlungseröffnende Möglichkeit; die Räumlichkeit sowie das leibliche Individuum als die Mitte der primären Welt; die Zeitlichkeit des menschlichen Lebens mit ihrer endlichen

Irreversibilität und Unwiederbringlichkeit, ihr Gefälle auf den Tod hin, die Endgültigkeit und Einmaligkeit des existentiellen und geschichtlichen Geschehens; die Gemeinsamkeit mit den Anderen, die Grundstruktur der transzendentalen Sozialität, auf deren Hintergrund sich erst die Modi der Einsamkeit und die Gestalt einzigartiger Individuen herauszubilden vermögen; schließlich die leibliche Basis und die naturale Getragenheit der menschlichen, primären Welt.

3. Die aufgewiesenen Konstituentien bilden die faktischen Möglichkeitsbedingungen menschlichen Lebens und menschlicher Kulturen. Sie lassen sich zwar voneinander unterscheiden, nicht jedoch voneinander trennen und isolieren. Ihre *Gleichursprünglichkeit* verweist auf eine vorgängige Einheit der Grundsituation. Letztere verweist vor allem auf einen entscheidenden Zug der Konstitution: den der *minimalen internen Komplexität* der Lebensorientierungen und -formen. Sinnkritisch bedeutet diese minimale Komplexität, daß es eine ›untere Grenze‹ möglicher Weltkonstitution gibt. Begibt man sich unter diese Grenze – bei der grammatischen Gruppe der personalen Indikatoren z. B. auf die Ebene einer isolierten Analyse der Verwendung von »ich«, bei der grammatischen Gruppe der Temporalindikatoren z. B. auf die Ebene der isolierten Analyse von »jetzt«, *ohne* die gleichursprünglichen Redemöglichkeiten mit zu analysieren –, so verläßt man die unzerreißbare minimale interne Komplexität der Fundamentalorientierungen der primären Welt. Deren Freilegung gestattet es, *grammatisch reduktionistische* Beschreibungen der Grundsituation in Philosophie, Wissenschaften und Alltagsverständnissen zu identifizieren.

4. Gegen szientistische Vorstellungen richtet sich die These von der theoretischen *Unrekonstruierbarkeit der primären Welt*. Diese kann nicht aus den partikularen wissenschaftlichen Entwürfen abgeleitet, erklärt oder allererst verstanden werden, sondern umgekehrt: partikulare wissenschaftliche (aber auch z. B. religiöse oder philoso-

phische) Sinnentwürfe finden ihr Sinnkriterium an der gemeinsamen menschlichen Primärwelt, und je weiter sich eine wissenschaftliche (oder sonstige) Sondersprache von der Alltagssprache entfernt, ohne noch an diese anzuknüpfen, desto größer muß der kritische Vorbehalt gegenüber ihrer Vernünftigkeit sein.

5. Die minimale interne Komplexität menschlicher Weltorientierung und menschlicher Selbstverhältnisse ließ sich als *praktischer Sinnentwurf mit Gestalten der Erfüllung oder Versagung* bestimmen. Menschen existieren als praktische Sinnentwürfe ihrer selbst. Es wurde bisher deutlich, (a) daß die praktischen Sinnentwürfe mit ihren Erfüllungsrichtungen sinnkonstitutiv bereits ein jeweiliges »Sein« und »Sollen« übergreifen und tragen; (b) ihr Primat gegenüber technischen Vollzügen; (c) daß eine kompensationsanthropologische Analyse der Sinnentwürfe kategorial – grammatisch – falsch ist; (d) daß und wie die Sinnentwürfe *von ihren Erfüllungsgestalten her* allererst verstehbar werden, so daß von der *Apriorität* der Erfüllungsgestalten die Rede sein muß, mithin, daß die praktischen Entwürfe im Blick auf ihre Erfüllungsgestalten als den *Sinngrund* dieser Entwürfe allererst möglich werden; schließlich (e), daß in der Regel ein praktisches Vorverständnis der gelungenen Formen menschlicher Praxis geläufig ist und die Verklammerung von Entwurf und Erfüllung von der Art ist, daß keine Unklarheit über die mögliche Erfüllungsgestalt besteht.

6. Es zeigt sich, daß eine menschliche Welt unmöglich ist, wenn wir sie nicht gemäß den Grundzügen der *singulären Totalität* begreifen. Die Aufgabe des menschlichen Lebens besteht in der tätigen Gestaltung dieser einmaligen Ganzheit. Von hier aus eröffnen sich die Perspektiven der Verantwortung und der Schuld, der Unvertretbarkeit, der Identität und Individualität.

7. Konturierend für die Analyse des kommunikativen Wesens einer menschlichen Welt ist die exemplarische Destruktion einer – bei aller prätendierten Kritik des cartesianischen und bewußtseinsphilosophischen Dua-

lismus noch *monologisch-subjektzentrierten* – transzendentalen Anthropologie, nämlich der Existentialanalyse Heideggers. Die Bestimmung der grundlegenden Kategorien einer menschlichen Welt als Existentiale verläßt den cartesischen und traditionell-ontologischen Rahmen des Denkens in Subjekten und deren Eigenschaften nicht radikal genug. Das zeigt sich (a) im zentralen Existential der ›Sorge‹, welches völlig monologisch, geradezu egozentrisch konzipiert ist, (b) damit verbunden in der depotenzierenden und pejorativen Charakterisierung des Mitseins mit den Anderen in dem Existential der Uneigentlichkeit *par excellence*, dem ›Man‹, und (c) in der thanatologischen Engführung der Analysen zur ›Eigentlichkeit‹, die den Akzent einer ›heroischen‹ und monologischen Selbstbehauptung erhalten. Gegen Ende von *Sein und Zeit* wird (d) an der sinnanalytisch unaufgeklärten Gleichursprünglichkeit der ›Schemata der Zeitigung der Zeitlichkeit‹ des menschlichen Daseins mit den ›Schemata der Weltlichkeit der Welt‹ das tiefliegende Verbleiben der Existentialanthropologie in den Dichotomien der ontologischen Bewußtseinsphilosophie greifbar.

8. Demgegenüber muß die transzendentale Anthropologie sich von vornherein als Interexistentialanalyse entfalten. Ihre Basisunterscheidungen sind nicht länger die Existentiale, sondern – wiederum, um der minimalen internen Komplexität in der Konstitution einer menschlichen Welt, Rede und Praxis gerecht zu werden – die *Interexistentiale*. Diese lassen sich nun auf keinen Fall mehr als Eigenschaften von – isoliert gedachten – Subjekten denken, sondern *als Grundzüge des bereits immer schon gemeinsamen Lebens in einer gemeinsamen Welt*, in den ganzen, unteilbaren Situationen der Praxis. Erst die Interexistentialanalyse eröffnet wirklich die Perspektive einer Destruktion des ontologischen und grammatischen Subjektivismus der gegeneinander vereinzelten ›Existenzen‹, denn primär sind die interexistentiellen Relationen zwischen den Menschen. Im Fragehorizont der folgen-

den Analysen zum anthropologisch-praktischen Universalismus stehen praktische Interexistentiale in ihrer systematischen Verbindung zu den praktischen Sinnentwürfen und ihren Erfüllungsgestalten. In diesem Horizont muß die Frage nach den Möglichkeitsbedingungen einer menschlichen Welt systematisch wiederholt werden.

9. Als für die Analyse der Züge der menschlichen Grundsituation unverzichtbar erwies sich die transzendental-anthropologische *Fragilität*. Zerbrechlichkeit, Bedrohtheit und Gefährdetheit als Lebensformen sowie die dialektischen Konstitutionsverhältnisse von Leben und Sterblichkeit, Freiheit und Bösem und Liebe und Scheitern müssen im Blick auf die praktische Grundsituation bewußt gehalten werden. Das gilt auch für die Formen der anthropologischen *Dominanz*, der konstitutionell asymmetrischen Verhältnisse in einer menschlichen Welt. Es ist zu untersuchen, in welchen ihrer Modi die Dominanz als Aspekt einer menschlichen Welt zur Konstitution der Moralität selbst gehört und in welcher ihrer Gestalten sie gewalttätige Verzerrungen der Praxis darstellt. Das gilt auch für die *Alterität*.

10. Die transzendental-anthropologische *Negativität* konnte konstitutionsanalytisch in die Form einer *negativen Existentialpragmatik* (genauer: Interexistentialpragmatik) übersetzt werden. Es werden entscheidende, sinnkonstitutive *Grenzen* allen menschlichen Handelns und Lebens aufweisbar, deren Überschreiten und Hintergehen unmöglich ist bzw. illusionäre Weisen des Selbst- und Weltverständnisses mit sich führt. Zu wissen, was wir, recht verstanden, *nicht* können, ist für die Konstitution der Rationalität von entscheidender Bedeutung, während Irrationalität kurz als das *Verlassen der Endlichkeit* bestimmbar wird. Es ist zu fragen: (a) Wie lassen sich auf diesem Hintergrund spezifisch *negative* praktische Einsichten formulieren? (b) Wie läßt sich die negative Existentialpragmatik insbesondere auf der Ebene der interexistentiellen Konstitution explizieren? (c) Läßt

sich die Behauptung des systematischen Zusammenhangs von Negativität und Rationalität geschichtlich für die *Genesis der europäischen Vernunft* aufrechterhalten?

Die Wiederholung der Grundfrage: Wie ist eine menschliche Welt überhaupt möglich? geschieht somit unter Einbezug der bereits aufgewiesenen transzendentalen Lebensformen. Bevor eine transzendental-anthropologisch-praktische Analyse der Rede von der *Bestimmung der Menschen* den Übergang von der *faktischen* zur *praktischen* Grundsituation und zur genuin praktischen Interexistentialanalyse vorantreibt, soll von einer sprachkritischen, philosophisch-grammatischen Perspektive aus die Konstitution der Moralität erneut hinsichtlich unserer *methodischen Zugangsweise* in den Blick treten. Es ist zu fragen: Lassen sich die bisherigen Konstitutionsanalysen in grammatische Analysen überführen? Weiter: Läßt sich die Behauptung, die primäre Welt zerfalle nicht dichotomisch oder dualistisch in die Bereiche der puren Faktizität und der Normen oder Ideale, *grammatisch* – d. h. transzendental-sprachkritisch – einlösen?

§ 18 Der grammatische Status dianoietischer Termini

Im folgenden sollen unsere transzendental-anthropologischen Konstitutionsanalysen auch sprachkritisch eingelöst werden. Eine Grundbehauptung der bisherigen Untersuchung bestand im Zurückweisen des Auseinanderfallens der primären Welt in »Sein« und »Sollen«, in »Fakten« und »Normen«, in »Wirklichkeit« und »Ideal«. Vielmehr zeigte sich in den Konstituentien der menschlichen Lebenssituationen, wie diese oftmals gegeneinander in theoretischer Analyse verselbständigten Aspekte unzerreißbar ineinander verwoben sind. Insbesondere die Struktur praktischer Sinnentwürfe mit den für sie *apriori sinnkonstitutiven* Erfüllungsgestalten ließ die dichotomische Konzeption der Praxis – sie zerfalle in »Fakten« und »Werte« – als eine Stilisierung und nur der Theorie sich verdankende Fiktion erkennbar

werden. Wir befinden uns nie zunächst in einem reinen Raum der Tatsachen, der puren Faktizität, sondern die apriorische Erfüllungsrichtung und Sinnorientiertheit unserer Lebenspraxis läßt uns jeweils bereits ganze Sinngestalten wahrnehmen und ganze Sinnentwürfe ausführen. So, wie die Frage nach der »Realität der Außenwelt« *angesichts unseres Lebensvollzuges in der primären Welt* ein Scheinproblem ist und entfällt; so, wie auch die Frage nach der ›Existenz der anderen Subjekte‹ und die Vermutung, es handle sich ggf. um ›uns ähnliche Wesen‹ *angesichts der freigelegten interexistentiellen Konstitution* sich als pseudologisch erweisen, so soll auch die dichotomische Konstruktion zweier Welten, der Faktenwelt und der reinen Idealwelt, kritisch destruiert werden. Läßt sich diese kritische Destruktion auch sprachphilosophisch durchführen? Dann hätte Hume auf eine grundsätzliche Weise systematisch unrecht, und sein Einwand des ›naturalistischen Fehlschlusses‹ wäre in Wirklichkeit ein an der primären Welt unausweisbares Stück Scheinkritik.
Betrachten wir auf diesem Hintergrund einige Gruppen von Sätzen!

(1) Sind das da unten im Tal Menschen oder Tiere?
(2) Hat er sich dir gegenüber wie ein Mensch verhalten?
(3) So kann ich oft nicht den *Menschen* im Menschen erkennen. (L. Wittgenstein)
(4) Da gelten nur die höchsten Sphären, und die menschliche gehört nicht dazu. (G. Benn)
(5) Diogenes mit der Laterne: »Ich suche einen Menschen.«
(6) Nicht gerade sehr menschlich.
(7) Unmenschlich.
(8) Menschenunwürdig.
(9) Wie ist eine menschliche Welt überhaupt möglich?
(10) Ein wahrer Mensch.

Diese Sätze mit dem Beispiel der Rede von *Mensch* und *menschlich* sollen als erste zur Exemplifizierung der grammatischen (semantisch-pragmatischen) *Kategorie der dianoietischen Prädikate* bzw. Termini dienen: An der Basis unserer praktischen Weltorientierung treffen wir auf sprachliche Unterscheidungen, die ein sehr charakteristisches, in theoretischen Rekonstruktionen bisher übersehenes Gebrauchsspektrum aufweisen. In (1) dient die Rede von Menschen zur *biologischen Differenzierung* gegenüber Tieren. Die Frage will ein reines Faktum in Erfahrung bringen: Handelt es sich bei den kleinen Punkten, die im Tal auszumachen sind, um menschliche oder um tierische Lebewesen? *Alle anderen* Beispiele lassen sich auf diese Weise, also rein faktenbezogen, nicht mehr verstehen. In (2) bedeutet »wie ein Mensch« etwa »anständig«, vielleicht »wie es sich gehört«, oder die Frage kann – je gemäß ihrem Kontext – übersetzt werden: »Hat er dir in dieser Situation denn nicht geholfen?« Das heißt, wir treffen ab Beispiel (2) auf *normative* Aspekte der Semantik von »Mensch«. Diese stellen sich *nicht* – gegenüber der bloß faktischen, biologischen Verwendung – als *verborgene Implikationen* oder *versteckte Präsuppositionen* der Oberflächengrammatik von »Mensch« in der ›Tiefe‹ heraus. Vielmehr sind sie *unmittelbar* mit dem normalen Gebrauch gegeben und *sofort verständlich*. Satz (3) von Wittgenstein macht sich die grammatische Tatsache des semantischen Spektrums von »Mensch« zunutze; er verwendet das Wort in einem Satz mit zwei unterschiedlichen semantischen Façetten. Benns Pathos des ästhetizistischen Anti-Humanismus (die »höchsten Sphären« sind die der ›reinen Dichtung‹) kann einen Effekt mit der Herabsetzung des emphatischen Verständnisses des *Menschlichen* erzielen. Bereits in der bekannten Diogenes-Anekdote werden beide semantischen Aspekte pragmatisch aktualisiert: die bloß faktische durch die Laterne am hellichten Tag (als gewollte situative pragmatische Inkonsistenz), die normative durch die begleitende Rede. In (6)-(8) steigert sich durch Negationen die semantisch normative Komponente: »nicht menschlich« – »unmenschlich« und »menschenunwürdig«. – In diesem Zusammenhang fällt neues Licht auf die Formulierung unserer Grundfrage der Philosophie. Ich hatte in § 4 bereits darauf hingewiesen, daß die Rede von einer *menschlichen Welt* sich *in zwei Richtungen hin* verstehen läßt.

Ich nenne Prädikate, mit denen wir 1. bestimmte Unterschei-
dungen im Bereich der Faktizität treffen, mit denen wir 2.
aber zugleich Differenzierungen im Bereich des Normativen
verbinden, dianoietische Termini. Näherhin deswegen, weil
wir mit ihnen über bestimmte Arten der *Einsicht* (gr. diano-
ia) bzw. der *menschlichen Selbsterkenntnis* sprechen, die wir
über uns, unser individuelles wie gesellschaftliches Sein zu
gewinnen vermögen. Dianoietische Urteile sind somit zugleich Feststellungen und normative Urteile. Ersichtlich
wird an den dianoietischen Termini grammatisch, daß unsere
primäre Welt nicht in Fakten einerseits und Ideale andererseits *zerfällt.* Vielmehr ist durch die *semantische Verzweigtheit* der dianoietischen Termini die konstitutive Gleichursprünglichkeit von Faktizität und Normativität in den
Gebrauch dieser Termini strukturell eingearbeitet. Es sind
dieselben Menschen in *derselben* (einen) primären Welt, über
die wir mit *demselben* Wort »Mensch« hinsichtlich der Semantik der biologischen Faktizität und zugleich hinsichtlich
der praktischen und moralischen Einsichten und Selbstverständnisse sprechen können. Insbesondere, und dies ist
für unseren Kontext im Spannungsfeld von Anthropologie
und Ethik systematisch das Entscheidende, können die *nicht*
rein faktischen Verwendungen unter (2)-(10)
1. weder *rein deskriptiv* sinnvoll verstanden werden,
2. noch als *Reden über ein Ideal.*
Wittgenstein meint in (3) nicht: Ich kann das Ideal des Menschen im faktischen Menschen nicht erkennen. Diese Um-
formulierung würde im Gegenteil sogar die Pointe seiner
Formulierung gänzlich aufheben. Diogenes suchte nicht den
»idealen Menschen«. Und meine philosophische Grundfrage
fragt nicht: Wie ist eine Idealwelt möglich?, sondern: wie ist
diese Welt konstituiert? »Es gibt eine andere Welt, aber sie ist
in dieser.« (Paul Eluard).
An unserem Gebrauch der dianoietischen Termini, mit denen wir über unsere *praktischen Einsichten,* über unsere
Lebenserfahrungen und über unsere *individuellen und gesellschaftlichen Selbstverständnisse* reden, anders gesagt:
über unsere *existentielle und soziale Identität,* wird erkenn-

bar, daß eine primäre Orientierungswelt *nicht* die von bestimmten Rekonstruktionstraditionen der praktischen Philosophie unterstellte dichotomisch, ontologisch bzw. grammatisch dualistische Struktur hat. Ist das wahr, und zwar nicht lediglich für einen marginalen Ausschnitt unserer Redepraxis, sondern weit und breit hinsichtlich der *wesentlichen* anthropologisch-praktischen Unterscheidungszusammenhänge, dann hat dies gravierende Folgen für die allererst den geläufigen Rekonstruktionstraditionen entspringenden begründungsrationalistischen Vorstellungen und Begründungsstrategien in der Ethik. So wird z. B. auch der Beweis der Existenz der Außenwelt zu einem Desiderat und zum »Skandal der Philosophie«, wenn zunächst die Meinung verbreitet wird, wir stünden allenfalls vermittels einer sehr langen Leitung mit dieser Außenwelt in Verbindung.

Betrachten wir zur weiteren Abstützung der Analyse zunächst eine weitere Beispielsgruppe.

(1) Lebt er noch?
(2) Wir müssen lebensverlängernde Maßnahmen einleiten.
(3) Er hat nichts vom Leben verstanden.
(4) Ich kenne das Leben.
(5) So fristete er sein Leben.
(6) Er vegetierte nur noch dahin.
(7) Unter Leben hatte sie sich etwas anderes vorgestellt.
(8) Was erwartest du vom Leben?
(9) Das ist doch kein Leben mehr!
(10) Das ist das wahre Leben.
(11) (Christus:) Ich bin das Leben.
(12) Das Leben lebt nicht. (F. Kürnberger)

Auch in dieser Sprachspielgruppe mit *Leben* begegnet eine Semantik, die von den biologisch-deskriptiven über die dianoietisch ›gefärbten‹ Verwendungen bis hin zu emphatisch-dianoietischen (im negierten Falle z. B. (9)) und sogar verkündigenden, kerygmatisch-dianoietischen Gebräuchen (11) reicht. Die Pragmatik der Rede vom *Leben* trägt, so können wir sagen, die normativen Façetten in ihrer ganzen Auffächerung ›in sich‹, jedoch nicht als verborgene Präsupposition, die durch komplizierte tiefengrammatische Analysen allererst zutage gefördert werden müßte, sondern offen und unverborgen. Die *elementare grammatische Tatsache*, die hier für unsere systematische Reflexion des Übergangs von der faktischen zur praktischen Grundsituation und für die Absicht der Verklammerung von philosophischer Anthropologie und Ethik von zentraler Wichtigkeit ist, können wir auch so formulieren:

Es gibt Sätze, die wir schon grammatisch weder als bloß empirisch noch als bloß ideal betrachten können.

Das *Leben* – die Grammatik der Rede vom Leben – sie lassen sich nicht auf die biologische Faktizität reduzieren. Ein *reduktionistisches* Grammatikverständnis gestattet keinerlei Verständnis der Beispielsätze (3)-(12). *Leben* läßt sich nicht lediglich deskriptiv, nicht aber auch allein »ideal« verstehen. Unsere Kernthese von der faktisch-praktischen Einheit der primären Welt kann an der Semantik der dianoietischen Termini grammatisch präzisiert werden. Man kann auch sagen: Die Tatsache praktischer Einsichten (der Gebrauch dianoietischer Termini) gehört elementar zu unserem Leben.

Eine weitere Beispielgruppe entstammt den Verwandtschaftsprädikaten.

(1) Wie kann eine Mutter so etwas zulassen?

(2) Und der Vater stand nur dabei!

(3) Seine Schwester hat sich die ganze Zeit um ihn gekümmert.

(4) Ist er nicht dein Bruder?

(5) Es herrschte Brüderlichkeit in diesem Haus.

(6) Seht die Mitmenschen als Schwestern und Brüder an!

Nun könnte man sagen: Es gehen geläufige Rollenerwartungen in diese normativen Verwendungsweisen ein. Aber das ist ja kein Einwand gegen die hier akzentuierte Eigenart der dianoietischen Prädikate. Jedenfalls steht neben dem rein deskriptiven, faktischen, kognitiven Grenzfall der Konstatierung der Tatsache: A ist die Mutter von C, eine sich auffächernde Semantik mit normativem Horizont. Der *praktische Überschuß*, das *moralische semantische Potential* der dianoietischen Termini tritt zu ihnen nicht auf eine befremdliche, versteckte und schwer verständliche Weise noch gleichsam ›von außen‹ hinzu. Vielmehr gehören die ethischen – nicht »idealen« – Bedeutungskomponenten zum *normalen, durchschnittlich-alltäglichen Verständnis* dieser Reden unmittelbar mit hinzu. Sie sind in den Alltagssituationen des Gebrauchs bekannt und präsent, und sie zeigen sich der Alltagssprachanalyse.

Die nicht-biologische, nicht-naturalistische Rede über uns selbst, unsere praktischen Selbstverständnisse und Einsichten vermittels der dianoietischen Termini hat keinen idealisierenden, idealistischen Status gegenüber der bloß faktenkonstatierenden Rede. Ich möchte folgenden Grundsatz aufstellen:

Feststellungen und Einsichten sind in der alltäglichen Rede und in der Praxis verklammert. Aus diesem Grunde stellt die philosophische Anthropologie in praktischer Absicht auch nicht zuerst einen Feststellungszusammenhang auf, »aus« dem dann »normative Konsequenzen« »gefolgert«, »abgeleitet« oder »deduziert« würden.

Es ist keine *ethische Theorie*, die uns die intersubjektiv gültige *rationale Begründung* für die aufgeführten Feststellungen über die *Menschen* und das *Leben* allererst lieferte und zu liefern hätte. Vielmehr sind es die praxiskonstitutiven und unhintergehbaren Grundzüge des menschlichen Lebens selbst, die sich in den grammatischen Tatsachen zeigen. Hier wird auch wiederum eine Eigenart der philosophischen Reflexion der Praxis sichtbar, die irrigerweise als ›zirkulär‹ bezeichnet wird, in Wirklichkeit aber nur den Status einer transzendentalen Hermeneutik der menschlichen Lebenspraxis betrifft. Die hermeneutischen Sätze, die *Konstitutionsfeststellungen*, die wir hier formulieren, sprechen, indem sie über uns, unser Leben und unsere Welt sprechen, über unser Selbstverständnis und unsere *praktischen Einstellungen*. Sie sprechen über die Praxis, an der wir jeweils schon beteiligt sind, und über die primäre Welt, die wir nicht verlassen können.

Weil die primäre Welt nicht in *Sein* und *Sollen* zerfällt, weil sie bereits so konstituiert ist, daß wir *als praktische Sinnentwürfe* unserer selbst faktisch je über unsere gegenwärtige Situation hinaus auf künftige Erfüllungsgestalten der Praxis hin ausgerichtet existieren, kann es nicht überraschen, daß grundlegende Orientierungssätze die soeben aufgewiesene Grammatik haben. Das gilt auch für philosophische Konstitutionsfeststellungen aus unseren vorangegangenen Analysen. Daran zeigt sich im übrigen, daß philosophische Sätze nicht »höher« stehen als andere.

(1) Wir müssen immer irgendwo sein.

(2) Wir können nicht an zwei Orten zugleich sein.

(3) Wir können nicht den Raum eines Anderen zur gleichen Zeit einnehmen wie er.

(4) Wir können unseren Leib nicht verlassen.

(5) Wir können nicht in die Vergangenheit zurückkehren. Wir können das Geschehene nicht mehr ändern.

(6) Wir können unser Leben nicht verlassen.

(7) Das Leben ist endlich.

(8) Hinter, über, vor oder nach dem Leben gibt es nichts.

(9) Wir können die Zeit nicht anhalten.

(10) Wir stehen nicht noch einmal hinter uns und unseren praktischen Sinnentwürfen.

(11) Wir sind je selbst unsere praktischen Sinnentwürfe.

(12) Kein Sinnentwurf ohne Erfüllungsgestalt.

(13) Kein Sinnentwurf ohne mögliche Versagungsmodi.

(14) Das Leben ist eine singuläre Totalität.

(15) Wir müssen mit den Anderen leben.

(16) Wir sind auf Mitmenschen angewiesen.

(17) Wir sind uns verfehlende, scheiternde und bedrohte Wesen.

Wiederum gilt: wir können diese im wesentlichen *dianoietischen* Konstitutionsfeststellungen nicht lediglich als empirische Sätze im Sinne faktenkonstatierender Behauptungen über eine von uns selbst isolierte Objektivität verstehen. Andererseits sind die Konstitutionsfeststellungen erst recht keine Idealisierungen unserer Praxis in irgend einem Sinne.

Es handelt sich bei den fundamentalanthropologischen Feststellungen um unbezweifelbar wahre Feststellungen über
unser Leben. In diesem Sinne gehen sie uns auf eine gänzlich
andere Weise an, als dies im Falle grammatischer Sätze über
die Konstitution der Farbprädikatoren oder der geometri-
schen Formen gegeben ist. Die anthropologisch-praktischen
Konstitutionsfeststellungen sind *Sätze, die zwei Seiten haben. Die beiden Seiten, die diese Sätze zeigen, weisen in die
Richtung der faktischen und der praktischen Konstitution.*

Betrachten wir z. B. (5). Die transzendentalanthropologischen Konstitutionsfeststellungen betreffen keine Tatsachen
in unserem Leben, sondern sie betreffen jeweils die *Form*
unseres Lebens im Ganzen, zu der wir uns noch einmal einstellen und verhalten *müssen*. Diese Formen machen jeweils
für einzelne Tatsachen, Handlungen und Begebenheiten
unseres Lebens *entscheidende Unterschiede* und bringen
fundamentale Qualifikationen für jede unserer Lebenssituationen mit sich. So ist die Unwiederbringlichkeit des vergangenen Lebens moralkonstitutiv. Ohne sie könnte es nicht die
Interexistentiale der *Schuld* und auch keine vernünftigen
Formen der *Reue* geben. Die *Endgültigkeit* unseres Tuns, die
augenblickliche Ernsthaftigkeit der *Verantwortung* gründen
in dieser Konstitution. Auf die konstitutiven Gegebenheiten
unserer Praxis, die uns in diese Richtung weisen, werden wir
auch mit den Feststellungen (6), (7), (8), (9) und (10) aufmerksam gemacht. So, wie die Rede vom *Menschen* und vom
Leben in unseren beiden ersten Beispielgruppen aber *nicht
zwei Bedeutungen* hatte – eine biologische, und *davon isoliert* noch eine emphatische und authentische, so haben die
Konstitutionsfeststellungen ebenfalls nicht *zwei* Gebräuche
– einen faktischen und einen praktischen –, sondern sie haben zwei semantische Seiten; sie zeigen in zwei Richtungen,
von denen die eine so wichtig ist wie die andere. Diese dianoietische grammatische Struktur an der Basis unserer
Orientierungen, die Tatsache, daß in die Faktizität die dianoietische Perspektive schon eingewoben ist – auch wenn
diese Perspektive faktisch noch so verzerrt wahrgenommen

wird –, verweist ihrerseits auf ein transzendentalanthropologisches Konstituens unserer Praxis: auf die ursprüngliche *Sinnorientierung* der Menschen. Das heißt: *Nie zeigt sich krude Faktizität* – so z. B. nicht bloß die existentielle Endlichkeit – ohne Horizont möglicher Sinnentwürfe und Erfüllungsgestalten. Noch in den extremen Deformationen ist diese Erfüllungsrichtung mitgegeben. Deswegen ist im Gebrauch der dianoietischen Termini und der dianoietischen Sätze die eine semantische Seite von der anderen, die Seite des faktischen Lebensformbezugs von der Seite des Bezugs auf die existentielle Konfiguration unserer selbst und unseres gemeinsamen Lebens untrennbar. Wir erreichen die reine Faktizität unterhalb unserer Sinnentwürfe *nur künstlich und nachträglich*, und zu bestimmten Zwecken. Die Fakten unserer transzendentalen Lebensform erscheinen bereits im Horizont möglicher Erfüllungsgestalten ihrer selbst. Die Grammatik der dianoietischen Termini und Sätze bestätigt, daß die primäre Welt unhintergehbar unter einem Apriori des Sinnes steht. Der folgende Paragraph thematisiert die klassische Rede von der Bestimmung des Menschen. Auch das Wort *Bestimmung* ist ein dianoietischer Terminus. Nur ein auf Erfüllung seiner selbst angelegtes, *sinnantizipierendes* Wesen kann eine Bestimmung und die Einsicht in sie gewinnen.

§ 19 Die Bestimmung des Menschen

Die Frage nach einem vernünftig zu begreifenden Lebenssinn gehört nicht in den Bereich des privatistischen Irrationalismus, sondern zum gemeinsamen und öffentlichen Leben der Menschen. Als solche gemeinsame und öffentliche Frage gehört sie in die philosophische Ethik. Eine *kritische* Antwort kann die Frage nicht durch Verweis auf bestimmte Inhalte des Lebens oder auf bestimmte objektive Vorgegebenheiten ontologischer oder institutioneller Art erhalten. Kritisch kann eine Antwort sein, wenn sie nach den *Voraussetzungen* des Lebenssinnes der Menschen fragt: *Wie werden praktische Sinnentwürfe überhaupt möglich?* Der Rückgang in die Sinnbedingungen, mithin die Frage nach der transzendentalen Konstitution von Lebenssinn, steht gegen die Preisgabe dieser Frage an die Faktizität der ›Pluralität konkurrierender Lebensformen‹. Er steht ebenso gegen die individualistisch-beliebige semantische Färbung, die der Begriff des Sinnes in diesem Zusammenhang zu Unrecht erhält.

Die bisherige Untersuchung hat die Verklammerung der ethischen und anthropologischen Thematik systematisch entwickelt. Auch angesichts der jetzt gestellten Frage muß dies so bleiben. Ich kann dabei an die traditionelle Rede von der Bestimmung des Menschen anknüpfen. Der Entfaltung des Sinnes dieser Rede dienen die folgenden Abschnitte.

Grammatisch betrachtet läßt sich »Bestimmung« zunächst als dianoietisches Prädikat identifizieren; und Sätze der Form

»Die Bestimmung des Menschen besteht in einem Leben im Streben nach Macht, Reichtum, Ehre und Lust.« oder

»Es entspricht der Bestimmung des Menschen, zu lügen und zu betrügen, wo er nur kann.« sind dianoietische Urteile; im Falle der beiden Beispiele handelt es sich im übrigen um *falsche* dianoietische Urteile. Unsere Untersuchung hat die Wahrheitsbedingungen dianoietischer Urteile über die Bestimmung des Menschen auf dem Wege der Entfaltung des Sinns dieser Rede – einen anderen Weg gibt es nicht – jedoch allererst noch zu erarbeiten. Ersichtlich stört in den beiden Beispielurteilen aber bereits philosophisch-grammatisch betrachtet etwas; wenn auch die Rede von der Bestimmung des Menschen im Alltag kaum eine Rolle spielt, so befremden doch die Formulierungen:

»Die Bestimmung des Menschen besteht darin, möglichst viele andere hereinzulegen und geschickt auszubeuten.«

»Die Bestimmung des Menschen liegt im kritiklosen Hinnehmen der Verhältnisse, so wie sie eben sind.«

»Die Bestimmung des Menschen erfüllt sich in Unmündigkeit und Abhängigkeit von anderen.«

Die falschen dianoietischen Urteile zeigen schon, daß der

Terminus ›Bestimmung‹ weder rein deskriptiv gebraucht werden kann noch auch als Rede über ein Ideal der Wirklichkeit. Der grammatische Widerwillen regt sich, weil wir so nicht über die Bestimmung des Menschen reden können, obwohl es wahr ist, daß viele Menschen Ausbeuter und Betrüger sind. Die dianoietische Grammatik trägt der Tatsache Rechnung, daß die primäre Welt nicht in Faktizitäten und Ideale dualistisch und dichotomisch zerfällt. Wie wir über uns selbst und unsere praktischen Einsichten und Einstellungen philosophisch und alltäglich reden, das zeigt bereits in *beide* Richtungen der *einen* primären Welt: in die der faktischen und der praktischen Konstitution. Und der Gebrauch des Wortes »Bestimmung« hat auch bereits eine allgemeine, über einzelne Subjekte hinausgreifende Bedeutung; gerade deswegen muten die falschen Beispielsätze schlicht lächerlich an. Vielleicht erfüllen sie die Vorstellung, die Wittgenstein von grammatischen Witzen hatte. Es drängt sich der Eindruck auf: So geht es nicht. Das kann man nicht sagen. Das kann nicht wahr sein. Kant ist, wo er bei dem Testverfahren von Maximen hinsichtlich ihrer Konformität mit dem Kategorischen Imperativ auf die Fälle der Widersprüchlichkeit und der ›Selbstzerstörung‹ stieß, auch auf grammatische Tatsachen der Konstitution gestoßen. Dazu später. Die dianoietisch-praktische Verwendung von »Bestimmung« in der Formel »Bestimmung des Menschen« hat eine allgemeine Tendenz, die subjektive und auf Individuen allein bezogene Verständnisse bereits in der Grammatik transzendiert. Subjektive Verwendungen wie

»Es schien ihre Bestimmung zu sein, schließlich in der Gosse zu enden.«

»Früh erkannte er seine Bestimmung: Er wollte Musiker werden.«

zielen auf schicksalsähnliche Vorstellungen oder die Entfaltung persönlicher Fähigkeiten und Neigungen. Während im ersten Fall statt »Bestimmung« auch »Natur« gesetzt werden kann: »Es lag in ihrer Natur, in der Gosse zu enden.«, kann im zweiten Fall auch von einer »Anlage« zum Beruf des Musikers die Rede sein. Diese Anlage oder Veranlagung kann entfaltet, entwickelt oder vernachlässigt werden. In diese Richtung weist auch die Rede von der Bestimmung des Menschen. Sie ist anthropologisch auf den Lebenssinn, der alle Faktizität nicht nur überschreitet, sondern erst als solche sichtbar macht, bezogen.

Die Rede von der Bestimmung des Menschen darf nicht *naturalistisch* verstanden werden. Wir können grammatisch

»Der Mensch ist dazu bestimmt, . . .« nicht ersetzen durch

»Der Mensch ist dazu determiniert, . . .«.

Das heißt: Die Rede von seiner Bestimmung nimmt Bezug auf den Menschen im Horizont seiner Sinnentwürfe. Dies ist unverzichtbar für die weitere Analyse. Ernst Tugendhat und Ursula Wolf insistieren in ihren ethischen Untersuchungen häufig darauf, daß für die Philosophie der Rekurs auf so genannte höhere Wahrheiten ausgeschlossen sein muß. In der Tat muß, wie schon Heidegger meinte, die Philosophie – allein schon aus methodischen Gründen – atheistisch sein in dem Sinne, daß Sätze der Art

»Gott hat den Menschen dazu bestimmt, . . .« oder

»Gott hat den Menschen geschaffen, damit . . .«

nicht als Argumente oder als Konstitutionsfeststellungen in Frage kommen. Wir müssen *theologische* und auch *metaphysische* Auffassungen von einer Bestimmung des Menschen daher kritisch einklammern. Erst, wenn sich zeigen ließe, daß solche Auffassungen sich als in der primären Welt konstituiert ausweisen lassen, können sie in entsprechender kritischer Übersetzung vernünftig rekonstruiert werden. Das gleiche gilt aber auch für ein vermeintliches esoterisches Sonderwissen bestimmter philosophischer Traditionen.

Der dianoietische grammatische Status der Rede von der Bestimmung des Menschen weist bereits auf die hermeneutische Unmöglichkeit, die Grundsituation in Faktizität und Normativität, Sein und Sollen, Tatsachen und Werte oder analoge ontologische Distrikte ein- und aufzuteilen. In unserer Analyse der praktischen Sinnentwürfe wurde sichtbar, daß – pointiert formuliert – etwas als etwas nur im Horizont von Erfüllungsgestalten erscheint, wenn wir die komplexe Gliederung der Lebenssituationen nicht reduktionistisch zum theoretischen Verschwinden bringen. Die bloß »faktische« Grundsituation ist bestenfalls eine methodische *Stilisierung* der philosophischen Reflexion zum Zwecke der Übersicht. In der Wirklichkeit begegnen keine bloß faktischen Formen des Lebens. Vielmehr können sie lediglich im Horizont einer sie bereits umgreifenden und qualifizierenden Praxis sichtbar werden. In einem ersten Schritt zur Klärung der Rede von der Bestimmung des Menschen möchte ich daher im folgenden die konstitutionelle Tatsache des *lebenssinnbezogenen Überschusses* in der Realität der Lebenssituationen erläutern.

In der Psychopathologie wird der Fall einer Frau beschrieben, die zunächst häufig zu ihrer Wohnung zurückkehrte, um sich zu vergewissern, daß sie auch abgeschlossen hat. Vertraut wird vielen das Zurückkehren zum abgestellten Wagen sein, um nachzusehen, ob das Licht ausgeschaltet, die Handbremse angezogen oder das Radio abgeschaltet ist. Die Furcht der Frau, das Abschließen versäumt zu haben, ineins die Furcht vor fremden Eindringlingen steigerte sich im besagten Fall immer mehr und führte schließlich dazu, daß sie ihre Wohnung nicht mehr zu verlassen vermochte. Ich entfalte bewußt keine weiteren Details dieser Situation und halte mich auch an die geschilderte ›Oberfläche‹, ohne schon ›tiefenhermeneutische‹ Deutungen und Erklärungen heranzuziehen. Sichtbar wird an der Situation ihr Lebenssinnbezug. Es handelt sich um ein verdinglichtes Welt- und Selbstverhältnis, in welchem die konstitutive Verschränkung der Faktizität mit den menschlichen Sinnentwürfen erkennbar ist. Betrachten wir Aspekte, die wir an der stilisierten Situation abheben können, um die Rede von der Bestimmung des Menschen zu klären. Was zeigt sich? Wie wird die menschliche Situation hier modifiziert?

1. Der Fall zeigt eine extreme Weltreduktion. Die Welt ist räumlich auf die Wohnung geschrumpft, näherhin noch auf die Dinge, die sich in ihr befinden. Heidegger hatte das »Verfallen an das innerweltlich Seiende« als notwendiges

Strukturmoment des menschlichen In-der-Welt-seins – als Sorge – festgeschrieben. An unserem Beispiel wird erneut deutlich, daß die so vorgenommene existentialontologische Formalisierung zuviel zudeckt. Die existentielle Weltreduktion der Frau ist bereits ein verzerrter Modus der Weltorientierung: eine *Verarmung* der Welt.

2. Diese Weltreduktion geht einher mit einer extremen *Reduktion der Möglichkeiten zu praktischen Sinnentwürfen*. Die Frau ist eingeschränkt auf einen kleinen Raum; außerhalb dieses Wohngefängnisses existiert auch keine Zeit; es besteht eine Gefangenschaft des Leibes und seiner Bewegungsfreiheit. Das Sich-zu-sich-Verhalten ist als beschädigt, deformiert und entstellt anzusprechen. Eine Verkümmerung der praktischen Sinnentwürfe und damit der Erfüllungsgestalten tritt ein, wenn, wie hier, ein psychisches Untergehen in der Gebundenheit an die Dinge des Besitzes sich an die Stelle gemeinsamer Lebensvollzüge setzt.

3. Damit geht einher der *Verlust* des interexistentiellen Lebens und damit des eigenen kommunikativen Wesens. Die Angst vor den sie bedrohenden Menschen – vorgestellt als Diebe und Räuber – verhindert die Teilnahme am Leben und mögliche Erfüllungsformen.

4. Auf diese Weise kann auch die singuläre Totalität des eigenen Lebens nur als Einengung, als Auf-sich-zurückgeworfen-sein, als Erfahrung der Bedrängnis, kurz: in *verzerrter* Gestalt Realität haben. Sie wird in der Vereinzelung als Vereinsamung konkret.

Die ganze Situation ist somit zutreffend durch die Aspekte der Verarmung der Welt dieser Frau, der Verkümmerung ihrer Sinnentwürfe, durch den Verlust des gemeinsamen Lebens und die Verzerrung der einmaligen Ganzheit des eigenen Lebens charakterisiert. So zeigt sich: Die menschlichen Lebenssituationen erscheinen bereits im Licht der Erfüllung oder Versagung, der Gelungenheit oder der Verzerrung. Sie lassen sich danach beurteilen, ob ein Weltverhältnis der Gebrochenheit oder der Ausgeglichenheit, der Identität oder der Zerfallenheit mit sich selbst gegeben ist. Durch die existentielle Verdinglichung ist eine radikale Einschränkung der Lebensmöglichkeiten eingetreten, ein nun tatsächlich lebensformbestimmendes »Verfallen an innerweltlich Seiendes«. Einschränkung und Verfallenheit zeigen sich in unserem Beispiel als die Unfähigkeit der Frau, ihr Leben im wesentlichen zu *führen*. Die Beurteilbarkeit der realen Situationen nach Gelungenheit oder Verzerrung, erfüllter oder versagter Gestalt hat jeweils bereits *in der primären Welt bekannte Kriterien*, die öffentlich zur Verfügung stehen. »Verarmung«, »Verkümmerung«, »Verlust« und »Verzerrung« im erwähnten Gebrauch gehören je nicht einem esoterischen Sonderdiskurs zu. Hier wird nicht über Theorien geredet, auch nicht über Theorien der Ethik, sondern über das bekannte und unbezweifelbare Leben. Wir befinden uns nicht in der Situation, eine kriteriale, normative Perspektive allererst durch zusätzliche theoretische Abstützungen erreichen zu müssen; schon gar nicht müssen wir diese Perspektive erst erfinden. Vielmehr ist die Zugänglichkeit zum Leben selbst bereits durch solche Kriterien und normativen Gesichtspunkte allererst möglich.

Diese Kriterien sind alles andere als subjektiv und in das Belieben einzelner gestellt. Subjektiv ist in unserem Beispiel indessen das Wirklichkeitsverständnis der Frau. In der pathologisch verzerrten Lebenssituation liegt eine Verstellung der Offenheit bereits der alltäglichen Situationsverständnisse vor: Die Modi der Befangenheit haben sich vor diese Verständnisse geschoben, und die Lebensbeschädigung erstreckt sich auf die Gesamtheit der Orientierungen. Wir beziehen die Kriterien unserer Beurteilung nicht aus einer idealen Welt. Auch hier gilt unverändert: Wir können die primäre Welt nicht verlassen. Eine »ideale Welt« im landläufigen Sinne ist in unserer Ausdrucksweise in der primären Welt nicht konstituiert. Und dennoch vermag unser Beispiel zur Erläuterung der Rede von der Bestimmung des Menschen zu dienen. Wir lesen den Sinn dieser Rede nämlich nicht einer idealen Gemeinschaft ab, nicht einem idealisierten, fiktiven oder von uns postulierten Zustand, sondern den uns bekannten realen Mißständen und den uns ebenso bekannten gelungenen Formen des gemeinsamen Lebens. Hier gilt nun aber, was wir für die Konstitution der Welt bereits herausgearbeitet haben: Daß die Menschen angemessen allein mit Bezug auf ihre erfüllungsorientierten praktischen Sinnentwürfe begriffen werden können. Es ist nicht so, daß innerhalb einer universalen Verzerrungssituation lediglich *kontrafaktisch*, wie man gesagt hat, ein Vorschein des guten Lebens aufschiene. Sondern die realen Verhältnisse der individuellen und gesellschaftlichen Verzerrung haben schon – wie unser Beispiel – die gelungenen Verhältnisse in ihrem Rücken, und dies weder als utopische Ideale noch als bloß subjektive Vorstellungen. Wir *leben* in der Sinnorientierung. ›Intentionalität‹ – ein gegenwärtig in der philosophischen Diskussion wieder zu sehr auf den theoretischen Bereich eingeschränkter Begriff – muß daher grundsätzlich praktisch begriffen werden: Handlungstheorien, die dies unterschlagen, können für ethische und sozialphilosophische Problemstellungen nicht in Ansatz gebracht werden; erst recht nicht systemtheoretische Rekonstruktionen, in denen anthropomorphistische grammatische Kategorienfehler dazu führen, die Rede von Sinn auf nicht-menschliche »Systeme« zu übertragen. Es ist umgekehrt: *Die Rede vom Menschen, die Rede von uns selbst hat gar keinen Sinn, wenn wir sie nicht bereits so verstehen, daß Personen einzig und allein über ihre Lebenssinngestalt angemessen begriffen werden.*

Unser Beispiel vermag aus genau diesem Grund als verzerrte und verdinglichte Situation der Frau zu erscheinen. Die Aspekte der Weltreduktion, der Verkümmerung der Sinnentwürfe, des Verlustes des gemeinsamen Lebens und der defizienten, bedrängten Lebensganzheit sind nur erkennbar, weil wir sie auf dem bereits öffentlich zugänglichen Hintergrund einer real möglichen Lebenssinngestalt wahrnehmen. Entfalten wir diese Gestalt, dann nähern wir uns auch einem Verständnis der menschlichen Bestimmung.

Die Situation der Frau erscheint als Situation sich steigernder, in der Angst und Verdinglichung gründenden Unfreiheit. Die Räumlichkeit der Wohnung wird zur existentiell beengten Räumlichkeit; die Erkrankung schlägt durch in die

Leiblichkeit, die an die Dinge des Eigentums zwanghaft gefesselt ist. An diesen deformierten Lebensgestalten wird eine real mögliche Lebenssinngestalt ablesbar. Die Verzerrungsmodi erscheinen im *praktischen Horizont* möglicher menschlicher *Autonomie.* Unter dem praktischen Horizont verstehe ich denjenigen situativen Kontext, der es uns gestattet, wahre Beurteilungen unseres Lebens hinsichtlich der Erfüllungsgestalten und Verzerrungsformen unserer Sinnorientierungen gemeinsam vorzunehmen. Zu diesem Kontext gehört, wie an unserem Beispiel deutlich wird, unverzichtbar eine Perspektive der selbständigen Sinnorientierung, der eigenen Führung des Lebens und der Selbstbestimmung. Diese Perspektive der Autonomie ist nicht die eines utopischen, fiktiven Ideals: Sie wird *in* den realen Formen der Verzerrung und Beschädigung öffentlich sichtbar und jedermann zugänglich. Das autonome Leben schwebt nicht als Idealzustand über der menschlichen Wirklichkeit, sondern ist selbst die Perspektive, in der wir bereits immer schon in der primären Welt leben und deren Wirklichkeit beurteilen. Der Horizont der Autonomie ist die erste entscheidende Form des lebenssinnbezogenen Überschusses in der Realität der menschlichen Welt. Die Autonomie ist Konstituens des Lebenssinnes und damit wesentliches Element der Rede von einer Bestimmung des Menschen. Sie bezieht ihren konkreten Sinn nicht »von oben«, sondern *ex negativo* aus den realen Entstellungen des Lebens.

Zur Entfaltung der Lebenssinngestalt gehört ein weiterer Aspekt, zu dessen Erläuterung der Fall der zwangsneurotischen Frau kurz weitererzählt werden muß. Sie konnte die lebensbedrohende Verzerrung ihrer Lebensgestalt allein nicht überwinden. Der Therapeut behandelte sie mit dem Mittel der sogenannten paradoxen Intention, um ihre Angst aufzubrechen. Sie sollte ihr Haus verlassen, nicht abschließen und zusätzlich den Wunsch in sich kultivieren, »daß ihr alles gestohlen werde«, daß sie bei ihrer Rückkehr eine »leere Wohnung« vorfände. Die paradoxe Therapie hatte Erfolg. Der weitere Aspekt der Lebenssinngestalt, der hier sichtbar wird, läßt sich als Angewiesenheit auf Mitmenschen und ihre

Hilfe bezeichnen. Ich nenne ihn den praktischen Horizont der *kommunikativen Solidarität*. Die geschilderte Situation erscheint im Horizont der Sinnorientierung auf die Erfüllungsgestalten des Lebens; es wäre falsch, zu sagen: Die Situation erscheint »faktisch«, oder auch: sie erscheint »normativ« so. *Ex negativo* erscheint sie so, wie sie ist. Der lebenssinnbezogene Überschuß in der Realität zeigt sich in den entstellten Lebensformen. Die Frau selbst merkt, daß sie hinter ihre menschliche Bestimmung gerät, und weiß zum Glück, daß sie eines konkreten Modus kommunikativer Solidarität in der Form ärztlicher Hilfe bedarf.

Autonomie und kommunikative Solidarität ermöglichen eine menschliche Lebenssinngestalt; sie konstituieren so den Begriff der Bestimmung des Menschen, indem sie die Sinn-*bedingungen* seines Lebens benennen.

Vier Mißverständnisse des Begriffs lassen sich auf diesem Hintergrund präzisieren.

Erstens das Mißverständnis von Autonomie und kommunikativer Solidarität als Idealen. Die ganze Grundeinstellung der ethisch-anthropologischen Reflexion wandelt sich, wenn klar wird, daß wir nicht von idealen Gesichtspunkten aus fragen müssen: Was soll ich tun?, sondern viel eher angesichts realer Verfehlungen und Verzerrungen feststellen, welche Verhältnisse und Lebensbedingungen konkret die Entfaltung von Autonomie und Solidarität einschränken und behindern. Die vernünftige Kritik der Realität zeigt auf, wo diese Realität und ihre Einrichtungen und Organisationsformen gegen die Ermöglichung sinnvollen Lebens und gegen die Bestimmung des Menschen stehen. Kritik ist nicht die Konstruktion eines fiktiven Ideals, sondern das allgemein verständliche Aussprechen der konkreten Mißstände, Deformationen und Verzerrungen.

Zweitens das Mißverständnis unserer Explikation des Sinnes der Rede von der Bestimmung des Menschen auf der Ebene der Normalität und der *bloßen* Alltäglichkeit. Insbesondere unser Beispiel konnte es nahelegen, die Bestimmung des Menschen zu Autonomie und kommunikativer Solidarität werde lediglich *ex negativo* aus Verzerrungsverhältnissen abgelesen und finde ihr Kriterium in der schlichten *Normalität*. Die Therapie in unserem Beispiel setzt es sich schließlich zum Ziel, die normale Lebens-, Arbeits- und Genußfähigkeit der erkrankten Frau wieder herzustellen. Damit wäre die Exemplifikation der Rede von der Bestimmung des Menschen lediglich faktizitätsaffirmativ. Das jedoch wäre ein grundlegender Kategorienfehler. Das Beispiel akzentuiert das konkrete Vorgehen *ex negativo*. Dadurch darf nicht verdeckt werden, daß die Reden von der Bestimmung, von der Autonomie und der kommunikativen Solidarität *dianoietisch* zu verstehen sind. Worauf beziehen sich aber die hier wesentlichen Einsichten? Sie beziehen sich auf menschliche *Lebensformen* und sind somit als transzendental-praktische Lebensformbegriffe – praktische Interexistentiale in einem zu erläuternden Sinne – einzustufen. Einsichten in die verzerrte oder gelungene Gestalt von Lebensformen artikulieren sich nicht mit kategorialen Prädikaten, die uns *auch so*, nämlich ohne unser Zutun, zukommen (»groß«, »klein«, »dick«, »dünn«, »schwarz«, »weiß«). Die praktischen Interexistentiale lassen sich nur unter gleichzeitigem Bezug auf unser Handeln und unser Selbstverständnis begreifen. Sie werden dadurch keineswegs unschärfer und vager als Reden über Eigenschaften von Gegenständen oder kategoriale Prädikate. Nur schließt ihr Verständnis die Perspektive der *Entfaltung* und *Entwicklung* der mit ihnen genannten Verhältnisse ein. Es handelt sich um *Sicht*-Termini, in denen sich lebensformbezogene Perspektiven artikulieren. Die Perspektive der Bestimmung des Menschen ist daher jeweils auch eine die Faktizität und Normalität bestehender Verhältnisse überschreitende Perspektive: Sie muß in der Welt geltend gemacht werden und ist nicht von selbst da. Aber sie gehört zum richtigen Selbstverständnis, wie die Erfüllungsgestalt zum praktischen Sinnentwurf und wie die konkreten Formen der Hilfe und der Bemühung um die Wiederherstellung der Lebenstüchtigkeit zur Situation der Frau in unserem Beispiel.

Eine nicht unwichtige Variante des faktizitätsorientierten Mißverständnisses stellt ein *legalistisches* Verständnis der genannten Unterscheidungen dar. Die lebensformbezogenen Perspektiven der Autonomie und der kommunikativen Solidarität treten nicht allererst durch rechtliche und gesetzliche Bestimmungen auf; vielmehr sind diese Bestimmungen abhängig von einem Fundament in der primären Welt. Rechte und Gesetze sind somit als *Ausdrucksformen* des vernünftig begriffenen gemeinsamen Lebens einzustufen und nicht als dessen Konstituentien. Anders gesagt: Die juristischen Diskurse benötigen bereits die geklärten dianoietischen Grundbegriffe und anthropologisch-praktischen Urteile und Einsichten, um ihrerseits in Gang kommen zu können.

Neben dem idealen und dem normalitätsbezogenen steht als *drittes* das individualistische Mißverständnis. Wiederum kann das Beispiel es nahelegen, es ginge in der praktisch-anthropologischen Rekonstruktion im Kern um individuelle Verzerrungen und Erfüllungsgestalten. Davon kann jedoch nicht die Rede sein: Die Konstitutionsanalysen schließen eine *universale* Perspektive ein, wie sie auch in der Rede von der Bestimmung *des Menschen* zu Autonomie und kommunikativer Solidarität angelegt ist. Gemeint ist die Bestimmung *der*, nämlich aller Menschen. Pathologische Verzerrungsformen, wie die von uns exemplifizierte, treten nicht nur auf individueller, sondern auch auf gesellschaftlicher Ebene auf. Gegen die Bestimmung der Menschen richten sich explizit rassistische Organisationsformen von Gesellschaften. Formen der nicht individuellen, sondern gesamtgesellschaftlich organisierten Verdinglichung in der Gestalt der Produktion unsinniger Güter und der an Konsum und Warenwelt verfallenen Selbstverständnisse prägen spätkapitalistische Gesellschaften. Etatistische Strukturen sind nur die Großformen auch individueller interexistentieller Verzerrungen der Heteronomie und des Mißtrauens. Die praktisch-anthropologische Konstitution der Moralität bezieht sich keineswegs auf Verhältnisse in kleinen Gruppen: Weder die grammatische noch die interexistentielle Perspektive der Konstitution »hört« gleichsam an irgendeiner Stelle der komplexen Verhältnisse der Menschen »auf«, zu gelten. Und

Großformen systematischer Verzerrungsmodi gründen in denselben grammatischen und praktischen Kategorienfehlern wie individuelle Pathologien und Reifikationen. Ein pathologischer Wahn wird nicht vernünftiger, wenn er zur Weltreligion wird. Ein über Besitz und Eigentum von Gegenständen definiertes Verständnis der Menschenwürde büßt seine Perversität nicht ein, wenn es faktisch zur gesellschaftlichen Regel wird.

Das individualistische Mißverständnis der Bestimmung des Menschen ist *methodisch* bereits dadurch zu überwinden, daß wir auf der grammatischen (dianoietischen) und interexistentiellen Konstitution ihres Sinnes insistieren. Die alte philosophische Idee von der rettenden Macht des Guten ist kein irrationaler Traum, sondern läßt sich genau reformulieren:

Die Rede von der Selbstbestimmung z. B. kann nicht *ich* selbst bestimmen. Sie verdankt ihren Sinn nicht subjektiven Einfällen und beliebigen Meinungen. Das gilt auch für die Rede von der Bestimmung der Menschen. *Rettend* kann nur eine Instanz sein, die der Beliebigkeit des Meinens überlegen ist; *mächtig* im vernünftigen Sinne können nur auf Dauer lebenstragende praktische Einsichten sein.

Das entscheidende Mißverständnis aber besteht darin, die Bestimmung der Menschen isolationistisch nur in der Perspektive der Autonomie und nicht in der Solidarität zu sehen. *Für sich* betrachtet läßt sich die Rede von der Autonomie zunächst so explizieren – wiederum *ex negativo* –, daß wir die Voraussetzungen nennen, die erfüllt sein müssen, wenn praktische Sinnentwürfe *ungehindert* möglich sein sollen. Vorauszusetzen ist (1), daß nicht die Natur als bedrohende Gewalt die Entwürfe einschränkt oder verhindert; daß (2) nicht menschliche Gewalt und Unterdrückung dies tun; (3) daß nicht die Abhängigkeit von sich selbst im Sinne eines Lebensverständnisses der egozentrischen Selbstverfallenheit die Entwürfe deformiert. Aber damit ist noch nicht vollständig bestimmt, was es heißt, ein autonomes Leben zu führen. Das selbstbefangene Leben ist kein Beispiel für Autonomie; diese ist in subjektivistischen Modi nicht gut möglich. *Sie ist nicht als Eigenschaft einzelner Subjekte, sondern selbst als kommunikatives Interexistential allein richtig zu verstehen.* Warum nur so? Weil sie eines für sie konstitutiven Erweisungs- und Bewährungszusammenhangs bedarf; weil auch hier die transzendentale Funktion des »Äußeren« für das »Innere« besteht. Das bedeutet, daß die Entfaltung ihres Sinnes lebensformbezogen über kommunikative Erfüllungsgestalten des gemeinsamen Lebens erfolgen muß. Nur so kann sie von Selbstherrlichkeit, Überheblichkeit, Allmachtsphantasien zur Überdeckung von Minderwertigkeitsgefühlen und Eigenmächtigkeit als Deformationen systematisch abgegrenzt werden. Worin das Führen eines autonomen Lebens besteht, das läßt sich nicht ohne den Rekurs auf kommunikative Erfüllungsgestalten der Praxis bestimmen. Die interexistentielle Konstitution impliziert die strukturelle Reziprozität, die im angemessenen Autonomieverständnis vorausgesetzt ist: Die Autonomie der anderen ist *für die eigene sinnkonstitutiv*; sonst stellen sich keine authentischen Praxisformen her. Die Formen der kommunikativen Solidarität in der Interexistenz sind auf diese Weise die entscheidenden Kriterien des autonomen Lebens. Um ein partiales Verständnis der menschlichen Bestimmung auszuschließen, muß deutlich sein, daß die lebensformbezogenen Perspektiven der Autonomie und der kommunikativen Solidarität lebenssinnkonstitutiv sind, wenn sie als *praktisch gleichursprüngliche* Interexistentiale der Menschheit begriffen werden. Erst durch beide ist die Konstitution einer menschlichen Welt möglich. Wir müssen daher von der zweifachen Bestimmung der Menschen im Sinne der Entfaltung ihrer Autonomie und der Modi der Solidarität sprechen.

Auf diese Weise haben wir das idealistische, das affirmative, das legalistische, das individualistische und subjektivistische sowie das partiale autonomistische Mißverständnis der Rede von der Bestimmung der Menschen ausgeschlossen. Ein weiteres Mißverständnis könnte sich einstellen: Handelt es sich nicht bei der Sinnexplikation lediglich um die philosophisch-anthropologische Wiedergabe bestimmter, partikularer und *traditionsabhängiger* Verständnisse der praktischen Grundsituation? Artikuliert sich nicht ein in den Traditionen des Humanismus, des Christentums, des Idealismus und des Sozialismus ausgebildetes Verständnis? Zunächst einmal läßt sich die vorgetragene Analyse als Rekonstruktionsvorschlag für den transzendental-anthropologischen rationalen Kerngehalt bestimmter Traditionen verstehen; das gilt nicht nur für die Reinterpretation der Rede von der menschlichen Bestimmung, sondern für die gesamte Analyse. Zweitens jedoch ist die Analyse systematisch unabhängig von bestimmten Traditionen, insofern sie dem Anspruch genügt, die Konstitution einer menschlichen Welt überhaupt und somit auch die Möglichkeitsbedingungen menschlicher Kulturen freizulegen. Sie benennt diese Konstitutionsbedingungen angesichts und in Kenntnis aller bekannten und verbreiteten Verzerrungsformen und defizienten Modi der Praxis. Der Horizont der Autonomie und der kommunikativen Solidarität tritt nicht als Teilstück und traditionsabhängiger Bestand zum menschlichen Welt- und Selbstverhältnis, sondern er konstituiert es, und mithin je synchron die Lebenssituationen. Damit ist eines nicht impliziert: Daß die Lebenssinnkonstituenten auch die realen Lebensformen tiefgreifend durchwirken und sich in ihnen zu reichen Erfüllungsgestalten der Praxis ausprägen. Wir werden auf die Bestimmung der Menschen als Möglichkeitsbedingung menschlicher Kulturen im Kontext des anthropologischen Universalismus und des Zusammenhangs von Gewaltlosigkeit und Konstitution zurückkommen.

§ 20 Praktische Interexistentiale
und negative praktische Einsichten

Es geht im folgenden nicht um eine *Transformation* der bisherigen Konstitutionsanalysen in den Bereich der Moralphilosophie, sondern um eine Vertiefung der gewonnenen Einsichten. Die Vertiefung ist bereits der Schritt der Analyse in die Konstitution der Moralität und der moralischen Praxis. Denn diese Praxis ist der Verfassung einer menschli-

chen Welt nichts Äußerliches oder Unwesentliches; sie
macht eine solche Weltkonstitution vielmehr im Kern aus.
Wir konnten für die faktische Grundsituation immer wieder
eine minimale interne Komplexität in den Konstitutions-
aspekten feststellen; diese holistische Perspektive ist auch für
die praktische Grundsituation beizubehalten. Zu vertiefen
und aufeinander zu beziehen sind folgende Gesichtspunkte
der Konstitution:

1. Die Eigenart praktischer Sinnentwürfe und der für sie
   unverzichtbar verständniskonstitutiven Erfüllungsgestalten der menschlichen Praxis;
2. die einzigartige Ganzheit des menschlichen Lebens;
3. das interexistentielle Wesen der menschlichen Welt und
   die kommunikative Realität der menschlichen Praxis;
4. die anthropologischen Gegebenheiten der Fragilität, der
   Asymmetrie und Alterität;
5. der wesentliche Grundzug der Negativität in der Konstitution;
6. die Eigenart der dianoietischen Termini und ihres philosophisch-grammatischen Status und mithin der praktischen Einsichten;
7. die Rede von der Bestimmung des Menschen als einem
   Paradigma dianoietischer Rede.

Betrachten wir auf diesem Hintergrund *praktische Interexistentiale* genauer. Ein einfaches und vertrautes Beispiel ist
das der *Freundschaft* zwischen Menschen. Als Interexistential begriffen schließt sich eine psychologistische Analyse
aus: das ›Gefühl‹ der Freundschaft (›freundschaftliche Empfindungen‹, die wir einer Person entgegenbringen) – sie
können lediglich Begleiterscheinungen des Interexistentials
sein. Eine psychologistische Hypostasierung von Interexistentialen nach »innen« – in die »subjektive Innenwelt« eines
»Seelendinges« im Käfig des »außen« ist von vornherein verfehlt. Aber gerade sie ist weit verbreitet in Theorie und
Praxis. Zugänglich ist das Interexistential Freundschaft in
der öffentlichen Handlungswelt. Hier ist es konstituiert und
hier liegen seine Kriterien. Es erweist sich als eine *Lebensform*, grammatisch als *dianoietischer* Terminus. Was es heißt,

Freund zu sein, ist verbunden mit praktischen Einsichten. Die semantischen Aspekte des Interexistentials übergreifen Faktizität und Normativität. Das Interexistential muß als praktischer Sinnentwurf mit Erfüllungsgestalten begriffen werden:

1. Nicht ›hier und da einmal‹ kommen sympathische Gefühle auf und vergehen dann wieder. Es läßt sich ferner feststellen: Als Form des gemeinsamen Lebens weist die Freundschaft eine gewisse *Dauerhaftigkeit* und *Beständigkeit* (Festigkeit) auf.

2. *Hilfe in der Not.* Die unter 1. angesprochene Beständigkeit bringt es mit sich, daß sie sich unter erschwerten Bedingungen zu bewähren hat. Als Konstituens der praktischen Lebensform der Freundschaft tritt die erprobte Verlässlichkeit in der Not hinzu. In der Analyse lassen sich die möglichen *kommunikativen Erfüllungsgestalten* der Freundschaftspraxis in eine Vielzahl von Modi auffächern. Ein Vorverständnis von »teilen«, »abgeben«, »jemanden in der Not nicht im Stich lassen« und »jemandem seine Zeit opfern« ist dianoietisch undispensierbar.

3. *Das wechselseitige Bemühen um Verbesserung des Lebens.* Das Teilen wesentlicher Erfahrungen und v. a. auch praktischer Einsichten sowie die Anteilnahme an dem Leben und der Weltorientierung des Anderen gehören begrifflich zum hier thematischen Interexistential. ›Symmetrische‹ und ›reziproke‹ Verhältnisse sind ohnehin konstitutiv.

4. *Verschwiegenheit.* Das Schweigen zur rechten Zeit, v. a. in Situationen der Abwesenheit des Freundes, ermöglicht ein wechselseitiges Vertrauensverhältnis.

5. Dem entspricht die *Offenheit der Aussprache.* Je entwickelter das interexistentielle Verhältnis ist, desto radikaler kann eine gegenseitige Öffnung erfolgen. Am besten ist es, wenn alles gesagt werden kann. Es wird sichtbar: Die Konstitutionsaspekte ermöglichen und befördern sich wechselseitig. Die Offenheit der Aussprache erschließt erst voll und ganz die Modi kommunikativer Solidarität, die sich auszubilden vermögen, wenn Verstellung und

Angst als Verzerrungsformen praktischer Sinnentwürfe und entstellte Lebenseinstellungen aufgegeben sind.

6. *Verzeihen und Vergeben.* Da das Interexistential nicht mit einer Stimmung oder mit einem Gefühl verwechselt werden darf und seine Kraft und Gültigkeit wesentlich in der sich durchhaltenden Verläßlichkeit besteht, so schließt sein adäquates Verständnis bereits begrifflich ein Sich-Bemühen um Verständnis angesichts des Sich-Verfehlens des Partners ein, damit verbunden die Anteilnahme und das handelnde Bemühen, ihn zu besserer Einsicht zu bringen. Die Eröffnung des Vertrauens im Horizont des Interexistentials bringt wesentlich die Gewißheit mit sich, daß sich die Verhältnisse im Falle der Verfehlung nicht plötzlich völlig wandeln.

7. Das Interexistential bringt es ferner in der Regel mit sich, daß *kommunikative Weiterungen* erfolgen. Ein isolationistisches Verständnis, welches strikt nur auf zwei Partner beschränkt bliebe, ist eher ein Sonderfall. So werden weitere Freunde, Familien, Verwandte und Bekannte in das interexistentielle Verhältnis mehr oder weniger intensiv mit einbezogen.

Die Konstitution der Freundschaft, die dianoietische Grammatik dieses paradigmatischen Interexistentials ist nicht verborgen und verdankt sich somit auch nicht einer allererst durchzuführenden »Theorie der Freundschaft«. *Gäbe* es das Interexistential nicht bereits immer schon in unserer Praxis und Rede, so hätten theoretische Konstruktionen wohl keine Chance, es in die Welt zu bringen. Fingieren wir eine *freundschaftslose* Kultur, in der zwar Konstitutionsaspekte dieses Interexistentials, z. B. Hilfe in der Not praktiziert würden, in der aber das charakteristische Ensemble unserer Analyse (Punkt 1.-7.) so nicht auftritt. Die erstmalige praktische *Einführung* des Interexistentials Freundschaft käme einer religiösen Revolution der Lebensform der Menschen nahe. Sie würden einen genuinen Modus authentischer Gemeinsamkeit *neu* entdecken.

Ein weiterer Gesichtspunkt ist zu akzentuieren. Bei dem beschriebenen Interexistential handelt es sich nicht um ein

Ideal unserer Lebenswirklichkeit, sondern um diese Wirklichkeit selbst. Dies ist von entscheidender Bedeutung. Das Interexistential zeigt sich in seiner Konstitution nicht als ein Ideal, welches wir in einem von unserem Leben abgehobenen, weltentrückten Reich nicht-instrumenteller, personaler Verhältnisse lediglich fiktiv anzusiedeln hätten. Die genannten Konstituentien sind auch nicht lediglich *ideale Kriterien*, mit denen wir die realen Kümmergestalten unserer Freundschaftsverhältnisse messen, um zu erkennen, daß Ideale im Leben nicht anzutreffen sind. Die Analyse zeigt vielmehr die Struktur der Totalität einer konstituierten Praxis, die nicht konstruiert, erfunden oder fingiert ist und zu deren Aspekten sowohl die gelungenen als auch die mißlungenen Realisationen gehören. Die Analyse ist selbst nur die *Erinnerung* an die *selbstverständlichen* Bedingungen und Voraussetzungen des praktischen Interexistentials der Freundschaft. *In* die kommunikative Realität des praktischen Interexistentials gehen bereits konstitutionell die nicht-idealen Verhältnisse ein, unter denen die Praxis einer menschlichen Welt überhaupt möglich ist: am deutlichsten dort, wo in der Verfassung des Interexistentials die stets möglichen Kränkungen und Verletzungen, die Verfehlungen und das Versagen eines Partners mit berücksichtigt sind. Erfüllungsgestalten dieses Interexistentials – wir müssen es als einen grundsätzlichen praktischen Sinnentwurf begreifen – sind nicht in einem idealen Reich angesiedelt, sondern unter anderem gerade dort, wo die menschliche Gebrechlichkeit und Hinfälligkeit – die ›Fragilität‹ – das Freundschaftsverhältnis und dessen Ernsthaftigkeit *erproben*. Die *Reibung* mit der nicht-idealen Realität des Lebens ist in der Konstitution des Interexistentials *vorgesehen*. ›Freundschaft‹ erweist sich als ein *sicherungs- und gewaltloser Modus existentieller Solidarität* in der Realität der primären Welt.

Zwei weitere Beobachtungen möchte ich anfügen. *Erstens* zeigt sich an der Analyse der Freundschaft, daß die Konstitution praktischer Lebensformen und mithin der Moralität in hohem Maße *nicht-beliebig* ist. Kein Einzelner kann sich das Freundschaftsverhältnis gemäß subjektiven Einfällen und Wünschen ›nach eigenem Geschmack‹ gestalten. Aber auch beide Partner können dies nicht. Die Konstitution hängt nicht von den im Interexistential vergemeinschafteten Personen ab, sondern umgekehrt: die Personen treten in die Konstitution ein. Das Interexistential ermöglicht ihre Praxis, ihre gemeinsame Lebensform. Das bedeutet: Nicht lediglich in *theoretischen, wissenschaftlichen* Orientierungszusammenhängen bewegen wir uns in nicht-subjektiven, nicht-beliebigen, nicht-kontingenten Praxisformen. Gerade im Bereich der Moralität ist dies der Fall. Es liegen konstituierte Verhältnisse vor. Sie sind dem Relativismus und Skeptizismus entzogen; ebenso dürfen sie nicht mit *einer* ihrer Beschreibungen (also auch nicht mit der hier gegebenen) dogmatisch identifiziert werden. Grundzüge des gemeinsamen Lebens, gewaltlose Interexistentiale als Modi kommunikativer Solidarität sind Erfüllungsgestalten der Praxis in einer menschlichen Welt. Das schließt geschichtliche Modifikationen der praktischen Interexistentiale nicht aus; es kann Ausprägungen der Freundschaft in anderen Kulturen und Zeiten geben und gegeben haben, in denen andere Konstitutionsaspekte wichtig werden. Bestimmte Gepflogenheiten gestalten sich anders. Das Verständnis kommunikativer Solidarität kann von dem uns vertrauten abweichen. Es kann sich aber nicht ins Gegenteil verkehren. Bestimmte unverzichtbare Konstituentien dürfen nicht entfallen. Die *Art und Weise, wie* interexistentielle Modi der Gewaltlosigkeit, Nichtinstrumentalität und Solidarität gedacht und gelebt werden, kann sich in geschichtlichen Erscheinungsformen wandeln. Jedoch *daß* es sich um solche interexistentiellen Modi handelt, dies gehört bereits begrifflich zu einer überhaupt möglichen menschlichen Welt, anders gesagt: *es gehört zur interexistentialen Grammatik einer menschlichen Kultur*. Historisch könnte dies mit einer Untersuchung der vielen Traktate über die Freundschaft aus der antiken praktischen Philosophie, aus dem Judentum, dem Christentum, dem Islam und aus Asien beleuchtet werden. Es wäre eine Betrachtung über die Konstanz der interexistentiellen Modi kommunikativer Solidarität in der Geschichte.

Zweitens. Zum nicht-relativistischen Verständnis der Konstitution (in der Tat hätte ein Reden von Konstitutionen anders auch gar keinen Sinn) tritt die Feststellung von der Nicht-Partialität ihrer Aufweisbarkeit. Für die Konstitution der Moralität gilt: Wir gelangen in unserem Leben und im Vollzug unserer Praxis nicht irgendwann einmal – und schon gar nicht ständig erneut – in einen praktisch *nicht* verfaßten Bereich, in dem keine Sinnentwürfe mehr möglich sind und in dem keine Erfüllungsgestalten der Praxis für diese länger horizontbildend fungieren. Wir verfügen nicht nur hier und da und eingegrenzt auf bestimmte Fälle und Situationen über ein *faktizitätstranszendierendes Vorverständnis des guten* (bzw. des besseren) *gemeinsamen Lebens*. Wir sind nicht sporadisch Wesen der kommunikativen Sinnorientierung.

Die Gesichtspunkte der Nicht-Beliebigkeit und der Nicht-Partialität der Konstitution unterstreichen, daß die moralphilosophische Reflexion zu Unrecht bei einzelnen, isolierten ›ethischen Subjekten‹ anzusetzen pflegt. Wir sind keine subjektiven Innenräume, keine voneinander isolierten mikrokosmischen Schachteln. Wir sind mit unseren Sinnentwürfen je bereits in eine gemeinsame Praxis und deren normative Modi – deren Erfüllungsgestalten – eingelassen. *Nur so* sind wir zu uns selbst gekommen und zu uns selbst geworden. Von vornherein muß daher Beschreibungen der Grundsituation widersprochen werden, in denen ein einsames Isolationssubjekt einsam sein Wesen sucht und einsam seine Willensentscheidungen zu treffen hat, in der Isolation für sich selbst existiert und angespannt auf die innere Stimme seines Gewissens lauscht, um herauszufinden, worin das Gute besteht. Ohne die Kenntnis kommunikativer Erfüllungsgestalten ist persönliche moralische Orientierung von vornherein unmöglich. Das skizzierte Zerrbild der Grundsituation moralischer Orientierung soll nämlich auf keinen Fall so mißverstanden werden, als kämen wir nicht in sehr relevantem Sinne in Entscheidungssituationen, die wir *allein* zu bewältigen hätten, in denen uns andere wenig oder gar nicht helfen können und in denen auch konkreter Rat sehr teuer ist. Das ändert aber nichts an der Grundtatsache, daß eigene und selbständige Sinnentwürfe *nur* in der verfaßten Praxis möglich sind und wirklich werden können. Es führt kein Weg vom monologisch konzipierten Subjekt zur interexistentiellen kommunikativen Realität. Kein isoliertes Subjekt *verfügt* über die Konstitution der Moralität.

Am Beispiel der Freundschaft wurde weiter deutlich, daß ein praktisches Interexistential als Sinnentwurf, und zwar als gemeinsamer Sinnentwurf, begriffen werden muß, denn nur so erhält er kommunikative Realität. Diese interexistentielle kommunikative Realität zerfällt nicht in ein *Sein* und in ein davon abgelöstes *Sollen*. Wie könnten wir eine solche ontologisch-axiologische Aufteilung auf zwei Welten oder Bereiche an unserem Beispiel auch vornehmen? Welche Konstitutionsaspekte gehören auf die Seite der Faktizität, welche auf die Seite der Normativität? Wiederum zeigt sich, *daß für den grammatischen Status der kommunikativen praktischen Interexistentiale die diesseits dieser Dichotomie anzusetzende dianoietische Analyse zutrifft.* ›Freundschaft‹ ist kommunikative Realität der primären menschlichen Welt; es ist der Reflexion nicht möglich, eine solche das ganze Leben von Personen qualifizierende *Lebensform wie auch* die zu ihr gehörigen Bewältigungs- und Erfüllungssituationen in faktische und praktische Bestandteile zu zerreißen, um dann die – unbeantwortbare – Frage zu stellen: Wie kommen wir vom Sein zum Sollen? Sinnvoll kann gefragt werden: *Wie ist unsere gemeinsame Lebenspraxis im Blick auf kommunikative Erfüllungsgestalten unserer Sinnentwürfe verfaßt?* Die Frage nach der Konstitution der Praxis muß explizit gestellt werden, und in ihr darf nicht von weichenstellenden Dichotomien Gebrauch gemacht werden, von denen keineswegs gewiß ist, ob sie in der primären Welt konstituiert sind.

Die Form der Symmetrie und Reziprozität, die wir am kommunikativen Interexistential der Freundschaft aufweisen können, läßt sich auch so akzentuieren, daß jeweils der oder die Andere die praktische Möglichkeitsbedingung der Erfüllungsgestalten *meiner eigenen* Praxis, meiner eigenen Sinnentwürfe ist. Es gehört begrifflich zum *Verständnis* der Interexistentiale, daß dieses reziproke Verhältnis handlungsorientierend wirksam wird. Sätze, die wir uns leicht in einschlägigen Situationen gesprochen denken können, und die vom dianoietischen Relationsprädikat *Freund* Gebrauch machen, erläutern dies.

– Als Freund hättest du eigentlich die Pflicht gehabt, bei ihm zu bleiben!
– Ein schöner Freund!
– Bestimmt hilft ihm seine Freundin in dieser Lage.
– Damals hat sich ihre Freundschaft bewährt.
– Ein wahrer Freund.

Der dianoietische grammatische Status gestattet es, das Wort umgehend in Kontexten mit normativen Implikationen zu verwenden. Die *praktische Einsicht* in wahre Freundschaft gehört bereits zur Konstitution der moralischen Praxis in der primären Welt. Es wäre befremdlich, wenn nicht auf den ironischen Ausruf »Ein schöner Freund!« die Bitte um ausführliche Erläuterung erfolgte, warum dieser Freund sich als nicht aufrichtig erwiesen habe. Die dianoietische Grammatik ist in unsere Praxis und Rede so eingearbeitet, daß wir sie nicht straflos verletzen können. Andererseits: *Normen* und *Gesetze* der Freundschaft bzw. die philosophische Hervorhebung der Freundschaft als eines authentischen personalen *Wertes* sind bereits der *nachträgliche* Ausdruck gelebter Verhältnisse. Weil dies so ist, sind die Konstitutionsaspekte der Interexistentiale allgemein zugänglich, erinnerbar und allgemeingültig aufweisbar. Wir blicken im freundschaftlichen Umgang miteinander nicht auf kodifizierte Gesetze der Freundschaft, um jeweils zu sehen, ob wir uns ihnen gemäß richtig verhalten. Solche Gesetze sind bereits Ausdruck und Explikation dessen, was sich interexistentiell-praktisch immer schon vollzogen hat. So gehören auch die philosophischen Reflexionen mit den Titeln *Ethik* und *Moral* einem praktischen Fundament des Selbstverständlichen und des Lebenstragenden zu, welches ihnen vorausliegt und an dem sie sich zu orientieren haben.

Das Beispiel der Freundschaft könnte es nahelegen, die bisherigen Ausführungen sehr stark auf den Bereich einer sogenannten *Individualethik* zu beziehen und darauf einzu-

grenzen. In der Tat ist es den Menschen v. a. aufgrund ihrer
Endlichkeit kaum möglich, eine Vielzahl von Freundschaften der analysierten Art tatsächlich zu pflegen. Die damit
verbundenen Pflichten wären zu belastend. Die Einschränkung der praktischen Interexistentiale auf einen privaten,
individuellen Bereich jedoch muß vollständig und definitiv
verneint werden. Die praktischen Interexistentiale umgreifen und überschreiten die individuellen Verhältnisse. Und
gerade hier wird die wiederholte Frage nach den Möglichkeitsbedingungen einer menschlichen Welt besonders drän-
gend, ihre Beantwortung besonders interessant. Ich führe
zur hier nötigen Horizonterweiterung eine Reihe weiterer
praktischer Interexistentiale auf.

– Eine große Gruppe können wir mit der Überschrift: *ko-
operative praktische Interexistentiale* versehen. Die Formen des gemeinsamen Arbeitens, des Planens und Entwer-
fens in ihrer Vielfalt auf allen Feldern der Praxis können
hier ausdifferenziert und analysiert werden.
– *die pädagogischen, didaktischen Interexistentiale:* Die
Formen des Lehrens und Lernens sind Paradigmen praktischer Interexistentiale. Nähere Analysen können zeigen,
daß gerade bei vorauszusetzenden Verhältnissen der
Asymmetrie, symmetrisch-reziproke, gewaltfreie Formen
des Umgangs realisiert werden können. Erfüllungsgestalten der Praxis bestehen auch hier zusammen mit deren
Defizienzen und Schattenseiten. Das gemeinsame Lernen
aus Fehlern oder die Selbstkorrektur nach Fehlschlägen,
die bei den Anderen auftreten und die man auf das eigene
Verschulden zurückführt, sind Beispiele.
– *dignitative Interexistentiale* wie z. B. Anerkennung, Achtung und Rücksichtnahme.
– *solidarische kommunikative Interexistentiale i. e. S.*, z. B.
Beistand, Hilfe, Trost, Zuspruch, Aussprache, Erinnerung
(Nicht-Vergessen), Wahrhaftigkeit.
– die kulturkonstitutiven *ästhetischen, politischen* und *religiösen* Interexistentiale.
– Interexistentiale der Menschheit, wie *Würde, Gerechtigkeit* und *Friede*, die wir in den Abschnitten über den

anthropologischen Universalismus ins Zentrum der Untersuchung stellen.

Diese Anordnung dient nur zur Herstellung einer gewissen Übersicht; sie impliziert keine sonstigen schematischen Vorstellungen oder deduktiven Ordnungsgesichtspunkte. Eine Übersicht über Gruppen von praktischen Interexistentialen läßt sich auf verschiedene Weise geben. Außerdem treten sie in der Praxis der primären Welt nicht isoliert auf, sondern zusammen und verwoben miteinander. Die Übersicht soll zunächst nur eines verdeutlichen: daß die *gesamte* Praxis der primären Welt interexistentiell konstituiert ist, und nicht etwa nur ein Teilbereich. *Insofern kommt den praktischen Interexistentialen ein ausgezeichneter, weltkonstitutiver Status zu.* Durch sie wird präzise erfaßbar, in welchem nicht-trivialen Sinne wir in einer gemeinsamen Welt leben. Die Konstitution der primären Welt zeigt sich auf allen ihren Ebenen und in all ihren Aspekten als ein interexistentielles Kommunikationsgeschehen, wobei ›Kommunikation‹ nicht auf Gespräche eingeengt verstanden werden darf. Dialogphilosophien und Theorien der Kommunikation haben diese Einengung vollzogen. Aber die Ebene der sprachlichen Verständigung im Medium objektiver (interexistentieller) Sinngehalte wird noch umgriffen, getragen und durchdrungen von der existentiellen und sozialen *Gesamtpraxis*; die Sprachspiele sind noch ›eingebettet‹ in Lebensformen, in die Arbeit und in die Liebe als fundamentale Modi der Interexistenz, um zwei wesentliche Beispielgruppen zu nennen. Von hier aus fällt noch einmal ein Licht auf die restriktiv-daseinszentrierte Existentialanalyse Heideggers: Das grundlegende Existential der *Sorge* vermag rekonstruktiv die zentrale Konstitutionsebene der Interexistenz überhaupt nicht zu erreichen. Die Analyse muß in der Monologizität verharren. Von der geradezu in sich verkrümmten Selbstzentriertheit aus treten die Anderen in den Blick. Sie, die Sorge, vermag daher tatsächlich nur am eigenen Tod eine definitive Grenze und ein Ende zu finden. Das heroische Pathos der einsamen Todesbereitschaft verstellt die Modi der kommunikativen Solidarität.

Demgegenüber kommt der interexistentiellen Konstitution unbedingter systematischer Vorrang zu. Die formalisierte Sorge-Struktur mit ihrer zeitlich-ekstatischen Akzentuierung:

Sich-vorweg-sein-im-schon-Sein-in-der-Welt-als-Sein-bei-innerweltlich-begegnendem-Seienden

berücksichtigt, wie wir bereits sahen, 1. nicht die interexistentielle Konstitution und schreibt 2. das »Verfallen« an das innerweltlich begegnende Seiende ontologisch bzw. existentialanthropologisch fest. Wir vermeiden beide Defizite, wenn wir eine mögliche Grundform menschlicher Praxis etwa mit folgender Feststellung zu charakterisieren suchen:

Wir Menschen werden in der kommunikativen Interexistenz zu uns selbst, kommen aus den interexistentiellen Verhältnissen auf uns zu und entwerfen unsere praktischen Sinnentwürfe im gemeinsamen Leben auf kommunikative Erfüllungsgestalten hin.

An die Stelle des Heideggerschen *Verfallens* treten hier jedenfalls *Modi der Interexistenz*, über deren moralische Dignität freilich vorab noch nichts ausgemacht ist. Jedoch: Bereits die Perspektive des ›Seins-zum-Anderen‹ an der Stelle des Seins-zum-Tode bedeutet eine weitreichende Veränderung gegenüber vielen traditionellen Moralphilosophien. Ethische Reflexionen leiden häufig an dem Mangel, als seien sie auf einen *Einzelnen* bezogen, den wir (die ethisch Reflektierenden nämlich) überzeugen wollen, z. B. aus seinem Interesse an sich selbst (oder aus anderen Gründen) moralisch zu werden. Diese argumentative Grundstellung schlägt in die systematischen Konstruktionen durch. Aber diese Grundstellung ist bereits fiktiv und steht quer zur Grundsituation, wenn unsere Konstitutionsanalysen zutreffen. Diese Grundstellung geht an der Wirklichkeit des gemeinsamen Lebens und an den Einsichten vorbei, die wir über es gewinnen können.

Ich möchte unsere Analyse im folgenden in zwei Richtungen vertiefen. *Erstens* soll der Zusammenhang der praktischen Interexistentiale mit den Sinnentwürfen und ihren Erfüllungsgestalten präzisiert werden. Er ist von entscheidender

Bedeutung. *Zweitens* soll die systematische Verbindung der negativen praktischen Einsichten mit der Interexistentialanalyse verdeutlicht werden. Dabei muß der Zusammenhang der negativen Einsichten mit bestimmten *Grenzerfahrungen* thematisiert werden. Ich beginne mit einem einfachen Beispiel. Betrachten wir folgende Situation: Ich komme auf einen Kinderspielplatz und sehe dort in einer Ecke des Sandkastens ein Kind weinen. Ich verstehe die ganze Situation ›unmittelbar‹, ohne Introspektion. Ich verstehe das Weinen des Kindes nicht, weil ich selbst schon geweint habe und aufgrund gleicher Erfahrungen nun einen Analogieschluß folgern kann, *sondern ich kann selbst überhaupt nur weinen, weil ich in der menschlichen Welt lebe.* Das Kind und sein Weinen stehen mir nicht als Fakten gegenüber, zu denen ich noch bestimmte »Gefühlswerte« assoziiere und an denen ich noch bestimmte »Bewertungen« vornehme. Ich setze nicht einem *Sein* noch einen *Wert* oder ein *Sollen* gleichsam als Sahnehaube auf. In der Situation kommt mir ein Mensch im Horizont der Erfüllung oder Versagung seiner Sinnentwürfe entgegen, im Horizont des Sinnentwurfs, der er selber ist. Der qualifizierte sinnhafte Gestaltcharakter der Lebenssituation läßt *mich selbst* allererst vom Anderen her erscheinen und mir selbst zugänglich werden. Insofern komme ich vom Anderen her auf mich selbst zu. Die Situation hat einen offenen Horizont in Richtung einer Erfüllungsgestalt der Praxis. Hier z. B. finde ich heraus, daß das Kind alleingelassen wurde und daß es nun Angst hat, daß seine Mutter nicht wiederkommt. Die minimale interne Komplexität der praktischen Lebenssituation schließt die dianoietische Perspektive der Versagung bzw. der Erfüllung bereits mit ein. Sie schließt die Einsicht in die kommunikative Realität ein, die wir kennen und deren Vorverständnis für unser Welt- und Selbstverhältnis unverzichtbar ist. Das heißt: Wir können *als Menschen, die in der primären Welt leben*, eine Situation wie die geschilderte nicht isoliert von denkbaren Erfüllungsgestalten überhaupt wahrnehmen. Wir können sie nicht ohne den Horizont vertrauter praktischer Einsichten erkennen. Das führt auf den Zusammenhang von praktischen Einsichten und Interexistentialen. Die bekannte Einsicht, die die Situation mit dem weinenden Kind wachruft, kann etwa formuliert werden:

Wir Menschen können das Leben nicht allein bewältigen, sondern sind auf die Hilfe anderer angewiesen.

Menschliches Leben, Bewältigung des Lebens, mitmenschliche Hilfe und *Angewiesenheit* sind dianoietische Termini in dem von mir explizierten Verständnis. Ihre Grammatik hat Faktizität und Normativität, Sein und Sollen je schon umgriffen und deren Dichotomie überschritten. Wir dürfen, anthropologisch gesagt, nicht erst künstlich so tun, als seien wir einsichtslose Wesen. Die dianoietische Grammatik verweist auf jene Praxis, aus der her wir uns selbst als praktische Sinnentwürfe allererst verstehen und je schon orientieren. Genauer verweisen die dianoietischen Feststellungen und Termini in sehr vielen und wesentlichen Fällen auf *sinnkonstitutive Grenzen unserer Praxis*. Dies verbindet sie im Kern mit negativen praktischen Einsichten. In unserem Beispiel sind die Lebenserfahrungen der *Einsamkeit*, des *Alleingelassenseins*, der *Hilflosigkeit* und der *Angewiesenheit auf die Mitmenschen* für das weinende Kind zu unterstellen. Es handelt sich um Interexistentiale im defizienten Modus, die auf kommunikative Erfüllungsgestalten des gemeinsamen Lebens verweisen. Betrachten wir die Gegebenheiten der anthropologischen Negativität und Fragilität im Horizont des gemeinsamen Lebens. Die Negativität und Fragilität der Konstitution stehen uns wiederum nicht als sinnlose Fakten gegenüber. *Die mit ihnen verbundenen Einsichten und Grenzerfahrungen lassen sich ihrem Sinn gemäß nicht ohne den Rekurs auf Modi kommunikativer Solidarität explizieren.* Präzisieren wir diese Verbindung.

Wesentliche Fälle negativer praktischer Einsichten erinnern uns an die Grenzen unseres Lebens:

(1) Wir stehen nicht noch einmal hinter uns.

(2) Wir verfügen nicht über die Mitmenschen als Personen. Wir können ihre Person nicht instrumentalisieren.

(3) Wir können unser Leben nicht ohne die Hilfe von Mitmenschen bewältigen.

(4) Die Mithilfe der Mitmenschen ist nicht garantiert.

(5) Wir können die Wirklichkeit unseres Lebens nicht allein erkennen.

(6) Wir sind auf gemeinsame gewaltlose Gespräche mit Anderen angewiesen.

Die negativen dianoietischen Feststellungen lassen sich unmittelbar als praktische Einsichten in die Grundsituation verstehen. Und nun wird deutlich: Diese Einsichten formulieren *Möglichkeitsbedingungen unserer Praxis. Gegen sie* zu handeln führt zu Verfehlungsmodi der Praxis. Ihre Berücksichtigung jedoch ist unlöslich verbunden mit interexistentiellen Erfüllungsgestalten der Praxis selbst, so z. B. mit *Modi kommunikativer Solidarität*. Die erwähnten Verfehlungsmodi sind aus Lebenserfahrungen bekannt. Die sehr kurz formulierte Feststellung (1) weist Vorstellungen ab, die mit einem theoretischen Selbstverhältnis verbunden sein können. Insbesondere, wenn wir nicht begreifen, daß wir uns mit unseren Sinnentwürfen in die Interexistenz entwerfen müssen, um zu uns selbst zu kommen, statt dessen uns selbst als »Ich-Zentrum« oder »Kern der Person« substantialistisch vergegenständlichen, sind wir auf diese negative praktische Einsicht angewiesen. Wittgenstein stellt in ähnlicher Perspektive fest, daß das Wollen das Handeln selbst sein muß, wenn die Rede vom Wollen einen Sinn haben soll. Als Erfüllungsgestalt zeigt sich hier eine *praktische Spontaneität*, auf die wir für unser Handeln im fundamentalen Sinne angewiesen sind. In der negativen praktischen Einsicht artikuliert sich ein Sinnkonstituens gemeinsamen Lebens: Wir sind je auch darauf angewiesen, daß Andere nicht auf sich warten, sondern praktisch spontan handeln. (Ohne den Gedanken hier durchzuführen, so scheinen doch viele Einsichten und Feststellungen der traditionellen Tugendlehren sich negativ-dianoietisch reformulieren zu lassen. Mut, Tatkraft, Tapferkeit und Entschlußkraft können ältere Titel für das Interexistential der praktischen Spontaneität sein.)

Die negative praktische Einsicht (2) eröffnet uns die Perspektiven des nicht-instrumentellen und gewaltlosen Umgangs untereinander. Wir können das mit der Einsicht in die

Unmöglichkeit der Instrumentalisierung verbundene praktische Interexistential als *Achtung der Autonomie der Anderen* bezeichnen. *Faktisch* ist eine solche Instrumentalisierung jederzeit möglich; sie verstößt aber gegen die Konstitution einer menschlichen Welt. In der Erläuterung zur Negativen Existentialpragmatik wurde bereits darauf hingewiesen: Die Grenzen des Lebens sind auf andere Weise verletzbar als die kruden Grenzen unseres instrumentellen Könnens. Um so gravierender sind die Verletzungen. Formulieren wir den Zusammenhang selbst als praktische Einsicht, so können wir sagen:

Die authentischen Verhältnisse (die Erfüllungsgestalten der praktischen Interexistentiale) entziehen sich im Maße ihrer Beschädigung.

Die praktischen Einsichten (3)-(6) in ihrem Zusammenhang artikulieren die *Angewiesenheit auf die Mitmenschen* als praktisches Interexistential. Gelangen wir in Grenzsituationen der Verlassenheit, stellen wir uns Grenzerfahrungen in solchen Situationen vor, so wird deutlich, daß sich auf ihrem Hintergrund – gleichsam auf der Folie der Negativität – die Modi kommunikativer Solidarität zeigen, die wie etwa die gegenseitige *Hilfe*, die *Offenheit* und das *Vertrauen* zur interexistentiellen Bewältigung dieser Situationen dienen. Die Hermeneutik primärer Orientierungssituationen lehrt: Es ist falsch, daß Menschen ekstatisch ins Nichts hinausstehen, in ihren Tod. Die Sinnkonstitution zeigt erneut – gegen Heidegger – ihr ›Ausstehen‹, ihre Richtung auf die *Interexistenz* und die *Modi kommunikativer Solidarität* auch angesichts der eigenen Sterblichkeit.

§ 21 Dianoietische Rede und Sicht des Lebens

Wir haben akzentuiert, daß wir uns nicht als *einsichtslose* Wesen konzipieren können und dürfen. Ferner wurde deutlich, daß die Fragilität und die Negativität des Lebens nicht lediglich als Fakten, sondern wesentlich auf den Lebenssinn bezogen, bereits verbunden mit praktischen Einsichten, in den Blick kommen. Sie treten nicht isoliert von möglichen gelungenen Gestalten des Umgangs mit ihnen vor uns. Diese Feststellung ließ sich anhand der Analyse negativer praktischer Einsichten präzisieren.

Im folgenden soll der Zusammenhang der einsichtsbezogenen mit den dianoietisch-grammatischen Analysen weiter verdeutlicht werden. Zu diesem Zweck dienen drei Frageschritte:

1. Was ist eine Sicht des Lebens im Unterschied zu Einsichten?
2. Wie läßt sich die hier auftretende Differenz in der Analyse der Grammatik der dianoietischen Termini und Urteile *semantisch* zeigen?
3. Was bedeutet die Analyse für *moralische* Sätze?

Erläutern wir zunächst die Rede von der *Sicht* in Abhebung von anderen ›perspektivischen‹ Möglichkeiten. Wir müssen u. a. folgende Fälle unterscheiden:

(1) etwas sehen, z. B. einen Blumenstrauß;
(2) etwas einsehen, z. B. die Güte eines Rates oder die Berechtigtheit eines Tadels;
(3) etwas über das Leben im Ganzen einsehen, z. B. seine Hinfälligkeit und Vergänglichkeit;
(4) etwas als etwas anderes sehen, z. B. eine Wolke als Löwengestalt;
(5) jemanden als etwas sehen, z. B. »Ich habe dich immer als meinen Freund angesehen«;
(6) *sein* Leben im Ganzen auf eine bestimmte Weise sehen, z. B. als »verflucht«, »begnadet« oder »banal«;
(7) *das* menschliche Leben (die gemeinsame menschliche Welt) im Ganzen auf eine bestimmte Weise sehen, z. B. als *personale* Welt, als gemeinsames Leben von Personen.

Die Fälle (2), (3), (5), (6) und (7) gehören zur interexistentiellen Ebene, und die hier wesentlichen Urteile sind dianoietisch. Es handelt sich um Feststellungen (»Mein Leben ist verflucht«; »Wir leben in einer personalen Welt«), die *zugleich* etwas bewerten. Betrachten wir einige Unterschiede.

Die Differenz von (2) und (3) besteht im Lebensbezug von (3), während (2) nur auf bestimmte praktische Aspekte *im* Leben Bezug nimmt. Die Differenz von (3) und (5) besteht darin, daß in (3) ein sich durchhaltender Zug des Lebens eingesehen wird, während sich in (5) die Sicht eines inter-existentiellen Verhältnisses bekundet. In (6) sieht jemand *sein* Leben im Ganzen unter den genannten Perspektiven. Von allen diesen Einsichten- und Sicht-Beispielen unterscheidet sich (7). Das Spezifische ist hier die *nicht-partikulare* und *auf das Ganze* des gemeinsamen Lebens bezogene Sichtweise. Es handelt sich nicht um eine *bloße*, nämlich mit der Realität des gemeinsamen Lebens nicht mehr verbundene Sicht, eine bloß ›subjektive‹ Sicht z. B. der Art

(8) Er sah in allem nur das Negative.

(9) Sie sah in jedem einen Feind.

Diese Sichtweisen können *verzerrt* oder *wahnhaft* heißen. Die Sicht der menschlichen Welt als einer personalen hingegen ist eine dianoietische, mit praktischen Einsichten in das Zusammenleben wie mit realen Erfahrungen im Leben verbundene Sichtweise.

Es handelt sich in (7) insbesondere nicht um die Sicht *meines* bzw. *eines* Lebens, wie in (6). Die Sicht *der* Welt als einer personalen ist insofern nicht so zu verstehen, als bekunde sich in ihr ein Perspektivismus auf mein Leben, eine individuelle, subjektive Sicht der Dinge. Wir hatten bereits bei der Behandlung der singulären Totalität des Lebens auf die menschliche Fähigkeit zum grundlegenden *Sichtwandel* hingewiesen, der sich im Verlauf der individuellen Entwicklung einstellt und auf den wir sogar angewiesen sind. Die Verklammerung der dianoietischen Prädikate und Urteile mit der Sicht unseres Lebens im Ganzen nähert diese Prädikate nicht dem Skeptizismus und Relativismus an. Ersichtlich und nach allem, was bereits für die faktische Konstitution der Grundsituation ausgeführt wurde, können wir nicht einfach in die Welt treten und aus ihr unser Selbstverständnis ablesen. Wir sind darauf angewiesen, eine Antwort auf die Welt zu geben. Wir müssen Entwürfe unserer selbst ausführen und erst finden, um überhaupt leben zu können. Und wie auf nicht-beliebige, nicht einem Skeptizismus und Relativismus ausgesetzte Behauptungen, wahre Urteile und richtige Feststellungen, so sind wir auch auf tragende praktische Einsichten und eine richtige Sicht des ganzen gemeinsamen Lebens angewiesen.

Der semantische Status der dianoietischen Prädikate, mit denen sich eine bestimmte Sicht der Welt – wie in Beispiel (7) – verbindet, soll uns im folgenden beschäftigen. In den dianoietischen Redemöglichkeiten zeigte sich in der Analyse bereits die Unaufteilbarkeit der menschlichen Welt in bloß faktische und rein praktische Teile oder Aspekte.

(10) Er hat sich wie ein Freund benommen.

(11) Hier erwies sie sich wirklich als Schwester.

(12) Das Leben ist schwer.

(13) Er verhielt sich wie ein Mensch.

(14) Selbst in dieser Situation konnte sie ihre Würde bewahren.

Die dianoietische Rede, deren grammatischer Status semantisch nicht einseitig auf der Seite der Faktizität oder der Normativität verrechnet werden kann, sondern der beide Seiten der Grundsituation umgreift und in ihrer Untrennbarkeit artikuliert, diese Rede zeigt jeweils bereits eine bestimmte Sicht der Dinge. So artikuliert (12), ähnlich wie (3), die Einsicht in einen wesentlichen Zug des Lebens. (10) und (11) sind dianoietische Urteile hinsichtlich bestimmter Gestalten im Leben: *Freund* und *Schwester*. Bei dem dianoietischen Prädikat *Schwester* ist noch ein auf die faktische semantische Teilkomponente der biologischen Verwandtschaft (die bloße Feststellung »Sie ist N's Schwester«) reduziertes Verständnis möglich und geläufig. Bereits in unserem Beispiel ist der praktische Horizont der Situation durch die normative semantische Komponente mit eröffnet. Ein reduziertes, rein biologisches Verständnis stellt einen Grenzfall dar. Auch die Rede vom Freund in (10) ist untrennbar faktisch-praktisch zu verstehen. Beide Gestalten, Schwester und Freund, sind keine Ideale und nichts Erfundenes, Fiktives, sondern Gestalten der Realität des gemeinsamen Lebens. Die Einsichtigkeit in die Realität der hier wesentlichen

Interexistentiale gestattet so die Rede von *wirklich* in (11).

Freund und *Schwester* sind *lokale*, bestimmte Gestalten im Leben. Der *Mensch* jedoch, jeder Mensch ist eine Gestalt *des* Lebens bzw. der Welt. Zum Verständnis von (13) gehört das ganze anthropologisch-dianoietische Spektrum der Rede von uns selbst. Dennoch erfordert das Verständnis nicht zunächst ein Studium der philosophischen Anthropologie. Die dianoietische Rede vom Menschen in praktischen Kontexten gestattet kaum ein auf die faktische Seite eingeschränktes Verständnis; im Gegenteil: Je mehr wir dazu auffordern, jemanden *nur als Menschen* zu sehen, desto deutlicher erweist sich diese Rede als praktisch einsichtsbezogen.

(15) Sieh doch einmal nicht seine Verkrampfungen, sieh ihn doch einmal als Mensch.

(16) Ich sah auf einmal den Menschen in ihm, nicht mehr den hemmungslosen Egoisten.

Die dianoietischen Prädikate treten hier in den Zusammenhang mit einer Sicht des Lebens, wie wir ihn schon in Beispiel (7) angedeutet haben.

Dieser Zusammenhang ist wesentlich für das Verständnis des Beispiels (14) mit dem dianoietischen Prädikat *Würde*. Die Feststellung »Selbst in dieser Situation konnte sie ihre Würde bewahren« ist *nicht ohne eine bestimmte Sicht der Welt und des menschlichen Lebens zu verstehen*. Die vorausgesetzte Sicht trägt hier die möglichen Einsichten und die Gebrauchsmöglichkeiten der dianoietischen Termini. Hier ist nicht – wie noch bei *Schwester* – ein auf die Faktizität reduziertes Teilverständnis überhaupt möglich. Wohl gibt es abgeleitete Verwendungen von *Würde*:

(17) Sein würdiges Äußeres ließ nicht darauf schließen, . . .

(18) Würdig hob der König der Tiere sein Haupt.

Aber dies sind ersichtlich uneigentliche, *metaphorische* Verwendungen gegenüber den authentischen interexistentiellen Fällen. *Würde* ist ein kommunikatives praktisches Interexistential. Die dianoietischen Urteile, die Feststellungen wie (14) sind nicht unabhängig von einer Sicht der Welt verwendbar. Bestimmte Verwendungen von *gut*, nämlich in relevanten dianoietischen Kontexten, sind ihnen ähnlich. In seiner *Lecture on Ethics* hob Wittgenstein bereits die Differenz zwischen

(19) Er ist ein guter Baseballspieler; und
(20) Er ist ein guter Mensch.

hervor. In den relevanten ethisch-dianoietischen Kontexten zeigen sich *gut* wie *Würde* als dianoietisch-lebenssichtbezogene Prädikate. Während (19) eine sportliche Fertigkeit des Mannes im Leben beurteilt, bewertet (20) den *ganzen* Menschen im *moralischen* Sinne. Wir stoßen hier auf eine spezifische Uneingeschränktheit, auf den nicht-lokalen Sinn der Reden von *gut* und *Würde*. Die Sicht-Prädikate haben eine *universale* Dimension. Inwiefern haben diese semantischen Analysen weitere moralphilosophische Konsequenzen?

Die genuin moralphilosophische Bedeutung erhalten die dianoietischen Sicht-Prädikate und kommunikativen Interexistentiale wie *Würde* aufgrund ihrer universalen Dimension. Ihr Sinn zeigt sich in dem Gebrauch, den wir von ihnen in der Praxis machen. Hier wird sichtbar: Der Gebrauch der Rede von *Würde* ist pragmatisch besonders eng mit dem Gebrauch von *Achtung* verwoben. Die praktische Einsicht

(21) Menschliche Wesen haben Würde.

   schließt die Einsicht

(22) Ihnen gebührt Achtung.

ein. Insofern ist der Gebrauch der dianoietischen Sicht-Prädikate untrennbar von einer Lebensform. Der Gebrauch der Rede von *Würde* zeigt Menschen als praktische Sinnentwürfe ihrer selbst in der kommunikativen Interexistenz. Mit den dianoietischen Sicht-Prädikaten schaffen sie sich allererst gemeinsam eine *praktische Grundorientierung*, die eine neue Sichtweise auf die Totalität ihres Lebens und ihrer Praxis darstellt und eröffnet. Diese Sicht hat grammatisch Realität in den dianoietischen Urteilen, und sie ist Realität im interexistentiellen Leben. Praktische Sichtweisen sind daher nicht nach »innen« zu hypostasieren und als Eigenschaften eines »mentalen Ich« mißzuverstehen. Sie sind auch keine Normen, keine Prinzipien, keine Regeln oder Gesetze – obwohl sich diese *im Rekurs auf praktische Einsichten und Sichtweisen* bilden und allererst verstehen lassen.

Die entscheidende weiterführende Frage ist: Wie läßt sich die *universale* Richtung der dianoietischen Sicht-Prädikate im Blick auf die Konstitution einer menschlichen Welt präzisieren? Ist es z. B. grammatisch möglich, Würde *für sich selbst* und für seine Gruppe in Anspruch zu nehmen, sie aber anderen abzusprechen und in Taten und Worten zu verweigern? Ist die Partikularisierung der universalen dianoietischen Sicht-Prädikate möglich und zu rechtfertigen? Ich möchte die Beantwortung dieser Fragen im folgenden in den systematischen Gesamtzusammenhang unserer bisherigen Untersuchung einbeziehen und ein *methodisches* Verständnis ihrer wesentlichen Schritte herausarbeiten.

§ 22 Anthropologischer Universalismus I: Die Interexistentiale der Menschheit

Die Perspektive des Einzelnen ist illusionär. Sie erwies sich als Schein aus konstitutionellen, transzendental-anthropologischen Gründen. Und zwar bereits im Blick auf die *faktische* Grundsituation und für *elementare alltägliche Orientierungszusammenhänge*. Eine monologisch-subjektzentrierte Perspektive ist außerstande, die Verfassung einer menschlichen Welt in den Blick zu bekommen. Aus einer solchen bewußtseinstheoretisch verengten Sicht – genau dies ist ja auch eine Sicht der Welt – kann die Grundfrage: Wie ist eine menschliche Welt überhaupt möglich? bereits im Ansatz nur verzerrte Antworten erhalten. Es führt recht verstanden von der Wirklichkeit einer überhaupt denkbaren (möglichen) primären Welt gar kein Weg zum isolierten Orientierungssubjekt. Erst recht führt von diesem Subjekt – hat man es erst einmal konstruiert – kein Weg zurück zur Konstitution der praktischen Grundsituation. Die Konstruktion des Subjekts schiebt sich vor die möglichen praktischen Einsichten. Ist die epistemologische Grundstellung erst einmal illusionär auf diese Weise zurechtgestellt, dann erscheint die praktische Grundsituation gleichsam in einseitiger Beleuchtung: erhellt nur durch *eine* Lichtquelle, »das *Ich*« bzw. »seinen Willen«. Ein trübes, flackerndes, unstetes Licht, das seine ganze Leuchtkraft bereits dabei aufzehrt, sich selbst – vergebens – zu »erleuchten«. (Man vergleiche Gilbert Ryles Kritik des Mythos von der Selbsterleuchtung des Ich sowie des optischen Mythos von der Selbsttransparenz und dem privilegierten Selbstzugang.) Dennoch konnte die subjektzentrierte Bewußtseinsphilosophie in der bürgerlichen Epoche zum allein dominierenden Paradigma werden. Indem sie die epistemologischen – und damit die *anthropologischen* – Fundamente des Philosophierens okkupierte, besetzte und strukturierte sie auch die Ethik und die Moralphilosophie und die in diesen Disziplinen möglichen Ansätze und Fragestellungen. *Erst einmal* ist ein isoliertes Orientierungssubjekt vorhanden, welches dann auch zum gemeinsamen Leben finden soll. *Erst einmal* ist ein theoretisches Weltverhältnis gegeben, welches dann auch ein praktisches Weltverhältnis an die Seite gestellt bekommt. *Erst einmal* ist es die Aufgabe des Subjekts, einen Gegenstand in *seinem* Bewußtsein zu konstituieren; *erst einmal* lernt es sich über diese Gegenstandskonstitution *selbst* kennen und wird sich seiner selbst bewußt; und dann treten auch andere auf diese Guckkastenbühne: Sind sie so ähnlich wie *Ich*? Ich weiß nicht, was das gemeinsame Leben mit seinen Erfüllungen und Verzerrungen ist. *Was soll ich tun?*

Mit dieser Grundeinstellung ist eine egozentrische Orientierung an der Basis in die Reflexion der Praxis eingearbeitet. Die ganze Grundsituation ist vom Einzelnen her gesehen. Es wird nicht gefragt: Kann man so *überhaupt irgend etwas sehen?* Die Polydimensionalität der Grundsituation wird im Ansatz unterlaufen. An ihre Stelle treten

1. die *Eindimensionalität* einer subjektivistischen, monologischen und mithin illusionären Orientierung;
2. die Tendenz zur *Verdinglichung* einer privaten Innenwelt gegenüber einer Außenwelt;
3. die *Reduktion* der Mitmenschen auf ›Subjekte‹ in der Außenwelt;

4. der *dichotomische Dualismus* von Faktizität und Normativität – ›das Gute‹ wird schließlich selbst zu einer
Eigenschaft des solchermaßen an die Stelle des gemeinsamen Lebens gesetzten Subjekts bzw. seines »Willens«.

Die bisherige Untersuchung versuchte, diese Voraussetzungen im Ansatz zu destruieren. Wesentliche Bemühungen der
Philosophie unseres Jahrhunderts lassen sich in dieser Richtung verstehen: Die Macht der Subjektivität in dem oben
skizzierten Verständnis zu brechen und die Reflexion aus
dem Spiegelkabinett der Bewußtseinstheorie zu befreien. Jedoch: *Ryles* Destruktion des Cartesianismus erfolgte unter
völliger Preisgabe der Differenz von *ich* und *du* und *er/sie/es*.
Er wahrt im Blick auf die Interexistenz nicht die singuläre
Totalität des Lebens. *Heideggers* große Destruktionsgeste
verbirgt, wie tief die subjektzentrierte, geradezu selbstver-
fallene Sichtweise in seine transzendentale Anthropologie
der Sorge eingearbeitet ist. Das Ziel *Wittgensteins*, der Fliege
den Ausweg aus dem Fliegenglas – dem Solipsisten den Weg
zum gemeinsamen Leben – zu zeigen, gibt seine praktisch-
philosophische Bedeutung und Tragweite nicht – oder vielleicht absichtlich nur äußerst indirekt – zu erkennen.
Demgegenüber darf die praktisch-philosophische Reflexion
ihre anthropologischen Grundlagen nicht überspringen und
vergleichgültigen; denn dies rächt sich in der Wiederkehr des
Verdrängten. Die unaufgeklärten Fundamente bleiben dennoch fundierend und schlagen in die gesamte systematische
Konstruktion durch. Die Grundfrage: Wie ist eine menschliche Welt überhaupt möglich? muß explizit beantwortet
werden. Ich variiere sie für die folgenden Schritte der Untersuchung:
Was heißt es, sich als Mensch zu begreifen?
Ich pointiere die Frage zunächst in die Richtung des Selbstverständnisses der Menschen, weil gerade hier ja die verbor-
genen Präjudizien der monologischen Ethik sitzen. Dabei
rede ich *unmittelbar in praktischer Absicht.* Folgende Antworten können wir auf die neu formulierte Frage bereits
geben:

1. Sich als Mensch (als Glied einer menschlichen Welt) begreifen, heißt, sich in der kommunikativen Realität des gemeinsamen Lebens begreifen, und es kann nicht heißen, sich isoliert ›aus sich selbst‹ begreifen zu wollen.

2. Sich als Mensch begreifen, ist nur in gemeinsamen Lebenssituationen möglich; es ist unmöglich im Medium einer situationslosen Selbstbezüglichkeit wie der ›Introspektion‹.

3. Sich als Mensch begreifen, schließt ein, sich mit den Augen anderer sehen und beurteilen zu lernen. Auf eine andere Weise ist es mir nicht möglich, meine eigenen Sinnentwürfe überhaupt zu verstehen. Ich kann nur weinen, weil ich Mitglied der menschlichen Welt bin: Ein menschliches Lächeln lächelt nur in einem menschlichen Gesicht. (Wittgenstein)

4. Ich kann mich als Mensch nur begreifen im Medium des Interexistentials der gemeinsamen Sprache; meine ›ureigenste‹ ›Innerlichkeit‹ erschließt sich allein durch die interexistentielle Grammatik. Je reicher die Subjektivität entfaltet und entwickelt ist, desto deutlicher wird sich gerade *ihre* interexistentielle Konstitution enthüllen. So entfaltet sich der innere Reichtum der künstlerischen Subjektivität z. B. Schuberts rein (und für ihn selbst allererst erfahrbar und zugänglich) in der interexistentiellen, kommunikativen Realität seiner Liedkompositionen, in der interexistentiellen Lyrik der zugrunde liegenden Dichtungen, in der interexistentiellen Tonsprache der Musik, im Blick auf ein Publikum.

5. Ich kann mich als Mensch nur in der Interexistenz, das heißt: nur im Bezug auf andere Menschen, selbst begreifen. Ich muß *das Gleiche tun* können wie andere; und ich muß andere *das Gleiche tun* sehen können wie ich. Sonst ist die Praxis mir nicht zugänglich.

6. Das Verständnis meiner eigenen Sinnentwürfe setzt die Praxis des gemeinsamen Lebens *apriori* voraus. Ich kann mein Leben im Lichte einer Sinnorientierung nur begreifen, wenn mir alternative Sinnentwürfe bereits in der Interexistenz erschlossen sind. Ein faktisch interexisten-

tiell stark reduziertes Leben, ein interexistentiell armes Leben wird auch ärmer an ihm erschlossenen Sinnentwürfen und Erfüllungsmodi sein. Die primäre Daseinsform im gemeinsamen Leben ist nicht als die ›Verlorenheit an das Man‹ bzw. die ›Verfallenheit‹ an ein ›öffentliches Gerede‹ in ›Neugier‹ und ›Zweideutigkeit‹ anthropologisch *festzuschreiben*, wie es Heidegger tut. Die nur in der Interexistenz eröffneten Modi kommunikativer Solidarität lassen sich als Modi der Erfüllung eigener Sinnentwürfe und somit als Entfaltung der eigenen Bestimmung zur Autonomie begreifen.

7. Wir können uns nicht als Menschen begreifen, wenn wir uns als einsichtslose Wesen mißverstehen. Und weiter: Wir können uns als Menschen nicht verstehen, wenn wir nicht unsere *Bestimmung* verstehen. Bereits der grammatische Status der dianoietischen Termini: *Mensch, menschliche Welt, menschliches Leben, Einsicht, Verstehen, Bestimmung* – das heißt: der grammatische Status des *gesamten* Vokabulars unserer praktischen Orientierungen – schließt ein die bloße Faktizität überschreitendes gemeinsames Welt- und Selbstverständnis ein, sei es auch noch rudimentär entwickelt.

8. Sich als Mensch begreifen, heißt, wesentliche praktische Interexistentiale zu verstehen, weil dieses Begreifen nur innerhalb der lebensformbezogenen Grammatik einer menschlichen Kultur möglich ist. Das strategische Ausnutzen der Konstitution der praktischen Interexistentiale und die instrumentelle Behandlung anderer setzt selbst die Kenntnis ihrer positiven Modi und Erfüllungsgestalten voraus.

9. Sich als Mensch begreifen, heißt, sich im Horizont des Vorverständnisses eines zunächst im weiten Sinne guten Lebens zu bewegen. Dieser transzendental-anthropologisch-praktische Horizont ist selbst dann noch vorausgesetzt, wenn andere Menschen schlecht behandelt werden, um sie z. B. gefügig zu machen. Die defizienten Modi und ihre Praktizierung setzen das Vorverständnis von gelungenen Modi voraus.

10. Sich als Mensch begreifen, heißt, zu erkennen, daß wir das Leben nicht allein bestehen können, sondern auf die Hilfe anderer angewiesen sind. Die Formen der Angewiesenheit als eines wesentlichen Interexistentials selbst lassen sich ihrerseits nicht ohne den Rekurs auf Modi kommunikativer Solidarität angemessen begreifen.

Sollen wir uns als Menschen begreifen können, so ist dies nur möglich, wenn wir uns bereits bestimmten praktischen Einsichten geöffnet haben. Wir müssen dann bereits in den Bereich dianoietischer Perspektiven eingetreten sein. Es ist schlechthin kein menschliches Leben fingierbar, in dem dies nicht ein Stück weit der Fall wäre. Es ist nicht möglich, sich als Mensch zu begreifen, ohne ein Verständnis praktischer Interexistentiale bereits faktisch erlangt zu haben. Die Menschwerdung setzt die Grammatik einer menschlichen Kultur voraus: Ich muß mich in die Interexistenz hinein entwerfen; nur in ihr sind meine Sinnentwürfe möglich. Sich als Mensch begreifen, bedeutet ferner, im Vorverständnis eines guten (zumindest: eines für mich besseren) Lebens zu existieren. Um mich als Mensch verstehen zu können, bin ich auf ein Vorverständnis der Bestimmung des Menschen im von uns erläuterten Sinne angewiesen. Schließlich muß ich, um mich als Mensch begreifen zu können, ein Vorverständnis von Modi kommunikativer Solidarität besitzen, weil mir sonst ein Verständnis praktischer Interexistentiale verschlossen bleiben muß.

Wichtig für die Sinnexplikation dieser Voraussetzungen ist, daß es sich nicht um den Wunschkatalog für ein Ideal des Lebens handelt, sondern um die minimalen Konstitutionsbedingungen praktischer Weltorientierung. Die Sinnexplikation artikuliert den interexistentiellen praktischen Kontext, in dem allererst eine menschliche Lebensbewegung ausführbar ist. Sehr einfache alltägliche Lebenssituationen lassen sich ohne den explizierten Kontext bereits nicht mehr verstehen und bewältigen. Betrachten wir dazu einige Beispiele. Nehmen wir an, ich kaufe beim Bäcker ein. ›Bei jemandem einkaufen‹ ist ein Interexistential mit entsprechender reziproker und symmetrischer Verfassung. Ich ver-

lasse mich darauf, daß ordentlich gebacken worden ist, ich *vertraue darauf*, daß in der Backstube keine gewaltige Schlamperei herrscht. Ich nehme an, daß die Waren nicht falsch ausgezeichnet oder daß die Brötchen uralt sind. Man wird sagen: Triviale Üblichkeiten, die unser Alltagsleben wie selbstverständlich prägen und im übrigen bis ins Detail in den rechtlichen Regelungen kodifiziert und mit Sanktionen versehen sind. Aber: Regelungen und Kodifikationen, Sanktionen und Habitualitäten sind nachträgliche Erscheinungen; sie ruhen, wie alle Konstruktionen, auf der primären Welt auf. Ihre Rationalität läßt sich an dieser primären Welt messen. Ein elementares Interesse besteht gemeinsam daran, gute Nahrung zu essen. Ein elementares Interesse besteht daran, nicht betrogen zu werden und sich auf die Arbeit anderer verlassen zu können. Ein weiteres triviales Beispiel: Ich habe mich mit jemandem in der Stadt verabredet, um etwas mit ihm zu besprechen. ›Sich verabreden‹ ist ein Interexistential des gemeinsamen Lebens. Wir *verlassen uns* auf den anderen, wir vertrauen darauf, daß er sich an die Verabredung hält. – Auf diese Weise können wir für die gesamte ›durchschnittliche Alltäglichkeit‹ ein indispensables Gerüst praktischer Interexistentiale ausarbeiten. Ohne sie ist eine menschliche Welt unmöglich und ein Sich-Begreifen als Mensch ausgeschlossen.

Alle aufgewiesenen authentischen Orientierungen, die Erfüllungsgestalten der Sinnentwürfe, die Modi kommunikativer Solidarität und Autonomie, die befreienden Perspektiven des gemeinsamen Lebens und die praktischen Interexistentiale können als *lokale*, als *partikulare* Orientierungen einer Gruppe von Menschen verstanden und praktiziert werden, als deren »Binnenmoral«. Unsere Analyse hingegen kann nur im Sinne eines anthropologischen Universalismus verstanden werden.

Bereits die Konstitutionsanalyse der faktischen Grundsituation mußte als transzendental-anthropologische Analyse einen *allgemeinen* Anspruch mit ihren Feststellungen verbinden. Die Feststellungen zur transzendentalen Konstitution einer überhaupt möglichen menschlichen Welt lassen sich auf keinen Fall auf empirische Menschengruppen einschränken, nicht auf bestimmte Völker, nicht auf bestimmte Nationen, nicht auf bestimmte Rassen, Klassen oder partikulare Populationen. Das ›Subjekt‹ (nicht im bewußtseinsphilosophischen Verständnis) der transzendentalen Konstitutionsfeststellungen ist nicht als empirische Menschengruppe, und auch nicht als empirische Menschheit im Sinne ›aller Menschen‹ – der ›Gesamtheit der Menschen‹ – zu verstehen, sondern nur als die *Menschheit*. Die transzendental-anthropologische Universalität der Analyse besagt dann: ihre Feststellungen sind als Antworten auf die Frage: Wie ist eine menschliche Welt überhaupt möglich? Feststellungen der *Bedingungen der Möglichkeit* jedes Menschen und aller Menschen. Diesen Aspekt der Universalität nenne ich den systematischen Aspekt im engeren Sinne und formuliere:

I. *Der anthropologische Universalismus präzisiert sich als systematischer Universalismus der transzendental-anthropologischen Konstitutionsanalysen.*

Mögliche Einwände und Argumente gegen diesen universalistischen Gesichtspunkt müssen daher den transzendentalen Status der Analysen zur Konstitution erfolgreich bestreiten. Sie müssen positiv begründen, daß die aufgewiesenen Konstituentien in Wahrheit *nicht* zu den Möglichkeitsbedingungen einer menschlichen Welt zu rechnen sind, daß also z. B. eine solche Welt *ohne* Entwürfe und Erfüllungsgestalten, *ohne* singuläre Totalität und *ohne* das kommunikative Wesen des Menschen möglich ist etc. Demgegenüber behauptet die Analyse, daß sie sich *systematisch* auf der Ebene der *Menschheit* bewegt, und daß diese Ebene der Sinnexplikation für das Sich-Begreifen des einzelnen (und der einzelnen) als Menschen immer schon unverzichtbar ist. Die Universalität der Konstitution der faktischen und der praktischen Grundsituation aufzuweisen, ist damit der erste Aspekt des anthropologischen Universalismus, und die Einsicht in diese Allgemeinheit und Uneingeschränktheit können wir als *die erste Einsicht des anthropologischen Universalismus* bezeichnen.

Explizieren wir einen zweiten entscheidenden Konstitu-

tionsaspekt. Die Analyse präzisierte sich als Interexistentialanalyse. Damit formt sich auch die Perspektive eines
anthropologischen Universalismus weiter aus und konkreti-
siert sich. Zwei Gesichtspunkte sind dabei zentral. *Erstens*
rücken mit der Destruktion der noch monologisch-subjektzentrierten Existentialanalyse durch die Interexistentialanalyse *a primis fundamentis* Formen des *gemeinsamen* Lebens
in den Blick. Sie, und nicht subjektive und empirische
Eigenschaften, sind in Wahrheit weltkonstitutive Praxisformen. Die öffentliche Handlungswelt ermöglicht auch die
jeweiligen Individuen in ihrer singulären Totalität. Viele Interexistentiale lassen sich als partikulare Modi verstehen.
Einschlägige Interexistentiale wie z. B. Freundschaft oder
Liebe (in ›irdischer‹ Gestalt, etwa institutionalisiert als Ehe)
können nur partikular konkret werden, zwischen zwei Personen zumeist. *Zweitens* jedoch tritt mit der gegebenen *Form*
solcher Interexistentiale ein weiterer Aspekt der Universalität in die Wirklichkeit des gemeinsamen Lebens: Charakteristisch für wesentliche Interexistentiale sind nämlich die
unverzichtbar in ihr Verständnis, in ihre Grammatik eingearbeiteten Formen der *Reziprozität* und der *Symmetrie*.
Diese Formen sind auch sinnkonstitutiv für universalistische
Orientierungen:
II. *Der anthropologische Universalismus präzisiert sich als*
interexistentialer Universalismus, indem er den Primat der
Formen des gemeinsamen Lebens für die Konstitution der
Welt aufweist und die mit ihnen bereits verbundenen, für die
universalistische Perspektive sinnkonstitutiven reziproken
und symmetrischen Verhältnisse bereits als für das Ver-
ständnis der praktischen Interexistentiale unverzichtbar
hervorhebt.
Mögliche Einwände gegen diese Analyse müssen die Zentralstellung der praktischen Interexistentiale und die Formen
der Reziprozität und Symmetrie, die in sie eingearbeitet sind,
bestreiten.
Der dritte Konstitutionsaspekt des transzendental-anthropologischen Universalismus nimmt Bezug auf die Grammatik der dianoietischen Rede.

Die praktischen Interexistentiale lassen sich zunächst noch partikular verstehen; dies stößt für die dianoietischen Termini und Feststellungen auf grammatische Schwierigkeiten. Erstens sind die formulierten praktischen Einsichten selbst im Ansatz universalistisch zu verstehen. So gilt die Wahrheit der negativen praktischen Einsichten (vgl. § 20) nicht ›für dich‹ oder ›für mich‹, für ›diesen‹ oder ›jenen‹ Menschen, sondern *für alle*. Sonst handelte es sich nicht um praktische Einsichten in die menschliche Grundsituation, sondern um spezielle Einsichten in bestimmte individuelle Lebenssituationen. Dies ist der *erste* Aspekt dianoietischer Universalität. *Zweitens*, und dies ist entscheidend, *lassen sich die dianoietischen Sicht-Prädikate* (vgl. § 21) *und die ihnen entsprechenden praktischen Interexistentiale nicht mehr partikular verstehen*. Die Grammatik der Rede von *Würde, Achtung, Personalität* und wechselseitiger *Anerkennung* führt bereits eine universalistische Perspektive *unablösbar* mit sich. Wir hätten die Grammatik, anders gesagt, nicht richtig verstanden, wenn wir das kommunikative praktische Interexistential der *Würde* in unserer Rede und Praxis mit einem empirischen Prädikat notwendig verbinden und damit überflüssig machen würden, wenn also *Würde per definitionem* nur Menschen mit *weißer Hautfarbe* zukäme, oder nur Menschen mit einer bestimmten »rassischen« Abstammung. Die genuin *praktisch-interexistentiale* Dimension der dianoietischen Prädikate wurde, wie wir sahen, in ihrer pragmatischen Verwobenheit mit dem Verständnis z. B. der Rede von Achtung (im Falle der Würde) sichtbar. Die Tiefengrammatik ist – Wittgensteins grundlegender Einsicht zufolge – pragmatisch in Lebensformen der Menschen eingebettet, ihr Verständnis läßt sich von Lebensformen isoliert nicht erreichen. Für unser Beispiel bedeutet dies: Ich kann nicht ein Verständnis von menschlicher *Würde* für mich in Anspruch nehmen, und in konkreten Lebenssituationen z. B. bestimmten Menschen – etwa solchen mit roter, schwarzer oder gelber Hautfarbe – meine *Achtung* versagen. Es läge ein praktischer Kategorienfehler diesem Versagen zugrunde. Ebenso schließt ein Verständnis der Mitmenschen als *perso-

nalen Wesen *sinnkonstitutiv* deren *Anerkennung* in der Praxis des gemeinsamen Lebens ein, mithin die *Sicht* dieser Mitmenschen im Horizont der menschlichen Bestimmung zur Autonomie und in ihrem Anspruch auf Solidarität. Die Verklammerung der dianoietischen Prädikationen mit der anthropologisch-praktischen Dimension in der Pragmatik ist nicht aufzulösen; sie ist auf ihre Weise so ›hart‹ wie andere grammatische Konstitutionsgegebenheiten etwa im Bereich der Farbprädikatoren oder der Arithmetik. Die Mißachtung der Nicht-Beliebigkeit und ›Härte‹ der Konstitution hat jedoch andere praktische Konsequenzen. Die Verletzung der Grammatik der Farbprädikate oder der Zahlen führt vielleicht zu Fehlorientierungen und leidigen Mißverständnissen; die Verletzung der dianoietischen Grammatik vermag menschliches Leben zu zerstören.

Aufgrund der wesentlichen methodischen Bedeutung dieses Schrittes zur Einsicht in die grammatische Universalität der dianoietischen Sicht-Prädikate möchte ich deren Analyse hier ergänzen. Die sprachphilosophische Argumentation zeigt nämlich, daß wir hier – etwa unter Verwendung der Rede von *Würde – an keiner Stelle partikular* reden können. Dieser Aufweis gelingt *ex negativo*, wenn wir uns folgende Sätze ansehen:

(1) Mit dieser Tat hatte er seine Würde als Koch verloren.

(2) Durch diese Machenschaften hatte er seine Würde als Richter endgültig eingebüßt.

(3) Auf diese Weise verstieß er gegen die Würde des Lehrers.

(4) So hatte er die Berufswürde der Politiker verletzt.

Das Entscheidende für unsere grammatische Analyse ist: Diese Sätze sind kategorial falsch gebildet. Niemand kann »seine Würde als Koch« haben oder verlieren. Ebenso kann der Richter nicht kraft seines Amtes »seine Würde« erhalten oder einbüßen. Ebenso steht es mit der »Würde des Lehrers«. Es gibt keine »Berufswürde«, auch nicht bei Politikern. Die Beispiele zeigen *ex negativo*, daß ein partikulares Reden mit Bezug auf ein *Ethos*, einen *Stand* oder einen *Beruf* hier grammatisch nicht möglich ist. Es kann also jemand seine *Reputation* als Koch verlieren, seine Würde jedoch *nur als Mensch*. Es kann jemand sein *Ansehen* als Richter einbüßen, seine Würde jedoch *nur als Mensch*. Es kann jemand gegen das Ethos des Pädagogen verstoßen, »gegen seine Würde« kann er nicht verstoßen. Die Berufsehre des Politikers besteht und kann verletzt werden; eine »Berufswürde« kann es nicht geben.

Das würdelose Handeln bezieht sich in jedem Falle auf den Menschen, und nicht auf den Koch, den Politiker oder den Richter. Wir können feststellen:

1. Der Verstoß gegen ein *Ethos* ist partikular.
2. Die Verletzung der *Würde* ist stets universal-menschheitsbezogen zu verstehen.
3. Deswegen ist ein Ethos auch aus moralischen Gründen zu verletzen um der Menschenwürde willen.

Das Ethos muß verletzt werden, wenn durch es die Würde von Menschen bedroht ist. Die Würde darf jedoch nicht aus Rücksicht auf ein partikulares Ethos verletzt werden.

Das Ethos des Kochs ist auch universal – überall auf der Welt wird gekocht. Aber diese Universalität ist nicht die der Würde. Die grammatische Analyse der *Würde* gibt uns die Veranlassung, an dieser Stelle *Differenzierungen im Verständnis der Universalität bei dianoietischen Prädikaten* zu verdeutlichen:

1. menschheitsöffentliche dianoietische Prädikate wie *Vater, Mutter, Schwester, Bruder*; wir können hier von der *Universalität des genus humanum* sprechen;
2. einen Teilaspekt des Lebens betreffend, z. B. Prädikate wie *Koch* oder *Richter*; wir können hier von der *Universalität des Ethos* sprechen;
3. das ganze Leben betreffend: *vertrauenswürdig, wahrhaftig, tapfer*; diese dianoietischen Prädikate artikulieren die *existentielle Universalität einer Eigenschaft, einer Haltung oder Einstellung des Einzelnen*;
4. *Würde*, hier liegt die *interexistentiale Universalität* im Sinne der Menschheit grammatisch und pragmatisch (in

der Verwobenheit mit dem kommunikativen Interexistential der *Achtung*) vor. Diese ist nicht lokal eingrenzbar, betrifft nicht lediglich einen Teilaspekt des Lebens, sondern das ganze Leben, aber nicht das Leben einzelner (wie (3)), sondern die interexistentielle Konstitution des Menschseins. Die Grammatik ist hier interexistential universal und läßt sich insbesondere auch nicht, wie wir sahen, partikular-ethosbezogen engführen.

Wie bekannt, können etwa Menschenrechte, z. B. Gleichheitsrechte durch ein Ethos gefährdet werden. Das soldatische Ethos kann z. B. durch den in ihm üblichen »Kasernenton« die Würde der Rekruten verletzen. Das Ethos der Richter in totalitären Regimen ließ »furchtbare Juristen« agieren. Überall da, wo partikulare Orientierungen, etwa in der Gestalt eines Ethos, die Interexistentiale der Menschheit gefährden, richtet sich der anthropologische Universalismus gegen sie. Nur die Menschenwürde zählt dann aus konstitutiven Gründen, und diese läßt sich *nur universal* verstehen:

III. *Der anthropologische Universalismus präzisiert sich als dianoietischer Universalismus, indem die universalistische Allgemeingültigkeit der praktischen Einsichten erkannt und die unverzichtbar universalistische Grammatik der dianoietischen Prädikate von der Art der »Würde« und »Achtung« hervorgehoben wird.*

Ein restriktives Verständnis der Grammatik dieser dianoietischen Prädikate ist mithin systematisch ausgeschlossen. Dies ist im übrigen auch der Grund für die ausgezeichnete Rolle, die diese Prädikate in den humanistischen Traditionen des anti-feudalistischen *Natur- bzw. Vernunftrechtes*, für die Deklaration der *Menschenrechte* – deren *Unveräußerlichkeit* in transzendental-anthropologischer und grammatischer Perspektive sich nur in aller Deutlichkeit bestätigt – und auch z. B. in den anthropologisch-praktischen Eingangsparagraphen des *Grundgesetzes* der Bundesrepublik Deutschland spielen.

Zu charakterisieren ist ein vorläufig letzter Gesichtspunkt

des anthropologischen Universalismus in den bisherigen Analysen. Es handelt sich um den universalistischen Sinn, welcher gerade der *negativen* anthropologischen Perspektive zueigen ist. Wir sahen: Die Bestimmung des Menschen erhält ihre Pointe gerade, indem alle empirischen Prädikate hier nicht mehr relevant sind und alle materialen Menschenbilder und inhaltlichen Vorstellungen zurückgewiesen werden. Damit sind bestimmte traditionelle, religiöse, mythische, ethnische, nationale oder sonst kontingente Feststellungen transzendental-anthropologisch-praktisch bedeutungslos geworden. (Das besagt jedoch nicht, daß wir nicht hermeneutische Bemühungen um die *rationalen Kerngehalte* solcher Traditionsbestände in Gang halten sollten.) Während die traditionellen – auch philosophischen, etwa ontologischen und metaphysischen – Orientierungen durch materiale Voraussetzungen jeweils auch bestimmte Menschen ausgegrenzt haben, nimmt die negative Transzendentalanthropologie in praktischer Absicht eine solche Ausgrenzung nicht vor. Selbstverständlich formuliert die negative Interexistentialpragmatik Unmöglichkeiten der *Menschheit*, und nicht nur einzelner Menschen oder Menschengruppen. Das biblische Bildverbot ist die archaische Vorgestalt einer solchen negativen Anthropologie, deren Negativität gerade ihre rationale Universalität ausmacht.

IV. *Der anthropologische Universalismus präzisiert sich als Universalismus der Negativität, indem transzendental-kritisch materiale, empirische und kontingente, von bestimmten traditionellen Vorgaben abhängige Bestimmungen des Menschen zurückgewiesen werden.*

Der anthropologische Universalismus in der Konstitution der Moralität, auf den sich unsere Untersuchung zugespitzt hat, läßt sich mithin bisher auf vierfache Weise näher auszeichnen:

1. als *systematischer* Universalismus der transzendental-anthropologischen Konstitutionsanalyse;
2. als *interexistentialer* Universalismus der Formen des gemeinsamen Lebens;

3. als *dianoietischer* Universalismus im Blick auf die Grammatik der dianoietischen Termini;
4. als Universalismus der *negativen* Anthropologie.

An dieser Stelle kann die systematische Struktur der Untersuchung weiter präzisiert werden. Die Argumente sind jeweils *Aufweise*: Aufweise der Züge der Grundsituation, Aufweise der interexistentiellen Konstitution, des dianoietischen Status der Kernbereiche moralischer Rede, Aufweise der Grenzen unserer Handlungs- und Orientierungsmöglichkeiten im Sinne einer negativen, kritischen Anthropologie. Unsere Vorgehensweise läßt sich als die *schrittweise Entfaltung eines komplexen anthropologischen Universalismus* bezeichnen. Diese Sinnexplikation mit paradigmatischem Fundament erwies sich als Methode der Beantwortung der Frage nach den Möglichkeitsbedingungen einer menschlichen Welt. Auf dem Weg haben sich bestimmte Methodenbewegungen als unverzichtbar herausgestellt. So sind wir von der – zunächst isoliert ins Auge gefaßten – *Faktizität* zur *Praxis* übergegangen, ein Übergang, der wesentlich durch die Analyse der praktischen Sinnentwürfe und ihrer Erfüllungsgestalten ermöglicht wurde. Ebenso sind wir – um unserer Grundfrage folgen zu können – von *Feststellungen* zu *Einsichten* und schließlich, über die semantische Analyse der Einsichten, zu den dianoietischen Reden, die eine *Sicht* des Lebens implizieren, fortgeschritten.

Die Entfaltung der universalistischen Perspektive ist die *transzendental-hermeneutische* Auslegung der Grundsituation bzw. der menschlichen Welt. Sie ist damit ineins *Maieutik*, nämlich Erinnerung an das Selbstverständliche im gemeinsamen Leben und aufweisendes Wachrufen von Einsichten im Leser und Gesprächspartner. Die *schrittweise* Entfaltung reiht nicht auseinander zwingend folgende, »deduktive« Schritte aneinander: Die Aufweise müssen je für sich eingesehen werden. Nicht *eine* Begründung oder »Letztbegründung« gibt es für die Perspektive des ethischen Universalismus, mit der diese stünde oder fiele – dann wäre es nicht gut um sie bestellt –, sondern, ohne die genuin moralische Dimension an irgendeiner Stelle zu trüben oder zu verwässern, *unabschließbar viele Aufweise* dieser Perspektive. Diese Aufweise werden in ihrer Komplexität der Komplexität des interexistentiellen Lebens gerecht.

Wenn wir die vorgestellten vier wesentlichen Explikationsebenen lediglich nebeneinander stellen, wird noch nicht sichtbar, wie sie sich wechselseitig erläutern und ergänzen. Die *Allgemeinheit* der einen gemeinsamen Welt des menschlichen Lebens, die *Allgemeinheit* der für die primäre Welt sinnkonstitutiven kommunikativen Interexistentiale, die jede Subjektivität bereits umgriffen und ermöglicht hat, die *Allgemeinheit* der Sicht der Welt, wie sie durch die Grammatik der *universalen* dianoietischen Prädikate und ihre pragmatische Dimension indiziert wird, schließlich die Allgemeinheit der negativen anthropologischen Bestimmungen und mithin der Einsichten in den ›Schutz des Negativen‹ – sie alle treten zur universalistischen Perspektive zusammen. Anders formuliert: Sie alle treten zu einer Perspektive zusammen, *die ohne Universalisierung keinen Sinn hat.* Diese Perspektive ist die intern wieder komplexe Perspektive der Interexistentiale der Menschheit. So beziehen wir uns in den moralischen Sätzen mit dem Prädikat *Würde* auf *jeden* Menschen, nicht aber auf seine spezifischen Eigenschaften. Wir verwenden die Rede vom *Menschen* selbst, wo wir uns auf die menschliche Grundsituation schlechthin mit den universalen dianoietischen Prädikaten beziehen. Deren grammatische Universalität geht einher mit der pragmatischen Reziprozität in den mit ihnen verbundenen interexistentiellen Verhältnissen. Das besagt, *daß eine Person für sich allein kein würdiges Leben führen kann, wenn sie dies nicht allen anderen zugesteht.*

Faktisch verstehen sich viele Menschen falsch, ihre Lebensformen sind beschädigt und verwehren es ihnen, sich angemessen zu verstehen. Sich als Mensch begreifen, heißt indessen, zu wissen: *Wenn ich mich nicht aus den Interexistentialen der Menschheit begreife, verstehe ich mich nicht nur nicht angemessen, sondern überhaupt nicht.* Ich muß wollen, *nicht zur Menschheit zu gehören*, wenn ich die kommunikativen praktischen Interexistentiale wie *Würde, Ach-*

tung, *Person* und *Anerkennung* in Rede und Praxis partikular einschränke.

Dem entspricht, daß entscheidende ethische Diskussionen sich gerade auf *anthropologische* und *grammatische* Fragen konzentrieren. Gerade weil die Grammatik von *Mensch* und *Würde* dianoietisch universal ist, stellen sich Fragen danach, ob (und ab wann) das werdende Leben werdendes *menschliches* Leben ist, wie im Falle der Abtreibungsdebatte. Ähnlich wird gefragt: Ist dieser Zustand noch als *menschliches* Leben, oder: als *menschenwürdig* zu bezeichnen?, wie im Falle der Debatte um Euthanasie und künstliche Lebensverlängerung. Die Worte können wir hier nicht partikular verwenden. Die Perspektive des anthropologischen Universalismus bestätigt sich. Entscheidend ist: Wer gilt als Mensch? Das ist das *Universale* schlechthin, in der Grammatik und in den interexistentiellen Lebensformen. Dies jedoch ist nicht vor und außerhalb der Konstitution der Moralität zu entscheiden. Insofern dürfen die universalen dianoietischen Prädikate nicht an natürliche, etwa biologische Prädikate und Kriterien gebunden werden. Jeder ist Mensch, mit dem wir Mensch sein und gemeinsam leben können. Auf diesem Hintergrund sind die Vorwürfe gegen die Rassismen und die Ausgrenzung gesellschaftlicher Klassen oder sexueller Minderheiten als berechtigt zu erweisen; es wird ihnen ihr Mensch-sein verweigert.

Mit dem transzendental-anthropologischen ethischen Universalismus verbinden sich keinerlei biologistische Vorstellungen; wir werden Menschen erst durch kommunikative Solidarität und im Medium der interexistentiellen Grammatik. Dennoch wird von Philosophen für bestimmte Situationen zu Recht auf die Gefahr hingewiesen, die es bedeutet, wenn die *Behandlung von Menschen als Menschen* von *nicht-biologischen* Kriterien abhängt. Allzu schnell würden seelisch oder körperlich beschädigte Menschen zu zweifelhaften Diskussionen darüber Anlaß geben, ob sie »noch Menschen« zu nennen sind. (Auf diesem Hintergrund eröffnet sich die ganze Problematik einer »rein biologischen« Definition des Menschen selbst, die hier nicht behandelt werden kann.) Für unseren Zusammenhang halte ich fest: Es ist sinnvoll, zwischen Menschen und Nicht-Menschen aus moralischen Gründen rechtlich mit rein biologischen Kriterien zu unterscheiden. Wir dürfen gerade aus moralischen Gründen die rechtlichen Bestimmungen nicht von den emphatischen dianoietischen Prädikaten abhängig machen.

Wir können die Grundeinsicht des anthropologischen Universalismus auch so formulieren:

Es ist die praktische Einsicht, daß ich zur Menschheit gehöre.

Die Perspektiven des komplexen Universalismus, die sich mit dieser Grundeinsicht eröffnen, lassen sich auch so formulieren:

Ein würdiges Leben ist für den einzelnen nicht möglich, wenn er sich nicht über die Interexistentiale der Menschheit versteht.

Damit jedoch nicht genug.

Die systematische Perspektive einer philosophischen Anthropologie setzt das gemeinsame Leben in der primären Welt immer schon voraus und muß als eine selbst im Leben mögliche, verständigungsorientierte Perspektive begriffen werden. *›Philosophieren‹ ist selbst ein auf gemeinsame Einsichten ausgerichtetes praktisches Interexistential.* Seine Erfüllungsgestalt in dialogischen, kommunikativen Modi gehört selbst zu den Voraussetzungen einer menschlichen Welt. Das heißt, die philosophische Reflexion des gemeinsamen Lebens tritt nicht erst »von außen« auf die Konstitution der Moralität zu, sondern bildet eines ihrer Momente. Ferner gelingt die Analyse praktischer Interexistentiale ebensowenig wie die Feststellung ›negativer‹ anthropologischer Sätze ohne die Inanspruchnahme von Einsichten und ohne die Verwendung der dianoietischen Prädikate. Betrachten wir die bisher freigelegten Aspekte des anthropologischen Universalismus, so rechtfertigt sich die Rede von einem *vielschichtigen, komplexen Universalismus*. Er entspringt, wie sich zeigt, nicht *einem* Moralprinzip, und er läßt sich nicht mit der Aufstellung *eines* Imperativs auch nur im Ansatz erläutern. Vielmehr bezieht er sich *auf alle Ebenen der Konstitution einer menschlichen Welt*. Wir begreifen, um es pointiert zu sagen, nicht viel von einer menschlichen Welt, ohne die universalistische Sichtweise in den für eine solche Welt wesentlichen Kontexten in Ansatz zu bringen.

Wir können auch so sagen:

1. *Um mich als Mensch überhaupt verstehen zu können, bin ich auf ein Vorverständnis der Bestimmung des Menschen angewiesen.*

2. *Um mich als Mensch begreifen zu können, bin ich auf ein Vorverständnis von Modi kommunikativer Solidarität angewiesen.*

In der ersten Feststellung wird gesehen, daß der dianoietische Terminus *Mensch* im Kontext der Explikation meines eigenen Selbstverständnisses grammatisch nicht unabhängig von weiteren, lebensformbezogenen Reden verwendet werden kann. Unverzichtbar hierbei sind sowohl Vorverständnisse von Autonomie als auch solche von Modi kommunikativer Solidarität. Der zweite Gesichtspunkt tritt gleich zweifach auf: zum einen als Konstituens des Verständnisses der Rede von einer *Bestimmung* des Menschen, zum anderen als die selbständige Konstitutionsfeststellung unter 2. Ohne ein Vorverständnis von Freiheit, von Autonomie und Selbstbestimmung sowie ohne ein Vorverständnis praktischer Interexistentiale kann sich ein menschliches Selbstverständnis nicht herausbilden (nicht konstituieren). Auf die primäre Welt bezogen: *Nur im Vorverständnis seiner Bestimmung kann sich ein menschliches Selbstverständnis in der primären Welt konstituieren.* Wer diese Konstitutionsfeststellung bestreitet, wer sich auch einer weiteren *Argumentation* entzieht, der muß sich in seiner Lebenstätigkeit in interexistentielle pragmatische Inkonsistenzen verstricken, die wir ihm prinzipiell nachweisen können. Er *muß* in der Perspektive seiner praktischen Sinnentwürfe Modi autonomen Lebens in Anspruch nehmen. Und er *muß* in der Interexistenz – auch bei strategischer Ausnutzung der Konstitution – Modi kommunikativer Solidarität verstehen.

Zur Sinnexplikation einer genuin moralischen Perspektive gehören also auch folgende Fragen:

Wie ist ein Leben gemäß unserer Bestimmung möglich?
Diese Frage läßt sich wie folgt näher explizieren:

(1) *Wie ist ein autonomes menschliches Leben möglich?*
(2) *Wie ist ein Leben in kommunikativer Solidarität möglich?*

Gemäß der Explikation der Rede von der Bestimmung des Menschen können die Fragen (1) und (2) aber keine voneinander isolierten Antworten erhalten. Da eine praktische Gleichursprünglichkeit in der Interexistenz gegeben ist, muß gefragt werden:

(3) *Wie können die Perspektiven der Autonomie und der kommunikativen Solidarität im gemeinsamen Leben gleichermaßen bestimmend sein?*

Zu (3) ist zu sagen: Der dianoietische Terminus *Autonomie* ist bereits mißverstanden, wenn er zum Verständnis von *Solidarität* in Widerspruch gerät. Die praktische Einsicht: Egozentrische Selbstverfallenheit ist kein Modus der Autonomie, eigenmächtige Selbstbefangenheit kann nicht als Freiheit gelten, muß hier in Erinnerung gerufen werden. Insofern kann (3) umformuliert werden: Können die genannten Perspektiven überhaupt isoliert voneinander vernünftig eingenommen und entfaltet werden? Die Antwort kann nur lauten: Nein. Denn die Perspektiven der menschlichen Bestimmung sind Interexistentiale, die sich in der Praxis jeweils noch wechselseitig erhellen und ergänzen. Es ist keineswegs ein Zufall, daß hier ein Verhältnis in den Blick tritt, welches auch zwischen *Würde* und *Achtung*, *Personalität* und *Anerkennung* sinnkonstitutiv besteht. *Autonomie* und *Solidarität* selbst sind – wie *Würde* und *Achtung*, *Personalität* und *Anerkennung*, keine empirischen Eigenschaften isolierter Subjekte, sondern *Interexistentiale der Menschheit*.

Die folgenden Untersuchungen werden die Verbindlichkeit und die Reichweite der universalistischen Perspektive im Hinblick auf den Zusammenhang von Gewaltlosigkeit und Konstitution thematisieren.

§ 23 Anthropologischer Universalismus II:
Die konstitutive Bedeutung
der Gewaltlosigkeit und die Idee
einer Topik der kommunikativen Interexistentiale

Im folgenden geht es um die Erläuterung der Rede von einem komplexen ethischen Universalismus. Um diese Erläuterung zu leisten, sind drei Schritte vorgesehen:

1. Die Präzisierung eines ›Kerns‹ moralischer Orientierungen auf dem Hintergrund des bisher erarbeiteten Begriffs des anthropologischen Universalismus.
2. Die Herausarbeitung des spezifischen systematischen Zusammenhangs von Gewaltlosigkeit und Konstitution hinsichtlich der Möglichkeitsbedingungen einer menschlichen Welt überhaupt.
3. Die systematische Entfaltung der Idee einer Topik der kommunikativen Interexistentiale.

Diese Schritte dienen unter anderem dem Ziel, aufzuweisen, *wie universal* der Universalismus in Wahrheit ist. Wäre, was mit diesem Titel überschrieben wird, lediglich eine innerphilosophische Spezialdiskussion, dann hätten wir längst unseren Gesichtspunkt der Konstitutionsaufweise in der primären Welt verletzt und verlassen. Das ist aber keineswegs der Fall. Religions- und ethikgeschichtliche Untersuchungen, z. B. zur etwa fünftausendjährigen Geschichte der *Goldenen Regel*, können historisch belegen, daß *der Anlage und Tendenz nach universalistische Orientierungen* zum Grundbestand aller menschlichen Kulturen gehört haben, wie weit entwickelt oder wie rudimentär institutionalisiert diese Orientierungen auch faktisch waren. Uns interessiert hier allein die transzendental-praktische Frage nach der Konstitution. Der Kern moralischer Orientierungen erwies sich bisher auf der Ebene der *grammatischen* Analyse und Zugangsweise als Unmöglichkeit, den dianoietischen Prädikaten wie *Würde* einen eingeschränkten Sinn und Gebrauch zu geben. Die grammatischen Formen sind immer schon eingebettet in die Praxis der interexistentiellen Formen. Die pragmatische Verklammerung der Würde mit einem Verständnis von *Achtung* zeigte dies bereits. Ebenso wurde sichtbar, daß die dianoietische Rede vom Menschen aus seiner Bestimmung zu *Autonomie* und *kommunikativer Solidarität* ihren Sinn gewinnt.

Bereits die sprachphilosophische Analyse der Semantik von Würde zeigte die konstitutiv interexistentielle Dimension eines angemessenen Verständnisses dieses zum moralischen Kernbereich gehörenden Prädikats. Es ist die Dimension einer unverzichtbar universalen Reziprozität, in die sich derjenige bereits begeben haben muß, der sich als zur Menschheit gehörend begreifen und ein Leben in Würde führen will. Wir haben eine analoge Struktur bereits bei der Analyse der *Autonomie* aufgewiesen: Diese ließ sich nicht als Eigenschaft einzelner Subjekte, sondern nur als kommunikatives Interexistential ihrem Sinne nach explizieren. Ein Selbstverständnis als autonomes Wesen schließt daher die Einsicht mit ein, daß die Autonomie anderer für die eigene sinnkonstitutiv ist. Und zwar die Autonomie beliebiger anderer, und nicht nur derer, mit denen man gerade zu tun hat.

Zum Kern moralischer Einsicht des Einzelnen muß daher gehören, daß authentische Erfüllungsgestalten der singulären Totalität seines Lebens in Modi kommunikativer Achtung und Solidarität in der Interexistenz bestehen; daß die *Sinnbedingungen* seiner Rede von seiner *eigenen* Würde und *seiner* Autonomie nicht »in ihm liegen« oder »aus ihm stammen«, sondern in der Praxis des gemeinsamen Lebens ihren angebbaren Grund haben. Daß ferner keine Möglichkeit besteht, sich diese Einsicht halb-egoistisch oder halb-utilitaristisch zu eigen zu machen, weil sonst sowohl die Grammatik der dianoietischen moralischen Prädikate als auch die symmetrische Konstitution der kommunikativen praktischen Interexistentiale verletzt würde. Ferner gehört zum Verständnis der genannten Sinnbedingungen *notwendig* die universalistische Perspektive. Die Einsicht in die sinnkonstitutive Bedeutung der Interexistentiale der Menschheit für das eigene Leben gestattet keine partikulare und restriktive Verwendung dieser Interexistentiale mehr. Damit eröffnet sich die ganze Komplexität der moralischen Sichtweise und

Praxis im Verhältnis zu allen Mitmenschen und zu sich selbst.

Zu Recht wurde der Kern moralischer Probleme immer wieder darin erkannt, daß ihre Lösung nicht ohne *Verzicht, Aufopferung* und Modi der *Selbstpreisgabe* möglich ist. Dementsprechend konnte der moralische Standpunkt als die *Perspektive der Befreiung* von den durch die eigenen Interessen verzerrten Orientierungen und auch Illusionen charakterisiert werden. Konstruieren wir in der Moralphilosophie zunächst ein versteinertes Ego mit tiefsitzenden egozentrischen Selbstverfallenheiten, so hat die genuin für dieses Ego konzipierte Moralität etwas von der entfremdeten Existenz ihres Adressaten Stigmatisiertes. Sie behält einen starren Rest, der gleichsam »von außen« als hypostasierte *Pflicht*, »von innen« als hypostasiertes Gewissen oder als Satzhypostase z. B. eines unbedingten *Gesetzes* mit Gewalt auf das Ego einwirkt. Diese noch entfremdet konzipierten Instanzen verlieren, wie z. B. auch ein abstrakt und isoliert gedachtes *Sollen*, ihre Problematik, wenn wir sie als einsichtig zu machende Perspektiven des gemeinsamen Lebens, als kommunikative Interexistentiale in der Rede und Praxis, entmythisieren. Diese Entmythisierung wird durch die Kritik der versteinerten Ego-Konzeption der von uns kritisierten Denkweise befördert. *Wir dürfen nicht eine pathologisch verzerrte Lebensform an den Anfang der Ethik setzen. Sonst erhält die philosophische Ethik selbst eine verzerrte Form: Als sei sie auf einen Einzelnen bezogen, den wir überzeugen wollen, aus seinem Interesse an sich selbst moralisch zu werden.* Er muß dann ggf. (im Rahmen dieses Mißverständnisses) »sich selbst« einschränken.

Unser Versuch einer philosophisch-anthropologischen Reflexion auf die menschliche Grundsituation in praktischer Absicht sollte die irrigen Konstruktionen eines solchen – außerhalb der gemeinsamen Lebenssituation – konzipierten »Selbst« oder Ego von vornherein vermeiden. Denn sonst – falls die anthropologischen Grundlagen nicht kritisch erarbeitet sind – muß die Entwicklung und Entfaltung einer Ethik und einer genuin moralischen Perspektive gleich gegen zwei sich gegenseitig verstärkende Fronten ankämpfen: Gegen falsche Vorstellungen der Menschen von sich selbst und ihrem Leben *und* gegen falsche ethische und moralische Vorstellungen. Demgegenüber ist die *Rationalität* der anthropologischen Interexistentialanalysen und der Analysen zur dianoietischen Grammatik eine Sinnbedingung für die *Moralität* der Perspektive der Interexistentiale der Menschheit.

Die Präzisierung der moralischen, universalistischen Perspektive bringt uns gerade mit den praktischen Interexistentialen des Opfers, der Selbstpreisgabe und der Pflicht auf einen *systematischen Zusammenhang von Gewaltlosigkeit und Konstitution.* Dieser Zusammenhang bestätigt erneut, daß eine spezifisch ethische Sicht ihrem Sinne nach im Blick auf die Bedingungen des gemeinsamen Menschseins entfaltet werden muß. Ich erinnere hier an unsere Analysen zur *Fragilität:* Wir haben es in der menschlichen Welt mit einer Praxis zu tun, *die immer auf die Gefahr ihres Scheiterns hin gelingt.* Ich nannte dies die *sinnkonstitutive Unsicherbarkeit* oder *Schutzlosigkeit.* Wir können auch von der authentiekonstitutiven Garantielosigkeit in den interexistentiellen Verhältnissen sprechen, insbesondere, wenn wir an die ständige Möglichkeit der Selbsttäuschung, der systematisch in die Praxis eingearbeiteten pathologischen Verzerrungen denken.

Wir haben es auch hier zunächst mit einer Erinnerung an das Selbstverständliche zu tun, welches *in* den menschlichen Lebensformen, wenn sie überhaupt stattfinden, sich bereits vollzieht *muß*. Keine Praxis kann *a primis fundamentis* als ihr eigenes Zerrbild, ihre verstellte und entstellte Form in Gang kommen. ›Selbstpreisgabe‹ beschreibt daher eine Minimalbedingung von Sinn in der Interexistenz. Wir alle müssen uns ständig auf andere verlassen, und zwar auf allen Ebenen der komplexen Praxis. Formen der Gewaltlosigkeit tragen das gemeinsame Leben. Betrachten wir die praxiskonstitutiven kommunikativen Interexistentiale:

– die Interexistentiale der Sprache
– die Interexistentiale der Arbeit
– die Interexistentiale der Liebe.

Nicht der Blick auf eine ideale Situation, sondern der Blick auf die reale Praxis selbst zeigt, daß ihr Gelingen von den Modi der Selbstpreisgabe und der kommunikativen Solidarität abhängt. In dem Maße, in dem wir am gemeinsamen Leben teilnehmen, *müssen* wir in Verhältnisse der sinnkonstitutiven Fragilität eintreten. Der Zusammenhang von Gewaltlosigkeit und Konstitution wäre nun wieder verzerrt beschrieben, würde er aus einer methodologisch-solipsistischen Perspektive dargestellt: Nicht ein »Anderer« oder eine Gruppe von anderen ermöglicht, von »mir« aus gesehen, authentische Praxis. Das würde das Konstitutionsproblem nur von »mir« oder vom »Ich« auf andere einzelne Subjekte oder Subjekt-Gemeinschaften verschieben; sondern bereits die nicht-instrumentellen Modi des gemeinsamen Lebens selbst, die kommunikativen Interexistentiale lassen sich als Bedingungen der Möglichkeit authentischer Praxis auszeichnen.

Die Konstitution einer menschlichen Welt ist gerade nicht durchgängig gewaltlos; sonst hätte die Rede von der sinnkonstitutiven Gewaltlosigkeit gar keinen Sinn. Wir haben bereits die asymmetrischen und die unaufhebbar zerbrechlichen Aspekte der Weltkonstitution herausgearbeitet. Das heißt auch: Wir treten *niemals im Leben* in ein Reich der ›reinen Idealität‹ oder ein ›Reich der Zwecke‹ ein. Gerade unter den Bedingungen der Fragilität werden die *realen* (uns bekannten) Erfüllungsgestalten der kommunikativen Interexistentiale möglich. Zwar ist es der einzelne Mensch, der ein Leben in der moralischen Perspektive führen soll, das heißt: Das Führen dieses Lebens in der tätigen Orientierung an der Würde und Achtung aller kann niemand dem anderen abnehmen. Dennoch darf »die Moral« nicht individualistisch oder psychologisierend depotenziert werden. Die praxiskonstitutiven gewaltlosen und nicht-instrumentellen Verhältnisse sind ebensowenig erst in einer ethischen Theorie zu begründen und zu rechtfertigen. *Die universalistische Perspektive wird daher auch nicht durch die Konstitutionsfeststellungen begründet, sondern die authentischen Praxisformen sind nur denkbar in dieser Perspektive.*

Die Bedeutung der Gewaltlosigkeit in der Konstitution einer menschlichen Welt, z. B.

– die sinnkonstitutive Bedeutung des kommunikativen Interexistentials der *Wahrhaftigkeit* in der gemeinsamen Sprache;

– die sinnkonstitutive Bedeutung der *Zusammenarbeit* bei der Realisierung des gemeinsamen Lebens und Überlebens;

– die sinnkonstitutive Bedeutung der *Offenheit*, des *Verzichts auf Strategien* und der *Selbstpreisgabe* in Verhältnissen der gelingenden Interexistenz –

diese Bedeutung der Grundstruktur der Selbstpreisgabe für die Praxis *auch bei gleichzeitiger Fülle von entstellten und verzerrten Modi* gilt es, in ihrer Universalität paradigmatisch sichtbar zu machen: Die nicht-instrumentellen Interexistentiale ermöglichen eine menschliche Welt auf allen ihren Ebenen. *Insofern ist die Moral der Bereich, in dem sich die Menschen in der Reflexion der Sinnbedingungen ihres gemeinsamen Lebens bewußt werden.* Die philosophische Ethik hat die Möglichkeit, die universalistische Perspektive in ihrer Bedeutung für die Sinnkonstitution der menschlichen Praxis *aufzuweisen*. Sie kann dem Einzelnen aufweisen, wo er bei der partikularen Inanspruchnahme der Interexistentiale der Menschheit und der partikularen Verwendung der universalen dianoietischen Sicht-Prädikate gegen unbedingte Normen handelt, die mit der Konstitution unlöslich verbunden sind. Die richtige moralische Sicht der Welt ist aber niemandem durch die philosophischen Konstitutionsfeststellungen anzudemonstrieren oder abzunehmen.

Gerade weil die moralische Perspektive nicht auf einem Satz ruht oder an einem Prinzip hängt, sondern gleichsam auf dem ganzen Leben steht und das einsichtig gewordene ganze gemeinsame Leben trägt, ist die Entfaltung eines systematisch auf die ganze Grundsituation bezogenen anthropologischen, interexistentiellen, dianoietischen und negativen Universalismus nötig und möglich. Der Zusammenhang von Gewaltlosigkeit und Konstitution, anders gesagt: der Struktur der Selbstpreisgabe mit überhaupt möglichen gelingenden Formen des Lebens gestattet es nun, die Rede von einem *komplexen Universalismus* zu präzisieren, und zwar in der Form einer *Topik der kommunikativen Interexistentiale*. Der Universalismus im hier entwickelten Verständnis stellt gleichsam nicht nur einen »Rahmen« der Praxis dar (ihre verdinglicht von den »Inhalten« abgespaltene bloße »Form«), sondern auch ihre interne Komplexität und ineins damit materiale Fülle. Die gegeneinander vereinseitigten Reflexionsbegriffe »Materie« und »Form« richten – darauf wies Kambartel in letzter Zeit nachdrücklich hin – in vielen Diskussionen durch ihre vorstrukturierende Wirkung Schaden an.

Wollten wir nämlich aus unseren Untersuchungen zum Universalismus eine *Grundnorm*, ein *Prinzip* oder einen *kategorischen Imperativ* herausdestillieren und isolieren, z. B.:

Führe dein Leben stets so, daß du die Würde jedes anderen genauso achtest wie dich selbst!

Begreife, daß in der Autonomie der anderen und in der kommunikativen Solidarität mit ihnen deine Bestimmung als Mensch liegt!

Beurteile deine praktischen Sinnentwürfe gemäß den universalen Pflichten, die mit den kommunikativen Interexistentialen entstehen!

Begreife dich als Mensch!

Behandle alle als Mitmenschen!

so hätten wir damit keine »höheren« Sätze erreicht, die gleichsam von selbst ihre Bedeutung und Anwendung mitlieferten. Die Formulierung von Grundnormen und Imperativen wird bereits von einem lebenspraktischen Fundament an Einsichten getragen. *Sie ist Ausdruck dieser Einsichten, und nicht deren Stütze.* Erst, wenn genügend Bekanntheit und Vertrautheit mit den wesentlichen praktischen Einsichten besteht, können Prinzipien und Imperative zusätzlich zu Zwecken der Erinnerung formuliert und eingesetzt werden. Ich muß z. B. bereits erfahren haben und wissen, was es praktisch heißt, sich als Mensch zu begreifen, um entsprechende praktische Grundnormen zu verstehen.

Die kommunikativen Interexistentiale der Menschheit, wie sie mit den dianoietischen Prädikaten wie *menschliches Leben, Würde und Autonomie* gekennzeichnet sind, prägen sich in einer Vielzahl von Gestalten aus. Weil der ethische Universalismus sich *universal* nur so auswirken und zeigen kann, daß er zur Perspektive der Praxis in komplexen Einzelsituationen wird, in *allen* Lebenssituationen nämlich, möchte ich von den *Gestalten* des komplexen Universalismus sprechen. Dabei ist eine Zurechtstellung auf die Weise, daß einer »abstrakten Moralität« »konkrete, sittliche Gestalten« von Würde gegenüberständen, verfehlt.

1. Es besteht hier keine »Ableitung« aus einem »Ideal« der Würde;
2. stellen die Gestalten der Würde keine »Exemplifizierungen« der Würde dar.

So, wie das kommunikative Wesen des Menschen in immer neuen Gestalten *paradigmatisch* sichtbar wird, so werden auch die Gestalten seiner Würde sichtbar oder entstellt. Seine Würde zu bewahren und die der anderen zu achten, das bedeutet nicht, durch die komplexen Lebenssituationen hindurch eine schematisch applizierbare Regel des Handelns zu besitzen. In den Lebenssituationen erst entfaltet sich, was als prinzipienhaftes Zentralgestirn erscheint:
– ein Kind achten
– seine Eltern achten
– sich selbst (in den verschiedenen Situationen) achten
– seinen Freund achten
– seinen Diskussionspartner achten
– einen politischen Gegner achten
– seinen Feind achten –
jeweils wird das Interexistential in einer genuinen und authentischen Gestalt erscheinen können. Das bedeutet nicht nur keine Schwächung des anthropologischen Universalismus und der mit ihm verbundenen moralischen Sichtweise, sondern gerade den Aufweis des inneren Reichtums der Moralität als Lebensform.

Eine Topik kommunikativer Interexistentiale kann auf dem Hintergrund dieser Analyse nicht kasuistische Züge annehmen. Sie vermag aber der Tendenz entgegenzuarbeiten, daß sich bestimmte ethische und moralphilosophische Bemühungen gegeneinander vereinseitigen, weil sie einen reduktionistischen, verzerrten oder falschen Lebensbezug oder eine reduktionistische anthropologische Grundlage aufweisen.

Der hermeneutische Aspekt des Universalismus (§ 27) wird den Zusammenhang von Gewaltlosigkeit und interexistentieller Konstitution noch einmal aufgreifen.

Ich möchte im folgenden noch kurz auf den materialistischen Aspekt der Weltkonstitution eingehen.

§ 24 Anthropologischer Universalismus III: Das Materialistische am Idealismus

Ich habe bisher dafür argumentiert, die moralische Perspektive des anthropologischen Universalismus und die Frage nach den Konstitutionsbedingungen einer menschlichen Welt nicht isoliert voneinander zu behandeln. Das führt mich auf die Frage nach dem *Materialistischen am Idealismus*. Die Erinnerung an einfache Grundtatsachen kann hier hilfreich sein.

1. Leibbewegungen tragen die menschliche Welt. Die weltkonstitutiven Interexistentiale *Arbeit, Sprache, Liebe* und *Tod* sind leiblich vermittelt. Im Medium dieser Interexistentiale haben sich die Menschen aus einer Abhängigkeit von der Natur herausgearbeitet. In dieser Hinsicht können wir von leibapriorisch vermittelten Basis-Aspekten der Menschheitsgeschichte sprechen.
2. Die kommunikativen Interexistentiale und die Interexistentiale der Menschheit *haben kein Leben*, wenn sie nicht leiblich erarbeitet und getragen werden. Sie müssen selbst als konkrete Lebensformen gelebt und tradiert werden.
3. Insbesondere müssen sie geschichtlich *unter den Verhältnissen der Fragilität und Asymmetrie*, also z. B. der materiellen Not und unter Gewaltverhältnissen prakti-

ziert und durchgehalten, zumeist gegen die faktischen Lebensformen erst im Kampf durchgesetzt werden.

4. Es lassen sich auf diesem Hintergrund *repressive* Interexistentiale (Ausbeutung, Unterdrückung, Unmündigkeit, ökonomische Abhängigkeit, sexuelle Repression) von *emanzipatorischen* Interexistentialen (Aufklärung, Formen der tätigen Beförderung von kommunkativer Solidarität und Autonomie und des Eintretens für die praktischen Interexistentiale der Menschheit, z. B. in der Gestalt der Grundrechte und Menschenrechte) unterscheiden.

5. Die Rede von einer *Fortschrittsgeschichte* der Menschheit kann kritisch auf Bestrebungen bezogen werden, in denen die Ersetzung asymmetrischer und nicht-reziproker Interexistentiale durch solche kommunikativer Solidarität und Autonomie das Ziel war und ist. Die Aspekte der Befreiung in der Geschichte lassen sich keinem wie immer konzipierten Determinismus entnehmen, sondern werden rückblickend der erreichten *moralischen Perspektive* zugänglich.

6. Das Materialistische am Idealismus besteht darin, daß eine menschliche Welt unmöglich wäre, wenn nicht die Modi kommunikativer Solidarität und Autonomie in der gemeinsamen Arbeit der Menschen erreicht und lebendig erhalten worden wären. Ohne die damit verbundenen Anstrengungen und Opfer der arbeitenden Menschheit der Geschichte hätte es nie zu einer Welt im analysierten Sinne kommen können. Diese leibliche, bedrohte materielle Basis ist aber selbst nur möglich, wenn auch die genuinen *sprachlichen* Sinnentwürfe (paradigmatisch die dianoietischen Urteile) eine kommunikative sprachliche Realität *sui generis* konstituieren.

7. Die Einheit einer menschlichen Welt in praktischer Hinsicht kann gedacht werden, wenn die Interexistentiale der materiellen Basis des gemeinsamen Lebens und seiner Reproduktion nicht objektivistisch und positivistisch, sondern je bereits im Horizont der praktischen Interexistentiale und der Modi kommunkativer Solidarität begriffen

werden; und wenn diese Modi selbst nicht als bloße Ideen, sondern als praktische geschichtliche Lebensformen verstanden werden.

VIERTES KAPITEL

Mögliche Einwände

§ 25 Sein und Sollen, naturalistischer Fehlschluß

Deduzieren die Konstitutionsfeststellungen ein »Sollen« aus einem »Sein«? Hierzu ist die grundsätzliche Perspektive der Untersuchung in Erinnerung zu rufen: *Wir können nicht dahinter zurückgehen, daß es die menschliche Welt gibt.* Diese Welt zerfällt nicht in Fakten und Ideale. Das wurde insbesondere deutlich:

1. an der Struktur der praktischen Sinnentwürfe und ihrer Erfüllungsgestalten als der apriorischen Form möglicher menschlicher Orientierungen;
2. an den praktischen Einsichten, mit denen die »bloß faktische« und die lebensbedeutende Seite des Feststellbaren bereits integriert sind;
3. an der Semantik der dianoietischen Rede, zu deren Gebrauchs- und Verstehensbedingungen es gehört, *zugleich* über Fakten zu reden und diese aus einer bestimmten Sicht zu bewerten.

Es handelt sich bei den in unserer Untersuchung auftretenden Konstitutionsfeststellungen nicht um das Konstatieren einer kruden Faktizität. Es handelt sich nicht um einsichtslose Feststellungen, aus denen dann »etwas Normatives« gefolgert würde. Für die praktische Weltorientierung in ihrer minimalen internen Komplexität kann daher das Kantsche Diktum abgewandelt werden:

Einsichten ohne Feststellungen (ohne realen Praxisbezug) sind leer; Feststellungen ohne dianoietische Sicht sind blind.

Orientierungssätze enthalten unbezweifelbar wahre Feststellungen ineins mit dianoietischen Termini. In ihnen werden Sichtweisen explizit gemacht, die im Leben zu befolgen, besser vielleicht: zu beherzigen sind.

Das Urteil *Der Mensch hat Würde* ist mithin ein apriorisches handlungsleitendes dianoietisches Urteil. Etwaige imperativische Formulierungen werden jedoch nicht aus ihm »deduktiv abgeleitet« oder »logisch gefolgert«. Weil bereits die grammatische Basis unmöglich »naturalistisch« begriffen werden kann – das ist gerade die sprachphilosophische Pointe der dianoietischen Analyse z. B. von *Mensch* und *Würde* –, besteht auch kein Ableitungsverhältnis eines »Sollens« aus einem »Sein«. Die Humesche Zurechtstellung unterläuft daher die nicht-naturalistisch zu begreifende *Grammatik der kommunikativen Interexistentiale in der Rede*. Die Sinnexplikation der Rede von *Bruder* oder *Schwester* mit ihrer unauflöslichen Einsichtsbezogenheit bleibt grammatisch genau bei den anthropologisch-praktischen semantischen Aspekten; sie darf sie gar nicht unterschlagen. Die dianoietischen Urteile und Termini haben auch nicht *zwei* Bedeutungen, eine faktische und, isoliert davon, eine normative; sondern sie weisen eine verzweigte Semantik auf. Die Grammatik *ist* schon dianoietisch. Aber in der grammatischen Analyse besteht gar kein deduktiver Zusammenhang.

Der moralische Aspekt, mit dem wir es in unseren Analysen im wesentlichen zu tun hatten, ist in den dianoietischen Urteilen bereits einbeschlossen. *Wir können »reine Feststellungen« daher in den wichtigen moralischen Redezusammenhängen gar nicht analytisch von den Werturteilen trennen.* Die Konstruktion einer Ableitung des Sollens aus einem Sein wie auch eines naturalistischen Fehlschlusses greift also nicht.

Dies wird noch präziser sichtbar, wenn wir die tatsächliche Beurteilungssprache, mit der wir über dianoietische Urteile selbst sprechen, mit der zurechtgestellten Metasprache des Sein-Sollen-Deduktivismus und des naturalistischen Fehlschlusses vergleichen. Nehmen wir an, jemandem ist nach langer Zeit der Entfremdung eine menschliche Zugangsweise zu seinem Bruder möglich geworden. Vorher hatte es geheißen: »Nun sieh ihn doch mal als deinen Bruder!«, »Er ist dein Bruder.« Daraufhin erfolgte ein Sichtwandel, und es kam zu einer erfreulichen menschlichen Annäherung der Geschwister. *Beurteilungssätze* können angesichts dieser Geschichte etwa lauten:

– »Jetzt sieht er die Beziehung endlich richtig.«
– »Das ist das richtige Verständnis.«
– »Jetzt begreift er endlich, was es heißt, einen Bruder zu haben.«
– »Ihm ist klar geworden, daß es so nicht geht.«

Der Betreffende selbst kann etwa sagen:

– »Ich habe mittlerweile erfahren, daß ich einen Fehler gemacht habe.«
– »Ich verstehe jetzt, worauf es eigentlich ankommt.«

Die alltagssprachliche ›Metasprache‹ trennt wiederum nicht Fakten künstlich von Beurteilungen, sondern redet explizit dianoietisch. Nirgendwo werden deduktive Zusammenhänge etabliert, weil es erst gar keine naturalistische oder faktisch-ontologische Schwundstufe der Orientierung gibt.

§ 26 Zirkularität

Der Einwand der Zirkularität kann mit dem Vermissen deduktiver Argumente in Zusammenhang stehen. Wer ein Verständnis philosophischer Reflexion gewonnen hat, in dem diese wesentlich aus deduktiven Argumenten besteht, dem können die Konstitutionsanalysen so erscheinen, als würde in ihnen und mit ihnen gar nicht argumentiert.
Richtig ist zunächst, daß das »Zirkuläre« der Konstitutionsanalysen darin besteht, daß sie durchgängig dahin führen, wo wir schon sind. Was dies methodisch bedeutet, ist noch einmal zu verdeutlichen. Aber die Rede von Zirkeln (im logischen Sinne) hat damit gerade nichts zu tun. Zum zweiten muß das Verständnis von Argumenten im Zusammenhang mit praktischer Philosophie und philosophischer Anthropologie noch einmal erläutert werden. Kurz gesagt: Was in deduktivistischer Perspektive vermißt werden kann, das fehlt hier nicht – sondern gehört wesentlich zur Eigenart der Methode der Untersuchung selbst.

Wir müssen zunächst zwischen *Behauptungen* in Empirie und Wissenschaft, für oder gegen die auf bekannte Weisen argumentiert werden kann, einerseits, und philosophischen *Feststellungen* über die Konstitution unserer Welt andererseits, unterscheiden. Die Konstitutionsfeststellungen betreffen, wie unsere Untersuchung durchgängig zeigte, die *Form* unseres gemeinsamen Lebens und die *Bedingungen der Möglichkeit* unserer Praxis, kurz: deren *Sinn*. So wäre es irritierend, wenn jemand im Interesse an einer lebhaften Argumentation seine Diskussionspartner mit der Behauptung erstaunen würde:

Ich behaupte, das Leben ist endlich.

Und er würde nun gespannt die Argumente für oder gegen diese Behauptung erwarten. Selbst, wenn die Rede in einem spezifisch religiösen Kontext ihren Sitz hat, so wird mit Unterscheidungen wie *Ewiges Leben, Auferstehung, Wiedergeburt, Seelenwanderung* etc. ja nicht die Wirklichkeit des Todes und der Endlichkeit bestritten, sondern als solche gesehen *und dann* auf eine spezifische Weise *interpretiert*.

Anthropologische Reden über die endliche *Verfassung* unseres Daseins sind daher als unbestreitbar wahre *Behauptungen* bereits mißverstanden. Dementsprechend ist die Art und Weise des vernünftigen *argumentativen* Umgangs mit ihnen eine andere als mit Behauptungen. Zu Feststellungen, die die Basis unseres Welt- und Selbstverständnisses betreffen, gehören – zumeist paradigmatische – Aufweise und Erläuterungen ihres Sinnes. Zum Verständnis unserer Endlichkeit gehören z. B. nicht empirisch-induktive Anstrengungen, die der Überprüfung der Tatsache dienen, ob auch tatsächlich bisher jeder lebende Mensch hat sterben müssen. *Beweise* dieser Art sind hier fehl am Platze. Eine formal-logische Ableitung von Aussagen aus anderen Aussagen findet ebenfalls nicht statt, wenn wir die Tatsachen der Konstitution entfalten, erläutern, klar und einsichtig machen.

Wir sind hier in einer ähnlichen Lage wie jemand, der einem anderen das Schachspiel erläutert, eine Analogie, die Wittgenstein zu Recht eingebracht hat. Wenn ich dem Betreffenden *zeige*: *So* zieht der Turm!, so ist dies keine empirische

Behauptung, die ich z. B. aus fortgesetzten Beobachtungen an Schachwettkämpfen gewonnen habe und für oder gegen die komplizierte Argumentationen sinnvoll wären, sondern es handelt sich um eine Konstitutionsfeststellung hinsichtlich der Praxis des Schachspiels. Der Schach-Zuschauer kann nicht zu mir sagen: *Begründe* mir, daß der Turm so zieht! Du hast es ja noch nicht *bewiesen! Rechtfertige* doch erst einmal, daß es ein Turm ist! Wenn ich nun sage: Das alles gehört zum Schachspiel und zum Verständnis dieses Spiels, dann kann der Zuschauer nicht sagen: Aber das ist ja zirkulär! Das weiß ich ja, aber das ist keine Begründung!

Auch in der Untersuchung der Konstitution der Moralität sind paradigmatische Aufweise sowie Feststellungen und Beschreibungen der Sinnbedingungen der Praxis die entscheidenden, eigentlich rationalitätsstiftenden *Argumente sui generis*. Die Philosophie ist keine Fachwissenschaft mit Empirie und Deduktionen aus Hypothesen. (Auch die Fachwissenschaften selbst können im übrigen so nicht begriffen werden.) Philosophisch wird die Tätigkeit, wenn wir uns überlegen, was »Empirie«, »Deduktion« oder »Hypothese« vernünftigerweise sein können oder was das Wesen von Behauptungen selbst ausmacht. Was Behauptungen sind, lernen wir paradigmatisch kennen und selbst praktizieren.

Zwei Mißverständnisse transzendentaler Konstitutionsfeststellungen können wir mit unseren beiden Beispielen erläutern. Der Grundzug der Endlichkeit des Lebens scheint etwas *Triviales* zu sein, das Schachspiel etwas *Konventionelles*. Beides, Trivialität wie bloße Konventionalität, gilt für die Konstitution der praktischen Grundsituation unseres Lebens und für die Sinnbedingungen der Moralität nicht. Unter der vermeintlichen Trivialität verbirgt sich das *Fundamentale* der Konstitution; die Analogie mit der Verfassung von Spielen hört bei deren bloßer Konventionalität auf. Von letzterer bleibt aber die Transsubjektivität, d. h. die Tatsache, daß mögliche Grundzüge der Konstitution nicht in das subjektive Belieben von wem auch immer gestellt sind. An die Stelle der konventionellen Nicht-Beliebigkeit tritt aber im Falle unserer Konstitutionsanalysen die synthetisch-apriorische *Notwendigkeit*. Die vermeintliche Trivialität verbirgt das Fundamentale z. B. des Grundzuges der Endlichkeit. *Wie* dieser Grundzug jeweils konstitutiv ist und die übrigen Züge der Praxis qualifiziert und modifiziert, das haben die Analysen im einzelnen herausgearbeitet. Das Fundamentale können wir auch das *Elementare* nennen. In diesem Bereich des *Anfangs* und der weichenstellenden Fundamentalunterscheidungen geschehen philosophisch die entscheidenden Schritte. Das paradigmatische Fundament und seine richtige Erläuterung ist deshalb von zentraler Wichtigkeit. Der platonische Gedanke der Anamnesis, der Systemgedanke der transzendentalen Konstitution bei Kant, der Gedanke des Rückgangs auf die in den Lebensformen praktizierte alltägliche Sprache bei Wittgenstein und, modifiziert, in der *ordinary language philosophy* sowie die methodische Funktion der Lebenswelt bei Husserl und der durchschnittlichen Alltäglichkeit des In-der-Welt-seins bei Heidegger kommen überein in der von uns praktizierten Tätigkeit der *gemeinsamen Erinnerung an das Selbstverständliche*. Diese ist das Gegenteil eines dogmatischen Appells an falsch verstandene Evidenzen und Intuitionen.

Wenn die Rekonstruktionen des gemeinsamen Lebens in der *Interexistentialanalyse* und die Rekonstruktionen der moralischen Urteilspraxis mit der Analyse der *dianoietischen Grammatik* triftig sind, dann wird im übrigen sichtbar, daß das Selbstverständliche und Fundamentale nicht »auf der Hand liegt«, sondern *gegen sowohl alltägliche als auch gegen theoretische und philosophische Verdeckungstendenzen* allererst freigearbeitet werden muß. Es ist nicht zirkulär, sondern im Gegenteil methodisch unumgänglich, ein paradigmatisches Fundament mitzuführen. Es ist nicht zirkulär, sondern im Gegenteil systematisch unverzichtbar, bei transzendentalen Konstitutionsanalysen auf die Sinnbedingungen unserer gemeinsamen Praxis *vor* theoretischen und *vor* unreflektiertüblichen Interpretationen und Stilisierungen zurückzugehen. Dieser Rekurs macht gerade ein kritisches Potential gegen übliche Vorstellungen von der Praxis und der Sprache zugänglich.

Zum paradigmatischen Fundament der Konstitutionsanalysen in Gestalt der *Aufweise* in der Praxis und zu den *Feststellungen* der Sinnbedingungen des gemeinsamen Lebens
treten mithin *Abweise von Mißverständnissen* konstitutiver
Grundzüge und grammatischer Tatsachen. Es ist diese negative Komponente der auf unsere Praxis bezogenen und auf
diese immer wieder *zurückkommenden* Konstitutionsanalysen, die deren argumentative Methodenbewegung vollends
von blinden Rekursen auf eine unbegriffene Faktizität unterscheidet. Denn diese kritische Methodenbewegung
versucht durch ihren Aufweis der Sinnbedingungen *a primis
fundamentis* falsche Weisen, diese darzustellen, auszuschließen. Ich erinnere in diesem Zusammenhang exemplarisch an unsere Destruktion des methodologischen Solipsismus in der Anthropologie und Ethik, an die Destruktion
subjektivitätstheoretischer Grundvoraussetzungen noch der
Existentialanalyse Heideggers sowie an die Abweise konsti-
tutionstheoretischer Holz- und Irrwege im Problembereich
der Interexistentialität. Wir kommen zurück auf ein authentisches Verständnis des gemeinsamen Lebens, *indem* wir
unter anderem eine Typologie möglicher Mißverständnisse
erstellen, und so zeigen wir die richtige Sicht auf die Verhältnisse der Konstitution. Begründen, beweisen oder deduktiv ableiten können wir nicht das transzendental-konsti-
tutive interexistentielle und grammatische Fundament,
welches allen überhaupt möglichen methodischen Bewegungen dieser Art noch vorausliegt und gerade deshalb als Basis
kritischer Reflexion dem subjektiven Dogmatismus und der
Beliebigkeit entzogen ist. Hierzu tritt das Moment, welches
wir als die *Härte* der Konstitution bezeichnen können. Ihre
Notwendigkeit ist nicht lediglich selbstgewählten, konventionellen Ursprungs. Wir treten nicht an irgendeiner Stelle
lokal in bestimmte geregelte Verhältnisse ein, wie bei der
Teilnahme an einem Brettspiel, sondern im Falle der Konstitution der faktischen und der praktischen Grundsituation
sind die geregelten Verhältnisse bereits *alles* und betreffen
das ganze gemeinsame Leben und die Möglichkeit seines
Verständnisses. Wenn wir uns auf das Schachspiel einlassen,

dann zieht der Turm so, die Dame so etc. Wenn wir aber überhaupt als Menschen existieren und uns begreifen, dann ist es *unumgänglich*, praktische Sinnentwürfe in Richtung auf Erfüllungsgestalten auszuführen, *unverzichtbar* sind wir dann auf bestimmte praktische Einsichten angewiesen, *unabweisbar* sind die apriorischen Gegebenheiten der Interexistenz, *unhintergehbar* sind die weltkonstitutiven Formen der Faktizität, z. B. die zeitlich-endliche, unwiederbringliche, irreversible, unvorhersehbare Erstrecktheit des Lebens, *nicht beliebig* und *nicht-subjektiven Ursprungs* sind die sprachlichen, grammatischen Sinnbedingungen unserer überhaupt möglichen Lebensorientierungen gerade in moralischer Hinsicht. Dogmatismus und methodische Zirkularität entspringen gerade da, wo die grammatischen und interexistentialen Sinnbedingungen unserer Praxis übersehen werden und als kriteriale Basis nicht mehr in den Blick kommen.

§ 27 Relativismus, ethnozentrischer Fehlschluß

Neben den methodologischen Einwänden des naturalistischen Fehlschlusses und der Zirkularität wird gegen transzendentale Analysen zum ethischen Universalismus der Einwand des *ethnozentrischen Fehlschlusses* erhoben. Er kann sich zur Position des moralischen *Relativismus* radikalisieren. Dieser Relativismus vermag sich ferner emanzipatorisch zu geben, denn: Steht nicht der Universalismus auf seiten kulturimperialistischer Praktiken der westlichen Industriegesellschaften, die seit den Zeiten des Kolonialismus das ihnen Fremde auslöschten und sich das für sie Nützliche gewaltsam aneigneten? Wir müssen hier die methodologischen Fragen von solchen politischen Assoziationen zunächst lösen, um die Einwände im Kern zu erfassen. Habermas (1986:18) hält es für gravierend:

»*Universalistisch* nennen wir eine Ethik, die behauptet, daß dieses (oder ein ähnliches) Moralprinzip nicht nur die Intuitionen einer bestimmten

Kultur oder einer bestimmten Epoche ausdrückt, sondern allgemein gilt. Nur eine Begründung des Moralprinzips, die ja nicht schon durch den Hinweis auf ein Faktum der Vernunft geleistet wird, kann den Verdacht auf einen enthnozentrischen Fehlschluß entkräften. Man muß nachweisen können, daß unser Moralprinzip nicht nur die Vorurteile des erwachsenen, weißen, männlichen, bürgerlich erzogenen Mitteleuropäers von heute widerspiegelt. Auf diesen schwierigsten Teil der Ethik werde ich heute nicht eingehen . . .«

Der »schwierigste Teil der Ethik«? In Habermas' Darstellung entsteht die Aporie durch die Kombination des *Begründungsrationalismus* in der Moralphilosophie mit einer Gleichsetzung des *kulturellen* mit dem *moralischen* Relativismus. Unsere Untersuchung hatte die Strategie eines monoprinzipiellen Begründungsunternehmens in der Ethik hinter sich zu lassen gesucht. Auch angesichts ferner, fremder und anderer Kulturen und Lebensformen – wir hatten dies die anthropologische *Alterität* (§ 15) genannt – stellt sich für uns die Sachlage anders dar. Wir können nicht jenseits der Konstitution der primären Welt ein Prinzip entwerfen, sondern wir müssen uns inmitten unserer – konstitutiv durch Alterität bereits geprägten – Welt moralisch orientieren. Aber was bedeutet das für den anthropologischen *Universalismus* und die Interexistenziale der *Menschheit*? Was für die dianoietischen Termini, z. B. *Mensch*, *Würde* und *Achtung*? Sind unsere Konstitutionsanalysen nicht kulturabhängig? Sind die Bedeutungsanalysen zu den dianoietischen Termini nicht spezifisch durch okzidentale Traditionen der Aufklärung, der Deklaration der Menschenrechte, demokratischer Verfassungstraditionen geprägt und unterliegen sie deshalb nicht einer eigenen *Historizität*? Sind die Analysen zu den kommunikativen Interexistenzialen somit überhaupt auf andere, ferne, fremde Kulturen übertragbar? Müssen wir nicht einen *linguistischen Relativismus* gewärtigen? Bestehen nicht ganz unterschiedliche Konzeptionen von Erfüllungsgestalten praktischer Sinnentwürfe in verschiedenen Kulturen? Unterliegt nicht die transzendentale Konstitutionsanalyse der Moralität damit selbst ganz und gar einer *intrakulturellen Kontingenz*? Gibt es nicht kulturspezifische

Moralen? Wie verhält sich dazu der *universale* und *unbedingte Anspruch*, den wir dianoietisch-grammatisch und interexistential mit der transzendentalen Konstitutionsanalyse der Moralität verbinden mußten?

Der erste Schritt zur Beantwortung dieser – immer wieder gestellten – Fragen ist die Thematisierung ihres eigenen Status. Es gilt *apriori* (transzendental-pragmatisch): *Wir müssen (notwendig) mit unseren Begriffen leben*. Das bedeutet für die gestellten Fragen: Sie haben ihren Sitz in einem Diskurs der okzidentalen Rationalität. Alle in kritischer Absicht praktizierten Reden (z. B. über die »Relativität der geschichtlichen Sprachwelten«, über »intrakulturelle Kontingenz«) sind selbst nur im wissenschaftlichen Diskurs eines rationalen Universalismus sinnvoll verwendbar. D. h. es tritt zutage: Eine mögliche Kritik der Vernunft und der Aufklärung ist selbst Sache der Vernunft und der Aufklärung, und wir kennen für diese wichtige Aufgabe keine andere glaubwürdige Instanz.

Anders gesagt: Sowohl einklagbar als auch entscheidbar sind auch die kritisch gegen die universalistische Orientierung erhobenen Einwände nur auf dem Boden eines rationalen Universalismus der Erörterung und Diskussion. Bereits intern und methodologisch verlassen relativistische Überlegungen also keineswegs allgemeine Vernunftorientierungen. Wir müssen mit unseren Begriffen leben: Das besagt auch für die transzendentale Konstitutionsanalyse der Moralität, daß sie nur vom jeweils erreichten Standort aus (»historisch«) und mit Bezug (»relativ«) auf ihn möglich ist. Da dies aber *für alle unsere Orientierungen* gilt – also auch für alle sonstigen von uns erhobenen Geltungsansprüche mitsamt den kritischen Fragen des Relativismus – läuft diese Beobachtung funktionslos neben unserer Orientierungspraxis her. Und die Zusatzbemerkung hinsichtlich transzendentaler Konstitutionsanalysen mit universalem Anspruch: sie seien von unserem derzeitigen Stand der Einsicht aus unternommen, wird zur (pragmatischen) Tautologie.

Diese Begrenztheit, diese *Lokalität* unserer Überlegungen gilt auch für die Behauptungen eines Relativismus selbst.

Wie weit reichen sie, wie weit können sie überhaupt reichen? Den Behauptungen eines theoretischen, spekulativen und hypothetischen Relativismus scheinen keine Grenzen gesetzt: Nur ist genau dieser Relativismus hermeneutisch und praktisch irrelevant. *Praktisch* (und damit auch moralisch) *bedeutsam* ist die verstehende und tätige Interaktion mit den fernen, fremden und anderen Kulturen und Lebensformen – die tatsächliche *interexistentielle Alterität*. Ein theoretisches Räsonnement über die gänzliche Andersartigkeit fremder Kulturen löst sich daher im Zweifelsfalle praktisch auf, oder bleibt spekulativ *leer*.

Gerade eine gänzliche oder doch erhebliche Andersartigkeit fremder Lebensformen liegt aber auf der Argumentationslinie eines moralischen Relativismus gegen einen Universalismus. Die Ergebnisse der Ethnologie haben mit ihren eindrucksvollen Schilderungen fremder Sitten und Gebräuche viel dazu beigetragen, Kulturen gleichsam als geschlossene Veranstaltungen anzusehen. Verbunden mit Hypothesen über ›gänzlich andere Sprachwelten‹ ergibt sich aus dem kulturellen Relativismus recht bald ein kultureller *Hermetismus*, welcher zwischen Kulturen eine *absolute hermeneutische Differenz* zu konstatieren bereit ist.

Diese Differenz und mithin den Hermetismus angesichts der vielfältigen ethnologischen Besonderheiten zu behaupten, ist methodisch unmöglich. Vielmehr müssen wir – auch als Relativisten – die entsprechenden Lebensformen als solche von *Menschen* in der *primären Welt* bereits unterstellen, um dann auch *bestimmte* Differenzen feststellen zu können. Damit ist die Konstitution der primären Welt bereits hermeneutische Möglichkeitsbedingung der Thematisierung interexistentieller Alterität. Die apriorische Konstitution aller menschlicher Praxis muß notwendig in die Beschreibungen und Deutungen alteritärer Praxis eingehen. Und, sehen wir uns die ethnosoziologischen, ethnopsychoanalytischen und mythenhermeneutischen Untersuchungen der europäischen und amerikanischen Wissenschaftler an: Sie enthalten zur Deutung fremder Praxis, z. B. mit Psychoanalyse, Soziologie und Strukturalismus Theorieelemente, die weit ungesicherter und voraussetzungsvoller sind als die transzendentalen Analysen zur Konstitution der primären Welt.

Tatsächlich sind Kulturen keine Käfige, sondern offen und durchlässig; und das Großbild des Relativismus mit einer *Makro-Zirkularität*, die kulturintern systematisch wirksam wäre, ist irreführend.

Wenn aber bereits der Kulturhermetismus eine methodisch nicht einlösbare Form der Darstellung unserer Verhältnisse auf der Welt ist – und dies scheint mir unzweifelhaft –, dann erstreckt sich der skeptische Zweifel angesichts der Lokalität unserer Orientierungsmöglichkeiten auch auf den Relativismus selbst. Der kulturelle Relativismus, auf die Moral ausgedehnt, besagt, daß zwar sehr wohl in allen Kulturen moralische Verpflichtungen bestehen, daß überall bestimmte Handlungen für strafbar, verächtlich und schändlich, bestimmte aber für verdienstvoll und achtbar gelten. Daß es sich aber hierbei um inkompatible, nur relativ zu den Lebensformen geltende Moralen – im Plural – handelt.

Nun ist nach unserer Analyse klar, daß die Pluralbildung an dieser Stelle systematisch nicht möglich ist. Worum es sich handelt, sind verschiedene praktizierte *Ethos*formen, die in der Tat eine diachrone und synchrone *Pluralität* aufweisen. Stets muß jedoch die Moralität in ihrer Konstitution von der Pluralität praktizierter Ethosformen unterscheidbar bleiben, soll sie nicht ihr grammatisches und interexistentielles Wesen aufgeben. Wir müssen nicht nur unterscheiden:

(1) Er ist ein guter Fußballspieler.

(2) Er ist ein guter Mensch.

sondern auch:

(1) Er ist ein guter Maori.

(2) Er ist ein guter Mensch.

Das Wesen der Moralität ist unbedingt und universal, egalitär und ethostranszendierend. Deswegen ist die Habermas'sche Befürchtung eines *ethno*zentrischen Fehlschlusses bereits ein Kategorienfehler, denn die universalistische Moralität transzendiert alle ethnischen Besonderheiten, bzw. schließt sie gleichberechtigt ein. *Ohne Ansehen* der Person wird die Personalität allein unterstellt.

Auf diesem Hintergrund kann der *ethnozentrische Fehl-schluß* mit Rescher (1989:29ff.) zurückgewiesen und in Form eines dann so zu nennenden *ethnologischen Fehlschlusses* systematisch diskutiert werden, der die Konstitution der Moralität nicht destruiert, sondern akzentuiert. Während Habermas aus der Tatsache, daß nicht überall in Zeit und Raum ein moralischer Universalismus nachweisbar ist, dessen *Relativität* hinsichtlich tradierter Ethosformen in Rechnung stellen zu müssen glaubt, die universalistische Moral also in der Gefahr des ethnozentrischen Fehlschlusses sieht, läßt sich mit Rescher der ethnologische Fehlschluß wie folgt darstellen:

– When individuals in a given society judge the rightness and wrongness of actions, they standardly use the (merely) locally prevailing criteria of moral appraisal.
Therefore: »Right« and »wrong« *mean* right and wrong according to the (merely) locally prevailing standards of evaluation.

Anders gesagt: Eine gewöhnliche, übliche Standardpraxis hat noch keinen normativen, konstitutiven und notwendigen Charakter, der bei Nachfrage, Überlegung oder in Krisensituationen Bestand haben kann. Eine Identifikation der faktischen Praxis mit den dianoietischen Grundbegriffen der Moralität stellt einen groben Kategorienfehler dar. Insofern ist der Übergang vom *kulturellen* Relativismus (besser: von der Pluralität von Kulturen) zum *moralischen* Relativismus *in toto* konstitutiv falsch. Er verwischt im schlimmen Falle fundamentale Unterscheidungen, deren wir uns nicht begeben dürfen: die Unterscheidung sozialer Anpassung und Konformität von persönlicher Verantwortung für die eigenen und fremden Sinnentwürfe; die Unterscheidung unbedingter Verpflichtungen von Üblichkeiten und Gepflogenheiten.
Wir haben bisher intern methodologisch und begrifflich gegen den Relativismus und den ethnozentrischen Fehlschluß argumentiert; im folgenden soll dies in fundamentalanthropologischer Perspektive geschehen. Nahe läge auf der systematischen Linie unserer Konstitutionsanalysen schein-

bar eine solche Argumentation: Der harte (grammatische und interexistentiale) Kern der menschlichen Rede und Praxis war immer schon (in allen Kulturen und Lebensformen) so verfaßt, daß die Menschen (praktisch) wußten:

- die Anderen, die Mitmenschen sind Orientierungswesen mit praktischen Sinnentwürfen (wie ich/wir selbst), die auf Erfüllungsgestalten im gemeinsamen und eigenen Leben ausgerichtet sind;
- die anderen Menschen sind selbst Sinnentwürfe und als solche zu behandeln; sie leiden es eigentlich nicht, als Mittel zu Zwecken instrumentalisiert zu werden;
- niemand will unnötiges Leid zugefügt bekommen;
- keiner will böswillig betrogen werden.

Wir könnten die exemplarische Liste entsprechend fortsetzen. Es scheint unzweifelhaft, daß, sobald eine (irgend) menschliche Kultur entstand, solche und ähnliche Grundorientierungen praktisch wirksam wurden. *Wie weit* sie jeweils gingen, *wie explizit* sie jeweils bewußt oder kodifiziert waren – das wird für verschiedene geschichtliche Kulturen auch unterschiedlich beantwortet werden müssen. An dieser Stelle wird klar, daß eine Argumentation gegen relativistische Vorstellungen, die sich von der systematischen Ebene transzendentaler Konstitutionsanalysen auf die Ebene empirisch-historischer Untersuchungen begibt, unmöglich einlösbare empirische Beweislasten übernimmt, die nie abgegolten werden können: Eine solche Argumentation würde gerade jene *lokale Begrenztheit* unserer tatsächlichen Analysemöglichkeiten ohne Not überschwänglich zu überschreiten versuchen, die es angesichts unserer Konstitution stets zu beachten gilt. Sowenig, wie die Analyse subjektivistisch, skeptizistisch oder dogmatisch zu unterlaufen ist, sowenig auch empirisch-historisch, ethnologisch, soziologisch oder psychologisch. Die transzendentale Analyse ist eine *synchrone* Analyse der *entwickelten* menschlichen Welt und der Möglichkeitsbedingungen von Praxis; keine genetische Rekonstruktion und auch keine empirisch-historische oder empirisch-quantitative Untersuchung der Verbreitung authentisch moralischer Lebensformen in der Menschheitsgeschichte. Gleichwohl mußte die Untersuchung stets auf die *volle* Konstitution der menschlichen Grundsituation rekurrieren. Und hier ist – neben dem Abweis des Hermetismus der Kulturen, neben der Kritik an der Konfusion von kulturellem und moralischem Relativismus und neben der Zurückweisung des sogenannten ethnozentrischen Fehlschlusses – der systematische Ort, die tatsächliche Problematik einer Pluralität von kulturellen Lebensformen *im Rahmen der Konstitution der Moralität* zu thematisieren. *Im Bewußtsein der notwendigen Begrenztheit unserer (und jedweder) Zugangsweise stellt sich das Problem der durchlässigen Pluralität von Kulturen als das praktische der interexistentiellen Alterität, nicht als das theoretisch-spekulative eines vermeintlichen Relativismus.*

Fundamentalanthropologisch hatten wir bereits die singuläre Totalität (§ 10), die Alterität (§ 15) und die Negativität (§ 16) analysiert. Wir hatten gesehen, daß die Interexistentiale der *Tiefe*, der *Ferne* und der wechselseitigen *Entzogenheit* authentiekonstitutive Sinnbedingungen des Handelns in der primären Welt darstellen. Individuen zeichnen sich durch eine irreduzible (uneinholbare) Tiefe und Komplexität aus, die wir auch als die *interne Unendlichkeit* der Personen bezeichnen können. Wir hatten die negativen Aspekte dieser Tiefe zu einem Konstituens des anthropologischen Universalismus: als *negativem* Universalismus nämlich, erklärt. In der Negativität des Universalismus wird das alttestamentarische Bildverbot auf die transzendental-anthropologische Konzeption menschlicher Würde bezogen. Die anthropologische Alterität und Negativität können wir mit gleichem Recht auf geschichtliche kulturelle Lebensformen beziehen. Die interexistentielle Differenz, die zwischen einmaligen Individuen konstitutiv ist, läßt sich so terminologisch als *xenologische Differenz* präzisieren. Der lediglich theoretisch konstatierte Kultur-Relativismus verwandelt sich im Blick auf die Konstitution der Moralität.

Aus der Frage:

– Unterliegt der ethische Universalismus der Historizität und der intrakulturellen Kontingenz? Gelten die Konsti-

tutionsanalysen nur relativ zur okzidentalen, nach-aufge-
klärten philosophischen Rationalität?
wird die Frage:
– Welches sind die praktischen Möglichkeitsbedingungen einer Interaktion mit alteritären Kulturen und Lebensformen, die die Würde des Fernen, des Fremden und des
Anderen – die interexistentielle Alterität – achten und
wahren?
Nicht der theoretische Relativismus, sondern die praktische
Frage nach den Sinnbedingungen der Achtung vor der Würde fremder, ferner und anderer Lebensformen ergibt sich
wirklich, wenn wir ernsthaft über das Konstituens der interexistentiellen Alterität nachdenken.
Es ergibt sich ferner:
1. Die xenologische Differenz ist kein Sonderfall der interexistentiellen Alterität, sondern nur eine charakteristische
Ausprägung der ohnehin weltkonstitutiven Entzogenheit
und interexistentiellen Negativität.
2. Als nicht theoretisches, sondern praktisches Problem wird
die kulturelle Pluralität nur im Rahmen kommunikativer
und gewaltloser Verhältnisse sowohl in ihrer internen Komplexität (Tiefe, Fülle) zugänglich und begreifbar als auch zu
einem möglichen Gegenstand der Achtung und Anerkennung.
3. Die Frage nach den Möglichkeitsbedingungen einer Interaktion mit fernen und fremden Kulturen, die diese in ihrer
Alterität anerkennt und so ihre Würde durch die Einsicht in
die authentische Komplexität ihrer Lebensform achtet, ist
nur durch den Rekurs auf die *Interexistentiale der Menschheit* beantwortbar.
Der Eindruck des Relativismus, der ihn sein Großbild der
Makro-Zirkularität zeichnen läßt, entsteht gerade nicht
durch absolute Entzogenheit oder absolute hermeneutische
Differenz, sondern durch Offenheit, Transparenz, Bekanntheit und durch die hermeneutisch notwendige und praktisch
unvermeidliche *Unterstellung des Mensch-Seins* angesichts
fremder kultureller Lebensformen. Der hermeneutisch-
praktische Abstand, die xenologische Differenz *besteht*:

Aber als Interexistential des gemeinsamen, sich entzogenen Lebens. Die wechselseitige Ferne, Fremdheit und Andersheit sind authentiekonstitutive Interexistentiale, schon innerhalb einer Kultur, erst recht interkulturell. Könnten wir uns durchschauen und gänzlich vergegenständlichen, so wäre dies die Katastrophe einer menschlichen Welt, ihr Ende. Gerade die negative und alteritäre, xenologische Interexistentialität ermöglicht es uns als endlichen Wesen, wahrhaftige Verhältnisse überhaupt einzugehen.

Wiederum wird deutlich, daß die Moralität nicht an der Konstitution einer menschlichen Welt *vorbei* begriffen werden kann. Der anthropologische Universalismus präzisiert sich vor dem Hintergrund des Gesagten als *hermeneutischer Universalismus*, der heterogene und alteritäre Praxisformen und ihre Sinnbedingungen mit in die Reflexion der Moralität aufnehmen muß, um nicht gewaltsam mit repressiven Deutungen fremdes Leben zu vergleichgültigen. Im Falle vergangener fremder Kulturen und Lebensformen bleibt nur die anamnetische Solidarität, die moralische Erinnerung an das unwiederbringliche Leben. Auch hier hat die Achtung vor dem Fremden als praktische Anerkennung mit einem theoretischen Relativismus nichts mehr zu tun.

Fassen wir zusammen:

1. Wir müssen mit unseren Begriffen leben. Die *relativistischen Einsprüche* selbst sind nur im Rahmen der uns bekannten, ›okzidentalen‹ Rationalität möglich.

2. Die relativistischen Einwände unterliegen derselben *transzendentalpragmatischen Begrenztheit* wie die Konstitutionsanalysen. Ein theoretisches Räsonnement über die Andersartigkeit fremder Kulturen löst sich entweder praktisch auf oder bleibt spekulativ leer.

3. Einen kulturellen *Hermetismus* und eine absolute hermeneutische Differenz zwischen Kulturen zu behaupten, ist methodisch unmöglich. Denn die Konstitution der primären Welt ist auch hermeneutisch notwendige Möglichkeitsbedingung des Verstehens fremder Lebensformen.

4. Der *ethnozentrische Fehlschluß* kann zurückgewiesen und kritisch in einen *ethnologischen Fehlschluß* umgewandelt

werden. Der Übergang vom *kulturellen* zum *moralischen* Relativismus stellt einen grundlegenden Kategorienfehler dar. Nicht einen theoretischen Relativismus, sondern die praktische interexistentielle Alterität innerhalb der einen menschlichen Welt gilt es zu begreifen und zu bewältigen. Dies ist nur unter Rekurs auf die *Interexistentiale der Menschheit* möglich.

FÜNFTES KAPITEL

Rückblick auf Aristoteles und Kant

§ 28 Der Sinn des Eudämonismus

Um die Untersuchung abzuschließen, sei eine Reflexion auf die Möglichkeit einer systematischen Synthese der Ethiken von Aristoteles und Kant an ihr Ende gestellt. Dabei wird eine Reformulierung ihrer Grundauffassungen mit eigenen Termini angestrebt. Die Aufnahme von klassischen *Unterscheidungsintentionen* in systematischer Absicht hat dabei den Vorrang vor philologisch-exegetischen Kriterien.

Die gegenwärtige Auseinandersetzung einer kantianisierenden Diskursethik mit einem als politisch eher konservativ etikettierten Neoaristotelismus erweist sich bei näherem Hinsehen als Scheinkontroverse.

Das ist zu zeigen. Der systematische Kernpunkt einer aristotelisch-kantischen Kontroverse muß das Verhältnis von Moralität und gutem Leben betreffen. Insbesondere der entwickelte anthropologische Universalismus der Interexistentiale der Menschheit kann einen Rahmen für die erneute Klärung dieses Verhältnisses darstellen.

Kamlah hatte in seiner Ethik, die er, wie ich meine, zu Recht in eine philosophische Anthropologie einarbeitete, die Aufgabe gestellt, nicht nur zu fragen, *was wir tun sollen*, sondern auch, *wie wir leben können*, wie ein gelingendes Leben möglich ist (Kamlah, 1973:145). Er hatte keine Veranlassung mehr gesehen, die Grundfrage der antiken Ethik aus Gründen des Kantschen Rigorismus aus der praktischen Reflexion zu verbannen. Wohl akzentuierte Kamlah die Notwendigkeit, den authentischen Eudämonismus (den Sokratischen Eudämonismus) gegen den »heruntergekommenen« Eudämonismus, gegen den sich Kant vornehmlich abgrenzen mußte, erst wieder ins Recht zu setzen, »gleichsam mitten hindurch zwischen dem Hedonismus von einst und von heute auf der einen Seite und dem Moralismus von einst und von heute auf der anderen Seite« (Kamlah, 1973:152).

Welches sind nun die begrifflichen Voraussetzungen, die es ermöglichen, an den aristotelischen Eudämonismus anzuknüpfen? Wie können wir mit unseren Mitteln den Sinn der Rede von der *eudaimonia* zu entfalten versuchen? Ich möchte zunächst die geläufige traditionelle Übersetzung dieses Wortes mit *beatitudo* (in Abgrenzung von *fortuna*) und *Glückseligkeit* (in Absetzung von bloßem *Glück*) zurückstellen. Es gibt einen Grund, warum die Ethik des Aristoteles sich immer wieder aktualisieren läßt und sich gegenüber tiefgreifenden geistigen Wandlungen behaupten konnte: Sie nimmt Bezug auf die menschliche Grundsituation. Es geht ihr um »das menschliche Gute« (NE 1098 a). Das ist genau jene systematische Vorentscheidung, welche Kant in seiner Grundlegung mit allem Nachdruck meint rückgängig machen zu müssen, damit

der Grund der Verbindlichkeit hier nicht in der Natur des Menschen oder den Umständen in der Welt, darin er gesetzt ist, gesucht werden müsse, sondern a priori lediglich in Begriffen der reinen Vernunft (GMS 389).

Die aristotelische Reflexion läßt sich hingegen explizit auf die *primäre Welt* und ihre *sprachliche Verfassung* ein. Sie ist selbst im Rahmen unserer Grundfrage nach den Möglichkeitsbedingungen einer menschlichen Welt zu lesen:

Jede Kunst und jede Lehre, desgleichen jede Handlung und jeder Entschluß, scheint ein Gut zu erstreben, weshalb man das Gute treffend als dasjenige bezeichnet hat, wonach alles strebt (NE 1094 a 1 ff.).

Aristoteles sieht, daß alle menschlichen Lebensbewegungen sich als *praktische Sinnentwürfe* verstehen lassen, zu denen ein jeweiliges Gutes, ein *telos*, ein Ziel gehört, welches wir als *Erfüllungsgestalt* bezeichnet haben. Es gibt nun zwei Mißverständnisse dieser zentralen Bestimmung des Aristoteles. Verstehen wir sie in einem vordergründigen Sinne *naturalistisch*, so scheint sich die ganze ethische Reflexion auf dem Grund einer »empirischen Anthropologie« zu erheben. Sie würde dann von dieser abhängig bleiben, und die genuin ethischen Sinnentwürfe würden auf einer Stufe mit sonstigen »materialen« Interessen und Bestrebungen der Menschen stehen. Aristoteles schneidet dieses Mißverständnis ab, indem er nach Kriterien fragt, mit denen Ziele des Handelns auszuzeichnen sind. Keinesfalls handelt es sich um die bloße *empirische* Feststellung aller lediglich *faktischen* Sinnentwürfe, die hier zugrundegelegt wird. Ein zweites Mißverständnis können wir als das metaphysische bezeichnen: Hier sieht es so aus, als rücke Aristoteles seine anthropologischen Bestimmungen in den Rahmen seiner umfassenden *teleologischen Ontologie* ein. Es findet sich aber kein metaphysisches Argument in der NE, sondern Aristoteles rekurriert stets und ausschließlich auf Paradigmen aus der menschlichen Handlungswelt, um Sinnentwürfe zu erläutern: z. B. auf die Sinnentwürfe der Medizin (Erfüllungsgestalt ist die Gesundheit), die Schiffsbaukunst, die Strategie, die Wirtschaft, oder lokalere Entwürfe wie die der Sattler oder Schuster mit entsprechenden wohlbekannten Erfüllungsgestalten. Es erfolgt kein Rekurs auf nicht-anthropologische, ontologische oder theologische Bestimmungen, sehen wir einmal von der Nebenrolle des »theoretischen« Gottes ab.

Deswegen irrt MacIntyre, wenn er die anthropologische Grundaussage des Aristoteles, daß das menschliche Tun sich nur im Blick auf ein eigentümliches *telos* begreifen läßt, als abhängig von der Metaphysik einstuft. Sein Schluß:

Folglich setzt die Ethik des Aristoteles . . . seine metaphysische Biologie voraus (MacIntyre, 1987:200; vgl. 217f.)

ist falsch. Vielmehr sind die Bestimmungen des Aristoteles im eigentlichen Wortsinn *fundamentalanthropologische* Bestimmungen, unabhängig sowohl von den jeweils faktischen als Paradigmen fungierenden Sinnentwürfen ebenso wie von einer metaphysischen Naturordnung. Das bedeutet für die Analyse von MacIntyre, daß er das sokratisch-platonische Erbe bei Aristoteles nicht zu erkennen vermag, wie auch Gadamer in seiner Kritik hervorhebt: Keineswegs habe Aristoteles die praktische auf die theoretische Philosophie gründen wollen (Gadamer, 1985:5; (gegen Tugendhat) 8f.). Im übrigen wird auch die große geschichtsphilosophische Rahmenbehauptung MacIntyres durch diesen Anfangsfehler

seiner Interpretation betroffen: Denn wenn die praktisch-anthropologischen Analysen des Aristoteles in Wahrheit systematisch unabhängig von einer objektivistischen
Naturteleologie sind, dann ist auch nicht einzusehen, warum
der »Verlust der Tugend« eingetreten sein soll, nachdem die
teleologische Metaphysik in der Neuzeit zerbrach.

Die erste fundamentalanthropologische Feststellung des
Aristoteles formuliert in unserem Verständnis die apriorische Form möglicher menschlicher Orientierungen als Sinnentwürfe mit entsprechenden Erfüllungsgestalten. Wir hatten in unseren eigenen Analysen diese Sinnentwürfe als
nicht-instrumentell bestimmt. Die lediglich instrumentellen
Vollzüge ließen sich daher nur eingebettet in den »praktischen Kontext« der ganzen Lebenssituation mitsamt den
Sinnentwürfen und ihren Erfüllungsrichtungen überhaupt
verstehen. Auch dies ist aristotelisch gedacht: Die genuin
menschlichen Lebensvollzüge haben ihr *telos* nicht außer
sich, sondern es ist ihnen immanent. Die *Praxis* der Menschen trägt ihren Sinn in sich. Die poietischen Vollzüge
haben noch außer sich ein Werk als Ziel: Die Modi der Praxis
jedoch lassen sich überhaupt nicht auf etwas ihnen Äußerliches gerichtet verstehen. Die zweite fundamentalanthropologisch-praktische Feststellung des Aristoteles formuliert
den Primat der praktischen Sinnentwürfe und ihrer Erfüllungsgestalten vor technischen, instrumentellen und Gegenstände herstellenden Vollzügen.

Die weiteren Ausführungen des Aristoteles zur *eudaimonia*
lassen sich nun als nähere Qualifikationen der möglichen
Erfüllungsgestalten der menschlichen Praxis verstehen. Der
nächste entscheidende Schritt geht von der Feststellung aus,
daß es viele Ziele gibt, eine unübersehbare *Mannigfaltigkeit
von Sinnentwürfen* und ihren Erfüllungsgestalten:

Wenn es nun ein Ziel des Handelns gibt, das wir seiner selbst wegen
wollen, und das andere nur um seinetwillen, und wenn wir nicht alles
wegen eines anderen uns zum Zweck setzen – denn da ginge die Sache
ins Unendliche fort, und das menschliche Begehren wäre leer und eitel –,
so muß ein solches Ziel offenbar das Gute und das Beste sein (NE 1094a
18-23).

Die einzelnen Sinnentwürfe stehen nicht beziehungslos nebeneinander, sondern bilden Ketten. Der partiale Entwurf steht in einem größeren situativen Zusammenhang. Wenn ich z. B. ein Buch lese, so entwertet dies Rahmenziel nicht den authentischen Sinn des *Sehens* der Buchstabengestalten, des *Lesens* der einzelnen Sätze, Abschnitte und Kapitel. Aristoteles meint: Über den Primat der Sinnentwürfe vor den instrumentellen Vollzügen hinaus muß auch die Einordnung einzelner Sinnentwürfe in übergreifende Sinnentwürfe *an ein Ende kommen*. Ein *regressus in infinitum* würde auch den Sinn der einzelnen Entwürfe einer solchen Kette aushöhlen. »Leer und eitel« wäre die menschliche Praxis mit Aristoteles' Formulierung, wenn wir nicht angeben könnten, worin die einzelnen Entwürfe *letztlich*, schließlich und endlich ihren Sinn haben: Weil alles menschliche Tun auf ein Gutes abzielt, muß gefragt werden, »welches im Gebiete des Handelns das höchste Gut ist« (NE 1095 a 17 f.). Der formale Titel für dieses Gut ist die *eudaimonia*.

In unserer Terminologie können wir sagen: Es geht nicht nur darum, die praktischen Sinnentwürfe in ihrer *lokalen* Struktur zu begreifen. Wir müssen den *ganzen* Menschen – die *Totalität* seiner Praxis – als auf Erfüllung angelegten Sinnentwurf interpretieren. Aristotelisch: Das Gute als *telos* kann nicht gedacht werden, als bestünde es in einzelnen materialen Zielen und ginge in ihnen auf. Die anthropologisch-praktische Konsequenz dieser Überlegung besteht darin, daß eine Bestimmung der *eudaimonia* nicht unterhalb des Niveaus einer *Lebensform* möglich ist. Das *eine Gute* ist daher als gelingendes menschliches *Leben* zu identifizieren. Dies scheint mir entscheidender zu sein als die *material* klingende *Existenz*behauptung *eines höchsten* Gutes. Es wurde in der Analyse der Sinnentwürfe darauf hingewiesen, daß eine interne materiale Ziel-Hierarchisierung leicht eine gefährliche immanente *Instrumentalisierung* mit sich bringen kann, es wurde von der Komplexität des Guten in diesem Kontext ausgegangen. Auch scheint Mary Anscombe mit ihrer Beobachtung recht zu haben, Aristoteles folgere aus dem Allsatz »Alle Handlungsketten haben ein Ende« (sein

Abweis eines *regressus* an dieser Stelle) irrtümlich die Existenzbehauptung »Es gibt genau ein Ende und Ziel aller Ketten, ein einziges höchstes Gut« (Anscombe, 1986 : 54 f.). *Diese* Konsequenz brauchen wir nicht, um die Berechtigung des von Aristoteles entwickelten Lebensformbezugs zu erkennen.

Dieser Bezug wird von Aristoteles paradigmatisch entfaltet. Er nennt drei Lebensformen: das Genußleben, das politische Leben und das philosophische Leben. Weil auch in diesem Zusammenhang die Rede von »das höchste Gut und das wahre Glück in etwas setzen« begegnet, bestätigt sich die Richtigkeit der Interpretation, den *Lebensformbezug* hier für ausschlaggebend zu halten (NE 1095 b-1096 a). Das, worum es in der Ethik geht, kann nur das Leben im Ganzen sein, so, wie wir es letztlich sehen und führen. Nicht einzelne Genüsse – diese schwinden ja schnell dahin –, sondern ein Leben in der wesentlich hedonistischen Ausrichtung gilt dann für das höchste Gut. Aber bereits die formalen Analysen zu den möglichen Erfüllungsgestalten des Lebens akzentuieren sehr deutlich den fundamental nicht-instrumentellen Charakter der *eudaimonia*:

Das vollendete Gute muß sich selbst genügen . . . Als sich selbst genügend gilt uns . . . das, was für sich allein das Leben begehrenswert macht, so daß es keines Weiteren bedarf (NE 1097 b 9 und 14 ff.).

Bereits diese Nicht-Instrumentalität scheidet materiale Fehlbestimmungen der *eudaimonia* durch Lust, Ehre und Reichtum als »oberflächlich« und »roh« aus:

Vom höchsten Gute aber machen wir uns die Vorstellung, daß es dem Menschen innerlich zu eigen ist und nicht so leicht verlorengeht (NE 1095 b 26-28).

Immer wieder wurde zu Recht darauf hingewiesen, daß ein kruder Hedonismus und Naturalismus in der Ethik bei Aristoteles nicht zu finden ist, und daß sein genuiner Eudaimonismus nicht mit dem verwechselt werden darf, was Kant dann – als Erfinder dieses Wortes – unter diesem Titel kritisiert. Man könnte sagen, daß Aristoteles bereits im dritten Kapitel des ersten Buches der NE von der faktischen zur praktischen Grundsituation übergeht, indem er die Erfüllungsgestalten als Lebensformen keineswegs unkritisch nebeneinander stellt.

Der zweite wesentliche Schritt in der Bestimmung der *eudaimonia* wird von Aristoteles nicht an *einer* Stelle vollzogen, sondern prägt sein gesamtes Denken. In der NE tritt dies sofort, den »modernen« Leser überraschend, mit der Tatsache zu Tage, daß die Thematik des höchsten Gutes der *Politik* zugewiesen und die Ethik dieser Disziplin untergeordnet wird:

ihr Ziel wäre demnach das höchste menschliche Gut (NE 1094b 8f.).

Versuchen wir, diese Bestimmung nicht vorderhand disziplinenarchitektonisch, sondern fundamental-anthropologisch zu verstehen. Dann bedeutet der Bezug auf die *polis* und die Politik von vornherein den Bezug auf das *gemeinsame* Leben der Menschen. Aristoteles denkt den Menschen als das kommunikative Wesen *(zoon logon echon)* und, mit unserem Terminus, als interexistentielles Wesen *(zoon politikon, zoon koinon)*. Vor diesem Hintergrund ist die weitere Entfaltung der *eudaimonia* wie auch die Rede von den »Tugenden« zu sehen.

Denn diese Entfaltung geschieht, indem »wir die eigentümlich menschliche Tätigkeit ins Auge fassen«, das *ergon tou anthropou* (NE 1097b 24f.) Aristoteles geht bei dieser Bestimmung *paradigmatisch* von den Erfüllungsgestalten *lokaler* Praxis aus:

Wie für einen Flötenspieler, einen Bildhauer oder sonst einen Künstler, und wie überhaupt für alles, was eine Tätigkeit und Verrichtung hat, in der Tätigkeit das Gute und Vollkommene liegt, so ist es wohl auch bei dem Menschen der Fall, wenn anders es eine eigentümlich menschliche Tätigkeit gibt. Sollte nun der Zimmermann und der Schuster bestimmte Tätigkeiten und Verrichtungen haben, der Mensch aber hätte keine und wäre zur Untätigkeit geschaffen? (NE 1097b 25-30).

Die insistierenden rhetorischen Fragen haben die Funktion, in die Richtung einer universalen, anthropologischen Perspektive zu führen:

Sollte nicht vielmehr, wie beim Auge, der Hand, dem Fuß und über-haupt jedem Teil eine bestimmte Tätigkeit zutage tritt, so auch beim Menschen neben allen diesen Tätigkeiten noch eine besondere anzuneh-men sein? Und welche wäre das wohl? (NE 1097b 30-34).

Das *bloße* Leben kann es ebensowenig sein wie das *sinnliche* Leben. Demnach bleibt also nur ein nach dem vernunft-begabten Seelenteile tätiges Leben übrig (NE 1098a 3 ff.).
Die Bestimmung der *eudaimonia* über das spezifisch *menschliche* Leben führt zu dessen Kennzeichnung als *prak-tiké tis zoe ton logon echontos*. Das menschliche Leben ist weder bloß als faktisches Leben noch als bloß sinnliches und so erfahrenes Leben zu begreifen, sondern muß als *vernünf-tige Lebenspraxis* begriffen werden.
Das höchste Gut, das, worin ein sinnvolles menschliches Leben zu setzen ist, wird als vernünftige Praxis bestimmt. *Keineswegs* erfolgt eine Unterbestimmung der Vernunft bzw. später der Moral über »hedonistische« »empirische« Instinkte oder »Triebfedern«, wie sie Kant immer auszu-schließen bestrebt ist. Zentral in der Argumentation über den Sinn der *eudaimonia* bei Aristoteles ist, so könnte man mit Kant formulieren, gerade

daß mithin der Grund der Verbindlichkeit hier nicht in der Natur des Menschen oder den Umständen in der Welt, darin er gesetzt ist, gesucht werden müsse, sondern *apriori* lediglich in Begriffen der reinen Ver-nunft (GMS 389).

Zunächst geht es Aristoteles zweifellos um eine *verbindliche* Bestimmung der *eudaimonia*: Diese kann nicht über subjek-tive Meinungen und Bestrebungen begriffen werden. Die hedonistischen Bestimmungen wurden bereits dem »Leben des Viehs« (1095b 20) zugeordnet. Also folgt des weiteren keine Bestimmung der *eudaimonia* mit naturalistischer Basis hinsichtlich des bloßen Natur- und Sinnenwesens *Mensch*. Es erfolgt vielmehr eine in unserem Sinne einsichtige Bestim-mung, wie auch die Rede vom Menschen und vom Mensch-lichen in der Fragebewegung des Aristoteles im wesentlichen dianoietisch ist, d. h. bereits grammatisch zugleich auf die

Wirklichkeit des Menschen bezogen und faktizitätstranszendierend. Die nicht-naturalistische und nicht-hedonistische Bestimmung rekurriert nicht auf die Weltumstände, in die der Mensch »gesetzt ist«, sondern auf seine *Lebenstätigkeit*, auf die genuin *menschliche* Praxis, also auf das nicht bloß Vorfindliche und Vorhandene, sondern auf das Werk des Menschen. Dieses kann nur in Begriffen der Vernunft selbst, nämlich im *logos*, sowohl expliziert werden als auch bestehen.

Zweifellos würde Aristoteles den Naturbegriff weiter fassen als Kant, und auch noch die Vernunft zur Natur des Menschen rechnen. Aber auch Kant tut dies sehr oft und zu Recht, wenn er die Kultur in diesem Sinne zu verstehen sucht. Die Pointe ist, daß die Kantschen Ausführungen die Verbindlichkeit der Pflicht und der Sittengesetze in ihrer »absoluten Notwendigkeit« betreffen, während wir sie auf die aristotelischen Explikationen der *eudaimonia* bezogen haben und beziehen konnten. Die Möglichkeit, dies zu tun, weist in folgende Richtung: *Könnte es sein, daß die Grundwerke der Ethik sich systematisch aufeinander beziehen lassen, weil sie die Konstitution der praktischen Grundsituation* und mithin der moralischen Praxis gleichsam von zwei verschiedenen Ansichten aus thematisieren und entwickeln?

Ich meine, dies läßt sich bestätigen, wenn wir den Fortgang der Analysen bei Aristoteles in ihrem Kerngehalt betrachten. Mit dem *Logos*-Bezug ist die bereits *lebensformbezogene* Rede von der *eudaimonia* zum Status der vernünftigen Allgemeinheit erhoben und in die Perspektive eines rationalen anthropologischen Universalismus gerückt worden. Eine egozentrische, subjektivistische und individuelle Bestimmung der *eudaimonia* etwa »je nach Lust und Laune« ist damit begrifflich bereits unmöglich. Bereits hier hat Aristoteles mithin einen Relativismus ins Belieben gestellter Existenzhaltungen (denken wir an Ursula Wolfs Analyse) hinter sich gelassen. Das *gute Leben* kann nicht über eine subjektive Befriedigungspraxis bestimmt und begriffen werden. Wenn es aber als vernünftiges Leben bestimmt werden muß, wie Aristoteles aufweist, dann ist es ein *kommunikatives ge-*

meinsames Leben, welches – dies ist für Aristoteles klar –
existentiell politisch ist.

Die Analysen des Aristoteles stellen keine Affirmation des
bloß Faktischen dar, sie sind *kritisch* und *normativ* zu lesen.
Sie sind – dies wäre mit unserem grammatischen Analysein-
strumentarium ausführlich zu zeigen – reich an dianoietischen Feststellungen. Sie vereinen strenge Normativität mit
dem Blick auf die Wirklichkeit. Wir haben schon in den
anfänglichen fundamentalanthropologischen Feststellungen
der NE gesehen, daß von dem guten Leben und der *eudaimonia* als von *teloi* die Rede war: von *Erfüllungsgestalten* der
gemeinsamen Praxis. Die Kritik der Idee des Guten im Pla-
tonischen Sinne steht in diesem Zusammenhang. Ihre Berechtigung kann hier nicht untersucht werden. Fest steht
jedoch, daß Aristoteles die Ethik nur auf diese Menschenwelt und nur auf die menschliche Praxis beziehen will, und
auf sonst nichts. Daher bezieht sie sich nicht auf transzendente Ideen, sondern auf die realen Formen und Erfüllungsgestalten des Lebens, ohne jedoch eine normative und
kritische Perspektive einzuziehen.

Das wird im entscheidenden nächsten Schritt der *eudaimonia*-Reflexion vollends deutlich. Auch die Bestimmung als
vernünftige Praxis ist noch unzureichend. Es müssen noch
weitere kritische und normative Qualifikationen hinzukom-
men. Diese münden schließlich in der Bestimmung:

das menschliche Gut ist der Tugend gemäße Tätigkeit der Seele, und gibt
es mehrere Tugenden: der besten und vollkommensten Tugend gemäße
Tätigkeit (NE 1098a 17ff.).

Günther Bien weist in seinen Erläuterungen sehr zu Recht
darauf hin, daß sich dem modernen Bewußtsein erhebliche
Verständnisschwierigkeiten angesichts dieser zentralen Stelle der NE entgegenstellen; »Tugend«, »Seele« und »Tätigkeit« »haben für uns einen anderen Klang, andere Konnotationen und überhaupt eine andere Bedeutung gewonnen«.
Bien fährt fort:

Es sei hier nur auf die entscheidende Verständnisschwierigkeit hingewiesen, nämlich die, daß Glück von Aristoteles als eine »Tätigkeit« be-

stimmt wird; uns legt sich eher nahe, dabei an eine Zuständlichkeit des Subjekts zu denken, an den Genuß der eigenen Existenz.

So hatte Kant die Glückseligkeit als Zustand der »Befriedigung aller unserer Neigungen« durch die »Annehmlichkeit des Lebens« eines Menschen bestimmt, »dem alles nach Wunsch und Willen geht« (GMS 399; vgl. 405 und KpV 224).

Dieser Begriff des *Eudaimonismus* wurde von und nach Kant auf die Aristotelische Ethik zurückprojiziert, so daß die »nachkantischen Kritiken der aristotelischen Ethik« diese

als hedonistische oder eudämonistische Klugheitslehre zur Beförderung des subjektiven Wohlergehens ablehnen zu müssen glaubten (Bien, 1972:269).

Wir hatten jedoch gesehen, daß die gesamte fundamentalanthropologisch-praktische Reflexion zu Beginn der NE eine solche Deutung ausschließt. In *diese* Reflexion müssen wir also die jetzt zu erörternden Grundbestimmungen einfügen. Vergegenwärtigen wir uns kurz die wesentlichen Feststellungen des Gedankengangs:

1. Alle menschlichen Tätigkeiten streben nach einem *Guten* als ihrem *telos*.
2. Die menschlichen Tätigkeiten müssen im Wesen als *nichtinstrumentell* verstanden werden. Sie haben ihren *Sinn in sich selbst* und deswegen kommt ihnen der *Primat* vor dem Machen und Herstellen von etwas zu.
3. Die *Totalität* der Praxis muß – über den Sinn der einzelnen Handlungsentwürfe hinaus – selbst einen letzten Sinn (eine Erfüllungsgestalt) haben: die *eudaimonia*.
4. Die Bestimmung der *eudaimonia* kann nicht unterhalb des Niveaus einer *Lebensform* (einer Gestalt, die das menschliche Leben im Ganzen hat) erfolgen.
5. Die *eudaimonia* kann nicht im bloßen und nicht im sinnlichen Leben bestehen. Sie muß mit Bezug auf das Spezifische des menschlichen Lebens (der menschlichen Tätigkeit) als *vernünftige Lebenspraxis* begriffen werden. Sie gehört so in den Zusammenhang des kommunikativen

gemeinsamen Lebens und kann nicht etwa »subjektiv« bestimmt werden.

Vor diesem Hintergrund und als solcherweise bereits bestimmte kommunikative Lebensform wird die *eudaimonia* nun in einem sechsten systematischen Schritt *kata ten oikeian areten*, hinsichtlich der genuinen »Tugend« als Tätigkeit begriffen.

Die antiquiert klingende Rede von der Tugend stellt ein Hindernis für das Verständnis dessen dar, was Aristoteles hier systematisch und der Sache nach unter diesem Titel eigentlich entwickelt. Es herrscht hier aus verschiedenen Gründen Verwirrung: aus Gründen einer vorgegebenen kanonischen Schematik von Tugenden, aus Gründen eines Gliederungsversuches des Aristoteles, der von seiner Psychologie der Seelenteile abhängig ist, aus Gründen des undurchschauten Zusammenhangs von Tugenden und Ethosformen, schließlich aus Gründen der wiederum dem Hedonismusvorwurf entspringenden Diskreditierung eines Zusammenhangs der Tugend mit der Lust.

Alle diese Hinsichten verdecken, was systematisch eigentlich geschieht und worin der Kern der Ethik der *eudaimonia* besteht, wenn sie sich in der »Tugendethik« entfaltet. Sie verdecken damit die *universalistische* Perspektive, die den Reflexionen des Aristoteles allein aufgrund der richtigen Erfassung der wesentlichen Verhältnisse einer menschlichen Welt über all ihre zeitbedingte Gestalt hinaus eignet. Was sind die »Tugenden« im Kern? *Es handelt sich um praktische kommunikative Interexistentiale des gemeinsamen menschlichen Lebens.* Wenn sich dies zeigen läßt, dann muß auch die *eudaimonia* als ursprüngliches kommunikatives Interexistential aufgefaßt werden. Eine transzendental-anthropologisch praktische Rekonstruktion des systematischen Kerns der NE kann dann gegen herkömmliche Interpretationen und »neoaristotelische« Rezeptionen gesetzt und ein universalistisches Verständnis in unserem Sinne vorbereitet werden.

Aristoteles stößt, so die These, auf die Konstitutionsbedingungen einer menschlichen Welt in praktischer Hinsicht. Betrachten wir wesentliche »Tugenden«, die er nennt:

- Gerechtigkeit *(dikaiosyne)*
- Wahrhaftigkeit *(aletheia)*
- Freundschaft *(philia)*
- Selbstliebe *(philautia)*

so wird sichtbar, daß es sich um Formen des gemeinsamen Lebens handelt, die wir systematisch als praktische kommunikative Interexistentiale identifizieren können. In ausführlichen Textstudien könnten wir die *dikaiosyne* und die *aletheia* im Zusammenhang der Entfaltung von Solidarität und Autonomie interpretieren. Auf die *philautia* als Spezialfall gehe ich weiter unten ein. Die Rede von der *eudaimonia* wird mithin paradigmatisch an *nicht-instrumentellen, kommunikativen* und *interexistentiellen* Lebensformen erläutert, die ihren *Sinn in sich selbst* haben und von denen ihre *Erfüllungsgestalten* selbst bekannt sind. Die vernünftigen Wesen, die in die kommunikativen Interexistentiale der gemeinsamen Praxis eintreten, und damit in die *eudaimonia*,

stehen alle unter dem Gesetz, daß jedes derselben sich selbst und alle anderen *niemals bloß als Mittel*, sondern jederzeit zugleich als Zweck an sich selbst behandeln soll (GMS 433).

Die Formulierung Kants für sein Reich der Zwecke können wir auf das eudaimonistische Leben im Sinne des Aristoteles mit Recht beziehen: Die aristotelischen Bestimmungen der *eudaimonia* sind von der Art, daß deren *Telos*charakter (analog Kants *Zweck an sich selbst*) bereits in nicht-instrumentellen Interexistentialen *besteht*.

Die hier vorgeschlagene Rekonstruktion gilt für wesentliche Tugenden in der Aristotelischen Analyse. Die Übersetzung von *arete* mit *Vollkommenheit* ist im übrigen mit ihrem formalen Einschlag besser geeignet, auf die *Erfüllungsgestalten* in der Interexistenz hinzuweisen, die hier gemeint sind. Wir können dann die wesentlichen kommunikativen Erfüllungsgestalten der Praxis im Aristotelischen Sinne auch als *eudaimonistische praktische Interexistentiale* bezeichnen. Als solche beziehen sie sich auf die singuläre Totalität des Lebens der einzelnen, *indem* sie die nicht-instrumentelle, interexistentielle Konstitution gemeinsamer Lebensformen angeben. Das wird z. B. sehr gut deutlich in der Weise, in der Aristoteles die Selbstliebe *(philautia)* in die Konstitution der Freundschaft *(philia)* einbezieht. Er unterscheidet eine egozentrische Selbstverfallenheit von der authentischen Selbstliebe als einer Erfüllungsgestalt moralischer Autonomie. Diese authentische *philautia* praktiziert derjenige, der »mehr als alle anderen die Werke der Gerechtigkeit« »oder sonst einer Tugend« übt (1168b), der »überhaupt das sittliche Schöne immer für sich in Anspruch« nimmt (ebd.). Wer die wahre Selbstliebe hat, der »stirbt« »für seine Freunde«, er gibt sein »Vermögen und Würden und alle die vielumworbenen Güter« hin, es besteht daher für diese Selbstliebe nicht, wie »für den Schlechten ein Zwiespalt zwischen Pflicht und Handlung« (1169a). Aristoteles expliziert also die Sinnbedingungen authentischen Sich-zu-sich-selbst-Verhaltens selbst im Sinne kommunikativer Solidarität in der Interexistenz. Die *philautia* hat ihr Maß und ihr Kriterium einzig und allein in der Freiheit zur kommunikativen Solidarität; sie entspricht dem Zusammenhang von Autonomie und Freiheit von sich selbst, den wir in der Analyse zur Bestimmung des Menschen dargestellt haben.

Wir hatten in unseren eigenen Analysen die interexistentielle Struktur des authentischen Sich-zu-sich-Verhaltens im Zusammenhang von Gewaltlosigkeit und Konstitution hervorgehoben. Der grammatische und anthropologische Sachverhalt ist hier, daß ein authentisches Selbstverhältnis nur im Wege der authentischen interexistentiellen Verhältnisse ermöglicht wird. Selbst*achtung*, Selbst*vertrauen*, Selbster*kenntnis*, Selbst*bewußtsein*, Selbst*bestimmung* und Selbst*liebe* sind so zu analysieren. Primär sind in der Konstitution die kommunikativen Interexistentiale. Genau dies ist das Ergebnis der *philautia*-Analyse bei Aristoteles. Diese Analyse ist ferner rigide, nicht-psychologistisch und sie läßt keine Möglichkeit mehr offen, sie noch tendenziell »utilitaristisch-eudämonistisch« zu lesen. Das »wohlverstandene Eigeninteresse« ist angesichts des Opfertodes für die Freunde doch wohl überstrapaziert. Außerdem ist die Analyse, die den Abschluß der einen großen Freundschaftsabhandlung bildet,

explizit normativ-kritisch, denn sie richtet sich gegen alle
landläufigen Meinungen zum Thema der Selbstliebe. Aristoteles macht sich keine Illusionen über die Reaktionen auf
seine Beschreibungen der authentischen *philautia*: ».. . so
würde bei einem solchen Mann niemand von Selbstliebe reden« (1168 b 26 f.). Und dennoch:

Es ist also unverkennbar, daß dieses, die Vernunft, der Mensch ist, es
wenigstens am meisten ist, und der tugendhafte Mann sie am meisten
liebt. Daher ist er am meisten ein Liebhaber seiner selbst, freilich nach
einer anderen Art als jener schimpflichen, von der die seine so verschieden ist wie das Leben nach der Vernunft von dem Leben nach der
sinnlichen Leidenschaft, und wie das Streben nach sittlichen Zielen von
dem Streben nach scheinbarem Vorteil (NE 1169a).

Ich weise vor auf Kants Rede von der »Menschheit« im Menschen bzw. in jeder Person. Die Analysen des Aristoteles
erweisen sich als begriffliche und lebensweltliche Analysen
zu den Sinnbedingungen moralischer Verhältnisse. Sie implizieren auch *keine materiale*, empirisch »positive« Anthropologie, und sie stützen die Analysen zur moralischen
Lebensform nicht auf eine solche. Sie bleiben aber auch hier
paradigmatisch und werden nicht »idealistisch«. Sie enthalten keine empirischen Behauptungen über die faktischen
Fähigkeiten der Menschen zur authentischen *philautia*; wohl
behaupten sie, daß die normativ-kritische Analyse der Philosophie beim durchschnittlichen Selbstverständnis der meisten auf Unverständnis stößt.
Wir sahen, daß die *philautia* im engen Bezug auf die Freundschaft wie auch die Gerechtigkeit erörtert wird, also eingebettet in weitere kommunikative Interexistentiale. Ein
isolationistisches Verständnis »einzelner Tugenden« als subjektiver Eigenschaften der isoliert gedachten einzelnen ist
also verfehlt; ebenso verfehlt wie ein utilitaristisch-instru-
mentalistisches Verständnis, die authentischen Lebensformen, welche die *eudaimonia* mitkonstituieren, *dienten*
gleichsam als Mittel zur Herstellung der Güter, die mit ihnen
verbunden sind. Die Gerechtigkeit, die Wahrhaftigkeit, die
Freundschaft *sind* vielmehr als kommunikative Interexisten-

tiale *selbst das Gut*, aber als konstitutiv gemeinsame Sache. Die Kernbestimmung der Tugend, die MacIntyre gibt, ist daher als zu subjektiv und noch zu instrumentell zu bezeichnen:

Eine Tugend ist eine erworbene menschliche Eigenschaft, deren Besitz und Ausübung uns im allgemeinen in die Lage versetzt, die Güter zu erreichen, die einer Praxis inhärent sind, und deren Fehlen wirksam verhindert, solche Güter zu erreichen (MacIntyre, 1987:255 f.).

Das Moment der intrinsischen Authentie von Praxis ist zwar gesehen, aber weder die kommunikative Verfassung noch die radikal nicht-instrumentelle Struktur der eudaimonistischen Interexistentiale kommt in gebührender Schärfe zum Ausdruck.

Um unsere Diskussion der *arete* fortzuführen, muß das paradigmatische Verfahren des Aristoteles gegenüber einer kanonischen Schematik als streng vorrangig erkannt werden. Er löst sich vom Schema der Kardinaltugenden, tendiert zu einer gewissen »Polarisierung der Tugendformen in solche, die durch Ethos und Herkommen vorgegeben sind, und in die, welche auf Vernunft und Rationalität beruhen« (Bien), er hat aber keine systematische Architektur der Tugenden im Sinn, sondern es geht ihm mit Bien:

immer nur darum, irgendwelche Beispiele von Tugenden zu nennen (Bien, 1972:277).

Das ist wichtig für unseren Interpretationsversuch, denn so entlasten wir ihn vom Interesse an vollständigen Tugendtafeln und können uns auf das Wesentliche konzentrieren: Die umfassenden Analysen gelten dem *universalen* kommunikativen Interexistential der Gerechtigkeit und verwandten Erfüllungsgestalten der Praxis sowie zentralen lokaleren Interexistentialen wie der Freundschaft. Letztere sind in ihrer Konstitution *symmetrisch und reziprok* wie die Interexistentiale der Menschheit, realisieren sich hingegen nur in kleinerem Maßstab.

Die Interpretation kann im Kern *nicht-psychologistisch* sein, weil Aristoteles zwar die *aretai* auf Seelenteile bezieht und damit eine gewisse archaische Anthropologie impliziert; entscheidend ist aber, daß die *eudaimonia* von vornherein als *energeia*, als praktische Lebensform – und nicht etwa als »subjektive Befindlichkeit« – bestimmt ist. Das gilt dann entsprechend für alle eudaimonistischen Interexistentiale. Nicht »Gefühle der Solidarität« (Ursula Wolf), sondern kommunikative Praxis ist bei Aristoteles stets gemeint. Wir müssen uns auf die gemeinsame Praxis einlassen, sonst können wir nichts vom Guten erfahren (vgl. NE 1103 a/b).

Ferner kann sich eine Rekonstruktion der eudaimonistischen Interexistentiale von einer *Vermengung der Ethik mit dem Ethos* befreien. Das ist entscheidend für eine Auseinandersetzung mit dem »Neoaristotelismus«, dessen Kern Schnädelbach zu Recht in dieser Vermengung sieht. Die praktisch-anthropologischen Analysen des Aristoteles sind im wesentlichen nicht abhängig vom Ethos; darin liegt ihre Tendenz zur Universalität. Der *traditionalistische Neoaristotelismus* in der Ethik besteht, wie Schnädelbach aufzeigt, nicht in der Übernahme der Verhältnisbestimmung von *Theorie* und *Praxis* noch der von *Praxis* und *Poiesis*; er besteht vielmehr in der systematischen

Rückbindung der Ethik an ein jeweils je schon gelebtes Ethos (Schnädelbach, 1986:50).

Es gibt dann nicht außerhalb des jeweils schon faktisch institutionalisierten Ethos ein unabhängig davon bestehendes normatives Fundament der ethischen Reflexion. *Unbedingt* gelten mithin die Ethosformen, an die es lediglich *treu* anzuknüpfen gilt. In der Tat spricht MacIntyre von einem »Standpunkt aus, der der Tradition der Tugenden echte Treue schuldet« (MacIntyre, 1987:339). Schnädelbach beschreibt zutreffend, wie sich dieser Ethos-Traditionalismus mit einem konservativen Institutionalismus und einem Funktionalismus verbindet:

Im *historisch-aufgeklärten politischen Eudämonismus der Neoaristoteliker*, die das *gelebte Ethos institutionalistisch* interpretieren, wird so ein *hermeneutischer Hinweis* unmittelbar zum *politischen Argument* (Schnädelbach, 1986:54).

Von *Eudämonismus* im normativ-kritischen Sinne kann hier

zwar gemäß unserer Analyse keine Rede sein; der Sachverhalt des Neokonservativismus ist jedoch genau beschrieben.

Er kann sich nicht auf Aristoteles stützen. Die Explikation der *eudaimonia* als transzendentaler Lebensform in unserem Verständnis auf dem paradigmatischen Wege der Diskussion von kommunikativen Interexistentialen des gemeinsamen Lebens ist *unabhängig* von jeweils faktisch institutionalisierten Lebensweisen. Die Explikation des praktischen Sinnes der *aretai* ist *systematisch unabhängig* von Rekursen auf ein faktisch gelebtes Ethos in einer faktischen *polis*. Die NE ist keine Ethos-Ethik, sondern eine in der Tendenz universalistisch-anthropologische Eudaimonistische Ethik der praktischen Interexistenz. Ihr systematischer Kern besteht nicht in der *Affirmation* einer immer schon institutionalisierten Welt eingeschliffener Üblichkeiten, sondern in der *Explikation* des harten Bereiches normativ-kritischer Implikationen der Sinnentwürfe in der primären Welt. Die *Konfusion* des anthropologischen Analyse-Niveaus mit den faktischen Organisationsformen einer jeweiligen faktisch betriebenen Politik führt erst zu einer »Ethos-Ethik«, das heißt genauer: zum Ersatz der kritischen Ethik durch das Ethos.

Systematisch ist durchgängig die Unabhängigkeit der Tugend-Analysen von Ethos-Rekursen festzustellen. Der Ort des *Unbedingten* und der genuinen (im modernen Sinne: transzendentalen) *Sinnkonstitution* ist außer Zweifel die *eudaimonia* als das *letzte, höchste* und *beste Gute*. Solche Auszeichnungen erhält kein Ethos. Den Ethosformen kommt aber durchgängig eine *genetische* Bedeutung zu: Ob als Sittlichkeit, als Gewohnheit oder als Charakter gehören sie zur Ebene des Erwerbs von Fähigkeiten und der immer nötigen Einübung in Praxis. Auch das normativ-kritische Potential der Praxis, so können wir sagen, muß gelebt, gelehrt und gelernt werden. Dies ist immer wahr, impliziert aber keinen affirmativen Traditionalismus. Mit dem *eudaimonia*-Begriff geht vielmehr ein sokratisch-platonischer Kern in die Praxisanalysen des Aristoteles ein.

Das Starkmachen der Ethos-Elemente in der Aristoteles-

Interpretation und erst recht die Konstruktion einer Ethos-Ethik ohne normativ-kritisches Potential an moralischer Unbedingtheit des Anspruchs stellt mithin den *Grundfehler des Neoaristotelismus* dar, der nach dem Ausgeführten besser *aristotelisierender Neokonservativismus* genannt würde. Der kritische Eudaimonismus des Aristoteles läßt sich, ebenso wie seine Lehren vom Primat der Praxis und vom Lebensformbezug, nämlich *universal-anthropologisch* aufnehmen. Hingegen sind die *Ethosformen* als solche *immer partikular.* Lösen wir die universalistischen Strukturen des Eudaimonismus, wie sie sich in den kommunikativen Interexistentialen der Gerechtigkeit und Wahrhaftigkeit, ja auch in den lokaleren praktischen Existentialen der Sanftmut und Freundlichkeit *(praótes, philia)* zeigen, gänzlich vom – für sie nur genetisch belangvollen – Ethosbezug, dann tritt der interexistentielle Universalismus hervor. Ich erinnere an die dianoietischen Analysen zur *Würde*, die sich nicht auf ein partikulares Ethos beziehen ließ. Es bestätigt sich in der Aristoteles-Rezeption, daß der Ethos-Bezug das grammatische Einfallstor des Anti-Universalismus ist.

Demgegenüber fragt Aristoteles nach der *eudaimonia*, nach dem menschlichen Guten. Die Tugenden als praktische kommunikative Interexistentiale des gemeinsamen, existentiell politischen Lebens lassen sich nicht auf ein Ethos, auf Klassen oder Rassen einschränken. Die Bestimmungen der vernünftigen und guten Lebenspraxis betreffen das genuin Menschliche des Menschen, die eigentlich menschliche Tätigkeit, anders gesagt: seine authentische Existenz.

Der Zusammenhang von *Ethos, Eudämonismus* und *Universalismus* ist mithin so zu formulieren: Die eudaimonistischen Interexistentiale sind ihrer Struktur nach anthropologisch-*universal* wie die ganze *eudaimonia*-Reflexion. Obwohl ihre konkreten Gestalten jeweils im Rahmen gelebter, *partikularer* Ethos-Formen auftreten, läßt sich ihr Sinn systematisch unabhängig von ihnen explizieren.

Das ist auch der Grund für die außergewöhnlich schwachen Argumente des Aristoteles für die Einschränkung der von ihm aufgedeckten universalen Lebensformen auf die Bürger des Stadtstaates. Er muß hier für die Ausgrenzung der Sklaven und der Frauen argumentieren. Daß er den Ausschluß nicht kommentarlos durchführen kann, ist bereits das Indiz eines universalistischen Potentials der Reflexion. Da es außerdem Sklaverei auch infolge von Kriegsgefangenschaft, nicht nur durch Geburt gibt, muß Aristoteles zugestehen,

daß also der aufgeworfene Zweifel einen gewissen Grund hat und nicht alle Menschen, die Sklaven oder Freie sind, dieses von Natur sind (Politik 1255 b).

Denn hier werden ggf. freie Bürger gefangen und zu Sklaven gemacht. Aristoteles muß sagen

wer es nicht verdient, Sklave zu sein, den wird man mitnichten als einen Sklaven ansprechen (Politik 1255 a).

Es ist auffallend, daß er zumindest ein kommunikatives Interexistential im Herrschaftsverhältnis anempfiehlt:

Deshalb ist auch eine gegenseitige Freundschaft zwischen einem Sklaven und einem Herrn, die beide ihren Stand von Natur verdienen, nützlich (Politik 1255 b).

Die Ausgrenzung aber erfolgt – wie bei den Frauen – lediglich auf krudeste naturalistische Art, sie hat eigentlich kein Argument für sich als die tatsächlichen Herrschaftsverhältnisse. In diesem Zusammenhang muß auch die immerhin anklingende technische Emanzipationsutopie des Aristoteles gewürdigt werden. Die Sklaverei könnte abgeschafft werden,

wenn jedes Werkzeug auf erhaltene Weisung, oder gar die Befehle im voraus erratend, seine Verrichtung wahrnehmen könnte, wie das die Statuen des Dädalus oder die Dreifüße des Hephästus getan haben sollen, von denen der Dichter sagt, daß sie »von selbst zur Versammlung der Götter erschienen«; wenn so auch das Weberschiff von selbst webte und der Zitherschlägel von selber spielte, dann brauchten allerdings die Meister keine Gesellen und die Herren keine Knechte (Politik 1255 b f.).

Spätestens eine technisch-industrielle Revolution hätte den Aristoteles somit genötigt, die Emanzipation der Unfreien zu fordern. *Daß* er überhaupt solche Erwägungen anstellt, zeigt den schon eröffneten Horizont rationaler und moralischer *universaler* Lebensformen, die hier an die Grenzen der gesellschaftlichen Faktizität stoßen. Die ganze Argumentation mit der menschlichen Praxis, dem spezifisch *menschlichen* Guten und dem Teloscharakter des *Menschenlebens* würde die praktizierte Ausgrenzung bereits sofort unmöglich machen, wenn Aristoteles *diese* dianoietische Rede vom Menschen auf die Sklaven und die Frauen auszudehnen sich genötigt sähe. Hier greift Tugendhats Argument, daß für die Einschränkung eigentlich keine Begründung gegeben werden kann.

Ich möchte auf die *mesotes*-Konzeption und auf die theoretische *eudaimonia*-Vorstellung nicht ausführlich eingehen, um zum Abschluß dieser Interpretation zu kommen. Die Lehre von den Tugenden als der jeweiligen *Mitte* zwischen zwei Extremen läßt sich existentialanthropologisch wohl im Kontext der konstitutiven Fragilität explizieren, die nach einem tätigen Ausgleich im Sinne einer lebbaren Homöostase verlangt. Zum Beispiel sind unsere Diskurse von *Streitsucht* und *Schmeichelei* verzerrt (1108a 28); gegenüber solchen entstellenden Formen ist die *Freundlichkeit* im Umgang miteinander die vernünftige Mitte.

Die theoretische *eudaimonia*-Konzeption, kurz: das Philosophieren als die beste Lebensform, wie sie in Buch X der NE ausgezeichnet wird, steht in Wirklichkeit neben den übrigen *praktischen* eudaimonistischen Interexistentialen (vgl. Seidl, 1975:31-53; Fischer, 1983:1-21). Außerdem wird oft übersehen, daß Aristoteles an entscheidender Stelle das Philosophieren in seiner Erfüllungsgestalt an der *kommunikativen* Struktur festmacht, die, wie wir sahen, *eudaimonia*-konstitutiv ist. Auch die theoretische Eudaimonie ist eine Tätigkeit, *energeia*. Die *eudaimonia* bedarf »eines Bewußtseins vom Dasein des Freundes, und ein solches wird vermittelt durch das Zusammenleben und den Austausch der Worte und Gedanken« (1170b 11-14); das »Philosophieren« wird explizit in den Zusammenhang weiterer kommunikativer Lebensformen gestellt (1172a 5), in denen sich »Freundschaft« als »Gesellschaft« *(koinonia)* entfaltet (1171 b 32). Es zeigt sich im übrigen wiederum, daß ein isolationistisches und auch auf diese Weise partikularisierendes Verständnis der eudaimonistischen kommunikativen Interexistentiale verfehlt ist. Was an philosophischen Diskursen spezifisch *eudaimonia*-konstitutiv ist und zum gemeinsamen guten Leben beiträgt, das macht Aristoteles an entsprechender Stelle zum »Diskursethiker«.

Der Sinn des ethischen Eudaimonismus als der Antwort auf die Grundfrage, *wie wir leben können*, läßt sich im Blick auf Aristoteles und unter Verwendung eigener systematischer Unterscheidungen wie folgt zusammenfassen. Es geht in der Ethik um das menschliche Gute. Die spezifische Praxis trägt ihren Sinn in sich selbst und hat den Primat vor instrumentellen Vollzügen. Über einzelne Sinnentwürfe hinaus muß der Totalität der Praxis ein letzter Sinn zukommen, die *eudaimonia*. Diese muß als eine Gestalt, die das menschliche Leben im Ganzen hat, als eine *Lebensform*, begriffen werden. Da diese Lebensform mit Bezug auf das spezifisch Menschliche der Praxis bestimmt werden muß, ist sie als vernunftorientierte (dem *logos* gemäße), *kommunikative* Praxis zu verstehen.

Als kommunikative Lebensform wird die *eudaimonia* Gestalt in praktischen *Interexistentialen* des gemeinsamen Lebens sowie in praktischen *Existentialen* der richtigen Einstellung zum Leben, den *aretai*. Diese können nur paradigmatisch, d. h. nicht in einem architektonischen Rahmensystem, analysiert werden.

Zentrales Gewicht kommt z. B. den praktischen Interexistentialen der Gerechtigkeit, der Wahrhaftigkeit, Aufrichtigkeit, Wahrheitsorientierung und der Freundschaft und Freundlichkeit zu. Sie sind in ihrer Wechselseitigkeit kommunikative, nicht-instrumentelle Modi des gemeinsamen Lebens freier und gleicher Menschen.

Die Tugenden, die wir eher als praktische *Existentiale* denn als Interexistentiale bezeichnen, gründen allererst in den kommunikativen Beziehungen zu anderen. Wir konnten dies besonders deutlich am Beispiel der Selbstliebe *(philau-*

tia) sehen. Das authentische Sich-zu-sich-Verhalten ist ermöglicht durch die unverzerrte Lebenspraxis mit anderen. Besonnenheit *(sophrosyne)*, Klugheit *(phronesis)* und weitere von Aristoteles als dianoetisch (vernunftorientiert; *nicht* »dianoietisch« in unserem Sinne!) bezeichneten *aretai* gründen in den kommunikativen Interexistentialen, z. B. in der Wohlberatenheit *(eubulia)*; erst so – und genetisch über Ethosformen vermittelt – bilden sich die authentischen eudaimonistischen Erfüllungsgestalten der menschlichen Praxis heraus.

Als Erfüllungsgestalten sind sie *als solche* schon »lustvoll« bzw. »genußreich«. Die *eudaimonia* ist nicht Lust oder Genuß. Der eudaimonistisch Lebende hat instrumentelle und hedonistische Selbstverständnisse *notwendig* hinter sich gelassen:

Daher bedarf auch sein Leben der Lust nicht wie einer äußeren Zugabe, sondern es hat dieselbe schon in sich (NE 1099a 15-17).

Kriterium der eudaimonia ist es auch, Erfüllungsgestalten der Praxis als solche zu erkennen, denn es

ist der nicht wahrhaft tugendhaft, der an sittlich guten Handlungen keine Freude hat, und niemand wird einen Mann gerecht nennen, wenn er an gerechten ... Handlungen keine Freude hat (NE 1099a 18-20).

Eindeutig ist das Verhältnis der sinnkonstitutiven *eudaimonia*, die nur im Abgleiten der irrationalen und subjektivistischen, instrumentellen und hedonistischen Selbstvorstellungen und im Eintritt in die kommunikative Praxis in allen Lebenszusammenhängen sich einzustellen vermag, zu *begleitenden* Erfüllungserfahrungen. Umgekehrt gelten die nicht im Kontext einer moralischen Lebensform qualifizierten sinnlichen Erfüllungserfahrungen für sich genommen als für die Ethik irrelevant. Daher kann Aristoteles auch in seinen Reflexionen über das Glück und den Tod in Buch I die Dauerhaftigkeit der Eudaimonie als Lebensform gegenüber den Wechselfällen, den Leiden und Schmerzen *in* einem solchen Leben beschreiben. Denn

Offenbar müßte man, wenn man sich so nach den Schicksalen richten wollte, denselben Menschen oftmals glückselig und wieder unglückselig nennen und so den Glückseligen für eine Art Chamäleon erklären... Ist es nicht vielmehr ganz und gar verkehrt, hier auf die Schicksale zu sehen, da in ihnen nicht das Heil und Unheil liegt, sondern das menschliche Leben ... der Glücksgüter nur wie einer Zugabe bedarf, während für die Glückseligkeit die tugendhaften Handlungen entscheidend sind und für die Unglückseligkeit die entgegengesetzten? (NE 1100b 1-12).

Die Glückseligkeit ist als Lebensform das höchste Gut, und sie bleibt es auch in Versagungen, Enttäuschungen, Bedrohungen und Unglücksfällen; diese

sind ... für das Lebensglück wie ein Druck und eine Trübung, da sie schmerzen und an mancher Tätigkeit hindern. Allein auch hier wird die sittliche Schönheit durchleuchten, wenn man viele schwere Schläge des Schicksals gelassen erträgt, nicht aus Gefühllosigkeit, sondern aus edler und hoher Gesinnung (NE 1100b 28-34).

Der Mensch kann sich selbst und sein Leben auf authentische Weise nur über die eudaimonistischen Interexistentiale – vermittels der Konstitution der Moralität – erreichen und verstehen. Die intrinsische Authentie der Praxis des gemeinsamen Lebens ist die Bedingung der Möglichkeit der Erfüllung individueller Sinnentwürfe. Aristoteles konnte die *universalistische* Perspektive, die überall in seinen Analysen hervortritt, nur mit zeitbedingten Hinweisen noch verdecken, die für die Gegenwart keine Bedeutung mehr haben können.

§ 29 Der Sinn des Formalismus

Die abschließenden Überlegungen zu Kant auf dem Hintergrund der systematischen Interpretationen zu Aristoteles konzentrieren sich auf den Sinn seines *Formalismus* in der Ethik. Dieser soll im Zusammenhang mit drei Themenbereichen betrachtet werden: als Fragen formuliert:
1. Kann Kant die Moralphilosophie völlig ohne anthropologische Reflexion konzipieren?

2. Ist Kants Verständnis des Glücks bzw. der Glückseligkeit begrifflich kritisch gerechtfertigt?
3. Wie läßt sich moralische Universalität denken?

Kant ist in der *Grundlegung zur Metaphysik der Sitten* von Anfang an bestrebt,

> einmal eine reine Moralphilosophie zu bearbeiten, die von allem, was nur empirisch sein mag und zur Anthropologie gehört, völlig gesäubert wäre (GMS 389).

Dieses Bestreben ist angesichts der ihn umgebenden hedonistischen, psychologistischen, sensualistischen, in diesem Sinne empirisch-anthropologischen Ansätze in der Ethik berechtigt. Anstatt die bloß empirische Anthropologie jedoch völlig abzudrängen und eine vermeintlich restlos anthropologiefreie »reine« Moral zu konzipieren, wäre es besser, eine transzendental-kritische philosophische Anthropologie im systematischen Zusammenhang mit der Ethik zu entwickeln. Das war das Ziel unserer Untersuchung. Kant kennt in diesem Sinne keine philosophische Anthropologie. Systemelemente einer solchen eigentlich nötigen Bemühung treten daher überall zutage. Die *Konstruktion zweier Welten* verhindert jedoch die Aufklärung der Verfassung der *einen* Welt, in der die Menschen gemeinsam leben. In der Ethik wirkt sich dies in dem Versuch aus, eine *Idealsprache der Moralität* hinsichtlich eines *Reichs der Zwecke* zu konstruieren. Diese Idealsprache wird entwickelt, indem ihre Unterscheidungen aus *bestimmten* situativen Kontexten herausgelöst und so vermeintlich »rein« gewonnen werden.
Es gelingt aber nicht, die moralischen Urteile und Begriffe aus *allen* Kontexten herauszulösen. Denn dann würde eine *leere* Rede übrigbleiben. Vielmehr wird deutlich, daß Kant mit seinen Rekonstruktionen auf etwas *für das menschliche Leben Wesentliches* hinweisen will; und dabei geht es ihm entscheidend um die Mißverständnisse dieses Wesentlichen, also der Moralität, um Mißverständnisse, die es um jeden Preis zu vermeiden gilt. Die *konstitutiven Differenzen*, die es begrifflich zu akzentuieren gilt, führen Kant auf eine Dichotomie von empirischer und intelligibler Welt. Diese systema-

tische Weltentzweiung ist selbst wiederum ermöglicht bzw. zumindest begünstigt durch einen *restriktiven Weltbegriff*. Mit unserer Formulierung können wir sagen, daß Kant nicht nach den Möglichkeitsbedingungen einer menschlichen Welt fragt. Er hatte zunächst nach den Voraussetzungen der *Naturwissenschaften*, dann nach denen der *Moral* gefragt. Die *Abfolge* der *Kritiken* blieb für die systematische Gesamtkonstruktion der Transzendentalphilosophie nichts lediglich Äußerliches. Forschner stellt mit Recht fest:

Das Problematische an Kants Philosophie der Praxis . . . ist: er hat im Ausgang vom Faktum neuzeitlicher Physik die Bedingungen der Möglichkeit wissenschaftlicher Naturerfahrung transzendental rekonstruiert bzw. zu rekonstruieren versucht; er hat nicht im Ausgang vom Faktum menschlicher Lebenserfahrung und ihrer Sprache »durch vollständige Zergliederung« die Voraussetzungen und Grundelemente einer praktisch-pragmatischen Anthropologie aufgedeckt, sondern sich mit keineswegs selbstverständlichen definitorischen Feststellungen begnügt (Forschner, 1983:29).

Einerseits ist es die »Absicht« auf

Glückseligkeit . . ., die man sicher und a priori bei jedem Menschen voraussetzen kann, weil sie zu seinem Wesen gehört (GMS 415/416).

Bereits an dieser kleinen Textstelle sieht man, »Wie unsicher sich Kant über den theoretischen Status derartiger genereller Aussagen über den Menschen war« (Forschner, 1983:30): So ist »und *a priori*« ein Zusatz der 2. Auflage, und statt »seinem Wesen« hieß es in der 1. Auflage »seiner Natur«. Es erfolgt keine kritisch-anthropologische Klärung dieser Apriorität sowie des Status anthropologischer Wesensaussagen.

Daher gerät der Begriff der Glückseligkeit zum anderen bald ganz auf die Seite der bloßen Natur und damit außerhalb des genuin menschlichen Bereiches, dem er bei Aristoteles doch so deutlich zugehört:

Der Mensch fühlt in sich selbst ein mächtiges Gegengewicht gegen alle Gebote der Pflicht, die ihm die Vernunft so hochachtungswürdig vorstellt, an seinen Bedürfnissen und Neigungen, deren ganze Befriedigung er unter dem Namen der Glückseligkeit zusammenfaßt (GMS 405).

Wir können dies die naturalistische Depotenzierung der Glückseligkeit durch Kant *per definitionem* nennen. Im übrigen wird auch hier sichtbar, daß *fundamentalanthropologische* Aussagen (»Der Mensch . . .«) die Untersuchung auch dann noch steuern, wenn sie zur Diskreditierung und zum Abweis der »anthropologischen« Ebene dienen. In der *Kritik der praktischen Vernunft* ist dieser depotenzierende Sprachgebrauch besonders deutlich:

Alle Neigungen zusammen (die auch wohl in ein erträgliches System gebracht werden können, und deren Befriedigung alsdann eigene Glückseligkeit heißt) machen die *Selbstsucht* (solipsismus) aus. Diese ist entweder die der *Selbstliebe*, eines über alles gehenden *Wohlwollens* gegen sich selbst (Philautia), oder die des Wohlgefallens an sich selbst (Arrogantia): (KpV 129).

Hier ist begriffsgeschichtlich die Umkehrung der aristotelischen Bedeutungen greifbar, die es Kant auch ermöglichen, seinen polemisch-diskreditierenden Begriff des Eudämonismus zu entwickeln. So wird die Glückseligkeit als Vollendung des Solipsismus konzipiert, während im normativ-kritischen klassischen Eudaimonismus das Transzendieren der Selbstverfallenheit eine *conditio sine qua non* der *eudaimonia* war. Und die Definition der *philautia* entspricht dem unaufgeklärten Verständnis, von dem sich Aristoteles gerade normativ-kritisch absetzt.
Wir können bisher festhalten, daß eine defiziente kritisch-anthropologische Reflexion sich bei Kant mit einem dogmatisch auf die egozentrische Selbstverfallenheit eingeschränkten Glückseligkeitsverständnis verbindet; hinter beiden wird ein restriktiver Weltbegriff sichtbar. Unsere erste Frage müssen wir daher schon jetzt verneinen: *Ohne* sehr fundamentale anthropologische Prämissen kommt die Moralphilosophie bei Kant gerade in ihrer Sorge um die eigene Reinheit nicht aus. Sie muß das Anthropologische diskreditieren und die Welt der Menschen hinter sich lassen. Kant verbaut sich, anders gesagt, von Anbeginn an bereits begrifflich die Mög-

lichkeit, kommunikative Erfüllungsgestalten der Praxis zu denken und zuzulassen, die der Sinn eines moralischen Lebens wären. Er muß daher die Korrektur des Lebensverständnisses, die alle Ethik ausmacht, gleichsam »von oben« konstruieren. Er arbeitet sie nicht *an den* verzerrten und authentischen Lebensformen selbst aus, sondern er stellt eine reine Form des Guten – so scheint es ihm – neben sie.

Demgegenüber erwies sich bei Aristoteles die *eudaimonia* im Kern als kommunikatives Interexistential des gemeinsamen Lebens. Ihre Unverlierbarkeit und Unzerstörbarkeit hinsichtlich des *einzelnen* Menschen auch angesichts des Scheiterns hatte er akzentuiert und zu ihren Konstituentien gezählt. Aber das ganze elfte Kapitel des ersten Buches der NE zeugt davon, daß Aristoteles keine Illusionen über ein unbeschwertes Leben mit dieser Analyse verbunden hat. Einerseits ist ihm klar, daß die hier wesentliche Einsicht derart ist, daß »keiner, der glückselig ist, unglückselig werden« kann (NE 1100b 34). Realistisch und illusionslos beschreibt er im selben Zusammenhang die Bedingungen der Fragilität, unter denen sich diese eudaimonistische Einsicht zu bewähren hat. Damit ist für diese Welt des Menschen alles gesagt.

Bei Kant spaltet sich – gemäß der Weltentzweiung – die Glückseligkeit auf. Die reduktionistische Unterbestimmung als solipsistische Selbstsucht, als die die Erfüllungsgestalten des Lebens zunächst systematisch abgespalten werden, hat ihr Spiegelbild in der Wiederkehr der Glückseligkeit als zentralem Thema der Postulatenlehre. Es ist bekannt, wie hier eine Konstruktion endgültiger Versöhnung gedacht wird. Auffällig bleibt die Bestimmung der Glückseligkeit in diesem Kontext:

Glückseligkeit ist der Zustand eines vernünftigen Wesens in der Welt, dem es im Ganzen seiner Existenz *alles nach Wunsch und Willen geht* (KpV 224).

Diese Bestimmung bleibt monologisch-solipsistisch, ja mehr noch: passiv-rezeptiv, indem wieder ein bloßer *Zustand* eines einzelnen *Subjektes* gedacht wird. Ich kann die Postulatenlehre als theologische Ergänzung der Ethik nicht akzeptieren und betrachte sie im Kern als Symptom einer reduzierten Anthropologie, als Folge einer reduktionistischen Unterbestimmung der lebensweltlichen Praxis, welche notwendig andernorts im System eine konstruktive »Verdoppelung« nach sich ziehen muß. Entscheidend in unserem Zusammenhang ist, daß auch in der Konstruktion des *theoretischen Eudämonismus* der Postulatenlehre durch die Verjenseitigung der Problematik der hier methodologische Solipsismus nicht überwunden wird.

Kants Begriff der Glückseligkeit ist daher nicht kritisch reflektiert. Kambartel weist in einer Diskussion mit Spaemann darauf hin,

daß wir ohne eine *moralische* Praxis das intendierte glückliche Leben nicht finden – und dann auch nicht führen können . . . daß unsere *faktischen* Vorstellungen von dem, was unser Glück ausmacht, nicht schon von selbst auch diejenigen Orientierungen sind, welche nach Überlegung bestehen können als vernünftige Bestimmungen des Glücks (Kambartel, 1984:340).

Er führt aus, daß wir uns hier täuschen können wie auch sonst, und daß »für die grundlegende erkenntnistheoretische Differenz« »der *argumentative Beistand der anderen* konstitutiv« sei. Um uns selbst angemessen begreifen zu können, müssen wir daher in argumentative Verhältnisse eintreten. Um dies zu tun, müssen wir die anderen

moralisch *als Personen* (im Kantischen Sinne) *anerkennen*. Insbesondere können wir dann das, was sie in diesem Zusammenhang (redend) tun und was sie uns zu sagen haben, nicht als Gegenstand unserer eigenen, an unseren faktischen Interessen orientierten, Hervorbringung verstehen. Anders gesagt: Wenn wir ernsthaft auf eine gemeinsame Orientierung aus sind, dürfen wir Argumente nicht als bloße Mittel unserer eigenen Zwecke begreifen.

Die Rede vom Glück im Sinne der *eudaimonia*, der klassischen Glückseligkeit, die Rede von einem gelingenden Leben bzw. von Erfüllungsgestalten desselben kann, mit unseren Worten, nicht den grammatischen Status von Prädikaten unserer bloß faktisch vorhandenen Interessen und Neigungen haben. Selbst als solche könnten wir sie nicht monologisch-solipsistisch *verstehen*. Um so mehr ist dies ausgeschlossen, da es sich um einsichtsbezogene, dianoietische Prädikate handelt. Und diese Sprachform weist auf die entsprechende Praxisform kommunikativer Interexistentiale. *Ein kritisches Glückseligkeitsverständnis impliziert die Kantsche Idee von Moralität.*

Diese *Destruktion solipsistischer Selbstvorstellungen*, die die antiken Ethiker bereits an der *eudaimonia* ansetzten und praktizierten, setzt Kant erst in der *Verbindlichkeit des moralischen Gesetzes* an. Das Gesetz (»rein« formuliert) soll die Selbstsucht der einzelnen einschränken und auf diese Weise die Achtung der anderen bewirken. Kant hatte im übrigen systematische Ansatzpunkte sowohl für die Perspektive dessen, was ich »interexistentielle Konstitution« nenne, wie auch für ein reflektiertes Glücksverständnis. Hätte er Zeit gehabt, die im *Opus postumum* angedeuteten Grundlinien einer *anthropologia transcendentalis* noch auszuführen, so wären möglicherweise andere Gewichtungen erfolgt. So entwickelt eine Stelle der *Anthropologie* die Wahrhaftigkeit in unserem Sinn:

Wahrhaftigkeit im Inneren des Geständnisses vor sich selbst und *zugleich* im Betragen gegen jeden anderen sich zur obersten Maxime gemacht (zu haben), ist der einzige Beweis des Bewußtseins eines Menschen, daß er einen Charakter hat (Akad.-Ausg. VII, 295).

Obwohl die Stelle auch noch solipsistisch interpretierbar ist: Die *Anthropologie* entwickelt Ansätze zu einem intersubjektiven Weltbegriff der »Weltbürgerschaft«, und sie kritisiert die *logische* Anmaßung des »Egoism«, wenn der einzelne es für unnötig hält, »sein Urteil auch am Verstande anderer zu prüfen; gleich als ob er dieses Probiersteins gar nicht bedürfe« (Akad.-Ausg. VII, 128f.). »Man sage ja nicht, daß wenigstens die *Mathematik* privilegiert sei, aus eigener Machtvollkommenheit abzusprechen«, auch hier sind gemeinsame Einsichten konstitutiv.

So haben die Menschen nötig, sich zu eröffnen, denn dadurch können sie nur ihre Urteile rektifizieren« (Kant, 1924. Vgl. Löwith, 1981:155ff.;169ff.).

Wahrhaftigkeit und Sich-Eröffnen als kommunikative Interexistentiale – wenn unsere Terminologie gestattet ist – *diese* Perspektive auf die Konstitutionsverhältnisse der Moralität hätte einen anderen Weg gewiesen als den von Kant in den systematischen Hauptwerken *de facto* beschrittenen. Insbesondere im Verbund mit der Reflexion auf die Zwecke, die zugleich Pflichten sind (»eigene Vollkommenheit« und »fremde Glückseligkeit«), wie sie in den *Metaphysischen Anfangsgründen der Tugendlehre* erfolgt, hätte das anthropopraktische Defizit der Kantschen Ethik gemildert werden können. Zudem kennt Kant im Umkreis seiner ethischen Schriften einen *intellektuellen Begriff der Glückseligkeit*, der eine transzendental-anthropologisch praktische Anschlußmöglichkeit eröffnet haben könnte. In der *Reflexion* 7202 nennt Kant

»das Vermögen auch ohne Lebens-annehmlichkeiten zufrieden zu seyn . . . das intellectuelle der Glückseligkeit« (Akad.-Ausg. XIX, 278).

Von großem Interesse ist eine anti-psychologistische und in der Tendenz philosophisch-anthropologische, später hinzugesetzte Glosse zu dieser Reflexion, auf die N. Fischer in unserem Zusammenhang aufmerksam gemacht hat:

»Die Glückseligkeit ist nicht etwas empfundenes sondern Gedachtes. Es ist auch kein Gedanke, der aus der Erfahrung genommen werden kann, sondern der sie allererst möglich macht. Nicht zwar als ob man die Glückseligkeit nach allen ihren Elementen kennen müsse, sondern die Bedingung a priori, unter der man allein der glückseeligkeit fähig sein kann« (Akad.-Ausg. XIX, 278f.).

Es gibt somit Ansätze Kants, die in die Richtung einer kritischen Rückgewinnung des klassischen Eudämonie-Begriffes weisen. Gerade, daß es sie gibt, und daß sie sich dennoch in der systematischen Grundkonstruktion der Moralphilosophie nicht durchzusetzen vermögen, zeigt die Offenheit der philosophischen Reflexion Kants.

Wir sahen, daß auch die Aufspaltung des Glückseligkeitsbegriffes in einen subjektivistischen, unkritischen einerseits und einen theologisch-postulatenmetaphysischen Begriff andererseits nicht ohne reduktionistische anthropologische Grundaussagen erfolgen konnte. Ist es Kant aber über diese Operation hinaus gelungen, seine Moralphilosophie systematisch anthropologiefrei zu entwickeln? *Gelingt ihm die Konstruktion einer Idealsprache der Moralität ohne grammatische Rekurse auf die gemeinsame menschliche Welt?*

Dieser Anspruch leitet die *Grundlegung*:

alle Moralphilosophie beruht gänzlich auf ihrem reinen Teil (sc. dem reinen Teil aller praktischen Erkenntnisse, Th. R.), und, auf den Menschen angewandt, entlehnt sie nicht das Mindeste von der Kenntnis desselben (Anthropologie), sondern gibt ihm als vernünftigem Wesen Gesetze a *priori* (GMS 389).

Die Reinheit des Idealgesetzes geht so weit, es ist »von so ausgebreiteter Bedeutung«,

daß es nicht bloß für Menschen, sondern alle *vernünftigen Wesen* überhaupt . . . *schlechterdings notwendig* gelten müsse (GMS 408).

Aus diesem Grunde

ist . . . eine . . . völlig isolierte Metaphysik der Sitten, die mit keiner Anthropologie, mit keiner Theologie, mit keiner Physik oder Hyperphysik . . . vermischt ist, nicht allein ein unentbehrliches Substrat aller theoretischen, sicher bestimmten Erkenntnis der Pflichten, sondern zugleich ein Desiderat von der höchsten Wichtigkeit zur wirklichen Vollziehung ihrer Vorschriften (GMS 410).

Dieser Gedankengang führt Kant zum kategorischen Imperativ als eines »einzigen« synthetisch-praktischen Satzes a *priori* (GMS 420f.), aus welchem »alle Imperativen der Pflicht als aus ihrem Prinzip abgeleitet werden können« (GMS 421). Wir treffen hier auf das systematische Zentrum des sogenannten *Formalismus*, auf das Urbild der bereits zu Beginn unserer Untersuchung diskutierten *Begründungs*- und »Ableitungs-«*vorstellungen* und auf den *Universalismus*.

In Wahrheit muß Kant, um sich verständlich zu machen, den *Sinn* seines Satzes paradigmatisch erläutern. Die *Paradigmen* konstituieren das Verständnis der beiden ersten Imperativ-Formulierungen, die Kant in der GMS (421) nennt. Während

die Imperative vom *Wollen eines allgemeinen Gesetzes* sprechen, handeln die Paradigmen von *Pflichten gegen uns selbst
und gegen andere Menschen*. Bereits hier werden also an-
thropo-logische Reden zur Sinnerläuterung der *allgemeinen
Form* und des *universalen Anspruchs* des Gesetzes erforderlich.

Betrachten wir die Paradigmen, die Kant in der GMS bringt,
so finden wir in ihnen folgende Unterscheidungen angewandt: Es ist von *Übeln* die Rede, die bis zur *Hoffnungslosigkeit* angewachsen sind, vom *Lebensüberdruß* eines Menschen. In diesem Kontext wird die Überprüfungsprozedur
eingebracht (Wenn das alle täten . . .). Die Lebenssituation
des überschwer gewordenen Lebens macht hier das Raison-
nement eines von der Verzweiflung bedrohten Menschen
verstehbar. Um das Paradigma zu verstehen, müssen wir
auch ein Verständnis davon haben, was es *heißt*, seine Verzweiflung zu überwinden, »vor dem letzten Ausweg zurück-
zuschrecken« und doch wieder Mut zu schöpfen. Der
Einsatz der Überprüfungsprozedur wird getragen von der
Lebenspraxis in einer menschlichen Welt und ihrem
Verständnis. Was hier universal ist, ist die menschliche
Grundsituation in singulärer Totalität und Fragilität. Und
*schlechterdings notwendig für ein vernünftiges Wesen über-
haupt* (mit der Formulierung von GMS 408) ist es in der
beschriebenen Situation, wie auch generell, nicht völlig zu
verzweifeln. Anders gesagt: die Widersprüchlichkeit in der
Selbsttötung braucht nicht aus der »Unmöglichkeit der
Übereinstimmung einer Maxime des Handelns mit einem
allgemeinen Naturgesetz« allererst *abgeleitet* zu werden,
sondern die existentialpragmatische Inkonsistenz liegt hier
auf der Hand. (Und dennoch ist damit über die Möglichkeiten der Selbsttötung und der Euthanasie in menschlicher
Perspektive nicht alles gesagt.)

Das Paradigma des *in Geldnot* Geratenen trägt die Anwendung der allgemeinen Formel auf eine andere Weise; das
Konsistenzargument ergibt sich aus dem Sinn der Rede vom
Versprechen. Wir können hier von der dianoietischen Grammatik der Rede vom Versprechen und gleichzeitig von einem

kommunikativen, reziproken und symmetrischen Verhältnis sprechen. Wir müssen verstanden haben, was es im Kontext einer menschlichen Welt heißt, jemandem etwas zu versprechen. *Wenn* wir es verstanden haben, ist der Einsatz einer zusätzlichen Universalisierungsoperation überflüssig. Auch der definitiven und »schlechthinnigen« Geltung eines Versprechens, des mit ihm verbundenen Vertrauens und des Sich-Verlassens, setzt sie nichts hinzu, was nicht schon das Interexistential ausmachte.

Kant insistiert im Rahmen seines so oft kritisierten Rigorismus meines Erachtens zu Recht auf dem dauernden Geltungssinn und mithin Anspruch der kommunikativen Interexistentiale. *Dieser* bleibt bestehen, auch wenn die Situation es erfordert, daß die praktische Urteilskraft uns zu lügen, zu betrügen oder zu täuschen gebietet. Aber ein Festhalten um jeden Preis führt zum nicht mehr einsichtigen Rigorismus. So können wir Kants Beispiel des in Geldnot Geratenen so fortentwickeln, daß dem Betreffenden zuhause Frau und Kinder zu verhungern drohen, und der potentielle Geldverborger ein schwerreicher Ausbeuter ist, der in Saus und Braus lebt. *Erstens* sehe ich kein Problem, wie hier die praktische Urteilskraft zu entscheiden hätte; *zweitens* hilft auch hier nicht das allgemeine Gesetz, sondern die konkrete Einsicht in die praktische Lebenssituation; und *drittens* will der in Not Geratene nicht die allgemeine Institution des Versprechens außer Kraft setzen. Er muß sagen können: *Leider* muß ich in diesem Fall so handeln.

Auch die weiteren Beispiele Kants setzen die *Konstitution einer menschlichen Welt* voraus, um den *Sinn* des Moralischen zu erläutern, der nur vermeintlich einzig und allein in dem einen Satz, dem allgemeinen Gesetz, steckt. *Nur im untrennbaren Verbund mit dem Materialen erhält die hier gemeinte Form einen Sinn.* Im dritten Beispiel ist von einem »bloß auf Müßiggang, Ergötzlichkeit, Fortpflanzung . . . Genuß« verwendeten Leben die Rede. Es ist die dagegen aufgebotene Rede von einem *vernünftigen Wesen*, welche es grammatisch (dianoietisch in unserem Sinne) verunmöglicht, die infantile Regression in den Naturzustand als menschliche Lebensform zu akzeptieren und anzuraten. Denn was sollte eigentlich den hemmungslosen regressiven Hedonisten sonst daran hindern, zu »*wollen*, daß dieses ein allgemeines Naturgesetz werde«? Im vierten Beispiel wird die dianoietische Grammatik verletzt:

Noch denkt ein vierter, dem es wohl geht, indessen er sieht, daß andere mit großen Mühseligkeiten zu kämpfen haben (denen er auch wohl helfen könnte): was gehts mich an? mag doch ein jeder so glücklich sein, als es der Himmel will . . . zu seinem . . . Beistande in der Not habe ich nicht Lust etwas beizutragen! (GMS 423).

Das *Allgemein-Einsichtige*, die dianoietische Universalität in der interexistentiellen Konstitution ist hier das wahrhaft *Paradigmatische*, auch wieder den Sinn des »allgemeinen Naturgesetzes« erst Tragende und Erläuternde, und nicht das allgemeine Gesetz »an sich«. Die Sinnkonstitution erfolgt (und dies kann angesichts unseres Situationsaprioris nicht verwundern) über die minimale holistische Situationsbeschreibung. In ihr will jemand sehenden *Auges* nicht nur seinen ihm gut möglichen Beistand verweigern und seinem Vergnügen nachgehen, sondern er verhöhnt noch in vollem Bewußtsein die Leidenden. Kant gibt damit indirekt jene Sinnbedingungen der Interexistenz sowie der Grammatik von *Hilfe* und *Beistand* an, gegen die hier verstoßen wird. Und noch in die Prüfungsprozedur mittels der allgemeinen Formulierung gehen kommunikative Interexistentiale einer menschlichen Welt ein:

so ist es doch unmöglich, zu *wollen*, daß ein solches Prinzip als Naturgesetz allenthalben gelte. Denn ein Wille, der dieses beschlösse, würde sich selbst widerstreiten, indem der Fälle sich doch manche ereignen können, wo er anderer *Liebe* und *Teilnehmung* bedarf, und wo er durch ein solches aus seinem eigenen Willen entsprungenes Naturgesetz sich selbst alle *Hoffnung des Beistandes*, den er sich wünscht, rauben würde (GMS 423, Hervorhebungen Th. R.).

Das Allgemein-Einsichtige, die dianoietische Universalität wird konstituiert durch die kommunikativen Interexistentiale der Liebe, der Teilnehmung und des Beistandes – durch Modi der kommunikativen Solidarität. An sie erinnert Kant als an das, was eine menschliche Welt im praktischen Sinne konstituiert. Die praktisch-anthropologischen Interexistentiale werden ja nicht *durch die Allgemeinheitsformel* erst sinnvoll verständlich, sondern wir verstehen sie in einem nicht-partikularen Sinne selbst allererst angemessen, und *daher* tragen sie auch ein sinnvolles Verständnis der Gesetzesformel.

Der Durchgang der Kantschen Paradigmen (die er nur als Beispiele betrachtet und damit unterschätzt!) konnte nicht davon überzeugen, daß hier eine reine, anthropologiefreie *Idealsprache der Moralität* aufgefunden worden wäre; vielmehr ist das Verständliche an den Ausführungen Kants der interexistentiellen Grammatik des alltäglichen Lebens, mit *Hoffnungslosigkeit* und *Hoffnung des Beistandes*, mit *Mühseligkeit, Liebe* und *Teilnehmung wesentlich* zu verdanken. Zum Urbild der wirksamen, aber ungeklärten Begründungsvorstellungen wird das Vorgehen Kants, indem er meint, die in den geschilderten Situationen allgemein einsichtig zu machenden Pflichten (bzw. praktischen Einstellungen und Handlungsweisen) seien aus der allgemeinen Formel des Gesetzes *abgeleitet* (GMS 421) worden, bzw. aus sich erst durch die Universalisierungsoperation ergebenden »Widersprüchen«. Vielmehr wird man sagen können, daß eine solche Operation gegebenenfalls gelegentlich eine Schärfung des Blicks für die richtigen Einsichten erwirken kann, diese aber nicht ersetzt. Ohne das paradigmatische Fundament »fehlte die Lebensluft« (Wittgenstein). Wie im kontemporären unbegründeten Begründungsrationalismus von Apel, Habermas und Tugendhat drehen die Begründer das Verhältnis um: als ob die Paradigmen aus der Formel *folgten*, sich aus ihr *ableiten* ließen.

Die Besorgnis um die Reinheit des Formalen (welches Sinn nur im Kontext des lediglich vermeintlich bloß »Materialen« hat) kann Probleme mit sich führen, die eigentlich unnötig sind. Die restriktionslose, absolute Geltung »des Gesetzes« (welches Gesetzes, welcher Formulierung?), ohne Rücksicht auf Erfolg, ohne Rücksicht auf die Konsequenzen, die Bindung des Guten an die Form des Gesetzes hat nicht nur eine erhabene Strenge an sich, um die es Kant sicher primär ging. Historiker vermuten in seiner Konstruktion des Sittengesetzes den Widerschein der extrem theozentrisch-theonomen Ethik des ihn beeinflussenden Crusius. Der *formale* Absolutismus kann gefährliche Mißverständnisse fördern. Im ersten Kapitel hatte ich bereits Kambartels Kritik an der Dissoziation von Materie und Form zitiert. Rossvaer hatte darauf hingewiesen, daß das moralisch Gute nicht an die Form von Gesetzen und Diskursen *vor jeder Anwendung* gebunden werden kann. Wenn Juden keine Menschen sind, so folgerte er, dann konnte in Auschwitz nach dem Kategorischen Imperativ gehandelt werden. Und ist es in diesem Zusammenhang nicht bestürzend, daß sich der Massenmörder Eichmann in Jerusalem vor seinen Richtern tatsächlich »auf den kategorischen Imperativ Kants als sein eigenes Lebensprinzip berufen hat« (von Kibéd, 1967:96)? Er bezog sich auf die »formalste« der Formulierungen mit dem »allgemeinen Gesetz«. Im Verbund mit einem ebenso *formalen* Pflichtbegriff und der Achtung bloß *vor dem Gesetz* (nicht *vor Menschen*, und schon gar nicht vor »Untermenschen«) konnte eine derartig perverse Sinnentstellung bewußt erfolgen. Für unseren Zusammenhang ist es erhellend, daß sich der Mörder nicht auf die Formulierungen berief, in denen von der *Menschheit* die Rede ist.

Der *Kanon überhaupt* (GMS 424) für die moralische Beurteilung unserer Lage in der Gestalt des »allgemeinen Gesetzes« ist unsicher und unklar. Er verkennt das *paradigmatische* Fundament der moralischen Universalität wie auch die *Komplexität* des Universalismus. Und er verkennt, daß allgemeine Form und Formulierung einen Gebrauch nur haben *können* und daher haben *müssen* in der primären Welt der *Menschen*. Noch fordert Kant, es sei

von der äußersten Wichtigkeit, sich dieses zur Warnung dienen zu lassen, daß man es sich ja nicht in den Sinn kommen lasse, die Realität dieses Prinzips aus der *besonderen Eigenschaft der menschlichen Natur* ableiten zu wollen (GMS 425).

Der Kategorische Imperativ könne nicht »aus gewissen Gefühlen« »abgeleitet« werden. Diese antipsychologistische Absicht Kants muß in ihrer vollen Berechtigung anerkannt werden. Auf derselben Linie liegt sein Anti-Subjektivismus, mit dem er »die subjektiven Ursachen dafür«, dem Gebot der Pflicht zu folgen, zurückweist (GMS 425). Dennoch bemerkt Kant auch die merkwürdige Lage, in die die Reflexion so gerät:

Hier sehen wir nun die Philosophie in der Tat auf einen mißlichen Standpunkt gestellt, der fest sein soll, unerachtet er weder im Himmel noch auf der Erde an etwas gehängt oder woran gestützt wird (GMS 425).

Nun überrascht es nicht, daß Kant zwar nicht auf physische Voraussetzungen, und auch nicht auf besondere Naturanlagen von Menschen rekurriert, wohl aber auf etwas, das wir als transzendental-anthropologische, näherhin interexistentiale Konstitutionsbedingungen (Sinnbedingungen) einer menschlichen Welt und Lebenspraxis überhaupt bereits kennen und explizit analysiert haben. *Gewunden und unter ständigen Beteuerungen der Anthropologiefreiheit* muß Kant schließlich auf die Sinnbedingungen einer Menschenwelt kommen. Zunächst noch im *Konjunktiv*:

Gesetzt aber, es gäbe etwas, dessen *Dasein an sich selbst* einen absoluten Wert hat, was, als *Zweck an sich selbst*, ein Grund bestimmter Gesetze sein könnte, so würde in ihm, und nur in ihm allein der Grund eines möglichen kategorischen Imperativs d. i. praktischen Gesetzes liegen (GMS 428).

Der hier im Konjunktiv redet, *weiß schon*, worauf er hinaus will. Er expliziert ein implizites Wissen, dessen Status apriorisch-anthropologisch ist. Somit erfolgt unmittelbar der Übergang zu transzendental-anthropologischen Feststellungen:

Nun sage ich: der Mensch und überhaupt jedes vernünftige Wesen *existiert* als Zweck an sich selbst, *nicht bloß als Mittel* zum beliebigen Gebrauche für diesen oder jenen Willen, sondern muß in allen seinen sowohl auf sich selbst als auch auf andere vernünftige Wesen gerichteten Handlungen jederzeit *zugleich als Zweck* betrachtet werden (GMS 428).

In der konjunktivischen Formulierung hatte Kant bereits den *alleinigen Grund* des kategorischen Imperativs in einem *Dasein an sich als Zweck an sich* gesehen. Der folgende Feststellungszusammenhang kann als eine Urzelle existentialanthropologischer Philosophie bezeichnet werden. Ist doch von der Existenz des Menschen die Rede. Kant wird nicht meinen, daß es sich hier um empirisch-anthropologische Aussagen über besondere Eigenschaften der menschlichen Natur handelt. Versuchen wir, die anthropologischen Feststellungen Kants zu überblicken und in Teilen auf unsere eigenen Unterscheidungen zu beziehen.

(1) Der Mensch ist ein *vernünftiges*, d. h. ein *kommunikatives* Wesen. (Das bedeutet bereits, daß er ein interexistentielles Wesen ist.)

(2) Der Mensch *existiert*. Das heißt, er ist nicht bloß da, nicht bloß vorfindlich in der Welt.

(3) Der Mensch existiert *als Selbstzweck*. Das heißt, seine Existenz gründet nicht in etwas Vorfindlichem und Vorhandenem, sondern muß als praktischer Entwurf seiner selbst, als *praktischer Sinnentwurf*, verstanden werden.

(4) Der Mensch existiert *nicht bloß als Mittel*. Die praktischen Sinnentwürfe haben den *Primat* vor allen instrumentellen Vollzügen. Insbesondere läßt sich das Ganze der Existenz des Menschen nur nicht-instrumentell begreifen, als praktischer Sinnentwurf seiner selbst.

(5) Der Mensch muß *in allen auf sich selbst gerichteten Handlungen* nicht bloß als Mittel, sondern zugleich als Zweck betrachtet werden. Bereits das Sich-zu-sich-Verhalten, das existentielle Selbstverhältnis des Menschen muß als kommunikativ und nicht-instrumentell begriffen werden, und zwar hinsichtlich *aller* seiner Sinnentwürfe.

(6) Der Mensch muß *in allen auf andere vernünftige Wesen gerichteten Handlungen* jederzeit nicht bloß als Mittel, sondern zugleich als Zweck betrachtet werden. Das heißt, die nicht instrumentellen und kommunikativen praktischen Sinnentwürfe konstituieren die inter-

existentiellen Verhältnisse der Menschen untereinander.

Beim besten Willen muß jetzt die eingangs gestellte Frage, ob Kant in der Moralphilosophie ohne anthropologische Reflexion auskommt, definitiv verneint werden. Er kann die Reflexion der Konstitution von Moralität nicht nur nicht anthropologiefrei konzipieren, sondern muß sie anthropopraktisch *durchführen*. Wir können darüber hinaus feststellen: In Ermangelung einer expliziten philosophischen Anthropologie auf dem systematischen Niveau der transzendentalen Konstitutionsanalysen, deren Ort hier wäre, spricht Kant, um der kategorialen Vermengung mit empirischer Anthropologie zu wehren, von *vernünftigen Wesen überhaupt*. Da wir nur Menschen als Beispiele kennen, fallen seine Feststellungen dann *de facto* mit einer Fundamentalanthropologie zusammen. Deren Unverzichtbarkeit für praktische Philosophie beweist sich so gegen *bestimmte* Reinheitsvorstellungen Kants. Folgen wir seinem Sprachgebrauch, so können wir von einer *reinen Anthropologie* in praktischer Absicht sprechen, die er im Zentrum seiner *Grundlegung* entwickelt und die seiner Ethik insgesamt zugrunde liegt.

Kants reine Anthropologie als Proto-Ethik ist damit nicht abgeschlossen. Er stellt fest:

(7) Vernunftlose Wesen haben als Mittel einen relativen Wert und heißen *Sachen*, vernünftige Wesen haben als Selbstzweck einen absoluten Wert und heißen *Personen*. Das heißt, unverzichtbar ist eine Fundamentalunterscheidung zwischen einer »kategorialen« Ebene instrumenteller Relationen und einer »existentialen« Ebene kommunikativer Beziehungen.

(8) Dabei gründen die instrumentellen Verhältnisse in den personalen, kommunikativen. Die Sachen erhalten erst durch Personen einen (relativen) Wert.

(9) Sachen werden als Mittel gebraucht, Personen sind als Zweck an sich *Gegenstand der Achtung*. Die Rede von der Achtung (einem kommunikativen Interexistential in unserer Terminologie) erläutert Kant durch die Unter-

scheidung *subjektiver* Zwecke für uns und objektiver Zwecke an sich. Die Menschen sind nicht füreinander gemäß ihren jeweiligen Handlungen subjektiv Zwecke, sondern »objektiv«, unabhängig von jeweiligen subjektiven Zwecksetzungen. Diese Unabhängigkeit, die Kant mit dem Gebrauch des Wortes »objektiv« anzeigen will, tritt am deutlichsten zutage, wenn wir die *subjektunabhängige Struktur der kommunikativen Interexistentiale* analysieren. (Wir achten den anderen nicht, weil er z. B. den »Eindruck« der Würde auf uns gemacht hat.)

Kant fährt in seiner Explikation der Voraussetzungen eines kategorischen Imperativs fort:

Der Grund dieses Prinzips ist: *die vernünftige Natur existiert als Zweck an sich selbst* (GMS 429).

Der folgende Satz ist als weitere fundamentalanthropologische Feststellung zu verstehen:

(10) »So stellt sich notwendig der Mensch sein eigenes Dasein vor« (GMS 429).

Auch diese zehnte Konstitutionsfeststellung ist als *apriori* zu verstehen. Zu den Sinnbedingungen eines menschlichen Selbstverhältnisses zu seiner eigenen Existenz gehören, betrachten wir den Kontext von (10), die Sinnbedingungen (1) bis (9). *Apriori* ist die Analyse auch, indem sie die *notwendigen* Bedingungen eines Verhältnisses zum eigenen Dasein expliziert. Aus Erfahrung *und* notwendig, synthetisch *und* apriori, in jeder Lebenssituation *und* von vornherein wissen wir, daß der Mensch sich sein Dasein *so* und nicht anders vorstellt.

Deswegen irrt Tugendhat, wenn er mit expliziter Bezugnahme auf den Satz (10) behauptet,

Daß Kant andererseits mit der Rede von einem Zweck an sich dem empirischen Faktum der Vorgegebenheit der eigenen Existenz sehr nahe kommt, zeigt sein Satz: »So (als Zweck an sich selbst) stellt sich notwendig der Mensch sein eigenes Dasein vor« (Tugendhat, 1984:161).

Er kann sich Kants nicht systematisch-explizite Reflexion

hinsichtlich der Anthropologoumena zunutze machen und versuchen, die Fundamentalanthropologie empirisch zu depotenzieren, ebenso, wie er die Existentialanalyse existentialistisch und die kritische Sprachanalyse formalistisch-semantizistisch wendet. Zur nachfolgenden Formulierung des kategorischen Imperativs stellt Tugendhat fest: »Diese Begründung ist natürlich fehlerhaft« (Tugendhat, 1984:162). Er meint den Schritt von dem Satz (10) zu dem Satz:

(11) So stellt sich aber auch jedes andere vernünftige Wesen sein Dasein vor (GMS 429).

Aber weder liegt hier eine deduktive »Begründung« vor, noch ist Satz (10) die Rede von einem empirischen Faktum. Und daß die gesamte Analyse (1)-(10) konstitutive Verhältnisse unter Vernunftwesen betraf, hatte Kant immer wieder hervorgehoben. Es handelt sich also im Fortgang von (10) zu (11) auch nicht um den Schluß von subjektiven Erfahrungen eines oder einiger Menschen auf subjektive Vorstellungen aller Menschen. Auf diese Ebene will Tugendhat die Analyse aber herunterstufen; es geht um die *empirische* Erfahrung des *Faktums*: Ich bin wie alle anderen:

Entwicklungspsychologisch gesprochen erkennt das Kind dies, wenn es aus der Phase des Egozentrismus herauswächst (ebd.).

Ich erinnere an meine Kritik des Ersatzes philosophischer Anthropologie durch empirische Entwicklungspsychologie und ihre ungeklärte Begrifflichkeit. (Was bedeutet es, wenn wir sagen, daß das Kind erkennt, daß es wie alle anderen ist; was, wenn Beobachter behaupten: »Die Phase des Egozentrismus geht zuende«? – eine Phase, in der sich das Kind im übrigen nie befand.) In der Folge seiner Ausführungen nennt Tugendhat die hier thematischen Fakten »Quasi-Eigenschaften«, wo wir von apriorischen Konstituentien sprechen (ebd.).

Wenn Kant die sinnexplikative Einleitung der Formulierung seines Imperativs mit den Feststellungen (1) bis (10) und allen dazu gegebenen Erläuterungen sich eigentlich hätte ersparen können, selbst dann könnte von einer anthropologiefreien Sprache der Moral keine Rede sein. Die Formulierung des Imperativs *Handle so, daß du die Menschheit, sowohl in deiner Person als in der Person eines jeden anderen, jederzeit zugleich als Zweck, niemals bloß als Mittel brauchst* (GMS 429) setzt 1. alle Analysen unter unseren Ziffern (1) bis (11) voraus, und bringt 2. als Novum die Rede von der *Menschheit*.

Dieses Anthropologoumenon schlechthin trägt sodann die weiteren moralphilosophischen Rekonstruktionen Kants wie auch die nochmalige Behandlung seiner Paradigmen: Die Selbsttötung stimmt nicht mit der Idee der *Menschheit* überein, denn der *Mensch* ist keine Sache; also »kann ich über den Menschen in meiner Person nicht disponieren« (GMS 429); wer lügenhaft etwas verspricht, der bedient sich »eines anderen *Menschen* bloß als Mittels«; hierin liegt ein »Widerstreit gegen das Prinzip anderer Menschen«. Dieses *Prinzip anderer Menschen* sind die »Rechte der Menschen«, die nicht übertreten werden dürfen (GMS 430). Achten wir auf die Rede von der Menschheit im dritten Beispiel:

Drittens, in Ansehung der . . . Pflicht gegen sich selbst ist's nicht genug, daß die Handlung nicht der Menschheit in unserer Person als Zweck an sich selbst widerstreite, sie muß auch *dazu zusammenstimmen*. Nun sind in der Menschheit Anlagen zu größerer Vollkommenheit, die zum Zwecke der Natur in Ansehung der Menschheit in unserem Subjekt gehören; diese zu vernachlässigen, würde allenfalls wohl mit der *Erhaltung* der Menschheit als Zwecks an sich selbst, aber nicht der Beförderung dieses Zwecks bestehen können (GMS 430).

Auch das vierte Beispiel analysiert Kant jetzt mit der Rede von der Menschheit als Zweck an sich selbst. Er spricht dann vom *Prinzip der Menschheit*. (Die Rede von der Menschheit kann hier natürlich nicht im Sinne einer Tiergattung verstanden werden.)

Mit diesen grundsätzlichen Formulierungen ist der *anthropologische Universalismus* der Ethik Kants als deren Mitte erreicht. Ohne die transzendental-anthropologische Analyse in praktischer Absicht könnten die *Prinzipien der Moralität* nicht formuliert, nicht erläutert und nicht begriffen werden. Ferner: *Jeder vermeintlich bloße Anwendungsfall des allgemeinen Gesetzes ist in Tat und Wahrheit ein den Sinn des Universalismus mit konstituierendes, qualifizierendes und inhaltlich modifizierendes Paradigma.* Der anthropologische Universalismus erweist sich als ein *paradigmatischer* Universalismus. Am dritten Beispiel Kants wird dies deutlich. Wir stehen hier vor einer stillschweigenden Erweiterung der Erläuterungsbasis, indem der Menschheit »Anlagen zu größerer Vollkommenheit« zugesprochen werden. Mit anderen Worten trifft Kant eine fundamentalanthropologische Feststellung

(12) Der Mensch ist auf größere Vollkommenheit angelegt; die wir mit unseren Analysen der Erfüllungsgestalten praktischer Sinnentwürfe, der kommunikativen Erfüllungsgestalten des gemeinsamen Lebens und der Rede von der Bestimmung des Menschen erläutert haben.

Sobald Kant sich auf die primäre Welt bezieht, auf das gemeinsame Leben und sein moralisches Verständnis, muß er die Grundzüge dieser Welt erkennen und die richtigen praktischen Einsichten formulieren. In diesem Fall muß er auf die Erfüllungsgestalten des gemeinsamen Lebens und deren Voraussetzungen eingehen.

Wir konnten unsere eingangs gestellten Fragen bisher so beantworten: Kants Begriff der Glückseligkeit ist nicht kritisch geklärt und fällt hinter Aristoteles und seine *eudaimonia*-Analyse zurück. Der tiefere systematische Grund für diesen Sachverhalt ist in der defizienten fundamentalanthropologischen Reflexion Kants in der Ethik zu sehen. Das ändert nichts an der soeben bestätigten Tatsache, daß die reine Moralphilosophie Kants von anthropologischen Konstitutionsfeststellungen nicht nur durchsetzt ist, sondern auf diesen (nur als transzendental-anthropologisch rekonstruierbaren) Konstitutionsfeststellungen gründet und wesentlich *in ihnen besteht*.

Wo die Moralphilosophie *nicht* mehr in ihnen besteht, da stoßen wir im Rahmen des Kantschen Ansatzes auf unsere dritte Frage: Wie läßt sich moralische Universalität denken?

Wir stoßen hier zum einen auf bestimmte Täuschungen, die sich Kant in Hinsicht auf die *Allgemeinheit*

1. eines Prinzips, seiner »allgemeinen Form«,
2. eines allgemein gesetzgebenden Willens

macht. Zum zweiten stoßen wir auf eine *grammatische Verschiebung*, die von den Konstitutionsfeststellungen zu Gesetzen und Imperativen erfolgt. Man könnte auch von einem grammatischen Bruch sprechen, vollzieht Kant den Übergang von der feststellenden zur legalistisch-imperativischen Rede doch *abrupt*. Die Allgemeinheitsvorstellung und die grammatische Verschiebung treten *gleichzeitig* auf, indem die imperativische Rede die allgemeine Form erhält.

Die Allgemeinheit des Prinzips und des Willens denkt Kant vereinigt in dem idealen *Reich der Zwecke*. Erneut versucht er, eine Idealsprache der reinen Moralität zu sprechen. In diesem Zusammenhang entwickelt er seinen Begriff der Autonomie. Es geht darum, den Menschen so zu denken,

daß er nur *seiner eigenen*, und dennoch *allgemeinen Gesetzgebung* unterworfen sei (GMS 432).

Als »Gesichtspunkt«, »sich selbst und seine Handlungen« nach diesem Prinzip »zu beurteilen«, konzipiert Kant das Reich der Zwecke. Auch dieses »Reich« ist – in unserer Ausdrucksweise – nur ein *stilisiertes* Weltmodell, welches nur auf die kommunikativen und nicht-instrumentellen Interexistentiale beschränkt ist. Es handelt sich also um eine selektive Konstruktion, die ihren *Sinn* von den im Leben bekannten kommunikativen und nicht-instrumentellen Modi bezieht. (Lassen wir die Vorstellung eines göttlichen »Oberhaupts« des Reiches beiseite.) Das gilt insbesondere auch von den in diesem Zusammenhang von Kant erläuterten Begriffen der *Pflicht* und *Würde*. Die Erläuterung des Pflichtbegriffs ist systematisch unabhängig von der Konstruktion eines Idealreiches und besteht im Abweis psychologistischer Vorstellungen: Die Pflicht »beruht gar nicht auf Gefühlen, Antrieben und Neigungen, sondern bloß auf dem Verhältnisse vernünftiger Wesen zueinander« (GMS 434). Mit unseren

Worten impliziert der Geltungssinn der kommunikativen Interexistentiale deren verpflichtenden Charakter. Dieser Geltungssinn hat mit Gefühlen nicht das mindeste zu tun.

Die Sinnexplikation der *Würde* erfolgt im Rekurs auf paradigmatische Interexistentiale wie *Treue im Versprechen* und *Wohlwollen aus Grundsätzen (nicht aus Instinkt)*, vornehmlich ebenfalls, um subjektivistischen Mißverständnissen zu wehren (GMS 435). Der wahre »Wert« dieser Formen des gemeinsamen Lebens besteht »in den Gesinnungen d. i. den Maximen des Willens, die sich auf diese Art in Handlungen zu offenbaren bereit sind, obgleich auch der Erfolg sie nicht begünstigte« (GMS 435). Das heißt: In den pragmatischen Geltungssinn der praktischen Interexistentiale geht die wechselseitige Selbstpreisgabe, die Möglichkeit der Verletzung, konstitutiv ein. Für moralische Verhältnisse ist die *Fragilität sinnkonstitutiv*.

Alle diese Analysen sind *unabhängig* von der Konstruktion eines Ideals, eines »Reiches«, in dem *nur* emphatisch authentische Formen des Zusammenlebens und der Selbstverständnisse (»Gesinnungen«) (über die gedankliche Konstruktion) zugelassen sind. Jedoch: Die gesamte *ideale* und *allgemeingesetzliche* Konstruktion stützt sich auf die erläuternd eingesetzten *Paradigmen*. Die Allgemeinheit der »allgemeinen Form« erweist sich daher jeweils neu als die *materiale*, in bekannten *Lebensformen konkret* gewordene Allgemeinheit.

Allgemeinheit selbst ist uns paradigmatisch auf komplexe Weise bekannt. Die Paradigmen zeigen jeweils, daß moralische Orientierungen nicht auf ein Subjekt allein bezogen, also nicht subjektivistisch begriffen werden können; daß sie nicht auf eine Gruppe eingeschränkt und so lediglich partikular verstanden werden dürfen; daß ihr Geltungssinn nicht asymmetrisch interpretierbar ist. Das ist auch die Art von *moralischer Universalität*, die Kant über die »allgemeine Form« seines Prinzips allein zu erreichen vermag. Er entfaltet die moralische Universalität paradigmatisch durch die Analyse von *Interexistentialen der Menschheit*.

Nun ist Moralität die Bedingung, unter der allein ein vernünftiges Wesen Zweck an sich selbst sein kann; weil nur durch sie es möglich ist, ein gesetzgebend Glied im Reiche der Zwecke zu sein. Also ist die Sittlichkeit und die Menschheit, sofern sie derselben fähig ist, dasjenige, was allein Würde hat (GMS 435).

Der zugleich entwickelte Begriff der *Autonomie* präzisiert einen unverzichtbaren und sinnkonstitutiven Aspekt der Universalität, den Kambartel im Anschluß an Aristoteles und Kant unter dem Titel *Universalität als Lebensform* entwickelt hat und der, weil er zur Thematik der *eudaimonia* zurückführt, unsere Betrachtungen abschließen kann.
Gerade wenn wir uns nicht-instrumentell, selbstzweckhaft als Personen begreifen und so *leben* wollen, können wir dies »nicht einsam zustande bringen«. Denn die »wesentlichen Selbstzwecke bestehen in gemeinschaftlichen Tätigkeiten und bedürfen für ihre Erreichung der produktiven Mitwirkung anderer.« Kambartel fährt fort:

Dies alles bedeutet, daß das gute Leben nur als ein gemeinsames Lebensziel aller derjenigen, die in einem Handlungszusammenhang stehen, möglich wird. Insofern dieser Handlungszusammenhang inzwischen die ganze Menschheit umfaßt, ist das *gute Leben ein Menschheitsprojekt* geworden. Sich selbst als Person angemessen begreifen, heißt daher, sein Leben im Ganzen auf die gegenseitige praktische Anerkennung *aller* als Personen hin zu orientieren (Kambartel, 1978:19).

Diese Koinzidenz des vernünftigen und des gemeinsamen guten Lebens ist die Perspektive, die den antiken Eudaimonismus des Aristoteles mit der moralischen Autonomie im Sinne Kants untrennbar verbindet. Und zwar ohne jegliche Illusion: Nur um den Preis einer Beschädigung, einer Verzerrung der Lebensform können wir das *menschliche Gute* des Aristoteles von der *Autonomie* Kants abgelöst verstehen, und umgekehrt. Insofern setzt die Erkenntnis des *beschädigten* Lebens, seiner Entstellungen und Verzerrungen, die wir täglich erfahren, in Wahrheit die Perspektive der Universalität als gemeinsamer Lebensform voraus, so gebrochen wie unbezweifelbar.

§ 30 Fazit und Ausblick

Fassen wir die wichtigsten methodischen Gesichtspunkte unserer Untersuchung noch einmal zusammen.

1. der fundamentalanthropologische Ansatz bei der Grundfrage: »Wie ist eine menschliche Welt überhaupt möglich?« und die Konstitutionsanalyse der primären Welt;
2. die Destruktion subjektzentrierter Theorien (exemplarisch der Existentialanalyse Heideggers) und die Entwicklung der Interexistentialanalyse;
3. die sprachkritische Analyse der dianoietischen Prädikate.

Die menschliche Welt zeigt sich auf diese Weise in ihrem transzendental-praktischen Entwurfcharakter, und zwar auf allen Ebenen der Untersuchung:

1. im zweifachen Ursprung der primären Welt in der Faktizität und Spontaneität;
2. in der transzendentalpragmatischen Verklammerung von praktischen Sinnentwürfen und ihren apriorischen Erfüllungsgestalten als der Grundform menschlicher Orientierung;
3. in den wesentlich interexistentiellen Erfüllungsgestalten des menschlichen Lebens in der primären Welt, den kommunikativen Interexistentialen: z. B. Wirklichkeit, Wahrheit, Wahrhaftigkeit, Gerechtigkeit und Freiheit;
4. in der semantischen Verzweigtheit der dianoietischen Termini, die zugleich faktenbezogen aussagen und eine wertende Sicht der Faktizität mitführen.

Die Weltkonstitution hat überall den Charakter einer *spontanen, praktischen, interexistentiellen Synthesis*.
Für die Ethik ergeben sich daraus folgende Konsequenzen:

1. Es gilt, die *Dichotomie von Sein und Sollen*, ontologischer und deontologischer Ebene zu hintergehen und in die Interexistentialanalytik der praktischen Sinnentwürfe mit ihren Erfüllungsgestalten sowie in die Analyse der Grammatik der dianoietischen Termini zu transformieren.

2. Es gilt, die *Dissoziation von Materie und Form* (und mithin die Trennung materialer Fragen des guten Lebens von prozeduralen Formen der Normenbegründung) kritisch zu hintergehen durch die transzendentale Konstitutionsanalyse der komplexen Möglichkeitsbedingungen einer menschlichen Welt.

3. Es gilt, den *methodologischen Solipsismus* in der Ethik und mithin den Dualismus von Subjekt und Subjekt kritisch zu destruieren und in die Interexistentialanalyse sowie in die Analyse des apriorischen Geltungssinns der Grammatik der dianoietischen Urteile zu transfomieren.

4. Es gilt, den *Scheindeduktivismus* und die Dissoziation von Prinzipien, Normen, Imperativen einerseits und deren Ableitungen andererseits kritisch zu hintergehen und systematisch in den komplexen Zusammenhang von Feststellungen, paradigmatischen Aufweisen und Einsichten hinsichtlich der Verfassung einer menschlichen Welt und ihrer Lebenssituationen zu überführen.

Das Ethische kann nicht an der Konstitution der Welt des Menschen *vorbei* begriffen werden. Die Analysen zur Moralphilosophie dürfen nicht *gegen* die Sinnbedingungen einer solchen Welt methodisch verstoßen.

Auf dem Hintergrund dieser methodischen und kritischen Gesichtspunkte konnte die Konstitution der Moralität in der Gestalt eines komplexen moralischen Universalismus aufgeklärt werden, der sich näherhin als systematischer, transzendental-anthropologischer, interexistentialer, dianoietischer, negativer, hermeneutischer und paradigmatischer Universalismus präzisieren ließ.

Für die systematische Weiterentwicklung der hier vorgelegten Analysen sei auf wichtige Nachbargebiete hingewiesen, für die methodisch und sachlich Anschlußmöglichkeiten bestehen.

1. In einer Untersuchung zur Konstitution der Moralität konnten nur diejenigen Aspekte einer philosophischen Anthropologie behandelt werden, die für die Moralphilosophie inhaltlich unverzichtbar sind. Darüber hinaus liegt in der Perspektive unserer Untersuchung die Idee einer

vollständigen systematischen Grundlegung *philosophischer Anthropologie*. Sie hätte den Zusammenhang von Sprache und Freiheit vertieft auszuarbeiten und z. B. auch das anthropologische Imaginäre mit ins Zentrum der Analyse zu rücken. Für die Rekonstruktion tiefenhermeneutischer Ansätze scheint mir die Ausarbeitung der bereits konstitutiv interexistentiellen Verfassung der menschlichen Selbstbezüglichkeit einen ersten Hinweis zu geben.

2. Eine *philosophische Ästhetik* auf der Grundlage kommunikativer Interexistentiale (z. B. Produktion, Rezeption, Identifikation, Katharsis, Lachen und Weinen) und mit ständigem Rekurs auf die Gestaltungserfordernisse in der primären Welt (z. B. Bauen und Wohnen) hätte den Bereich der Kunst i. e. S. zu überschreiten und gleichzeitig die dianoietische Grammatik ästhetischer Urteile paradigmatisch zu entwickeln.

3. Eine kritische *Religionsphilosophie* müßte versuchen, die Rede von Gott als Rede von der Totalität der unverfügbaren Sinnbedingungen aller unserer Praxis zu interpretieren, als Rede von der faktischen und praktischen Grundsituation der Menschen in ihren unverfügbaren Zügen. Religiöse Grundhandlungen (Gebet, Feier, Kasualien) lassen sich als kommunikative Interexistentiale in der Rede und Praxis verstehen, die religiöse Rede weithin als dianoietisch in ihrem Kernbereich analysieren.

4. Eine wichtige Fortsetzung und Anschlußthematik hat unsere Untersuchung zur Konstitution der Moralität in einer kritischen *Rechtsphilosophie* und *Politischen Philosophie*. Das Recht entsteht lebenspraktisch in der vorjuridischen Gemeinschaft der primären Welt und beruht auf den kommunikativen Interexistentialen der Menschheit, wie sie die Analysen zur Konstitution der Moralität freilegen konnten. Die juristische Urteilskraft muß bleibend auf die primäre Welt zurückbezogen werden. Die dianoietischen Prädikate in den Rechtssätzen und Urteilen sind sowohl fakten- als auch einsichtsbezogen, semantisch verzweigt, zu verstehen. In der Politischen Philosophie, in Staats-

und Demokratietheorie geht es um die realen Chancen der Versöhnung von Freiheit und Gerechtigkeit, Autonomie und kommunikativer Solidarität, deren konstitutiver Bezug für die Ebene der Moralität eindeutig ist. Es geht schließlich um die Chancen des *realen politischen Universalismus*: um die Gestaltung der Gegenwart gemäß den Interexistentialen der Menschheit.

Literaturverzeichnis

Siglen

NE = Aristoteles, *Nikomachische Ethik*, hg. G. Bien, Hamburg 1972 (= PhB 5).
Politik = Aristoteles, *Politik*, hg. E. Rolfes, Hamburg 1922 (= PhB 7).
GMS = Kant, *Grundlegung zur Metaphysik der Sitten*, hg. K. Vorländer, Hamburg 1965 (= PhB 41).
KpV = Kant, *Kritik der praktischen Vernunft* (Akademie-Ausgabe).
SZ = Heidegger, *Sein und Zeit*, Tübingen ¹¹1967.
PhU = Wittgenstein, *Philosophische Untersuchungen*, Frankfurt am Main 1971.

Anscombe, G.E.M. (1986): *Absicht*. München: Alber.
Apel, K.-O. (1973): »Szientismus oder transzendentale Hermeneutik? Zur Frage nach dem Subjekt der Zeicheninterpretation in der Semiotik des Pragmatismus«, in: ders., *Transformation der Philosophie Bd. 2: Das Apriori der Kommunikationsgemeinschaft*, Frankfurt am Main: Suhrkamp.
– (1978): »Diskussionseinführung und Beiträge«, in: W. Oelmüller (Hg.): *Materialien zur Normendiskussion Bd. 1: Transzendentalphilosophische Normenbegründung*, Paderborn: Schöningh.
– (1978a): »Ist der Tod eine Bedingung der Möglichkeit von Bedeutung? (Existentialismus, Platonismus oder transzendentale Sprachpragmatik?)«, in: J. Mittelstraß/M. Riedel (Hg.): *Vernünftiges Denken. Studien zur praktischen Philosophie und Wissenschaftstheorie*, Berlin 1978: de Gruyter.
– (1984): »Ist eine philosophische Letztbegründung moralischer Normen nötig?«, in: ders./D. Böhler/G. Kadelbach (Hg.), *Funk-Kolleg Praktische Philosophie/Ethik: Dialoge Bd. 2*. Frankfurt am Main: Fischer
– (1984a): »Ist eine philosophische Letztbegründung moralischer Normen möglich?«, in: ders./D. Böhler/G. Kadelbach (Hg.): *Funk-Kolleg Praktische Philosophie/Ethik: Dialoge Bd. 2«*. Frankfurt am Main: Fischer
– (1986): »Grenzen der Diskursethik? – eine Retrospektive«, in: *Zeitschrift f. philos. Forschung*.
Bien, G. (1972): *Erläuterungen* zu NE (s. Siglen), Hamburg: Meiner.

Ebeling, H. (1982): *Freiheit, Gleichheit, Sterblichkeit. Philosophie nach Heidegger.* Stuttgart: Reclam.

Fischer, N. (1983): »Tugend und Glückseligkeit. Zu ihrem Verhältnis bei Aristoteles und Kant«, in: *Kantstudien 74.*

Forschner, M. (1983): »Reine Morallehre und Anthropologie. Kritische Überlegungen zum Begriff eines a priori gültigen allgemeinen praktischen Gesetzes bei Kant«, in: *Kants Ethik heute. Neue Hefte für Philosophie 22.*

Gadamer, H.-G. (1985): »Gibt es auf Erden ein Maß?«, in: *Philosophische Rundschau* Jg. 32.

Habermas, J. (1971): »Vorbereitende Bemerkungen zu einer Theorie der kommunikativen Kompetenz«, in: J. Habermas/N. Luhmann, *Theorie der Gesellschaft oder Sozialtechnologie?* Frankfurt am Main: Suhrkamp.

– (1981): *Theorie des kommunikativen Handelns Bd. 1. Handlungsrationalität und gesellschaftliche Rationalisierung.* Frankfurt am Main: Suhrkamp.

– (1981a): *Theorie des kommunikativen Handelns Bd. 2. Zur Kritik der funktionalistischen Vernunft.* Frankfurt am Main: Suhrkamp.

– (1983): *Moralbewußtsein und kommunikatives Handeln.* Frankfurt am Main: Suhrkamp.

– (1986): »Moralität und Sittlichkeit. Treffen Hegels Einwände gegen Kant auch auf die Diskursethik zu?« in: W. Kuhlmann (Hg.): *Moralität und Sittlichkeit. Das Problem Hegels und die Diskursethik.* Frankfurt am Main: Suhrkamp.

Heidegger, M. (1928): »Gutachten zur Habilitationsschrift von K. Löwith«. Abgedruckt im Anhang zu: K. Löwith, *Sämtliche Schriften Bd. 1,* hg. K. Stichweh, 470ff. Stuttgart: Metzler.

Kambartel, F. (1978): »Universalität als Lebensform. Zu den (unlösbaren) Schwierigkeiten, das gute und vernünftige Leben über formale Kriterien zu bestimmen«, in: W. Oelmüller (Hg.): *Normenbegründung – Normendurchsetzung.* Paderborn: Schöningh.

– (1984): »Die Dialektik des Wohlbefindens« (gemeinsam mit R. Spaemann), in: K.-O. Apel u. a. (Hg.): *Funk-Kolleg Ethik Bd. 2: Dialoge.* Frankfurt am Main: Fischer.

– (1986): »Begründungen und Lebensformen. Zur Kritik des ethischen Pluralismus«, in: W. Kuhlmann (Hg.): *Moralität und Sittlichkeit. Das Problem Hegels und die Diskursethik.* Frankfurt am Main: Suhrkamp.

Kibéd, A. V. von (1967): *Macht und Ohnmacht der Vernunft.* München: Hueber.

Kamlah, W. (1973): *Philosophische Anthropologie. Sprachliche Grundlegung und Ethik.* Mannheim: Bibliographisches Institut.

Kutschera, F. von (1982): *Grundlagen der Ethik.* Berlin: de Gruyter.

Kant, I. (1924): *Eine Vorlesung Kants über Ethik*, hg. P. Menzer, Berlin.

Löwith, K. (1928): *Das Individuum in der Rolle des Mitmenschen*, in: ders., *Sämtliche Schriften Bd. 1*, hg. K. Stichweh. Stuttgart: Metzler (1981).

MacIntyre, A. (1987): *Der Verlust der Tugend. Zur moralischen Krise der Gegenwart.* Frankfurt am Main: Campus.

Nordenstam, T. (1982): »Vom ›Sein‹ zum ›Sollen‹ – Deduktion oder Artikulation?«, in: W. Kuhlmann/D. Böhler (Hg.), *Kommunikation und Reflexion. Zur Diskussion der Transzendentalpragmatik*, Frankfurt am Main: Suhrkamp.

– (1986): »Wohlvertrautheit – Gewißheit – kritische Reflexion. Bemerkungen zur Pragmatik-Diskussion«, in: D. Böhler/T. Nordenstam/G. Skirbekk (Hg.): *Die pragmatische Wende. Sprachspielpragmatik oder Transzendentalpragmatik?* Frankfurt am Main: Suhrkamp.

Rentsch, Th. (1985): *Heidegger und Wittgenstein. Existential- und Sprachanalysen zu den Grundlagen philosophischer Anthropologie.* Stuttgart: Klett-Cotta

–/Stekeler-Weithofer, P. (1985): *Kritische Hermeneutik statt formalsemantischer Sprachanalyse. Bemerkungen zur analytischen Philosophie am Beispiel Ernst Tugendhats.* Unveröffentl. Ms. Konstanz.

– (1987): »Der Augenblick des Schönen. Visio beatifica und Geschichte der ästhetischen Idee«, in: H. Bachmaier/Th. Rentsch (Hg.): *Poetische Autonomie? Zur Wechselwirkung von Dichtung und Philosophie in der Epoche Goethes und Hölderlins*, Stuttgart: Klett-Cotta.

Rescher, N. (1989): *Moral absolutes. An essay on the nature and rationale of morality.* New York: Lang.

Rossvaer, V. (1986): »Transzendentalpragmatik, transzendentale Hermeneutik und die Möglichkeit, Auschwitz zu verstehen«, in: D. Böhler/T. Nordenstam/G. Skirbekk (Hg.): *Die pragmatische Wende. Sprachspielpragmatik oder Transzendentalpragmatik?* Frankfurt am Main: Suhrkamp.

Schnädelbach, H. (1986): »Was ist Neoaristotelismus?«, in: W. Kuhlmann (Hg.): *Moralität und Sittlichkeit. Das Problem Hegels und die Diskursethik.* Frankfurt am Main: Suhrkamp.

– (1987): »Max Horkheimer und die Moralphilosophie des deutschen

Idealismus«, in: ders., *Vernunft und Geschichte. Vorträge und Abhandlungen*. Frankfurt am Main: Suhrkamp.

Seidl, H. (1975): »Das sittliche Gute (als Glückseligkeit) nach Aristoteles. Formale Bestimmung und metaphysische Voraussetzung«, in: Philos. Jahrbuch 82.

Tugendhat, E. (1979): *Selbstbewußtsein und Selbstbestimmung. Sprachanalytische Interpretationen*. Frankfurt am Main: Suhrkamp.

– (1984): *Probleme der Ethik*. Stuttgart: Reclam.

Wellmer, A. (1986): *Ethik und Dialog. Elemente des moralischen Urteils bei Kant und in der Diskursethik*. Frankfurt am Main: Suhrkamp.

Wolf, U. (1984): *Das Problem des moralischen Sollens*. Berlin: de Gruyter.

Zimmermann, R. (1989): »Privatsprachenargument«, Artikel in: J. Ritter/K. Gründer (Hg.): *Historisches Wörterbuch der Philosophie* Bd. 7. Basel: Schwabe.

Sachregister

347

Personenregister

suhrkamp taschenbücher wissenschaft
Soziologie, Theorie der Gesellschaft

suhrkamp taschenbücher wissenschaft
Soziologie, Theorie der Gesellschaft

suhrkamp taschenbücher wissenschaft
Soziologie, Theorie der Gesellschaft

suhrkamp taschenbücher wissenschaft
Soziologie, Theorie der Gesellschaft

Über sämtliche bis Mai 1992 erschienenen suhrkamp taschenbücher wissenschaft (stw) informiert Sie das Verzeichnis der Bände 1 – 1000 (stw 1000) ausführlich. Sie erhalten es in Ihrer Buchhandlung.

205/6/8.92